rororo

ZU DIESEM BUCH

Eine Kindheit in Bengalen, die Kindheit eines Mädchens im Islam. Zerrissen zwischen den widerstreitenden Welten des Vaters und der Mutter wächst die kleine Taslima Nasrin auf in einer Familie, deren Verhältnisse für das neugierige und aufgeweckte, aber ebenso schüchterne Kind mehr Fragen bereithält als Antworten. Taslima Nasrins lebendige Erzählung ihrer Mädchenjahre führt ihre Leser in eine fremdartige Welt, die bis heute fortbesteht, bevölkert von seltsamen diesseitigen und jenseitigen Wesen, von verwöhnten Heiligen und rechtlosen Dienstmädchen, von tyrannischen Patriarchen und gottesfürchtigen Frauen, aber auch von Söhnen und Töchtern, die die Verbote, von denen sie umstellt sind, mit List zu umgehen wissen.

Taslima Nasrin, geboren 1962 im heutigen Bangladesch, Ärztin und Schriftstellerin, lebt im Exil in Paris. Wegen ihres Romans «Lajja» (deutsch: Scham), der sie weltberühmt gemacht hat, wurde sie mit einer Fatwa belegt. Auch «Das Mädchen, das ich war» ist in ihrem Heimatland verboten. Sie erhielt unter anderem den Kurt-Tucholsky-Preis, den Sacharow-Preis des Europäischen Parlamentes, den Edikt-von-Nantes-Preis, und für das vorliegende Buch im Frühjahr 2000 den Ananda-Award, einen wichtigen indischen Literaturpreis.

TASLIMA NASRIN

Das Mädchen, das ich war

Die Autobiographie einer Kindheit

Aus dem Französischen
von Claudia Kalscheuer

Rowohlt Taschenbuch Verlag

Deutsche Erstausgabe
Veröffentlicht im Rowohlt Taschenbuch Verlag GmbH,
Reinbek bei Hamburg, Oktober 2000

Die Übersetzung erfolgte aus der französischen Ausgabe,
© 1998 bei Éditions Stock in Paris, erschienen
unter dem Titel *Enfance, au féminin*
Der bengalische Originaltitel lautet *Amar Meyebela,*
übersetzt aus dem Bengalischen von Philippe Benoît
Lektorat Frank Strickstrock
Umschlaggestaltung Susanne Heeder
(Foto: dpa/Thom Lehmann)
Satz Stempel Garamond PostScript, PageMaker
Pinkuin Satz und Datentechnik, Berlin
Druck und Bindung Clausen & Bosse, Leck
Printed in Germany
ISBN 3 499 60945 2

Die Schreibweise entspricht den Regeln
der neuen Rechtschreibung.

FÜR MEINEN VATER

INHALT

WARUM DIESER BLICK ZURÜCK

Während die Mehrzahl meiner Mitmenschen sich nur um die Zukunft Gedanken macht, wende ich mich meiner Vergangenheit zu. Denn es ist ein ganzes Leben, das ich hinter mir zurückgelassen habe. Ich kann nicht anders, als es anzuschauen, dieses Leben, denn es ist mein wahres Ich. Jenes Ich, das überall im Okzident voller Herzlichkeit empfangen wird, das von allen möglichen Podien herab Vorträge hält, das bin ich nicht wirklich.

Als ich noch in meinem Land lebte, habe ich nie davon geträumt, mich hier niederzulassen. Ich träumte vielmehr davon, mein Leben auf dem Stück Erde zu verbringen, wo ich das Licht der Welt erblickt hatte, und dort die Samen all der Hoffnungen zu säen, die ich seit jenem Kleinmädchenalter*, das mich zu dem gemacht hat, was ich bin, in meinem tiefsten Inneren nährte. Geprägt von der rauen Autorität des Vaters einerseits, andererseits von der Zärtlichkeit der Mutter, begann ich früh, mich von der Inbesitznahme meines Lebens durch eine Religion, die meine Mutter mir aufzwingen wollte, zu emanzipieren, um ohne ihr Wissen Schritt für Schritt dem Weg der Vernunft zu folgen, den mein Vater mir wies. So habe ich

* Der bengalische Originaltitel des Buches lautet *Amar Meyebela.* Er enthält ein unübersetzbares kritisches Wortspiel: Das bengalische Wort für Kindheit, *chelebela*, setzt sich zusammen aus *chele* – «Junge» oder «Sohn» – und *bela* – «Zeit». Die Autorin ersetzt den ersten Teil des Wortes durch *mee* – «Mädchen» – und bildet somit ein neues Wort, um die Kindheit eines Mädchens zu bezeichnen. *Amar* bedeutet «meine». (Alle Fußnoten sind von Philippe Benoît, der das Buch aus dem Bengali ins Französische übertragen hat.)

mir nach und nach, abwechselnd von Liebe und Hass für den einen oder anderen Elternteil beseelt, tief in meinem Herzen meine eigene Welt erschaffen, ganz für mich allein – ein Reich der Liebe und der Vernunft.

Ich muss sagen, dass ich bereits im Alter von sechs Jahren die ganze Grausamkeit der Welt begriffen hatte, jener Welt, in der es kaum ein größeres Elend gibt, denn als Frau zu leben. Und mein weiteres Leben gab mir reichlich Gelegenheit, meine Kenntnis der Männer zu vertiefen, etwa als sich eines Tages Unbekannte einen Spaß daraus machten, meine knospenden Brüste zu betasten, als ich friedlich in meiner Heimatstadt Mymensingh am Ufer des Brahmaputra spazieren ging. Allzu lange habe ich die Männer für Freunde gehalten und dabei vergessen, dass der Weg des Lebens für die Frauen nie bequem ist und dass sie ihn sich mit bloßen Händen von Dornen freiräumen müssen. Alle müssen sie solche Wege gehen, um zu überleben – sofern sie es überhaupt schaffen.

Was mich angeht, so habe ich mich nie damit zufrieden geben können, bloß zu überleben. Ich musste mich gegen die Diskriminierungen auflehnen, in deren Netz die Frauen sich oft fangen lassen, weil sie glauben, dies sei ihr Schicksal. Ich habe alle Ungerechtigkeiten, alle Verbrechen angeprangert. Das Ergebnis? Die Massen von religiösen Eiferern, die mein Land bevölkern, wollten mich vernichten, und ich musste, um mein Leben zu retten, ins Exil gehen, weit weg vom Land meiner Geburt. In meinem Kampf um Gleichberechtigung habe ich alles verloren, was ich hatte, mein Land, mein Volk, meine Familie. Ich weiß nicht, welche Leiden die Grausamkeit der Menschen noch für mich bereithält. Und doch bewahre ich im Herzen die Hoffnung, eines Tages zu den Meinen zurückzukehren, sie bei der Hand zu nehmen, um sie aus der Finsternis heraus auf den Weg des Lichts zu führen.

Ich bin heute von meinen Wurzeln abgeschnitten, aber überall auf der Welt habe ich Tausende von Menschen gefunden, die meine Träume von Gleichheit und Harmonie teilen. Aus der Nähe all derer, die sich wie ich gegen das Unrecht auflehnen, schöpfe ich tagtäglich die Kraft weiterzuleben. Ihnen verdanke ich, dass ich noch am Leben bin. Und da ich weiterlebe, kann ich nicht anders, als mich oft umzudrehen, um das Leben zu betrachten, das ich hinter mir gelassen habe, jenes Leben, das mich zu der gemacht hat, die ich bin. Um nicht zu vergessen, wer ich bin, um die Millionen von Frauen nicht zu vergessen, die meinesgleichen sind. Um ihnen in ihrem ewigen Elend eine Hand auf die Schulter zu legen, um ihre Tränen zu trocknen. Ich weiß, wenn ich daran scheiterte, hätte mein Leben keinen Sinn gehabt.

[illegible] Träume von Glück und Harmonie teilen. Aus der Nähe all derer, die sich wie ich gegen das Unrecht aufbäumen, [illegible] verdanke [illegible], dass ich noch am Leben bin. Und da ich weiterlebe, kann ich nicht anders, als mich oft [illegible], um das Leben zu betrachten, das ich hinter mir gelassen habe, [illegible] mich zu der gemacht hat, die ich bin. Um nicht zu vergessen, [illegible] die Millionen von Frauen nicht zu vergessen, [illegible] in ihrem ewigen [illegible] [illegible], [illegible] ich daran schweige, [illegible] Leben [illegible] gelebt.

KRIEGSJAHR

I

Im ganzen Land wütet der Krieg. Überall herrscht dumpfe Unruhe. Überall steigt die Spannung – in den Höfen der Häuser, auf den Feldern, an den Straßenkreuzungen. Die Angst verändert die Gesichter, verzerrt sie, macht sie lang, entstellt sie bis zur Unkenntlichkeit. Alle Welt beobachtet, liegt zitternd auf der Lauer. Überall sieht man Menschen rennen, rennen am helllichten Tag, rennen bei Nacht. Mit Kindern rennen, mit Bündeln unterm Arm, auf den Schultern. Fliehen. Aus der Stadt aufs Land fliehen. Mymensingh, den Distriktshauptort, verlassen, um in den umliegenden Dörfern Zuflucht zu suchen: Phulpur, Dhobaura, Nandail ... Aus den Wohnhäusern, den Läden, den Schulen, dem Theater flüchten, um sich am anderen Ufer des Flusses zu verstecken, in den Reisfeldern, auf den Äckern, die sich erstrecken, so weit das Auge reicht, in den dichten Wäldern. Sogar diejenigen, die gewöhnlich nie einen Fuß vor ihre Haustür setzen, schnüren unter dem Einfluss der allgemeinen Aufregung ihr Bündel. Überall verbreiten die Geier mit ihren Schnäbeln Leichengeruch. Ständig lässt das Schwirren von Kugeln Tauben aufflattern. Auf allen nur möglichen Wegen fliehen die Menschen aus der Stadt – zu Fuß, mit dem Zug, mit dem Schiff. Die Häuser liegen von ihren Bewohnern verlassen da. Bald wuchert das Gras in den Höfen, wo alle Arten von Haushaltsgegenständen herumliegen, zwischen denen verwirrte Katzen streunen.

Bei Einbruch der Dunkelheit halten zwei Motorrikschas vor dem Tor unseres Hauses. Auch für uns hat die Stunde der

Abreise geschlagen: Die beiden klapprigen Fahrzeuge sollen uns nach Madarinogor bringen, ein südlich des Marktfleckens Panchrukhi Bazar gelegenes Dorf. Aber kaum haben wir Sambhugonj erreicht, kurz nachdem wir mit der Fähre den Brahmaputra überquert haben, taucht vor uns auf der Straße eine Gruppe von sechs jungen Männern auf, die Hüften mit einem Streifen buntem Baumwollstoff umgürtet. Während ich mich mit aller Kraft an meine Mutter klammere, starre ich mit weit aufgerissenen Augen auf die Gewehre, die auf ihren Schultern liegen. Ist das also der Krieg – Leute am Straßenrand anhalten und sie ohne weiteren Prozess erschießen?

Einer der jungen Männer, der einen schmalen schwarzen Schnurrbart trägt, steckt den Kopf unter die Plane der Rikscha, um uns anzuherrschen: «Warum, zum Teufel, lasst ihr die Stadt so zurück, ohne eine Menschenseele? Wenn alle weggehen, für wen sollen wir dann noch kämpfen? Los, kehrt um, fahrt zurück nach Hause!»

Meine Mutter schlägt den Schleier ihres *Burqa** zurück und ruft in einem Ton, in dem sich eine Prise Zorn mit zwei Prisen Flehen vermengen: «Was sagen Sie da? Die Rikscha vor uns haben Sie doch durchgelassen! Es sind meine Söhne, die darin sitzen. Lassen Sie uns auch durch, bitte!»

Der Schnurrbärtige lässt sich nicht erweichen. «Ausgeschlossen, Sie auch nur einen Zollbreit weiterfahren zu lassen! Umkehren, los!», grollt er und stützt sein Gewehr auf die Erde.

Nachdem er kehrtgemacht und sein Fahrzeug wieder auf die Fähre verfrachtet hat, zündet sich der Fahrer mit den grau melierten Haaren ein *Bidi* an und erklärt uns, indem er den beißenden Rauch ausstößt: «Das sind Bengalen, sie sind von unserer Seite, keine *Pandschabi*, Sie haben nichts zu befürchten.»

Mir klopft das Herz zum Zerspringen, als würden mir im

* Kursiv erscheinende Begriffe sind im Glossar erklärt.

nächsten Augenblick sechs Kugeln, aus sechs Gewehren abgeschossen, die Brust zerfetzen. Auf dem Rikschasitz eingeklemmt zwischen zwei unter Bergen von schwarzen Schleiern verborgenen Gestalten – meine Mutter und meine Großmutter –, höre ich sie Koranverse murmeln, die sich im Geknatter der Motorrikscha verlieren, während wir durch die Vororte von Mymensingh fahren: Jubli Ghat, Golpukur Par ... Um uns herum herrscht völlige Stille, die nur von unserem beschleunigten Herzschlag, vom Gemurmel der Rezitation und den Explosionen des Motors gestört wird. Zusammengekauert unter der Decke der Nacht, alle Lichter gelöscht, liegt die ganze Stadt in Schlaf.

Nach unserer fehlgeschlagenen Abreise vertraut mein Vater uns noch in derselben Nacht erneut der Motorrikscha an, mit dem Auftrag, uns nach Westen statt nach Osten zu fahren, zum Dorf Begunbari anstelle von Madarinogor. Zusammengedrängt auf der Bank schlafen meine kleine Schwester Yasmin und mein jüngster Onkel Chotku tief und fest, meine Mutter döst; allein meine Großmutter bleibt wach wie ich. Großmutter drückt eine Einkaufstasche aus blauem Plastik an sich.

«Was ist da drin, Großmutter?»

«Reisflocken und Melassestücke», antwortet sie unerschütterlich.

Im Dorf Begunbari angekommen, hält unser bidirauchender Fahrer vor einem Haus an, das unter Bananenstauden versteckt liegt: Hier wohnen die Schwiegereltern von Tante Runu, eine der Schwestern meiner Mutter.

Eine Menge Leute kommen in den Hof herausgelaufen, wie Ameisen aus einem Ameisenhaufen. Alle mustern uns im Licht der Öllampen, die sie in Richtung unserer Gesichter vorstrecken.

«Die Verwandten aus der Stadt sind da ...! Lauf schnell und zieh Wasser aus dem Brunnen! Geh Reis kochen! Und du, bereite Betelbissen zu! Und du kümmerst dich darum, ihnen ein Bett herzurichten! Hol doch ein paar Fächer her, um ihnen Luft zuzuwedeln!» So die Befehle, die augenblicklich durchs ganze Haus schallen.

Für die Verwandten aus der Stadt, das heißt uns, wird ein zusätzliches Bett aufgeschlagen. Da wir so viele sind, müssen wir uns quer hineinlegen. Chotku schläft wie ein Stein, seine Beine quer über den meinen. Als ich versuche, sie wegzuschieben, bekomme ich nur einen Kniestoß in den Bauch, von Yasmin, die ebenso tief eingeschlafen ist. Platt gedrückt wie ein Pfannkuchen, fange ich an zu jammern und zu klagen, dass ich nicht einschlafen könne, wenn ich meine Beine nicht, wie ich es gewohnt bin, auf ein Kissen lagern kann.

Meine Mutter, die sich unaufhörlich Luft zufächelt, weil ihr ganzer Körper von Hitzebläschen übersät ist, herrscht ihre wehleidige Tochter mit erstickter Stimme an: «Du brauchst überhaupt kein Kissen! Was sind denn das für Flausen?»

Solcherart zurechtgewiesen, bleibt dem armen Pfannkuchen nichts, als still zu sein. Großmutter hat sich an einem der Enden des Bettes zusammengerollt, den Kopf unter dem Ende ihres Saris mit der schwarzen Bordüre versteckt, ihre Plastiktasche mit dem Vorrat an Reisflocken und Melassestücken noch immer fest an sich gedrückt. Das flackernde Licht der Öllampe beleuchtet die Tür. Auf die Blechwand wirft es den Schatten der fünf Arme und fünf Beine eines tanzenden Gespenstes, das ruft: «Hu …! Huhu …! Huhu …!» Schnell stecke ich den Kopf zwischen meine Knie und keuche: «Mama! Mama! Ich habe Angst, Mama!»

Keine Antwort. Auch sie schläft inzwischen wie ein Stein.

«Großmutter! Oh! Großmutter!»

Sie reagiert ebenso wenig.

Meine Einweihung in die Lehre von den Gespenstern verdanke ich einem meiner Onkel mütterlicherseits, Onkel Shoraf. Eines Abends, als wir noch bei Großmutter wohnten, war er ganz außer Atem heimgekommen und hatte geschrien: «Ich habe eine Dämonin gesehen, dort, sie stand am Teichufer! Sie trug einen ganz weißen Sari; sie hat mich gesehen, und dann … dann hat sie einen Blitz in meine Richtung geschleudert … und … ich habe die Beine in die Hand genommen!»

Kaum hatte er diese Worte hervorgestoßen, hatte sich Onkel Shoraf von Kopf bis Fuß zitternd unter die Bettdecke verkrochen, und ich hinterher. Ich hatte mich die ganze Nacht im Bett zusammengekauert wie eine Schnecke in ihrem Haus, ohne die geringste Bewegung zu wagen.

Als wir das Haus meiner Großmutter mütterlicherseits verließen, um uns im Viertel Amlapara niederzulassen, muss ich bald acht Jahre alt gewesen sein. Papa hatte seine beiden Söhne gefragt, auf welchen Namen man den neuen Wohnsitz der Familie taufen solle. *Dada* schlug «Sans-Souci» vor, *Chotda* «Blue Heaven». Obwohl man mich keineswegs um meine Meinung gefragt hatte, äußerte auch ich einen Vorschlag: Ich war für «Rojonigondha»*. Schlussendlich wurde der von Dada vorgeschlagene Name auf eine weiße Marmorplatte graviert und auf der Gartenmauer des Anwesens angebracht, neben dem großen schwarzen Eingangstor.

Das Haus war riesengroß, mit einer monumentalen Tür, die von fein bearbeiteten Säulen eingerahmt war. Die Decken waren so unermesslich hoch, dass sie bis in den Himmel zu reichen schienen – einen Himmel, den grün bemalte Deckenbalken zierten. Das Holz dieser Balken war mit stilisierten Blättern aus Metall geschmückt, die quer angeordnet waren, was an die Schwellen von Eisenbahnschienen erinnerte, auf denen jeden Moment ein pfeifender und zischender Zug hätte einfahren können.

* Name einer wohlriechenden weißen Blume, die in Bengalen sehr verbreitet und beliebt ist und ihren Duft in der Abenddämmerung verströmt.

Unter dem Blattwerk eines großen *Bilvas* stieg eine Wendeltreppe empor, die auf die große Dachterrasse führte. Von dort oben konnte man, mit den Ellenbogen auf das fein durchbrochene Geländer gestützt, einen Panoramablick über das gesamte Viertel genießen. Das Grundstück, das das Haus umgab, war von einer Reihe Kokos- und Arekanusspalmen gesäumt. Vor dem Haus erstreckte sich ein Obstgarten voller Mango-, Rosenapfel-, Jackfrucht-, Guaven-, Oliven- und Granatapfelbäume. Meine beiden großen Brüder, Yasmin und ich hatten alles, um nach Herzenslust zu spielen und uns auszutoben!

Wir waren weit weg von Großmutters altem Haus* am Ufer des Karpfenteichs, am Ende der lichtlosen Gasse. Vorbei die Murmelwettspiele, dort unter dem Banyanbaum, an dessen Fuß wir zu diesem Zweck Löcher gegraben hatten! Vorbei die Zeit, in der wir uns mit Sturmlampen Licht machten, deren verrußte Gläser jeden Tag mit alten Lumpen gesäubert werden mussten. Vorbei die Abende im Hof, an denen wir auf Matten sitzend mit unseren jungen Onkeln immer wieder aufsagten: «*So schlängelt sich und wirbelt unser kleiner Fluss dahin …*»**, wobei wir unsere Körper vor und zurück schaukelten, um die Rezitation zu begleiten. Schluss mit den im Dampf gegarten, mit Dattelpalmsaft gefüllten Reisfladen zum Frühstück. Nur eine einzige Sache hatte ich aus dem Haus meiner Großmutter mitgenommen: diesen Schrecken vor Gespenstern, der mich bis ins Mark erstarren ließ. Diese Angst, die mich bis in das Haus hier in Begunbari verfolgt, wo wir wegen des Krieges für einige Zeit Zuflucht gefunden haben.

* Das Wort, das dieses Haus bezeichnet, *Chouchala*, verweist darauf, dass es sich um ein Haus aus Lehm oder Blechplatten mit einem Walmdach handelt, gemäß der traditionellen Architektur des ländlichen Bengalen; es ist also kein gewöhnliches Haus, keine ärmliche Hütte, die nur ein Satteldach hätte.

** Vers eines Gedichts von Tagore, das alle bengalischen Schulkinder lernen.

Wo mir ist, als hörte ich noch Onkel Shorafs Stimme, die verkündet: «Sobald die Nacht zu Ende geht, kehren die Gespenster in ihre Welt zurück.»

Als ich am Morgen aufwache, ist das fünfbeinige Gespenst tatsächlich verschwunden. Da sind nur noch die Sonnenstrahlen, die durch die Spalten im Blech hereinfallen und den Raum aufheizen. Mama, Großmutter und die Schwiegermutter von Tante Runu sitzen auf Schemeln im Hof und schwatzen. Es ist das erste Mal, dass ich aus unserer Stadt Mymensingh herauskomme, abgesehen von einer Zugreise nach Dhaka, einer endlosen Fahrt, die ich damit zugebracht hatte, im Rhythmus der Räder auf den Schienen ununterbrochen das Geräusch der Dampflok nachzumachen. Wir waren unterwegs gewesen, um den ältesten unserer Onkel mütterlicherseits zu besuchen, der am Rande eines sich bis zum Horizont erstreckenden Feldes aus roter Erde wohnte. Dort hatte ich Lust verspürt, mich wie ein Papierdrache in die unendlichen Weiten des Himmels zu erheben und mit den kleinen Wolken Fangen zu spielen.

Während ich mir auf der Veranda mit Kohlepulver die Zähne putze, ertappe ich mich dabei zu denken, dass der Krieg auch etwas Gutes hat: mit einem Schlag keine Schule mehr, nichts mehr zu tun, als die ganze Zeit auf der Dachterrasse mit meiner Puppe zu spielen. Das Einzige, was uns manchmal stören kommt, sind die Flugzeuge, bei deren Geräusch wir schleunigst ins Haus hinablaufen müssen. Dann schickt uns Mama, nachdem sie uns die Ohren mit Watte zugestopft hat, zum Verstecken unters Bett und rezitiert leise Koranverse. Nach einiger Zeit hat mein Vater im Garten einen langen Deckungsgraben ausheben lassen, und sobald Alarm gegeben wird, laufen wir los, um uns dort unterzustellen. Nach der Bombardierung des Krankenhauses hat Papa, der meinte, dass es in der Stadt wirklich zu gefährlich wurde, uns dann aufs Land geschickt, in zwei Rikschas: In der ersten, die nach Madarinogor fuhr, haben die Jungen Platz genommen – Dada, Chotda, Onkel Shoraf,

Onkel Felu, Onkel Tutu. Die zweite hat uns, infolge des bekannten Zwischenfalls, hierher gebracht, nach Begunbari. Papa selber ist in der Stadt geblieben, fest entschlossen, das Haus erst zu verschließen und zu verlassen, wenn die Situation sich noch weiter verschärft.

Ich spüle mir den Mund mit Brunnenwasser aus, dann atme ich in vollen Zügen die Morgenbrise ein, die von süßem Zitronenblütenduft erfüllt ist. Schluss mit Papas Zurechtweisungen, mit seinem dauernden «Mach dies nicht, mach das nicht», mit den Klapsen und Knüffen wegen jeder Kleinigkeit! Was kann man vom Leben Besseres verlangen? Fortan kann ich mit dem Wind tanzen und auf den ländlichen Wegen vor mich hin singen, wie es mir gefällt. Was für ein Glück!

«Komm, Chotku! Wir gehen zum Krämer und kaufen ein paar Tamarinden.»

Kaum habe ich den Vorschlag ausgesprochen, steht Chotku schon vor mir wie ein Bambusrohr. Die bloße Vorstellung, Tamarinden zu schlemmen, lässt mir bereits das Wasser im Mund zusammenlaufen. Der Hof ist von einer Hecke aus Bananenstauden umgeben. Wir schlüpfen hindurch, um den Weg zu nehmen, der auf den kleinen Dämmen zwischen den Reisfeldern verläuft. Ich gehe voran, Chotku folgt mir. Wir sind kurz davor, die Hauptstraße zu erreichen, als sich plötzlich wie eine Vogelscheuche ein gewisser Hasou vor uns aufbaut, ein Junge mit kräftigen Schultern, der nur einen um die Hüfte gebundenen und hochgeschürzten *Lungi* trägt.

«Chotku kann zum Krämer gehen, aber du nicht. Du bist ein Mädchen! Mädchen dürfen sich nicht in den Läden zeigen», wirft er uns hin und lässt dabei einen toten Ast zwischen seinen Händen kreisen.

«Warum denn das? Ich gehe oft einkaufen», antworte ich diesem Landtölpel mit einer verächtlichen Grimasse, um ihm klarzumachen, dass ich nicht gewillt bin, mich einschüchtern zu lassen.

«Das kannst du in der Stadt machen, wenn dir danach ist, aber hier sind wir in einem Dorf. Auf dem Land. Und bei uns auf dem Land bleiben die Mädchen daheim. Sie gehen nicht aus dem Haus!»

Und mit diesen Worten kommt die scheußliche Vogelscheuche auf mich zu, mit drohender Miene. Aus seinen Augenhöhlen strecken zwei gefräßige Ratten ihre grauen Schnauzen hervor. Ich habe in meinen Büchern so viele Beschreibungen von schönen, friedlichen grünen Landschaften gelesen, mit goldenen Ernten im Überfluss, dass ich wirklich große Lust habe, dieses Schlaraffenland mit eigenen Augen zu sehen. Nun bin ich hier und tanze doch nicht mit den Halmen des reifen Reises, da ich nicht hingehen kann, wohin es mir beliebt, in die Wälder und Haine, an die Teiche und Weiher. Ich werde nicht die süße Erfahrung kosten, mich in den Wiesen zu verlaufen und dort plötzlich von der Flötenmelodie eines jungen Hirten angelockt zu werden. Im Gegenteil, ich muss meinen Tag mit einer Konfrontation mit diesen Rattenköpfen beginnen, diesen bösen Ratten, die aus den Augen dieses Hasou hervorschauen, der noch dazu zur Familie gehört, zu der Familie, die uns aufgenommen hat! Mir schnürt sich die Kehle zusammen. Ich laufe zurück und werfe mich meiner Mutter in die Arme, um ihr mein Leid zu klagen. Während ich die Bordüre ihres Saris zwischen meinen Fingern zerknülle, sage ich zu Mama, die sich noch nicht umgezogen hat und ihre noch ungekämmten Haare bedeckt hält*: «Man hat mich daran gehindert, zum Krämer zu gehen …»

Mama reagiert nicht. Mit beiden Händen fasse ich sie am

* Dies tut die Mutter, weil sie sich in einem fremden Haus befindet – dem ihrer angeheirateten Verwandten –, wo die Konventionen der bengalischen Gesellschaft strikt respektiert werden müssen: Eine Frau lässt keine Männer ihre Haare sehen, die nicht sehr nahe Verwandte sind. Zu Hause musste die Mutter ihre Haare nicht bedecken, vor allem nicht, bevor sie geduscht und sich gekämmt hatte.

Kinn, um sie zu zwingen, mich anzusehen: «Es war dieser Hasou … Er hat mich daran gehindert, Tamarinden kaufen zu gehen.»

«Wozu musst du dich auch mit Tamarinden voll stopfen?», fährt sie mich an und befreit ihr Kinn. «So sauer zu essen verwandelt das Blut in Wasser.»

Dies war in der Tat der Grund für den ewigen Argwohn meiner Mutter gegen Tamarinden. Um ihren Blicken zu entgehen, setzte ich mich immer auf die Treppe zur Terrasse, um die in Salz eingelegten Tamarindenfrüchte zu naschen. Fruchtfleisch blieb an meinem Daumen kleben, den ich dann genüsslich abschleckte, unter lautem Zungenschnalzen, so sauer war das! Egal, wenn meine Zunge ganz weiß, meine Zähne gereizt, mein Blut zu Wasser wurde … Hinterher hatte ich Angst, mich zu schneiden oder aufzuschürfen, denn ich befürchtete, dass meine Ungehorsamkeit ans Licht käme, wenn man aus der Wunde Wasser statt Blut fließen sähe. Aber bald war ich beruhigt: Wenn ich mir den Fuß an einer Glasscherbe, einem Schneckenhaus oder einem Backsteinsplitter verletzte, wenn ich mich mit einem Rosendorn in den Finger stach, war es stets Blut, das hervorquoll. Nachdem sie das Blut weggewischt hatte, desinfizierte Mama die Wunde mit Dettol und machte mir aus Stofffetzen einen Verband. In diesen Momenten hielt ich nur mühsam mein Lächeln zurück, entzückt darüber, dass mein Blut sich nicht in Wasser verwandelt hatte.

Das Haus in Begunbari, in dem wir Zuflucht gefunden haben, beherbergt schon in normalen Zeiten eine sehr große Familie. Die Mädchen sind alle mit Fruchtnamen ausstaffiert: Orange, Guave, Granatapfel … Und die Jungen tragen alle Namen auf «ou»: Hasou, Kasou, Basou, Rasou … Rasou, der Mann meiner Tante, wohnt in normalen Zeiten in der Stadt; gleich bei den ersten Anzeichen des Krieges ist er geflohen, aber niemand weiß, wo er sich versteckt hält.

Tante Runus Schwiegermutter hat den Mund immer voll Betel, dessen Saft ihr aus den Mundwinkeln rinnt. Der ungelöschte Kalk, den man in die Bissen tut, verätzt ihr ständig die Spitze ihres Zeigefingers. Ich sehe sie vor mir, wie sie vorsichtig mit ihren vom Kalk verschont gebliebenen anderen Fingern einen Betelbissen vom Tablett nimmt und in den Mund steckt, der ganz ausgebeult ist, weil sie noch am vorigen Bissen kaut. Sie beugt sich zu Großmutters Ohr, um mit größter Mühe zu artikulieren: «Gott allein weiß, wohin er verschwunden ist, dieser Rasou. Ob er inzwischen tot oder lebendig ist. Man sagt, die Pandschabi massakrieren alle Leute, die sie in der Stadt finden …»

Dicht über dem Boden auf ihrem Schemel sitzend, eingehüllt in ihren Sari, erinnert Großmutter mich an eine Art Bündel. Besagtes Bündel in seinem weißen Sari mit schwarzer Bordüre zeigt keine Reaktion und bietet einem weiteren Bündel Schutz – der Einkaufstasche aus blauem Plastik mit dem Vorrat an Reisflocken und Melassestücken. In Großmutters Augen bleiben die beiden Pupillen so reglos wie Steine. Sie scheinen noch in der Betrachtung jener Szene versunken zu sein, als in einer tiefschwarzen Nacht Hashem, Großmutters dritter Sohn, an die Haustür klopfte. Sie hatte kaum aufgemacht, da hörte sie schon Hashems Stimme, die vom fernen Getöse eines Zuges überdeckt wurde, verkünden: «Mama, ich gehe fort …»

«Was ist denn los?», hatte Großmutter gefragt und den Docht der Petroleumlampe hochgedreht, während sie die Eingangsstufen hinunterstieg.

«Auf Wiedersehen!», hatte Onkel Hashem gesagt, ohne sich umzudrehen, während er sich schon am Teich neben dem Haus entlang entfernte.

«Aber wohin gehst du denn so spät? Bleib stehen!», hatte Großmutter, die hinter ihm herlief, ihn bedrängt.

«Ich ziehe in den Krieg. Ich kehre zurück, wenn das Land

frei ist!», hatte Onkel Hashem gerufen, ohne einen Blick zurück zu werfen.

«Warte, Hashem! Hör mir zu!», schrie Großmutter ihrem Sohn nach, der entschlossen war, nur nach seinem Kopf zu handeln. Sie hatte ihn gerufen, bis er vollends im Bauch der Nacht verschwunden war.

Dann war sie stehen geblieben, unfähig, sich zu bewegen, und ihr Herz schlug zum Zerspringen in ihrer Brust, die ihn gewärmt und genährt hatte, diesen Sohn, der mitten in der Hungersnot von 1943* geboren war, in einer Zeit, in der kleine Kinder so wenig Überlebenschancen hatten. Auf der Schwelle des kleinen Hauses, in dem sie wohnten, gleich neben dem von Großmutter, weinte Tante Parul, Onkel Hashems junge Frau, laut schluchzend. Alle Welt sagt, Onkel Hashems Frau sei schön wie ein Engel. Großmutter zufolge ist es der Glanz des Mondes, der aus Tante Paruls Körper leuchtet, so hell strahlt ihr Teint in der Nacht! Ja, ein wahrhaftiger Mondenschein! ... Wo soll man nun diesen Mond verstecken, um ihn vor all den Gefahren zu bewahren, die jungen Frauen drohen, vor allem in diesen Kriegszeiten? Und obendrein ist Parul Mutter eines kaum sechs Monate alten kleinen Mädchens. Wie kann ein Mann es über sich bringen, ein solches Heim sang- und klanglos zu verlassen? Wie soll man Hashem in so tiefer Finsternis wieder finden? Es ist nicht so, dass Großmutter, die den Zweiten Weltkrieg erlebt hat, von diesem Krieg über die Maßen beeindruckt wäre. Damals war das Land von den Japanern bombardiert worden ... Aber selbst damals war die Familie nie derart auseinander gerissen worden.

Gleich im Morgengrauen hatte Großmutter Tante Parul zu

* Die große Hungersnot von 1943 in Bengalen, die mindestens drei Millionen Opfer forderte, hat im Gedächtnis der Bengalen noch immer lebendige Spuren hinterlassen. Die damalige Kolonialmacht trägt große Verantwortung für das Ausmaß der Katastrophe.

deren Vater in Sicherheit gebracht. Dann hatte sie sich, mit ihren vier übrigen Söhnen und einer Einkaufstasche aus blauem Plastik, zu ihrer Tochter nach Sans-Souci begeben, um darüber zu beraten, wie man sich weiter verhalten solle. Fürs Erste fand sie in diesem großen Backsteinhaus Zuflucht, das sicherer erschien als ihre alte Hütte mit den einigermaßen klapprigen Blechwänden. Ihr Schwiegersohn, also mein Vater, hatte ihr in Anbetracht der in der ganzen Stadt gespannten und täglich sich verschlimmernden Lage empfohlen, sich auf dem Land in Sicherheit zu bringen.

Und nun hat Großmutter auf dem Weg zu ihrer ländlichen Zufluchtsstätte die Spur von drei weiteren ihrer Söhne verloren. Nur ihr Kleinster ist ihr geblieben – buchstäblich ihr Letztgeborener, denn sie weiß, dass sie keine weiteren Kinder mehr bekommen kann –, besagter Chotku, der jünger ist als die jüngste ihrer Enkelinnen.

Während Tante Runus Schwiegermutter, die ohne Nachricht von ihrem Sohn Rasou ist, unaufhörlich jammert, sitzt Großmutter neben ihr, mit dem Rücken zur Sonne, und verliert kein Wort, obwohl sie einen Sohn im Krieg hat. Sie scheint sich im Voraus damit abgefunden zu haben, ihn nie mehr zurückkehren zu sehen. Und ihr Blick bleibt undurchdringlich.

II

Tante Runus Schwiegervater hat erfahren, dass Soldaten in Richtung Begunbari vorrücken. Weniger als fünfhundert Meter vom Dorf entfernt, in einem Jutefeld, sind sechs Menschenköpfe entdeckt worden. Viele Leute laufen los, um den makabren Fund zu sehen. Viele andere fliehen in die entgegengesetzte Richtung, ihr Bündel in der Hand. Für uns, die Verwandten aus der Stadt, ist es beschlossene Sache, dass wir uns in einem noch abgelegeneren Dorf verstecken werden. Mitten in der Nacht verlassen wir also auf einem Büffelkarren Begunbari, um nach Hanspukur zu gelangen.

Kasou, einer von Hasous Brüdern, zeigt dem Fuhrmann den Weg. Während wir einen dichten Wald durchqueren, der ganz erfüllt ist vom Zirpen der Grillen und von gelegentlichem Schakalgeheul und Eulenschreien, weigern sich die Büffel plötzlich weiterzugehen. In Todesangst dränge ich mich so dicht wie möglich an Mamas Schenkel. Onkel Shoraf sagte immer, in der Nacht kämen alle Gespenster aus ihren Schlupflöchern, um die Menschen zu entführen und zu verschlingen, ohne Spuren zu hinterlassen. Ihm zufolge waren die bevorzugten Aufenthaltsorte der Geister die Baumwipfel. Und nun ist unser Büffelkarren ausgerechnet unter einem riesigen Baum zum Stillstand gekommen, in einer mondlosen Nacht. Mir ist, als hörte ich eilige Schritte auf uns zukommen. Der Fuhrmann schlägt zwar mit weit ausholenden Stockhieben auf den Rücken seiner Büffel ein, aber die weigern sich stur, sich zu rühren. Man hört das Krachen des Stocks, der auf den Rücken der Tiere niedergeht, das Zungenschnalzen des Fuhrmanns. Dann auf einmal galoppieren die Büffel los, auf ein Bambuswäldchen am Wegrand zu, in das sie mit Volldampf hineinrasen. Das Strohdach, das den Karren bedeckt, hält nicht lange stand und bricht über uns zusammen. Strohhalme piken uns in die Augenbrauen, auf den Kopf, stechen uns in die Augen, lauter Widrigkeiten, die Chotku schrill aufheulen lassen. Wieder erklingen die Rufe des Fuhrmanns – «Na los! Los! Hü! Hü!» – und das Krachen der Stockschläge auf die Büffelrücken. Wieder meine ich, dasselbe Geräusch von Schritten zu vernehmen. Chotku klammert sich mit der ganzen Kraft seiner mageren Händchen an Großmutter fest. Großmutter drückt mit aller Kraft ihre Plastiktasche an sich. Ihren Vorrat an Reisflocken und Melasse.

In Hanspukur gehen wir zu den Schwiegereltern von Granatapfel, einer der Schwestern Kasous. Im Feld neben dem

Haus liegend, genießen die beiden Büffel ihre wohlverdiente Ruhepause, ebenso wie unser Fuhrmann. Kasou geht voran, um seinen Verwandten aus der Stadt den Weg zu zeigen. Von Zeit zu Zeit dreht er sich um, um sich zu vergewissern, dass wir nachkommen.

In Hanspukur sind alle sehr beeindruckt von uns Städtern: Man ist es hier allerdings auch kaum gewöhnt, Leute wie uns zu sehen, die zur Schule gehen, in Steinhäusern wohnen, sich in Autos fortbewegen. Man überlässt uns den größten Raum des Hauses. Man holt für uns mit grellbunten Blumen und Blättern verzierte Gläser und Steingutgeschirr aus dem Schrank. Man bereitet uns köstliche Currys mit Fischen zu, die in dem Weiher nebenan gefangen werden. Sobald es fertig ist, ruft man uns, und wir gehen alle zusammen in die Küche und setzen uns auf die niedrigen Schemel, die dort bereitstehen. Erst nachdem sie die Gäste, die Kinder, die von den Feldern heimgekehrten Männer mit Essen versorgt haben, nehmen die Frauen ihre Mahlzeit zu sich, schon mitten am Nachmittag. Die Betten hat man für uns mit gesteppten, schön bestickten Decken ausgestattet und die Kopfkissen sorgfältig mit Bezügen versehen, auf die in blauen und roten Lettern Sätze wie etwa: «Vergiss mein nicht!» aufgestickt sind. Aber das Problem ist: Es gibt nur ein Kopfkissen pro Person ... Und um Schlaf zu finden, muss ich meine Beine auf mein Kissen lagern: Kein Krieg der Welt wird mich auf meine kleinen Luxusgewohnheiten verzichten lassen! In meinen Träumen schwimme ich wie eine Ente auf den Weihern von Hanspukur*, und ich fliege mit dem Wind davon, wie der rote Drachen von Chotku und Kasou.

Bei unseren Gastgebern in Hanspukur sind die Mädchen schon alle mit einem Sari bekleidet, den sie nach Art der alten Frauen tragen, ohne ihn vorne in Falten zu legen. Manche sind

* Wortspiel mit dem Dorfnamen «Hanspukur», der «Entenweiher» bedeutet.

sogar schon verheiratet*, habe ich sagen hören. Von der Morgendämmerung an auf den Beinen, gehen sie sogleich allen häuslichen Pflichten nach: den Hühnerstall öffnen, in die Glut blasen, um das Feuer wieder anzufachen, Gewürze mahlen, Reis sieben und schälen … Wenn ich ihnen vorschlage, mit mir Himmel und Hölle zu spielen, beißen sie sich auf die Lippen, um nicht zu lachen. Keine von ihnen gesellt sich zu mir. Und die Jungen bringen ihre Tage damit zu, auf die Bäume zu klettern und Mangos, Mangostanen und Kokosnüsse zu pflücken. Auch ich habe große Lust, auf Bäume zu klettern, aber sobald sie es mich versuchen sehen, schreien sie laut los: «Davon gehen die Bäume ein, wenn ein Mädchen draufklettert!»

Die Jungen spielen auch *Hadudu***, wobei sie ihre Lungis hochschürzen. Wenn ich frage, ob ich mitmachen darf, weisen sie mich mit den Worten zurecht: «Das ist doch kein Mädchenspiel.»

Ein *Gamcha* über die Schulter geworfen, gehen sie oft zu den rund um das Dorf gelegenen Weihern zum Angeln. Als ich mir in den Kopf setze, ihnen zu folgen, drehen sie sich um und rufen mir zu: «Angeln ist nichts für Mädchen!»

Immer das Gleiche. «Und Drachen steigen lassen, ist das auch nichts für Mädchen?»

«Natürlich nicht.»

«Und seit wann?», begehre ich auf, die Fäuste in die Hüften gestemmt, Oberkörper nach vorne.

* Ihre Hochzeit hat stattgefunden, aber sie leben bis zur Geschlechtsreife weiter bei ihren Eltern; erst zu diesem Zeitpunkt ziehen sie zu ihrem Mann und seiner Familie.

** Jungenspiel: Zwei Gruppen stehen sich gegenüber, jede hat ihr eigenes Feld; man muss versuchen, das gegnerische Lager zu durchqueren und dabei *hadudududu* zu rufen, ohne Atem zu holen; die Spieler des gegnerischen Lagers versuchen, den Eindringling abzufangen und ihn außer Atem zu bringen, wodurch er aus dem Spiel ausscheidet.

Einer der Jungen macht kehrt. «Du schaffst es ja nicht einmal, ganz schnell zu wiederholen: ‹*Katcha gab paka gab, katcha gab paka gab*›*, wette ich», fordert er mich heraus, schlammverschmiert und pechschwarz wie er ist, mit einem Lächeln, das zwei Reihen ganz gelber Zähne enthüllt.

In der Hoffnung, die Jungen würden mich dann zum Angeln mitnehmen, versuche ich mein Glück: «*Katchagabpatchabapkakapap …*» Gelbzahn hält sich die Seiten vor Lachen, und seine Gefährten mit ihm, bevor sie mich stehen lassen und ihren Weg zu den Weihern wieder aufnehmen. Und ich, die kleine Städterin in meinem Kleidchen von der Stange, bleibe allein und verstört zurück.

Am frühen Nachmittag nehmen die Mädchen des Hauses ihr Bad im Weiher gleich nebenan. Sie vergnügen sich damit, den Teich in einem einzigen Zug zu durchqueren: Ich sehe sie plötzlich verschwinden und im nächsten Augenblick mit dem Kopf am anderen Ufer wieder auftauchen. Auf den Stufen sitzend, die zum Weiher hinabführen, schaue ich ihnen bewundernd zu. Ich traue mich gerade mal bis zu den Beinen ins Wasser. Dass ich mit nacktem Oberkörper dasitze, gibt ihnen Anlass zu Bemerkungen: «Habt ihr gesehen, diese lange Bohnenstange hat noch gar keinen Busen, in ihrem Alter!»

Shoraf-*mama*, der im Karpfenteich neben Großmutters Haus Rücken- und Brustschwimmen übte, sehr zum Schaden der Wasserhyazinthen, hatte mir einmal, als er mich mit neiderfüllten Augen am Ufer sitzen sah, zugeschrien: «Du willst schwimmen lernen? Dann musst du Ameisen essen, viele Ameisen, das ist das einzige Mittel.» Wie oft habe ich mich nicht am Schwimmen versucht, nachdem ich massenhaft Ameisen, vermengt mit Zucker oder Melasse, vertilgt hatte. Verge-

* Bengalische Entsprechung von «Fischers Fritz fischt frische Fische …»; wörtlich bedeutet es «grüne Mangostane» *(Katcha Gab)*, «reife Mangostane» *(Paka Gab)*.

bens: Meine Beine zog es unwiderstehlich nach unten, und ich schluckte Unmengen Wasser.

Als ich die kleinen Kinder von Hanspukur nackt in die Weiher springen sehe, schäme ich mich schrecklich. In meinem Alter und trotz meines abenteuerlustigen Charakters bin ich zu nicht mehr in der Lage, als bis zur Taille im Wasser herumzuplanschen, aufrecht wie ein Schilfrohr. Dabei reizt es mich ungeheuer, wie die anderen von einem Ufer zum anderen zu schwimmen. Was könnte es für ein größeres Vergnügen geben, als sich in der Gluthitze eines Sommernachmittags nach Herzenslust im kühlen Wasser zu ergehen?

Mama lässt mir sagen, ich würde mich, wenn ich zu lange im Wasser bliebe, erkälten und Fieber bekommen. Armes Krüppelchen aus der Stadt, das schon zurück ans Ufer muss! Von wegen Ufer. Ein echter Backofen ist das!

Das Ufer ist brennend heiß, o so heiß! Die Pandschabi stecken die Häuser in Brand, überall auf ihrem Weg. Man sieht die Frauen aus den benachbarten Orten, deren Häuser niedergebrannt worden sind, die Runde der Häuser in Hanspukur machen und sich gegen die Stirn schlagen. Das ganze Dorf zittert vor Angst, als ob ihnen jeden Moment Bomben den Himmel auf den Kopf fallen lassen würden. In Hanspukur gibt es nur zwei Familien, die einen Radioapparat besitzen. Diejenige, bei der wir, Mama, Großmutter, Chotku, Yasmin und ich, unerwartet aufgetaucht sind, sowie die Familie eines der Honoratioren der Gegend, Kasem Sikdar. Jeden Abend versammelt sich eine besorgte Menschenmenge in den beiden Häusern, um die Nachrichten zu hören.

Die Männer des Dorfes setzen sich in den Hof, wo Matten für sie bereitliegen. Während sie den letzten Nachrichten lauschen, lassen sie die Wasserpfeife herumgehen. Nun sind wir schon bald zwei Monate in Hanspukur, und seit zwei Monaten wiederholt ein kahlköpfiger Mann mit Pausbacken, der immer dieselben grünen Lungi trägt, jeden Abend: «Der Sender Freies Bangladesch kündigt an, dass die Befreiungsarmee bald da sein wird. Bald werden wir am Ende unserer Leiden sein.»

Auf einem niedrigen Schemel sitzend, schlägt sich der Schwiegervater meiner Kusine Granatapfel mit einem Handtuch, um die Mücken zu verscheuchen, die über seinen kohlrabenschwarzen Rücken herfallen. Er streicht sich über das weiße Bärtchen und gibt zu bedenken:

«Ich sehe nicht, was deine ‹Befreiungsarmee› gegen die pakistanischen Soldaten ausrichten könnte. Es ist wohl wahr, dass sie in Indien ausgebildet worden sind, wie es heißt. Und dass eine Menge Burschen aus dem Dorf losgezogen sind, um in ihren Reihen zu kämpfen. Aber es sind Kinder! Es ist noch gar nicht lange her, da tranken sie noch an der Brust ihrer Mütter. Ich kann sie mir nicht im Krieg vorstellen. Die ganze Stadt Dhaka ist nur noch ein einziger Friedhof. Die Pakistani, diese Wilden, brennen die Dörfer eins nach dem anderen nieder. Sie sind echte Raubtiere, die es nach Blut dürstet. Eines Tages war da einer, im Bazar von Trishal, der mich auf Urdu fragte, wie ich heiße: *‹Apka nam kya hai?›* Ihr hättet sehen sollen, wie ich ihn zusammengestaucht habe! Was geht es dich an, wie ich heiße, Trottel?, habe ich ihm in unserer Sprache geantwortet.* Am selben Tag habe ich einen Schock bekommen, als ich sah, wie der Imam der Moschee von Tchantara den Soldaten folgte wie ein kleiner Hund.»

Taru der Schneider stößt beim Zuhören tiefe Seufzer aus. Dann gibt der Alte noch eine Reihe von «hm!» von sich, bevor er sich entschließt zu reden: «Am Ende werden die *Muktibahini* das Land befreien, das ist sicher. Unsere Guerilla ist schon

* Die pakistanischen Soldaten verstanden kein Bengali, da sie überwiegend aus Westpakistan stammten; sie sprachen vor allem Urdu und Pandschabi, zwei Sprachen, die sich stark vom Bengali unterscheiden und den meisten Einwohnern Bengalens unbekannt waren.

ziemlich erfolgreich. Und wenn Not am Mann ist, wird Indien seine Armee zu Hilfe schicken. Dieses Land wird endlich uns gehören! Der Sheikh Mujibur wird es regieren. Schluss wird sein mit den Ayyubs* und Yahyas**! Für immer!»

Das Ohr an den Bretterzaun gelegt, der sie vor fremden Blicken schützt, verfolgen die Frauen des Hauses die Gespräche der Männer. Großmutter ist im Haus geblieben, auf dem Bett sitzend, immer noch einem Bündel gleich, mit fortwährend starrem Blick.

Neben der Angst vor Gespenstern ist es jetzt die Angst vor den Soldaten, die sich, einem Webervogel gleich, in meinem Herzen ihr Nest baut.

Taru der Schneider hat Recht behalten: Die Muktibahini haben das Land schließlich befreit. Als der Krieg zu Ende geht, sind wir in einem Dorf namens Dapuniya.

Es ist ein schöner Wintermorgen. Wir sitzen auf der Veranda des Wohnzimmers in der Sonne. Wenn wir den Mund öffnen, kommt eine weiße Dampfwolke heraus. Plötzlich ist lautes Geschrei zu hören. Alle Kinder laufen zur Hauptstraße, um herauszufinden, was los ist. Auf den Gesichtern ist höchste Neugier zu lesen. Jeder fragt sich, was im Gange ist, wer nun wieder ins Dorf einfallen wird. Wird man wieder erfahren, dass ein Haus niedergebrannt, dass irgendwo eine Leiche gefunden worden ist? In den letzten sieben Tagen hallten in der Umgebung ständig Schüsse wider. Dem ganzen Dorf pfeifen noch die

* Ayyub Khan: pakistanischer Befehlshaber, der dem Land eine Militärdiktatur auferlegte, die im damaligen Ostpakistan, dem heutigen Bangladesch, besonders repressiv war. Er lenkte den pakistanischen Staat von 1958 bis 1971.

** Yahya Khan: General, Nachfolger Ayyub Khans an der Spitze Pakistans von 1969 bis 1971; unter seiner Herrschaft kam es zur Sezession Bangladeschs.

Ohren davon. Vor Angst und Schrecken hat Dapuniya die ganze Zeit den Atem angehalten. Was wird uns diesmal passieren? Wer sind die Leute, die an diesem Morgen auf der Hauptstraße ankommen? Wieder Soldaten? Nein, es ist nicht der übliche Radau, wie ihn die Soldaten veranstalten. Hinter den Fenstern schieben die Frauen des Hauses die Vorhänge beiseite, um besser zu sehen. Aber ohne Erfolg.

Ich für meinen Teil mag mich nicht damit begnügen, durch einen Vorhangspalt zu schauen. Ich lange Bohnenstange, deren Brüste noch nicht einmal angefangen haben zu wachsen, wirke noch kindlich genug, um mit der Schar der anderen Kinder dem Geschrei entgegenzulaufen. Diese Rufe, die immer näher kommen, sind anders als sonst; man bekommt Gänsehaut davon ... wird von einer Hoffnung ergriffen ... In meinem Kopf fliegen hundert Tauben auf.

Es ist so weit! An die zwanzig junge Männer mit Gewehren in der Hand werden sichtbar. Sie gleichen jenen jungen Männern, die damals auf der Straße nach Sambhugonj unser Fahrzeug angehalten hatten. Auf einem Lastwagen stehend, brüllen sie: *«Jay Bangla! Jay Bangla!»** Welch ein beeindruckendes Schauspiel! Welch unbezwingliche Aufregung! Hinweggefegt, die sonstige Ruhe Dapuniyas. Es war, als tauchten die Menschen aus einer stockdunklen Höhle auf, in der sie noch viele Jahre hätten verbringen sollen, und fänden plötzlich eine im Licht funkelnde Welt wieder. Oder als sähe ein Mann, der drauf und dran war, in eisigen Wassern zu ertrinken, plötzlich ein Boot die Segel in seine Richtung setzen. Monatelang hatten die Einwohner Dapuniyas nur in ihren Herzen «Jay Bangla!» schreien oder es einander bestenfalls ins Ohr flüstern können. Heute hörten sie diesen Ausruf des Stolzes am helllichten Tag erklingen. Den Schleier des Schreckens abwerfend, können die

* Es lebe Bengalen! Dies war der Schlachtruf der Befreiungskämpfer gegen die pakistanische Besatzung.

Menschen dieses Landes endlich aus vollem Halse «Jay Bangla!» schreien. Und das tue nun auch ich: «Jay Bangla! Jay Bangla!» Wie die anderen schreie ich und recke die Siegesfaust in die Luft. Eine große Menschenmenge läuft hinter dem Lastwagen, hinter «Jay Bangla», hinter der Freiheit her. Ich nehme die Beine in die Hand und renne zurück nach Hause, um Mama die große Neuigkeit zu verkünden. Mama steht am Fenster.

«Mama! Mama! Ruf auch du: ‹Jay Bangla›! Wir sind frei!», schreie ich ihr tanzend zu.

Mama lacht und weint zugleich. Freudentränen laufen ihr über die Wangen. Sie wischt sie mit dem Ende ihres Saris ab, aber es kommen immer mehr nach. Und unter den Tränen lacht sie weiter. Nur Großmutter bleibt unerschütterlich; nicht der geringste Freudenschauer bewegt die Pupillen ihrer Augen. Sie ist schon so lange in diesem Zustand, gefühlloser scheinbar als ein Stein. Warum lacht sie denn nicht mit all ihren vom Betel braun verfärbten Zähnen? Trauert sie darum, nun nicht mehr ihre Tasche aus blauem Plastik an sich drücken zu müssen? Wollte sie für den Rest ihres Lebens einem großen Bündel ähneln, das ein kleineres Bündel an seinen Bauch presst?

Die Straßen von Dapuniya füllen sich mit einer immer größer werdenden jubelnden Menge. Die Leute rennen in alle Richtungen. Noch gestern hörte man nichts als das Pfeifen der Kugeln und die Totenklagen; heute hört man nichts als Lachen und Freudenschreie; heute ist das ganze Land in Feststimmung. Jay Bangla! Jay Bangla! Das bedeutet, es wird keine in Brand gesteckten Häuser mehr geben, kein Mensch wird mehr auf irgendjemanden schießen, nirgends mehr werden Bomben fallen, niemand wird mehr mit verbundenen Augen fortgebracht, um erschossen zu werden, der Wind wird keinen Leichengeruch mehr mit sich führen, es werden keine Geierschwärme mehr am Himmel kreisen, wir werden in unser Haus zurückkehren, in die Stadt, ich werde wieder in meinem Zimmer schlafen können, das ich vor so langer Zeit hinter mir gelassen habe, mit zwei

Kopfkissen – eins unter dem Kopf und ein weiteres für die Beine, wie ich es gewöhnt bin –, ich werde meine Puppen wieder finden – Mama-Puppe und kleine Puppe, die so lange schlafen mussten ... endlich werde ich sie wieder aufwecken können!

Verfolgt mich die allgemeine Begeisterung, oder laufe ich ihr hinterher? Trage ich sie auf meinen Schultern, oder sitze ich hoch oben auf den ihren? Wie auch immer, ich folge der Bewegung der Menge, ich schließe mich dem Siegeszug an, ich überhole ihn. An der Spitze des Zuges geht ein Junge namens Khaled; er hält ein Bambusrohr hoch, an dessen Ende eine Fahne flattert: sie ist ganz grün mit einem roten Kreis in der Mitte; auf das Rot ist ein kompliziert geformtes Stück gelben Stoffs aufgenäht.* Hinter Khaled laufen alle Jungen des Dorfes zusammen, alle Jugendlichen, alle jungen Männer. In der Menge erkenne ich sogar Chotku, der auch eine solche Fahne hochstreckt. Ich würde auch gerne eine tragen. Es ist eine völlig neue Fahne. Bis jetzt mussten wir in der Schule singen: *«Pak sar zamin shad bad»***, vor Pakistans grüner Flagge mit dem Stern und der Mondsichel in Weiß. Eines Tages, zu der Zeit, als Chotda auf Demonstrationen «Nieder mit Ayyub!» schrie, war er aus dem Haus gegangen und hatte diese Fahne, die wir unter einer Matratze verwahrten, mitgenommen. Als er am Abend von der Demonstration zurückgekommen war, hatte er uns erzählt, sie hätten sie auf der Straße verbrannt.

Bevor der Zug zum Stehen kommt, verkündet Khaled, der auf einen Jackfruchtbaum am Straßenrand geklettert ist und vor der Menge die neue Fahne hochhält: «Dies ist die Flagge des Sieges! Jay Bangla! Vom heutigen Tag an ist dies unser aller Flagge. Die grüne Farbe stellt das Grün unserer Reisfelder dar;

* Die Flagge des neuen unabhängigen Staates trug damals den Umriss des Landes in ihrer Mitte.

** Anfang der Nationalhymne Pakistans: «Gesegnet sei unser Land Pakistan ...»

der rote Kreis in der Mitte ist die Sonne; und in dem Rot liegt die Karte unseres Landes. Nach neun Monaten Krieg haben wir uns endlich ein eigenes Land erobert; vom heutigen Tag an heißt unser Land nicht mehr Ostpakistan, sondern es heißt Jay Bangla! Auf, ruft alle mit mir: Jay Bangla! Jay Bangla!»

Aus der Stadt haben uns Nachrichten erreicht, denen zufolge die Situation sich normalisiert. Bald taucht auch Großvater auf, in einem vertrauten Lungi-Geraschel, wie immer beim Gehen die Arme schwingend, als würde er rudern. Er kommt in großer Aufregung bei Khaleds Eltern an, in der Nähe des Bazars von Dapuniya, und mit seinem im Wind flatternden Bärtchen ruft er aus: «Auf! Auf! Es ist Zeit, nach Hause zurückzukehren! Jetzt kommt alles wieder in Ordnung!» Auf diese Worte hin machen Großmutter mit ihrer blauen Plastiktasche, Mama, Chotku, Yasmin und ich uns auf den Heimweg. Großmutter kehrt in ihr altes Haus mit dem Walmdach zurück, am Ende der lichtlosen Gasse, am Ufer des Karpfenteichs. Aber als Mama in Begleitung ihrer beiden Töchter durch das schwarze Tor von Sans-Souci tritt, wird sie von Papa mit vorwurfsvollen Worten empfangen: «Was machst du hier? Der Krieg ist noch nicht zu Ende!»

Das hatten wir bei unserer Ankunft schon bemerkt, dass der Krieg nicht zu Ende war. Die Häuser unserer Hindu-Nachbarn, der Ortchonas, der Profullos, stehen noch immer leer. Und das Haus der Bibhas ist von Unbekannten besetzt, die kein Bengali sprechen.

Papa erklärt: «Das sind *Bihari*; sie haben die meisten Hindu-Häuser besetzt.»

In unserem Hof ist das Gras so hoch gewachsen wie ich, als hätte das Anwesen jahrelang verlassen dagelegen. Das Haus erinnert mich nun an den verfallenen Sitz des *Zamindar* von Muktagatcha, der mit seinem Verputz, der sich in großen Placken löste, seinen auseinander weichenden Backsteinen eine

Brutstätte von Schlangen geworden war, die man nach allen Seiten wegflitzen hörte, sobald man in die Nähe kam.

Äußerst beunruhigt erklärt Papa: «Die Situation in der Stadt ist alles andere als sicher. Der *Dak Bungalow* ist voller Militärs. Gleich morgen früh werdet ihr alle drei wieder abreisen.»

So war der Plan. Mama schickt unseren ältesten Bruder zu Großmutter, damit er sie nach Sans-Souci zurückbringt. Das alte Haus mit dem Walmdach ist so baufällig, dass man zögert, an die Tür zu klopfen, vor lauter Angst, das ganze Gebäude könnte einstürzen. Man kann sich nur zu gut vorstellen, was bei einem Überfall passieren würde. Großmutter steigt also in eine Rikscha, immer noch ihre blaue Plastiktasche an sich drückend, um sich wieder in unserem großen Backsteinhaus in Sicherheit zu bringen. Gleich am nächsten Morgen sollen wir erneut nach Dapuniya aufbrechen. In dem ganz stillen Haus hat Großmutter ihren Gebetsteppich ausgebreitet. Sie hat ihre ewige blaue Plastiktasche dicht neben sich an die Wand gelehnt. Die Tasche voller Reisflocken und Melasse. Sogar während des Gebets wirft Großmutter ein paar Blicke in ihre Richtung, um sie zu bewachen …

Ich erinnere mich, dass ich eines Tages, als wir noch in Hanspukur waren, gewagt hatte, von einem kleinen Hunger getrieben, meine Hand in die Tasche gleiten zu lassen … Obgleich sie mitten im Gebet war*, hatte Großmutter sich auf mich gestürzt wie ein Raubvogel, um mir die Tasche aus der Hand zu reißen.

«Ich hatte Lust auf Reisflocken», hatte ich protestiert.

«Das ist jetzt nicht der richtige Moment. Verschwinde von hier», hatte sie mich böse angefahren.

* Die religiöse Praxis verlangt, dass man sich während der Gebetszeit von nichts ablenken lässt: Das Gebet darf unter keinen Umständen unterbrochen werden, weder um sich um andere Dinge zu kümmern, noch um jemandem zu antworten.

Großmutter hat ihre Gebete fast beendet, als wir vom schwarzen Tor her ein lautes Getöse hören. Ein schrecklicher Lärm, als würde sich eine Herde wilder Elefanten auf eine Bananenpflanzung stürzen.

Es ist Onkel Rasou, der herbeigerannt kommt, um uns zu sagen, dass wir uns schnell verstecken sollen: «Schnell! Lauft weg! Die Soldaten! Schnell!»

Mama ist gerade dabei, in dem Zimmer, wo Chotku, Yasmin und ich uns eben erst schlafen gelegt haben, den Koran zu lesen. Sobald sie Onkel Rasous Schreie hört, lässt sie das Buch fallen, mitsamt ihrer ziselierten Goldarmreife, die sie darauf gelegt hatte, und scheucht uns auf: «Los! Aufstehen! Aufstehen!»

Wir verlassen das Haus durch die Hintertür und schleichen durch die Finsternis, um uns in dem leer stehenden Haus unserer Nachbarn Profullo zu verstecken.

Als wir uns einige Stunden später zurück nach Hause trauen, finden wir Papa niedergestreckt am Boden, wie er langsam wieder zu sich kommt. Großmutter eilt sofort zu dem Platz, wo sie ihren Gebetsteppich ausgerollt hatte. Sie tastet im Halbdunkel herum und murmelt ununterbrochen vor sich hin: «Meine Tasche, wo ist meine Tasche hingekommen? Rasou, Idun, wo ist meine Tasche?»

«Sie haben das ganze Haus geplündert», flüstert darauf Onkel Rasou.

Mama macht die Runde durch alle Zimmer, mit einer Kerze in der Hand. Sie öffnet den Schrank: Das Geld ist verschwunden. Allein der Koran liegt noch am Boden. Die Armreife sind auch weg, ebenso wie Großmutters Plastiktasche.

«Es ist alles so schnell gegangen! Zuerst haben sie Nomans Vater* niedergeschlagen, dann haben sie alles mitgenommen.

* Eine bengalische Frau nennt üblicherweise ihren Mann nicht beim Namen: Sie spricht häufig als vom Vater ihrer Kinder von ihm. Noman ist der Name des ältesten Bruders der Autorin.

Warum sind wir nur in die Stadt zurückgekommen? Was wird jetzt aus uns werden?», wiederholt Mama unaufhörlich.

Großmutter sucht weiter tastend im ganzen Zimmer herum. Umsonst. Papa verlangt stöhnend nach Wasser. Onkel Rasou gießt ihm etwas Wasser in den Mund. Papa macht keine Bewegung, allein seine Lippen rühren sich. Onkel Rasou zittert vor Schrecken. Nachdem er die Frauen aus dem Haus geschickt hatte, damit sie sich versteckten, wohl wissend, wie scharf die Soldaten auf sie waren – sobald sie eine sahen, ob jung oder reif, knöpften sie sich auf und holten ihr Ding heraus –, hatte er sich selbst rasch in eine Decke gewickelt, unter einem Bett versteckt und sich ununterbrochen Koranstellen vorgesagt, im sicheren Glauben, seine letzte Stunde sei gekommen. Er hatte sein Versteck erst wieder verlassen, als er gehört hatte, wie die Stiefel sich jenseits des schwarzen Tors entfernten. Er zittert noch immer …

Vor Verzweiflung lässt Mama sich zu Boden fallen: «Was für ein Unglück! Großmutters Tasche enthielt für mehr als hundert Unzen Goldschmuck und zwanzigtausend *Taka*. Und nun ist sie weg!»

«Wo habt ihr denn all dieses Gold hergehabt?», fragt Onkel Rasou verblüfft.

«Das war der ganze Schmuck von allen Frauen der Familie, und auch der Nachbarinnen», erklärt Mama mit schwindender, fast gespenstischer Stimme. «Parul, Fozli, Runu, Jhunu, Sohelis Mutter, Sulekhas Mutter, meine Schwägerinnen … alle hatten sie ihren Schmuck meiner Mutter anvertraut. Sie bekam deshalb kein Auge mehr zu. Sie hat alles getan, um sich des Vertrauens würdig zu erweisen, das die anderen in sie gesetzt hatten …»

Im Zimmer beginnt die Flamme der Kerze zu flackern, droht zu erlöschen. Mama bleibt reglos am Boden und schluchzt neben Papa, der sich ebenfalls nicht rührt.

«Alle haben ihren Schmuck, ihr Geld vergraben. *Amma*, was

für eine Idee, all das mit euch herumzutragen! Ihr hättet umgebracht werden können! Nun ja, ihr lebt und eure Frauenehre ist gerettet, das ist die Hauptsache», seufzt Onkel Rasou wie zum Trost.

Großmutter setzt ihre tastende Suche fort. Unter dem Bett, unter dem Sofa, unter dem Gebetsteppich. Die Tasche bleibt unauffindbar, aber sie sucht hartnäckig weiter.

III

Der Krieg ist zu Ende, aber Großmutter sucht noch immer – etwas anderes.

Aus dem Brunnen der großen Moschee von Mymensingh hat man Massen von Gebeinen heraufgeholt. Tausende und Abertausende. Unzählige Menschen drängen sich, um sie zu sehen. Die Überreste eines verschwundenen Ehemannes, eines Sohnes. Großmutter ist irgendwo in dieser Menschenmenge, die diesen Haufen von Schienbeinen, Rippen, Schulterblättern, Schädeln betrachtet ... Sie möchte die Überreste ihres Sohnes Hashem wieder finden. Die Sonne geht unter. Die Nacht wird dichter. Alle gehen nach Hause und trocknen sich mit ihren Taschentüchern die Augen. Großmutter bleibt auf dem Brunnenrand sitzen und mustert den Berg von Gebeinen, in dem sie die Überreste ihres Sohnes zu erkennen hofft.

GEBURT UND FRÜHE KINDHEIT

I

Vor meiner Geburt hatte meine Mutter bereits zwei Söhnen das Leben geschenkt. Das war eine Sicherheit für sie. Ohne Söhne, so sagt man, erlischt die Flamme der Ahnenreihe, denn diese zu unterhalten ist nicht Sache der Töchter. Sie sind dazu da, den Glanz des Haushalts zu mehren, ihrer Mutter, später ihrer Schwiegermutter bei der täglichen Arbeit zu helfen und den Männern der Familie die Annehmlichkeit zu bieten, in einem gut geführten Haus zu leben.

Nachdem er zwei Söhne bekommen hatte, verkündete mein Vater, nun brauche er ein Mädchen. Gesagt, getan. Aber seine Tochter kam verkehrt herum auf die Welt. Beine voran, Kopf hinterher.

Das Geburtszimmer war eine Art Hütte, die neben dem Haus mit dem Walmdach stand, in dem meine Großmutter wohnte, am Ufer des Karpfenteichs, am Ende der lichtlosen Gasse. Das war die Unterkunft, die meiner Mutter zugeteilt worden war, gegen Zahlung einer Provision von 50 Taka durch Rojob Ali, unseren zukünftigen Vater, anstelle des Unterhalts, der einer Frau seitens ihres Ehemannes zusteht. Zur Zeit der Hochzeit lebte Rojob Ali, der Medizin studierte, bei einer gewissen Familie Moktar, wo er, in seiner Funktion als Hauslehrer der Kinder, freie Kost und Logis hatte. Nach seiner Eheschließung mit Idul Wara Begum, unserer zukünftigen Mutter, zog er bei seinen Schwiegereltern ein, unter der Voraussetzung, dass er sich eine eigene Wohnung nehmen würde, sobald er sein Studium erfolgreich abgeschlossen hätte.

Rojob Ali besteht seine Abschlussprüfungen, findet eine Anstellung, bekommt zwei Söhne, die einer wie der andere in der kleinen Hütte geboren werden, er schwängert seine Frau ein drittes Mal ... ohne dass von einem Umzug die Rede wäre. Die Nachbarn halten mit ihrer Kritik nicht hinterm Berg: «Wie kommt es, dass euer Schwiegersohn sich derartig bei euch einnistet?»

Vor dieser Schmach möchte sich Mama am liebsten verkriechen. Bei jeder sich bietenden Gelegenheit erklärt sie ihrem Mann: «Du bist jetzt Doktor; du verdienst gut; wäre es nicht an der Zeit, eine Wohnung zu suchen, für dich und die Deinen? Du willst doch wohl nicht ewig bei deinen Schwiegereltern leben! Die Leute zerreißen sich schon das Maul.»

Nachdem sie Mamas Bauch mit Sari-Fetzen bedeckt hat, fährt Sarojini, die Hebamme, mit einem Kochtopf voll glühender Kohlen darüber. Mama war gerade in der Küche beim Essen, als die Wehen einsetzten. Sie hat ihren Teller weggeschoben, ist von ihrem niedrigen Schemel aufgestanden und ins Schlafzimmer gegangen, um sich auf den Rücken zu legen. Und als die Schmerzen stärker wurden, hat sie angefangen zu stöhnen. Großmutter, die an ihr Bett geeilt kommt, fächelt ihr Luft zu und ermutigt sie: «Sei stark, meine Tochter. Eine Frau muss stark sein gegenüber dem Schmerz.»

Großvater seinerseits ist losgestürzt, um die Hebamme zu holen. Es ist kaum drei Monate her, dass Sarojini das letzte Mal in dieses Haus gekommen ist. Das war an dem Tag, als Großmutter Onkel Felu geboren hat. Großmutter kommt ohne einen Laut nieder. Die Nachbarn merken nichts davon, nicht einmal die Bewohner des Hauses. Sobald die Wehen einsetzen, breitet sie in der Küche eine Matte auf dem Boden aus und legt sich darauf. Wenn Sarojini ankommt, nimmt sie glühende Kohlen aus dem Herd und bedeckt damit den Boden eines Kochtopfs, mit dem sie ihr vorsichtig den Bauch massiert. Nach so vielen Geburten braucht Sarojini Großmutter nicht mehr zu ermutigen, indem sie ihr vorsagt: «Seien Sie stark, *Mashi*!» Großmutter weiß diese Kraft aus sich selbst zu schöpfen. Auf der Matte liegend, beißt sie die Zähne zusammen. Wenn man sechzehn Kindern das Leben geschenkt hat, ist man nicht mehr so leicht zu erschüttern! Sicher nicht, aber nichtsdestoweniger würde sie es fortan gerne dabei bewenden lassen, wo sie doch schon ziemlich große Enkelkinder hat und die Familie von Jahr zu Jahr wächst und sich vermehrt wie die Wasserhyazinthen auf einem Teich. Längst sind ihre verheirateten Töchter und ihre Schwiegertöchter an der Reihe, Kinder in die Welt zu setzen, und da kommt sie selbst noch alle Jahre nieder.

«Die Wärme lindert den Schmerz», erklärt Sarojini. «Das Kind ist dabei, tiefer zu treten. Hab noch ein bisschen Geduld, Idun*! Es kommt!»

Als er nach Hause kommt, holt Papa aus seinem Lederköfferchen Schere und Skalpelle hervor. Papa selbst war es, der Mama von ihren beiden Jungen entbunden hat. Diesmal wird es ein Mädchen werden, wie es sein Wunsch ist. Sarojini hat nichts mehr zu tun, als sich an den Bettrand zu setzen. Papa streckt eine Hand zwischen Mamas Schenkel, er führt sie nach innen ein. Ein Schwall von klebriger Flüssigkeit fließt ab. «Die Fruchtblase ist gesprungen. Es dauert nicht mehr lange», ruft Sarojini aus.

Papa dringt mit seiner Hand noch tiefer ein, bis zur Gebärmutter. Dicke Schweißtropfen perlen auf seiner Stirn. Seine Hand zittert. Er zieht sie wieder heraus und geht zum Brunnen. Er zieht einen Eimer Wasser hoch, um sich die Hände zu waschen. Großmutter sieht ihn mit großen Augen an – warum wäscht sich Rojob Ali jetzt die Hände, wo die Geburt noch gar nicht zu Ende ist?

* Idul und Idun sind zwei Varianten des Namens der Mutter der Autorin.

«Amma, Idun muss ins Krankenhaus gebracht werden!», sagt er zu ihr. «Sie wird nicht hier entbinden können.»

«Wie? Aber sie hat doch die ersten beiden Male hier entbunden», wendet Großmutter ein, die trotz ihrer Verblüffung einen Aufschrei unterdrückt.

«Heute liegt das Kind verkehrt herum. Es muss unbedingt operiert werden. Es wäre sehr riskant, sie nicht ins Krankenhaus zu bringen», erläutert mein Vater und wischt sich mit dem Ärmel seines Hemdes über die Stirn.

Seit das Fruchtwasser abgegangen ist, brüllt Mama wie eine Kuh auf der Schlachtbank. Das ganze Haus ist davon aufgewacht, bald auch die ganze Nachbarschaft, und sogar Felu, Großmutters Letztgeborener, der kaum drei Monate alt ist.

Zurück im Zimmer, stellt Papa fest, dass der Neuankömmling ein Bein herausgestreckt hat.

«Und wenn das Unglück es wollte, dass das Kind auf dem Weg ins Krankenhaus stirbt», ängstigt sich Sarojini mit Sorgenfalten auf der Stirn. Wie durch Ansteckung breiten sich dieselben Symptome auf Papas Gesicht aus. Seine dichten schwarzen Augenbrauen, die sich wie zwei Skorpione auf seiner Stirn abzeichnen, ziehen sich vor Angst zusammen. Mit dem Stethoskop in den Ohren horcht er nach den Herztönen des Kindes: Sie sind unregelmäßig – *lab da…b la…b dab la – b da – b lab da – b la – b dab la – b da – b…* Papa schwitzt so stark, dass sein weißes Hemd ihm am Rücken klebt. Papa ist Spezialist für Anatomie; er lehrt an der Lytton Medical School; vor seinen Studenten im Leichenschauhaus führt er Autopsien durch, damit sie lernen, wie die Muskeln, die Arterien, die Venen und die Nerven verlaufen, oder er zeigt ihnen in Formalin konservierte Herzen, Lebern, Gebärmütter, die auf Tabletts herbeigetragen werden, so wie man Tee und Gebäck serviert. Papa ist also nicht sehr erfahren in Sachen Entbindung und Geburtshilfe. Und doch muss er das Risiko eingehen, er hat keine Wahl! Und er ist nicht der Mann, der in der Gefahr das Ruder fahren lässt.

Von neuem streckt er die Hand aus, mit vor Besorgnis zitternden Fingern; es gelingt ihm, das andere Bein hervorzuholen, das im Knie zurückgebeugt war. Jetzt hängen beide Beine heraus. Papa fragt sich, wie diese schwierige Entbindung wohl zu einem guten Ende zu führen sein wird, in dieser kleinen Hütte, wo ihm nichts zur Verfügung steht als eine kleine Schere, zwei Skalpelle, Nadeln und etwas Faden. Vom Schweiß geplagt, zieht er sein völlig durchnässtes Hemd aus, ohne die beiden hervorlugenden Beinchen aus den Augen zu lassen. Unterdessen schreit Mama herzzerreißend, die Augen auf Sarojinis gefaltete Hände geheftet.

Schließlich steht die Hebamme vom Bettrand auf und setzt sich zu Papa ans Fußende des Lagers. «Doktor, Sie sollten die Beine packen und mal kräftig daran ziehen», rät sie. Aber was wird dann passieren?, fragt sich Papa. Würde das nicht bedeuten, das Baby in Lebensgefahr zu bringen? Er erinnert sich, gelesen zu haben, dass das Baby in einem solchen Fall von zwei Risiken bedroht ist: von der Nabelschnur erdrosselt zu werden oder an den Folgen des zu starken Drucks auf den Schädel zu sterben. Es gibt also keine andere Lösung, als einzugreifen, sei es mit der Zange, sei es mit einem Kaiserschnitt. Er stürzt hinaus und ruft Großmutter: «Schicken Sie jemanden los, um eine Rikscha zu holen! Wir müssen sie so schnell wie möglich ins Krankenhaus bringen!»

Zurück im Zimmer, läuft er auf und ab. Wieder und wieder geht er durch, was man ihm während seines Studiums beigebracht hat: Er weiß, wenn er an den Beinen des Babys zieht, wird er dessen Hintern und Rücken erscheinen sehen. Er wagt sich daran, die beiden Beinchen zu sich zu ziehen, und tatsächlich kommt der Hintern zum Vorschein.

«Drück ganz fest nach unten, hörst du mich?», sagt er zu meiner Mutter, mit zusammengepressten Lippen. «Beiß die Zähne fest zusammen und drück mit aller Kraft, hörst du!»

Diesmal ist es der ganze Körper, der bis zum Hals ausgestoßen wird. Sofort ruft Sarojini aus: «Es ist ein Mädchen! Ein Mädchen! Sie wollten ein Mädchen, nun, da haben Sie eins!»

Ja, schön und gut, aber das Gesicht der kleinen Prinzessin sieht noch immer nicht das Licht dieser Welt. Erinnerungen an Kurse und Gelesenes schwirren dem brillanten Exstudenten der Medizin durch den Kopf. Der hoch geschätzte Professor der Anatomie befindet sich in der unangenehmen Situation, sein Können auf die eigene Frau anwenden zu müssen. Er entschließt sich zu überprüfen, ob das Kind noch am Leben ist, indem er auf Höhe der kindlichen Brust die Nabelschnur befühlt: Ja, es lebt! Darauf umfasst er mit beiden Händen den Kopf des Babys, rechts und links, und mit einem vorsichtig vorgestreckten Finger, wie ein Kind, das ein bisschen Butter stibitzen will, versucht er die Nabelschnur zu lösen, die um den Hals liegt.

«Bete zu Gott*, Idun», rät Sarojini meiner Mutter, um ihr Mut zu machen.

«Ja, rufe Allah zu Hilfe! Flehe um Allahs Beistand, Idun», bestärkt sie Großmutter, die das Geschehen von der Schwelle des Zimmers aus verfolgt.

Und Mama beginnt aus Leibeskräften zu schreien: «O Allah! O Allah!»

Ein paar Augenblicke später komme ich endlich auf dieser Welt an, mit einigen Schwierigkeiten, normal zu atmen und zu einem regelmäßigen Herzrhythmus zurückzufinden. Nach und nach übertönt mein Quäken die an Allah gerichteten Anrufungen meiner Mutter. Und schon ist Sarojini dabei, mich in einer Schüssel mit lauwarmem Wasser zu waschen.

Kaum ist sie damit fertig, reißt mich Tante Runu dort heraus. Und sogleich wandere ich von ihren Armen in die von

* Die Hebamme, die, wie ihr Name – Sarojini – schon anzeigt, aus einer Hindu-Familie stammt, benutzt einen typisch hinduistischen Begriff, um Gott zu bezeichnen.

Tante Jhunu, dann in die meines *Boro-mama*, der verkündet: «Na, das ist ja eine richtige kleine Prinzessin! Was für ein Ereignis! Eine Prinzessin ist geboren, hier, bei uns!»

Ich bin genau beim ersten Licht der Morgendämmerung geboren. Sofort ist der gesamte Hof des Hauses von Jubelrufen erfüllt. Nach zwei Söhnen eine Tochter! Alle kommen herbeigelaufen, um ihr Gesichtchen zu sehen: Onkel Hashem, Onkel Tutu, Onkel Shoraf ... Noch bevor sie mich angeschaut hat, rennt Tante Fozli ganz aufgeregt zu meiner Mutter und erklärt ihr: «Was für ein Glück, Schwägerin! Deine Tochter hätte an keinem günstigeren Tag geboren werden können als heute! Es ist der Geburtstag des Propheten Muhammad. Deine Tochter wird sicher eine große Gläubige werden!»

Im Laufe des Vormittags bringt Großvater eine riesige Schachtel Konfekt nach Hause, und aus der ganzen Nachbarschaft drängeln sich die Leute, um die kleine Prinzessin zu bewundern, die am selben Tag wie der Prophet geboren ist.

Als ich größer war, bat ich meine Mutter oft, mir die Geschichte meiner Geburt zu erzählen. Ich erinnere mich, dass sie immer sagte: «Einmal, als ich dich erwartete, bin ich ausgerutscht und hingefallen, beim Wasserholen an der Pumpe. In diesem Moment hast du dich in meinem Bauch vom Kopf auf die Füße gedreht. Ich legte dich immer auf den runden Tisch, weißt du, diesen riesigen Tisch; ja, und gleich bei deiner Geburt warst du schon halb so groß wie die Tischplatte. Niemand hatte je zuvor ein so großes Baby gesehen! Mama ermahnte mich ständig, dich gut in Tücher einzuwickeln und nicht zu vergessen, dir mit Ruß einen schwarzen Fleck auf die Stirn zu machen, um dich vor dem bösen Blick zu schützen. Sie fürchtete den Blick der Leute, dass jemand dich verhexen könnte. Sohelis Mutter wollte ihren Augen nicht trauen, als sie dich zwei Tage nach der Geburt sah; sie war überzeugt, dass du schon drei oder vier Monate alt warst! Und Monus Mutter, die hat deinen Kopf, der doch schön rund war – die Pampelmuse, wie sie sagte –, ein bisschen verbeult gefunden. ‹Aber es ist nicht der Rede wert›, hat sie sich beeilt hinzuzufügen.»*

Ich sehe mich wieder bei Mama auf dem Bett liegen, das Kinn auf ihrem Bauch, und sie fragen: «Mama, wie kommen die Kinder zur Welt?»

«Hier durch», antwortet sie mir und schiebt ihren Sari ein wenig beiseite, um mir ihren Unterleib zu zeigen, der sich weich wie Lehm anfühlt. «Dein Papa ist Doktor, das weißt du doch; er hat die Haut hier aufgeschnitten, um das Baby herauszuholen.»

Und einen nach dem anderen zeigt sie mir die weißen Streifen auf ihrem Bauch und fügt hinzu: «Der hier war für Noman und dieser für Kamal; hier ist deiner, und der da ist von Yasmin.»

Mit vor Mitgefühl überquellenden Augen betrachte ich lange die besagten weißen Streifen. Ich streichle sie sanft mit dem Finger. Das Mitleid mit Mama überwältigt mich.

«Oje! Aber dann hast du ja geblutet?»

«Natürlich», antwortet sie mit einem Lächeln auf den Lippen und schnippst gegen mein Kinn. «Aber man hat mich wieder zugenäht, und anschließend ist es geheilt, siehst du?»

Dann, nach einer kleinen Pause, drückt sie mich fest an ihr Herz und fragt mich auf den Kopf zu: «Sag, wenn ich sterben würde, wärst du dann traurig, mein Küken?»

«Aber du wirst doch niemals sterben, Mama! Wenn du sterben würdest, würde ich auch sterben», sage ich voller Überzeugung und schüttele den Kopf, wie um diesen schrecklichen Gedanken weit fortzuscheuchen.

* Es ist Brauch, weder zu große Komplimente über Neugeborene zu machen noch irgendwelche Kritik an ihrer Gestalt zu äußern, um den bösen Blick nicht auf sie zu ziehen.

Mit ihrer «verkehrt herum geborenen Tochter» auf dem Schoß putzt Mama Gemüse, legt im Herd Holzscheite nach, wobei ihr der Rauch Tränen in die Augen treibt. Ihre kleine Tochter, die an ihre Brust gedrückt eingeschlafen war, wird bald von der Geruchsmischung aus Kurkuma, Pfefferschote, Zwiebel und mütterlichem Schweiß geweckt – oder vom Lärm der Raben oder der Hunde.

Während Mama im Badezimmer duscht, bleibt ihre kleine Tochter ganz allein im Hof sitzen, inmitten von Pipi und Staub, und stopft sich bedächtig den Mund mit Backsteinpulver, Sand oder vertrockneten Blättern voll. Wenn sie von der Schule heimkommen, tragen ihre großen Brüder sie auf der Hüfte im ganzen Hof herum. Chotda setzt seine kaum sechs Monate alte kleine Schwester auf den Brunnenrand, während er die Schnur wieder festbindet, die seine kurzen Hosen oben hält. Eine Bewegung würde genügen, damit sie hineinfiele und ertränke ... Aber nein! So einfach wird ein Kind mit einer derart gefahrenreichen Geburt doch nicht sterben, auf dem Grund eines Brunnens. Also wächst die kleine Prinzessin von Tag zu Tag heran, geliebt, gehätschelt ... und vernachlässigt.

Ja, sie wächst, die Prinzessin. Als sie elf Jahre alt wird, fertigt ihre Mutter zwei Paar *Payjamas* für sie an, unter lautem Nähmaschinengeratter. «Du bist jetzt aus dem Alter raus, in kurzen Hosen herumzulaufen», erklärt sie ihr. So beginnt das kleine Mädchen zu begreifen, dass es groß geworden ist. Und weiter, als ihre Mutter, eines melancholischen Nachmittags am Fenster sitzend, ihr mit nachdenklichem Blick anvertraut: «Damals war es, als hätte ich den Kopf verloren! Ich weinte den lieben langen Tag. Es war zu der Zeit, als dein Vater sich in diese Raziya Begum verliebt hatte ... Fast jeden Tag fand ich, wenn ich seine Hemden wusch, Liebesbriefchen in seinen Taschen. Ich war so durcheinander, dass ich eines Tages, als du aus dem Bett gefallen warst und an der Stirn blutetest, nicht einmal daran gedacht habe, mich um dich zu kümmern! Ich konnte mich für nichts interessieren … dein Vater kam zu Unzeiten nach Hause …»

Raziya Begum war eine schöne Frau. Das heißt nach Mamas Kriterien, sie hatte einen hellen Teint und tiefschwarze Augen, groß wie Untertassen. Sie hatte üppige Lippen und lange, dicke schwarze Haare, die ihr bis zu den Hüften reichten, die sie jedoch oft zu einer Art Dutt hochsteckte, der wie ein kleiner Korb auf ihrem Kopf saß. Ihre Brüste waren so groß, dass sie Mühe hatte, sie zu tragen, wie die Sindhi-Kühe, die nur schwer gehen können, weil sie so dicke Euter haben. Dies war das Bild, das ich mir, nach Mamas Beschreibungen, von dieser Raziya Begum gemacht hatte. Ich glaubte felsenfest, dass man ihr mindestens zwei Eimer Milch aus den Brüsten melken könnte. Sie musste ein wahrer Koloss sein, diese Frau! Die Erde musste unter ihrem Gewicht erzittern!

Mama hatte sich immer als hässlich erachtet: zu schwarz, die Haare nicht füllig genug und rau wie Kokosfasern, die Augen zu klein, die Nase zu breit, die Beine dürr wie bei einer Heuschrecke … Kein Wunder, dass ihr Mann sie fallen ließ! In ihrer Verzweiflung erzählte sie allen Leuten, denen sie begegnete: «Was für ein Unglück! Was soll nur aus mir werden? Jetzt hat sich Nomans Vater in den Kopf gesetzt, diese Frau Chakladar* zu heiraten! Wo soll ich denn hingehen mit den Kindern?»

In jenen Zeiten großer Not neigte Mama dazu, sich nicht um mich zu kümmern. Sie vergaß es mitunter einfach. Bald hatte mein Kopf seine runde Form verloren, die bei meiner Geburt allerseits Bewunderung erregt hatte. Mit Dickmilch und Tapioka- oder Perlgraupenbrei als ganzer Nahrung, oft in den Armen meines großen Bruders, an dessen kleinem Finger ich anstelle eines Schnullers lutschte, wurde ich gerade elf Monate alt,

* Nachname des Ehemanns von Raziya Begum, die bereits verheiratet ist. Da Mymensingh eine recht kleine Stadt ist, weiß jeder, wer dieser Chakladar ist.

als Papa versetzt wurde. Das war für ihn schlimmer, als in die Flammen der Hölle gestürzt zu werden. Für Mama dagegen war es, als verkünde ihr ein Engel, dass sie einen Platz im Paradies errungen habe. Sie tanzte vor lauter Freude. Schon so lange träumte sie von einem Heim für sich allein! Schluss mit dem Klatsch und Tratsch! Mit den kritischen Bemerkungen der Nachbarn über Papa, dem vorgeworfen wurde, sich in unpassender Weise bei seinen Schwiegereltern einzunisten!* Schluss mit dem Leben in diesem dunklen und engen Haus, am Ufer dieses Karpfenteichs, am Ende dieser lichtlosen Gasse. Schluss mit diesem Albtraum namens Raziya Begum! Das alles bedeutete es für Mama, fortzuziehen, um in einer anderen Stadt, weit weg von Mymensingh, zu leben.

Sie wurde nicht enttäuscht. Sie bekam eine sehr hübsche Wohnung auf dem Gelände des Gefängnisses, in das Papa beordert worden war. Morgens und abends kamen die Gefangenen, um alle möglichen kleinen Arbeiten bei uns zu erledigen. Manche von ihnen nahmen mich auf den Arm, um mich im Garten spazieren zu tragen, und obwohl sie alle Diebe und Räuber waren, kam nicht einer auf die Idee, die Goldkette zu stehlen, die um meinen Hals hing. Mama hatte alle Zeit der Welt, um sich zu kämmen, sich Khol um die Augen aufzutragen, sich zu pudern, sich elegant zu machen, indem sie den Faltenwurf ihrer bunten Saris pflegte. Hier in Pabna gab es keine Raziya Begum. Papa kam nicht mehr mitten in der Nacht nach Hause. Es fielen keine Liebesbriefchen mehr aus seinen Hemdtaschen. Mama hatte sich mit ein paar Frauen aus der Nachbarschaft angefreundet, die sie oft einluden. Die *Frau des Doktors*,

* In der bengalischen Gesellschaft ist es sehr unüblich, dass ein Mann bei seinen Schwiegereltern lebt; normalerweise folgt umgekehrt eine Frau ihrem Mann zu seiner Familie. Es gibt auf Bengali eine spöttische, ja beleidigende Bezeichnung für den Mann, der bei den Eltern seiner Frau einzieht – *Ghorjamai*: wörtlich übersetzt der «Schwiegersohn im Haus».

wie alle sie nannten, schwamm rumdum im Glück. Ein kostbares Glück, das sie auf keinen Fall wieder verlieren wollte.

Dabei lauerte in ihrem tiefsten Inneren die Krankheit. Im Rausch des Glücks keimte der Zweifel; im Garten der Genüsse wuchs die Verzweiflung. Ihr Gatte war ein schöner Mann; er würde unter Tausenden hervorstechen! Und dazu noch Arzt! Und sie, sie war nur ein armes, hässliches schwarzes Mädchen mit gerade einmal sechs Jahren Schulbildung, da man sie schon mit dreizehn herausgenommen hatte, um sie zu verheiraten, ohne sie nach ihrer Meinung zu fragen.

Als ihr ältester Sohn in die Schule gekommen war, hatte sie sich in den Kopf gesetzt, sich weiterzubilden. Papa fuhr sie auf seinem brandneuen Fahrrad, Marke Herkules, zu ihren Kursen. Aber bald hatte Großvater laut und vernehmlich seine Missbilligung kundgetan: «Du musst zu Hause bleiben, um deine Kinder großzuziehen! Um dich um deinen Mann zu kümmern! Frauen brauchen nicht so gebildet zu sein!» Und so hatte sie erneut die Schule aufgeben müssen.

Kaum ein Jahr ist verflossen, als der Aufenthalt im Paradies ein Ende nimmt. Gezwungenermaßen und widerwillig verlässt Mama Pabna, als würde man sie an den Haaren fortzerren: Adieu, Heim ihrer Träume, Harmonie und Glück! Es ist unmöglich, Raziya Begum auszuweichen: Papa hat alles getan, um wieder nach Mymensingh versetzt zu werden, und nun ist es so weit. Es bleibt kaum Zeit, die Kisten zu packen, um sich auf den Weg zurück in diese allzu bekannte Stadt, in dieses alte Haus zu machen. Ein heftiger Sturmwind weht den geheimen Traum davon, den die arme unscheinbare Frau genährt hatte.

Aber diesmal kommt es nicht in Frage, Großmutter um eine Wohnung anzubetteln. Auch nicht, sich mit ihr die Küche zu teilen. Jede wird ihre Mahlzeiten für sich zubereiten, jede wird ihren eigenen Hof haben. Zu diesem Zweck kauft Papa zwei kleine Unterkünfte, die auf den Hof östlich von Großmutters

Haus hinausgehen. Aber auch der Gedanke, dass die Nachbarn nun nicht mehr schlecht über Papa reden können, genügt nicht, um Mama zu beruhigen. Diese Rückkehr bedeutet für sie, sich nach einem missglückten Ausbruch wieder hinter Gittern zu befinden, nachdem ihr das reale Gefängnis von Pabna als ein Universum außergewöhnlicher Freiheit erschienen war. Sobald sie das Haus in Mymensingh betritt, bricht Mama in Tränen aus. Die ganze Familie interpretiert diese Tränen als einen Ausdruck von Freude – die Freude der nach langer Abwesenheit mit ihrer Familie wieder vereinten Tochter, so seufzt Großvater gerührt.

Papa hingegen geht wieder seinen Beschäftigungen nach, immer in Eile, unfähig zu bemerken, wie sehr seine Frau darunter leidet, dass er sich derart entfernt. Wahrscheinlich hat er nicht einmal die Zeit, dem Beachtung zu schenken. An den Nachmittagen, sobald er mit dem Unterricht für die Studenten fertig ist, läuft er in die kleine Praxis, die in der Apotheke Taj untergebracht ist, wo er bis neun Uhr abends Kranke behandelt. Man betritt die winzige Praxis, indem man einen Vorhang beiseite schiebt, auf dem «Doktor» geschrieben steht. Im Alter von etwa sechs Jahren musste ich eine Zeit lang oft dorthin gehen, um Spritzen in den Bauch zu bekommen, nachdem ich von einem Hund gebissen worden war. Ich war darauf sofort in Papas Praxis gebracht worden. An jenem Tag hatte er mir eine Spritze in jeden Arm und eine in die Nähe des Bauchnabels gegeben. Und dann zwei Wochen lang eine am Tag. Nach jeder Spritze kaufte mir Papa in dem Süßwarenladen nebenan, Shri Krishno Mishtanno Bhandar, *Rosogollas*, die ich, auf einem Stuhl sitzend und mit den Beinen baumelnd, genüsslich verspeiste. Ich war außer mir vor Freude, wenn die Rikscha mich nachmittags in einem Windrausch zu Papa brachte. Den Stich der Nadel fürchtete ich nicht mehr als den Biss einer schwarzen Ameise.

In der von Gerüchen erfüllten Apotheke von Swadeshi

Bazar* sitzend, beobachte ich die Kranken, die in Papas Sprechstunde kommen. Ich schaue ihm zu, wie er sie abhorcht, ihnen den Bauch abtastet, auf ihre Herzschläge lauscht, seine Rezepte kritzelt. Ich entdecke eine ganz andere Seite meines Vaters, der spätabends müde und gereizt nach Hause kommt. Ich empfinde plötzlich eine große Zärtlichkeit für ihn, auch wenn er kein Mann ist, der leicht zu lieben ist, für keinen von uns.

Aber manchmal kann er sich plötzlich als ein ganz anderer entpuppen, als würde er seine Haut wechseln.

Nachdem er alles Notwendige für unsere neue Wohnung in Mymensingh gekauft hat, fragt er also Mama: «Bist du jetzt zufrieden? Nun kann mir niemand mehr vorwerfen, bei deinen Eltern den Parasiten zu spielen, nicht wahr?»

Mama, die sich mit billigem Lippenstift den Mund rot geschminkt hat, antwortet unter dem Geklimper der gläsernen Armreife, die ihre Arme schmücken: «Wozu sagst du mir das alles? Was soll mir das schon bringen? Das wird nichts daran ändern, dass man mich verachtet, hässlich und ungebildet wie ich bin, immer noch genauso unwissend ...»

«Aber du bist Mutter von drei Kindern! Du musst deine Pflicht als Mutter erfüllen: deine Kinder großziehen! Sorge dich lieber um deren Schulbildung; das ist es, was dir am meisten Befriedigung verschaffen wird. Ob du hässlich oder unwissend bist, das hat mich doch nicht daran gehindert, dich zu heiraten ... oder?» So versucht Papa sie aufzumuntern und kitzelt sie leicht in der Taille.

Aber weder Papas schöne Worte noch seine Gesten der Zärtlichkeit genügen, um Mama zu beruhigen. Sie ist von der Angst besessen, dass Raziya Begum ihn wieder mit Beschlag belegen und schließlich erreichen könnte, dass er sie heiratet. Die Tage vergehen, und sie wartet wieder darauf, dass ihr Mann spät in

* Viertel im Zentrum von Mymensingh.

der Nacht nach Hause kommt. Draußen ist nicht mehr zu hören als das Zirpen der Grillen und das Gebell der Hunde. Die Nacht schreitet voran, immer einsamer. Mama hat solche Angst, dass das Geräusch ihres eigenen Atems sie daran hindern könnte, den Türklopfer zu hören, dass sie sich sogar beim Atmen zurückhält. Schließlich geht sie Großmutter wecken: «Mama, Nomans Vater ist noch immer nicht zu Hause! Es ist elf Uhr vorbei. Ich habe keine Ahnung, wo er sein kann. Wer weiß, ob er nicht die Nacht bei dieser Frau verbringt …?»

«Wirst du wohl schlafen gehen?», erwidert Großmutter erzürnt. «Wann hörst du endlich auf, dich über deinen Mann zu beklagen …! Denk doch ab und zu mal an dich. An dein eigenes Interesse. Was hast du davon, die ganze Zeit zu weinen? Wird ihn das zu dir zurückbringen?»

Aber Mama erinnert sich noch an Großmutters Tränen an dem Tag, als Großvater mit einer neuen Ehefrau nach Hause gekommen war. Als wenn nichts wäre, hatte er sich mit seiner neuen Frau ins Bett gelegt, während Großmutter sich die ganze Nacht lang die Augen ausweinte.

In dieser Nacht kommt Papa um zwei Uhr morgens nach Hause. Mama schläft noch immer nicht. «Ich bin bei einem Kranken aufgehalten worden», erklärt er. «Es war um sein Leben zu fürchten. Ich habe ihn ins Krankenhaus bringen müssen.»

Am nächsten Abend die gleiche Geschichte. Als letzten Ausweg weckt Mama Chotda: «Komm mit mir! Nein, du brauchst dich nicht umzuziehen. Komm, schnell!»

Und Chotda an der Hand hinter sich herziehend, läuft Mama eilig am Karpfenteich entlang, im Schein einer Fackel. Es gelingt ihr, auf der Hauptstraße eine Rikscha zu finden, die sie mitten in der Nacht zur Nummer fünfzehn, Potcha Poukour Par*, bringt. Auf der Veranda sitzend, schnappt ein alter

* Viertel von Mymensingh.

Mann, nur mit einem Lungi bekleidet, frische Luft. «Wer ist da?», erkundigt er sich mit unfreundlicher Stimme.

«Bin ich hier bei Chakladar?», fragt Mama.

«Ja, das bin ich. Wer sind Sie?», fragt der andere, immer noch genauso abweisend.

«Mein Herr, können Sie mir sagen, ob mein Mann bei Ihnen ist?», fragt Mama, die schon auf der Veranda steht. «Doktor Rojob Ali?»

Sie sieht, wie sich in Chakladars magerer Brust die Knochen bewegen. «Nein, er ist nicht da», versetzt er und steht auf, um ihr die Tür zu verstellen.

Aber Mama hat keine Mühe, diesen schwächlichen Greis beiseite zu schubsen und gegen seinen Willen ins Haus einzudringen. Sie durchquert den Wohnraum, um zum Schlafzimmer zu gelangen. Es ist kein Licht im Zimmer. Aber im schwachen Schein der Straßenlaterne erahnt sie das über dem Bett gespannte Moskitonetz. Sie hebt es hoch und knipst die Taschenlampe an, die sie in der Hand hält. Papa ist da, er liegt neben Raziya Begum mit ihren entblößten Brüsten. Papa schreckt hoch und steht dann auf, nicht ohne Mühe. Er zieht sich hastig an, schlüpft in seine Schuhe, ohne ein Wort. «Auf! Gehen wir nach Hause», sagt Mama.

Papa folgt Mama und Chotda bis zur Rikscha, in die sie alle drei einsteigen. Während der ganzen Fahrt lässt niemand ein Wort fallen. Chotda, der auf Mamas Schoß sitzt, vertreibt sich die Zeit damit, die Taschenlampe an- und auszuknipsen.

II

Papa ist in einer Bauernfamilie geboren, die in einem abgelegenen Dorf wohnte – Madarinogor, südlich der Ortschaft Panchrukhi Bazar, die zum Verwaltungskreis Nandail gehört. Sein Vater, Jonab Ali, Besitzer von einigen Reisfeldern und ein paar

Kühen, war in seiner Jugend ein unermüdlicher Arbeiter, der sich nicht scheute, mit seinen Ochsen selbst zu pflügen. Er nahm Papa oft mit auf die Felder, damit er die kleinen Arbeiten erledigte. Er sah ihn schon selbst pflügen und säen – ein Bauernsohn konnte nichts anderes werden als Bauer. Aber da kam eines Abends, während er auf der Veranda des Hauses die Wasserpfeife rauchte, Jaffar Ali Sarkar daher, der Vater meines Großvaters, und riet ihm, seinen Sohn in die Dorfschule zu schicken.

«Aber warum ihn in die Schule schicken, wenn es zu Hause schon so viel zu tun gibt?», erwiderte der junge Bauer, der sich mit weit ausholenden Bewegungen mit dem Gamcha auf den Rücken schlug, um die Mücken zu vertreiben.

«Wenn er zur Schule geht, wird er gelehrt werden», beharrte vorsichtig Jaffar Ali Sarkar, der selbst Schullehrer in Madarinogor war. «Er wird den Respekt aller Leute erwerben. Wenn er gut lernt, wird er eine Anstellung finden. Wirklich, wenn du meine Meinung hören willst, du solltest ihn in die Schule schicken. Schau, zum Beispiel Khushis Vater, der ist zur Schule gegangen, nicht wahr? Nun, und jetzt arbeitet er in der Stadt, in einem Büro. Nach und nach kauft er alle Felder des Dorfes auf.»

«Ich habe als Pächter angefangen», antwortet Jonab Ali, den Blick starr auf die Mauer des Stalls mit dem fast eingestürzten Dach gerichtet. «Lange habe ich am Hungertuch genagt. Aber durch harte Arbeit ist es mir gelungen, etwas Land zu kaufen. Jetzt ist Rojob Ali dabei, den Beruf zu erlernen. Bald wird er selbst den Pflug führen. Wenn Vater und Sohn beide zusammen arbeiten, werden sie noch mehr Land kaufen können!»

«Jonab Ali, die Zeiten ändern sich. Schon viele aus dem Dorf sind weggegangen, um in Kalkutta zu studieren. Heutzutage muss man Bildung haben, um respektiert zu werden. Ein gebildeter Sohn wird auch dir Respekt einbringen. Und außerdem wird Rojob Ali dir immer noch bei der Feldarbeit helfen können, nachmittags, nach dem Unterricht. Es geht doch schließlich nicht darum, ihn nach Kalkutta zu schicken!»

Mit diesen Worten reicht Jaffar Ali seinem Sohn die Wasserpfeife weiter und fügt hinzu, wobei er ihm freundlich den Rücken tätschelt: «Nimm dir etwas Zeit, um über die Sache nachzudenken, Jonab Ali.»

Der Mond taucht den Hof in sanftes Licht. Rojob Ali, der gerade dabei ist, Salzwasser in den Futtertrog der Kühe zu gießen, wirft verstohlene Seitenblicke zu seinem Vater und Großvater. Er ist außer sich vor Freude.

«Rojob Ali! Rojob Ali, wo bist du?», ruft sein Großvater.

Rojob Ali kommt sofort herbeigelaufen und wischt sich die Hände voller Salz an seinem Lungi ab.

«Sag mal, mein Kleiner, hättest du Lust, zur Schule zu gehen?»

«Ja!», antwortet der kleine Junge und nickt energisch, während man die Wasserpfeife seines Vaters gurgeln hört.

Gleich am nächsten Morgen bringt Jaffar Ali für seinen Enkel ein weißes Hemd, einen neuen *Dhoti* und die Fibel von Vidyasagar* aus Panchrukhi Bazar mit. Und am übernächsten Tag, nachdem er sich den Bauch mit einer reichlichen Portion *Pantabhat* gefüllt, die Kühe gemolken, Heu für deren Futtertrog geschnitten, im Teich gebadet und seine neuen Kleider angezogen hat, nimmt Rojob Ali den Weg zur Schule, barfuß, mit Bananenblättern und einem Bambusschreibrohr unterm Arm, über die Dämme zwischen den Reisfeldern. Der Schullehrer sagt vor: *«Ein mal eins, eins!»* Die Schüler schreien sich heiser: *«Ein mal eins, eins! Zwei mal eins, zwei, drei mal eins, drei!»* Abends, zu Hause im Hof, rollt Rojob Ali eine Matte aus und lässt sich darauf nieder, um in seiner Fibel zu blättern. Ach,

* Erstes Lese- und Schreiblernbuch für Generationen bengalischer Schüler, verfasst von dem berühmten Gelehrten, Grammatiker und Sozialreformer Ishwar Chandra Vidyasagar (1820–1891), der eine bedeutende Rolle für die Entwicklung der bengalischen Sprache und des Schulsystems in Bengalen spielte.

wenn er sie nur in einem einzigen Zug lernen könnte! Er gießt etwas Senföl auf das Blatt eines Jackfruchtbaums, das er dann einen Augenblick über die Flamme einer Öllampe hält, sodass eine Rußschicht entsteht. Indem er diesen Ruß in Wasser auflöst, stellt Rojob Ali sich Tinte her, in die er dann sein Bambusrohr taucht, um auf seine Bananenblätter zu schreiben: «O, A ...»* Vor lauter Ungeduld, am nächsten Morgen in die Schule zurückkehren zu können, ist er so zappelig, dass sein Vater, Jonab Ali, schließlich schimpft: «Mach die Lampe aus, Rojob Ali! Du verschwendest Öl!»

Jaffar Ali, der nur über fünf Taka Monatslohn verfügt, geht in Panchrukhi Bazar ein Fläschchen Kerosin kaufen und erzählt dort allen Leuten: «Ich habe meinen Enkel in die Schule geschickt. Er studiert abends seine Bücher, und sein Vater findet, dass ihn das zu viel Öl verschwenden lässt ... du wirst sehen, wenn er groß ist, wird Rojob Ali als Angestellter in einem englischen Büro arbeiten.»

Dank des Wohlwollens seines Großvaters macht Rojob Ali sehr schnell Fortschritte. Auf seiner Matte sitzend, hat er seine Fibel schon durchgearbeitet und nimmt nun *Balloshikkha*** in Angriff: *«Gopal ist ein gefügiger Junge; er isst, was auf seinen Teller kommt.»* Ganz in seiner Nähe raucht Jaffar Ali die Wasserpfeife und hört seinem Enkel aufmerksam zu. Schon sagt er sich, dass man Rojob Ali auf die Oberschule schicken müsste, nach Chondipasha.

Und bald legt Rojob Ali jeden Tag zehn Kilometer zu Fuß zurück, um dort den Unterricht zu besuchen. Es dauert nicht lange und er überflügelt die brillantesten Schüler – Kalicharan, Balaram, Nishikanto ... Als der Direktor ihm die Ergebnisse der Abschlussprüfung mitteilt, ermutigt er ihn mit den Wor-

* Die ersten beiden Vokale des bengalischen Alphabets.

** Weiteres berühmtes Lesebuch, diesmal für Schüler, die das bengalische Alphabet schon gut beherrschen.

ten: «Rojob Ali, brich deine Studien bloß nicht ab! Mach weiter!»

Und Rojob Ali macht weiter. Da sein Vater sich weigert, ihn zum Studieren in die Stadt ziehen zu lassen, kommt der Schuldirektor zu ihm nach Hause, um zu versuchen, ihn umzustimmen: «Ihr Sohn wird bestimmt Richter oder Anwalt werden. Was für ein Ansehen für die ganze Familie! Lassen Sie ihn doch gehen!»

Und so nimmt unser Rojob Ali den Weg in die Stadt – Mymensingh –, mit zwei Hemden, einem Payjama, einem Paar Schuhe aus schwarzem Gummi, einem Fläschchen Senföl in seinem Bündel und in der Tasche das stattliche Reisegeld von einem viertel Taka … Bei seiner Ankunft in der Stadt sucht er eine Familie, die ihm im Tausch gegen Unterricht für die Kinder Kost und Logis bietet. Über einen seiner Bekannten findet er auch bald ein solches Arrangement, bei den Moktars. Nachdem er die Aufnahmeprüfung glänzend bestanden hat, nimmt er sein Studium an der Lytton Medical School auf. Da er weder Verwandte noch Freunde in Mymensingh hat, verbringt er seine ganze Zeit damit, zu studieren und bei seiner Gastfamilie Moktar zu unterrichten. Bis zu dem Tag, an dem er in Notun Bazar* Moniruddin Munsi begegnet.

Munsi hatte ein Restaurant und verköstigte in seiner Großzügigkeit alle Bettler der Gegend um Gotteslohn. Das war es, was Papas Interesse geweckt hatte. Mama pflegte zu sagen: «Kein Wunder, dass ihn das angezogen hat. Dein Vater war schon immer jemand sehr Eigennütziges. Mein Vater hat ihm, der mit einer geflickten Decke als einzigem Besitz in der Stadt angekommen war, sein Medizinstudium finanziert. Ja, genau, er hat es dem Geld meines Vaters zu verdanken, dass er Arzt werden konnte! Natürlich will er sich jetzt an nichts mehr erinnern. Ah, was ich mit ihm alles durchmache …!»

* Eines der Geschäftsviertel von Mymensingh.

Ist es wahr, dass Papa damals tatsächlich dachte, wenn er das Mitleid von Moniruddin Munsi wecken könnte, müsste er sein Medizinstudium nicht mehr mit dem Ertrag des Reisverkaufs vom Hof seines Vaters bezahlen? Ist das der Grund, warum er von jenem Tag an dem freigebigen Munsi überallhin folgte?

«Ganz und gar nicht!» Immer noch Mama zufolge. «Dein Vater hat nie etwas von daheim bekommen. Es war eher so, dass er seiner Familie Geld schicken musste. Er gab sowieso kaum etwas für sich selbst aus; er hat nie geraucht oder Betel gekaut. Er bekam ein Stipendium von seiner Schule. Er brauchte nicht alles für sein Studium auszugeben.»

Also finanzierte Papa sein Studium mit dem Stipendiengeld, und das Dach über dem Kopf und die Mahlzeiten bekam er von der Familie, deren Kindern er bei den Hausaufgaben half. Er hatte also reichlich zum Leben und sogar genug, um noch Geld nach Hause zu schicken. Er hatte es keineswegs nötig, um Almosen zu betteln.

«Und das Taschengeld?», so fährt Mama fort. «Wenn du gesehen hättest, was mein Vater ihm alles umsonst zu essen gab! Papa hatte einen kleinen Friseursalon gekauft; tja, und die Miete dafür kassierte dein Vater. Nach unserer Hochzeit hat Papa ihn mit nach Dhaka genommen, um ihm Stoff für einen Anzug zu kaufen. Ständig steckte er ihm Geld zu, für seine zusätzlichen Ausgaben. Während er sein Stipendium in voller Höhe an seine Familie schickte! Es war immer mein Vater, der ihm die Bücher und Hefte gekauft hat, die er brauchte. Und er, er kam mindestens zweimal am Tag an, um sich ihm zu Füßen zu werfen: ‹Ich habe hier keinen Menschen außer Ihnen. Mein Vater lebt in einem weit entfernten Dorf, und er ist so arm! Wenn Sie nichts dagegen haben, würde ich Sie gerne Papa nennen›, sagte er ihm immer wieder, um ihn zu rühren.»

Nein, Moniruddin Munsi hat nichts dagegen, dass Rojob Ali ihn Papa nennt. Im Gegenteil, er lädt ihn zu sich nach Hause ein, um ihm die besten Fische vorzusetzen, und beim Abschied steckt er ihm noch einen kleinen Schein in die Tasche: «Kauf dir was Schönes …» Ihre Beziehung wird immer enger, sodass Rojob Ali schließlich fast jeden Tag zu seinem Adoptivvater kommt. Abends steht er neben dem Fenster und beobachtet Idul Wara, während sie mit ihrem Hauslehrer studiert.

Es dauert nicht lange, bis Rojob Ali selbst bei Moniruddin Munsi um die Hand dieses schmächtigen Mädchens anhält.* Er hat als Schwiegersohn viele Vorzüge zu bieten – er ist gut aussehend, höflich, Medizinstudent … Moniruddin Munsi nimmt den Antrag wohlwollend an. Die Hochzeit findet ohne großes Zeremoniell statt: Das Mädchen bekommt einen Sari aus roter Seide angezogen, es werden ein paar Nachbarn zu einem *Pulao*-Essen eingeladen. Und schon hat Moniruddin seine Tochter mit der zu dunklen Haut und der breiten Nase verheiratet, mit einem gut aussehenden, hellhäutigen jungen Mann mit einer schön geraden Nase!

Vorbei die Zeit bei den Moktars. Rojob Ali zieht in Moniruddin Munsis Haus ein. Dieser stellt seiner Tochter und seinem «Schwiegersohn im Haus» die neu hergerichtete Wohnung zur Verfügung, in der er bis dahin junge Studenten unterbrachte, im Tausch gegen etwas Unterricht für seine Kinder. Für Idul Wara ist es sowieso vorbei damit, da sie ja nun verheiratet ist. Sie braucht keine Privatstunden mehr. Rojob Ali ist entzückt von dieser Veränderung seines Lebens: Er isst ungleich besser, bekommt unendlich mehr Zuwendung und wird so viel mehr umsorgt bei seinen Schwiegereltern als bei den Moktars, wo er sich nicht wirklich satt essen konnte. Fortan lässt er sich die *Kormas, Kaliyas* und andere Köstlichkeiten seiner Schwiegermutter schmecken, die auch nie vergisst, ihm Luft zuzufächeln, während er isst. Wenn man eine so nette Schwiegerfamilie hat, Schwiegereltern, Schwäger und Schwägerinnen einem jeden

* Eigentlich ist es in der bengalischen Gesellschaft gebräuchlich, dass der Heiratsantrag von einem Dritten übermittelt wird.

Wunsch von den Augen ablesen, da wird man doch in Bezug auf die Schönheit seiner Frau keine allzu großen Ansprüche stellen. Was Rojob Ali vor allem suchte, war eine Familie in der Stadt, wo er sich seelisch wie körperlich wohl fühlen konnte.

In dieser von meinem Großvater bereitgestellten Unterkunft sind wir alle drei geboren, Dada, Chotda und ich. Bei der Geburt meiner Brüder hatte Großvater von den Stufen aus, die zu unserer Wohnung hinaufführten, die ganze Nachbarschaft zum Gebet gerufen, mit lauten *«Allahu akbar!»*-Rufen. Um mich machte man nicht so viel Geschrei: Wozu, da ich ja ein Mädchen war? Keine Rede davon, für eine solche Geburt Gott zu loben! Hingegen wurde auch für mich, wie es der Brauch ist, sieben Tage nach meiner Geburt ein schönes Fest gefeiert, als ich zum ersten Mal aus dem Geburtszimmer herausgetragen wurde. Meine Brüder hatten das ganze Haus erleuchtet, indem sie an allen Wänden Kerzen entzündeten. Papas Freunde waren alle mit Armen voller Geschenke gekommen und mit Komplimenten für das ausgezeichnete Essen des zu diesem Anlass engagierten Kochs auf den Lippen wieder gegangen. Am Tag dieses Festes, an dem Mama endlich aus dem Geburtszimmer herauskommen durfte, war das ganze Haus geputzt und alle Kleider gewaschen worden, alle hatten gebadet, um sich zu reinigen und nach dem großen Ereignis das gewohnte Leben wieder aufzunehmen.

Das nächste Fest im Leben eines Kindes ist die *Aqiqa*. Für meine großen Brüder war zu diesem Anlass ein Rind geopfert worden. Für mich würde man sich mit einem kastrierten Ziegenböcklein begnügen. Einen solchen Unterschied zu machen in der Art und Weise, wie Jungen und Mädchen gefeiert werden, ist allgemein üblich. Unmittelbar vor der Aqiqa berät sich die Familie, um einen Namen für mich auszusuchen. Boro-mama schlägt Usha vor, Tante Runu ist für Sobha, Tante Jhunu für Papri.

Dada steht an der Tür und hört nicht auf, mit seinem Daumennagel auf dem Holz des Türstocks herumzukratzen. Keiner der vorgebrachten Namen passt ihm. Niemand unter den Anwesenden hat bemerkt, dass er langsam die Geduld verliert. Wer sollte ihn beachten? Die Wahl des Namens eines Kindes ist Erwachsenensache. Da haben die Kleinen nichts zu melden! Dada ist dabei, Erdnüsse zu essen. Plötzlich sperrt er den Mund auf wie einen Reiherschnabel und bewegt dabei die Zunge, was unfehlbar den Effekt hat, dass er die Erdnüsse zugleich mit ein paar gurgelnden Lauten herausschleudert, die schwerlich von dem Lärm zu unterscheiden sind, der aus dem Hof des Hauses aufsteigt – eine Mischung aus Gebell, Miauen, Quaken und Kindergeplärr ... Und doch hat Tante Runu den Ursprung dieser undeutlichen Knurrlaute erkannt.

Prompt packt sie deren Urheber bei den Schultern und stellt ihn in die Mitte des Raumes, neben die Holzsäule, die die Decke stützt. Alle Augen – die von Boro-mama, Tante Jhunu, Großmutter, Mama, Onkel Hashem – richten sich auf Dadas Mund, weit offen bis zum Zäpfchen und noch immer voller Erdnüsse. Alle lauschen gespannt in seine Richtung.

«Warum weinst du? Hat dich jemand geschlagen?», fragt Tante Runu ihn, wobei sie sein Kinn anhebt.

«Ich will, dass meine Schwester Nasrin heißt!», ruft Dada aus und wischt sich mit dem Handrücken die Tränen ab.

Diese Einmischung löst heftiges Gelächter aus bei den Onkeln und Tanten, die sich gleichzeitig fragende Blicke zuwerfen. Es ist, als wären sie im Zirkus und würden einem Clown zuschauen.

Dadas Auftritt ist gelungen! Er wird wohlwollend in die Runde aufgenommen. Boro-mama, Onkel Hashem, Tante Runu und Tante Jhunu führen das Spiel an: «Warum Nasrin? Wo hast du diesen Namen gehört? Wer hat ihn dir eingeflüstert?»

Um Dada zu ermuntern, auf all diese Fragen zu antworten,

gibt man ihm ein weiteres Tütchen Erdnüsse in die Hand. Während er sie zwischen den Zähnen knackt, ohne die Tüte aus den Augen zu lassen, beginnt er zu erklären: «In meiner Schule ist ein sehr schönes Mädchen, das Nasrin heißt ...»

Diesmal unterdrückt das Publikum das Lachen, in der Hoffnung, noch mehr zu erfahren: «Und wo wohnt sie denn, diese Nasrin? Wo ist ihr Haus?», will Onkel Hashem wissen.

«Kommt überhaupt nicht in Frage, ihr den Namen Nasrin zu geben! Das Kind wird Usha heißen», greift Boro-mama ein, ohne Dada auch nur antworten zu lassen.

Der wirft daraufhin seine Erdnusstüte heftig gegen die Bambustruhe, rennt dann hinaus in ein anderes Zimmer, wo er ein paar Kleider zu einem Bündel schnürt. Einen Moment später taucht er wieder auf und verkündet: «Lebt wohl! Ich gehe fort!»

«He! Wohin denn das? Wirst du wohl hier bleiben», befiehlt ihm Mama.

«Ich werde gehen, wohin ich will», erwidert Dada entschlossen und trollt sich mit würdiger Miene.

Und er verlässt das Haus. Alle sind überzeugt, dass er umkehren wird, sobald er das Ende des Teichs erreicht hat, und erwarten, ihn jeden Moment zurückkommen zu sehen. Aber die Zeit vergeht ... Und immer noch kein Dada.

Die Nacht bricht herein, und Mama beginnt sich ernstlich Sorgen zu machen. Boro-mama und Onkel Hashem machen sich auf die Suche nach ihrem Neffen. Großvater, dem Bescheid gegeben worden ist, zieht auch los.

Erst um zehn Uhr abends kommt Onkel Hashem zurück nach Hause, nachdem er das dickköpfige Kind im Wald von Hajibari am Ausgang der Stadt wieder gefunden hat. Mama drückt Dada an sich und ruft weinend aus: «Keine Sorge, mein Kleiner, wir werden deinem Schwesterchen den Namen geben, den du willst!»

«Das Kind wird Nasrin heißen, gemäß dem Wunsch ihres

ältesten Bruders», verkündet Papa gleich am nächsten Morgen dem ganzen Haus. Die Onkel schmollen, enttäuscht darüber, dass die kleine Prinzessin mit einem so gewöhnlichen, so nichts sagenden Namen ausstaffiert wird. Dada hingegen betrachtet alle Anwesenden mit einem strahlenden Lächeln, den Daumen im Mund.

«Na, wie nennst du sie nun, deine Schwester, du kleiner Hosenscheißer?», ruft Tante Jhunu ihm zu, während sie mit einem Stock Mangos vom Baum neben der Wasserpumpe schlägt.

«Nasrin Jahan Taslima!», antwortet Dada mit entzückter Miene, nachdem er den Daumen aus dem Mund genommen hat.

Und jetzt, wo man einen Namen für mich gefunden hat, um meine Aqiqa feiern zu können, beschließt Papa, das Fest zu verschieben! Er ist zu besorgt, um ans Feiern zu denken, weil in Madarinogor die Reisernte schlecht ausgefallen ist. Ein paar Monate später gibt es endlich eine gute Ernte, aber das ist gerade zu dem Zeitpunkt, als Papa erneut nach Pabna versetzt wird. Tief betrübt sieht er sich gezwungen, meine Aqiqa noch einmal zu verschieben. Er wird wieder eine Stellung in Mymensingh finden müssen, bis wieder in Betracht gezogen wird, ein Fest zu feiern. Inzwischen sind zwei Jahre vergangen.

Als der Tag meiner Aqiqa endlich gekommen ist, machen sich meine Tanten gleich frühmorgens daran, den Fußboden des Hauses mit schönen stilisierten weißen Motiven* zu schmücken und bunte Papiergirlanden anzufertigen, die sie von Säule zu Säule spannen. Alle Gäste kommen mit den unerlässlichen Geschenken herbei: Der eine schenkt mir einen Ring, der andere eine Goldkette, wieder andere eine Zinnvase, eine Fibel oder auch ein Hemd, ein Paar Schuhe, einen Koran, eine Schüssel oder einen Teller, einen kleinen Koffer. Der Koch, der für die

* Vergängliche Dekoration, die an Festtagen mit einer weißen Paste aus Reismehl ausgeführt wird.

Zubereitung des Essens engagiert worden ist, zaubert in großen Töpfen, die auf direkt in die Erde gegrabenen Feuerstellen stehen, ein köstliches Pulao, das mit einem Fleisch-Korma serviert wird – das ganze Haus ist von verlockendem Duft erfüllt. Großvater hat große Mengen Konfekt eingekauft. Aber der Geschäftigste von allen ist am Tag meiner Aqiqa gewiss Dada. In seinen nagelneuen Kleidern und Schuhen, mit tadellos zurückgekämmten Haaren, empfängt er die Gäste mit einem zuvorkommenden Lächeln, entführt sie nacheinander in eine Ecke, um ihnen unter dem Siegel der Verschwiegenheit zu offenbaren, dass der wahre Urheber des Namens seiner Schwester kein anderer sei als er selbst, da die Vorschläge der anderen Familienmitglieder sich als katastrophal herausgestellt hätten.

Die vier kleinen Koffer, die ich geschenkt bekommen hatte, räumte Mama auf den Schrank. Die Zinnvase wanderte in Richtung Küche, wo man eine Verwendung für sie fand. Die Kleider und Schuhe wurden im Wandschrank zwischengelagert, ebenso wie die Koranausgaben, die Teller und Schüsseln. Mama legte die Goldringe und -ketten in eine Schublade, deren Schlüssel sie an den Zipfel ihres Saris hängte*, nachdem sie sie sorgfältig wieder verschlossen hatte. Später durfte ich nichts anrühren als die Bücher. Damals wollte sich das ganze Haus meiner Bildung annehmen. Sobald man mich einmal über ein Buch gebeugt sah, ließ man mich nicht mehr in Ruhe, bis ich das Alphabet von Anfang bis Ende aufsagen konnte. Und mit dem besten Willen der Welt plapperte ich alles nach, was man mir vorsagte.

Noch bevor ich mich daran versucht hatte, auf eine Schiefertafel zu schreiben, sagte man zu mir: «Los! Lies: *Moy akar, ma!*»**

* Bengalische Hausfrauen knoten ihren Schlüsselbund an das Ende ihres Saris, das sie über die Schulter zurückwerfen.

** So buchstabiert man auf Bengali das Wort *ma* – «Mama».

Und ich leierte nach: *«Moy akar, ma.»*

«Ko lo mo, kolom», sagte man mir vor.

«Ko lo mo, kolom», wiederholte ich, wie der Beo des Hauses, der in seinem Käfig an einem Ast im Hof hing. Als ich schon meine erste Fibel auswendig konnte, hatten meine jüngeren Onkel, Shoraf und Felu, noch nie ein Buch in den Händen gehalten.

Nur ein paar Tage nach meiner Aqiqa verkaufte mein Großvater, ohne irgendjemandem in der Familie etwas davon zu sagen, das ganze Anwesen an einen gewissen Bosiruddin. Als der plötzlich auftauchte, um das Haus in Besitz zu nehmen, dachte Großmutter, der Himmel würde ihr auf den Kopf fallen. Dabei war er noch immer an seinem Platz, der Himmel. Und Großmutter war immer noch am Leben. Wie dem auch sei, es war unmöglich, auch nur das Geringste darüber herauszubekommen, was Großvater mit dem Erlös des Verkaufs gemacht oder wer davon profitiert hatte. Nachdem sie dem Besucher den besten Stuhl angeboten und ihm Tee serviert hatte, sagte Großmutter zu ihm, so liebenswürdig sie konnte: «*Bhaijan*, es kann nicht sein, dass eine ganze Familie unter den Folgen des Wahnsinns eines einzigen ihrer Mitglieder leidet! Ich habe viele Kinder, wie Sie sehen. Ich werde mich doch wohl nicht mit ihnen allen auf der Straße wieder finden. Seien Sie unbesorgt, Sie bekommen Ihr Geld wieder. Sie brauchen mir nur das Haus zurückzuverkaufen. Ich werde es Ihnen nach und nach abbezahlen.»

«Ich will in einer Summe ausbezahlt werden», antwortet Bosiruddin, nachdem er sich geräuspert hat. «Ich bin gerne bereit, Ihnen das Haus zurückzuverkaufen, da Sie es sind, die mich darum bittet, aber ich will mein ganzes Geld auf einmal haben.»

«Aber wo soll ich denn so schnell eine solche Summe auftreiben?», ruft Großmutter hinter dem Vorhang hervor, wo sie sich vor den Blicken des Besuchers verbirgt. «Bedenken Sie doch die Situation, in der ich mich befinde! Ich, eine arme wehrlose Frau! Geben Sie mir wenigstens ein paar Tage, um mich umzutun.»

«Nein, nein, nein!», ruft der andere aus, während er seine Tasse Tee zu den Lippen führt. «Wie könnte ich Ihnen Zeit lassen? Zeit ist ein knappes Gut! Gott allein bemisst die Zeit, die einem jeden auf Erden gegeben ist. Ich bin bereit, Ihnen das Haus zu verkaufen, aber unter der Bedingung, dass Sie mir die gesamte Summe bis morgen zahlen ... oder bis übermorgen, zur Not. Sonst kann ich nichts machen, tut mir Leid.»

Großmutter schickt Onkel Shoraf los, um etwas Betel für Bosiruddin zu holen. Nachdem er seinen Tee ausgetrunken hat, steckt er sich einen Bissen in den Mund und nimmt mit der Fingerspitze etwas ungelöschten Kalk dazu. Er blickt auf das Federvieh, das im Hof herumflattert, und sagt abschließend: «Also, wir sind uns einig, ich komme morgen Nachmittag wieder?»

Als Bosiruddin weg ist, kommt Großmutter hinter ihrem Vorhang hervor. Sie leert den Inhalt der Bambustruhe aus, durchwühlt alle Verstecke des Hauses ... um nicht mehr als fünfzig Taka zusammenzubekommen. Sie hüllt sich in ihren Burqa und zieht los, um die Nachbarn um Hilfe zu bitten – Sulekhas Mutter, Monus Mutter, Sahabuddin ... –, und kehrt erst spätabends zurück. Sie kommt direkt zu uns, als Papa gerade erst aus der Praxis nach Hause gekommen ist.

«Haben Sie die Neuigkeit gehört? Haben Sie eine Idee, was ich tun könnte?», fragt Großmutter ihn beklommen.

Papa ist schon auf dem Laufenden, Mama hat ihm alles erzählt, kaum dass er über die Schwelle getreten ist: «Mein Vater hat das Anwesen an einen gewissen Bosiruddin verkauft, der heute hergekommen ist, um es in Besitz zu nehmen! Mama will es von ihm zurückkaufen. Aber Gott weiß wie. Wo soll sie eine solche Summe auftreiben? Bosiruddin verlangt, auf einmal ausbezahlt zu werden. Er will sein Geld bis morgen, spätestens übermorgen!»

Dennoch tut Papa vor Großmutter so, als wüsste er noch von nichts: «Welchem glücklichen Umstand verdanke ich Ihren Besuch? Es ist doch alles in Ordnung?», sagt er in gleichgültigem Ton.

Großmutter und Papa sitzen jeder an einem Ende des Bettes. «Ihr Schwiegervater hat das Haus verkauft», bricht es aus Großmutter heraus.

«Welches Haus? Wessen Haus?», fragt Papa, der sich schon umgezogen hat und im Lungi dasitzt.

«Wie, welches Haus? Unseres natürlich», erwidert Großmutter ungeduldig.

«Wieso? Warum hat er es verkauft?»

«Wie soll ich das wissen? Er sagt mir nie irgendetwas! Dieser Mann ist wirklich verrückt. Ich frage mich, was er im Kopf hat. Und es ist unmöglich herauszufinden, was er mit dem Geld angefangen hat!»

Papa kratzt sich unter seinem Lungi an den Beinen.

«Ich habe zu Bosiruddin gesagt, dass ich ihm das Haus wieder abkaufen will», fährt Großmutter fort ...

«Wer ist das denn nun, Bosiruddin?», fragt Papa gereizt.

«Der Mann, dem er das Haus verkauft hat, natürlich.»

«Und wo wohnt er, dieser Bosiruddin?»

«Irgendwo in Richtung Notun Bazar», antwortet Großmutter und faltet ihr Taschentuch auseinander, aus dem sie einen Betelbissen nimmt und in den Mund steckt.

«Und was macht er beruflich?»

«Das weiß ich nicht. Er ist nur heute Morgen hergekommen. Er wollte sofort alles in Besitz nehmen. Ich habe ihm gesagt, ich würde ihm das Geld nach und nach bezahlen, aber ich wollte das Haus zurückkaufen.»

«Wo liegt das Problem? Machen Sie es, wie Sie es gesagt haben: Bezahlen Sie es ihm nach und nach», sagte Papa im ruhigsten Ton der Welt.

«Ja, aber Bosiruddin will davon nichts hören. Er verlangt,

dass ich ihn in einer Summe ausbezahle», sagt Großmutter, die nah dran ist, aus der Haut zu fahren.

«Nun! Dann zahlen Sie es ihm eben auf einmal», erwidert Papa in amüsiertem Ton.

«Wächst das Geld vielleicht auf den Bäumen? Wo soll ich denn sechstausend Taka hernehmen?», ruft Großmutter mit verzweifelten Blicken zu ihrem Schwiegersohn.

«Idun, bring uns doch etwas Tee», bittet Papa. «Amma, Sie werden doch eine Tasse Tee mit mir trinken?»

Großmutter schüttelt den Kopf – nein, ihr ist nicht nach Tee zumute!

«Was würde Ihnen dann eine Freude machen? Möchten Sie etwas essen?», drängt Papa weiter.

«Nein, nein, ich will gar nichts», ruft Großmutter entnervt aus.

«Bring uns sofort Kekse und *Chanachur*», verlangt Papa von Mama.

«Nein! Nein! Nein!», versetzt Großmutter und hält Mama mit einer Handbewegung ab.

Papa und Großmutter sitzen noch immer jeder an einem Ende des Bettes. Mama und ich auf dem Bett gegenüber. Es herrscht Schweigen.

Nach einer Weile fragt Großmutter Papa schließlich mit gebrochener Stimme: «Wäre es Ihnen möglich, mir wenigstens fünftausend Taka zu leihen? Wo soll ich mit meinen Kindern hingehen, wenn ich kein Dach über dem Kopf mehr habe?»

Papa gibt keine Antwort.

«Seien Sie unbesorgt, ich werde jeden Monat etwas zurückzahlen …», fügt Großmutter in verzweifeltem Ton hinzu.

Mama kann Papas Schweigen nicht länger ertragen und mischt sich ein: «Mein Vater hat immer so viel für uns getan!», sagte sie. «Und jetzt, wo Mama in den schlimmsten Schwierigkeiten steckt, ist niemand da, um ihr zu Hilfe zu kommen! Als du zum Studium in Rajshahi warst und ich nicht einmal das

Geld hatte, um Milch für die Kinder zu kaufen, war es Papa, der aus seiner Tasche große Dosen Milchpulver gekauft hat. Seit unserer Hochzeit hat er uns die ganze Zeit bei sich beherbergt …»

Großmutter putzt sich mit dem Ende ihres Saris die Brille. Nachdem sie sie wieder auf die Nase gesetzt hat, drängt sie angsterfüllt weiter: «Geben Sie mir eine Antwort! Bosiruddin will morgen wiederkommen!»

An diesem Abend gab Papa ihr keinerlei Antwort. Als Großmutter seufzend aufbrach, kratzte sich Papa am Hals und sagte einfach zu ihr: «Amma, ich werde morgen Abend zu Ihnen kommen, um darüber zu reden.»

Schließlich lieh Papa ihr das Geld, und Großmutter bezahlte es ihm innerhalb von drei Jahren zurück, in monatlichen Raten. Großvater sagte dazu bloß: «Khayrunnesa kann Wunder bewirken, wenn sie etwas erreichen will!»

Es ist nicht Großvaters Art, aufs Geld zu sehen. Außerdem ist er ein Lebemann. Nichts kann ihm mehr Freude machen, als ein gutes Essen zu genießen und auch die anderen mit den besten Gerichten zu verwöhnen. Wenn Großmutter nicht da gewesen wäre, um das Ruder fest in der Hand zu halten, gäbe es schon längst keinen Grund zur Freude mehr in der Familie.

Großvater stammte aus Bikrampur und war in seiner Jugend viel herumgekommen. Mit dreizehn Jahren hatte er den Tresor seines Vaters aufgebrochen, die gesamten Ersparnisse der Familie gestohlen und sich mit ihnen davongemacht. Nachdem er lange von Stadt zu Stadt geirrt war, verschlug es ihn nach Mymensingh, wo er sich eines schönen Tages völlig mittellos wieder fand. Da er nicht in der Lage war, eine Pension zu bezahlen, schlief und aß er in den Moscheen, wo er, zusammen mit einer Horde von Bettlern und armen Verrückten, seine Zeit damit zubrachte, Geschichten aus Arabien zu erzählen. Die Leute, die in der Moschee ein und aus gingen, gaben ihm ein paar

Münzen dann und wann. Sobald er ein Geldstück in der Tasche hatte, kam er sich vor wie ein wahrhaftiger Prinz! Wenn er dann jemanden auf der Straße um Almosen bitten sah, fragte er ihn: «Hast du kein Haus? Hast du wenigstens etwas zum Beißen?» Und erschüttert von der Geschichte des Bettlers, der ihm bereitwillig seine Not, seinen ständigen Hunger beschrieb, brach er in Tränen aus und gab dem Unglücklichen am Ende alles, was er in den Taschen hatte.

Dadurch wurde der neue Imam der Moschee von Tchantara, an der Kreuzung der Distriktschule gelegen, auf Großvater aufmerksam, der jeden Freitag mit einer wahren Kohorte von Bettlern zum Gebet kam. In deren Gesellschaft ließ er sich in einer Ecke nieder, um zu beten.

Neugierig geworden, entschließt sich der Imam eines Tages, ihn anzusprechen: «Heda! Wie heißt du denn?»

«Ich heiße Moniruddin», antwortet Großvater mit einem breiten Lächeln.

«Wo ist dein Haus?»

«Ich habe keins.»

«Wie heißt dein Vater?»

«Habe ich vergessen.»

«Wo wohnst du?»

«In dieser weiten Welt fehlt es nicht an Orten zum Wohnen!»

«Kannst du lesen und schreiben?»

Moniruddin lächelt verlegen, wodurch er noch blasser aussieht. Er antwortet nicht.

Da fasst der Imam den Plan, aus diesem Vagabunden einen Familienvater zu machen. Er hat selbst eine etwa zwölfjährige Tochter, die gerade verheiratet werden soll. Geduldig wartet er auf einen Moment, in dem Moniruddin ihm ausgeliefert ist. In einer eisigen Winternacht, in der der junge Mann in der Moschee Zuflucht gesucht hat, ist es so weit; der Imam überrascht ihn, wie er ohne Decke auf dem bloßen Boden schläft, ganz zusammengekauert, um sich, so gut es eben geht, vor der beißenden Kälte zu schützen.

«Komm mit mir, Moniruddin; du wirst bei mir in einem Bett schlafen, in warme Decken gehüllt», schlägt er ihm vor.

Moniruddin scheint ihn nicht zu hören.

«Auf! Komm! Du bekommst schön warmen Reis zu essen, mit einem guten Fleischcurry.»

Darauf richtet Moniruddin sich auf.

«Ist Ihr Haus weit von hier, Imam Sahib?», fragt er.

Und so nimmt der Imam ihn mit zu sich nach Hause. Er lässt ihn sich satt essen an warmem Reis und gutem Fleischcurry und legt ihn unter kuschelige Decken in ein richtiges Bett, das im äußeren Zimmer* des Hauses vorbereitet ist.

Moniruddin schläft in einem Zug bis zum nächsten Mittag durch. Seit er aus dem väterlichen Haus hatte fliehen müssen, um einer bösen Stiefmutter zu entkommen, hat er nicht mehr so bequem geschlafen. Diese Nacht beim Imam erinnert ihn an die Zeit, als seine Mutter noch da war, um ihm vor dem Schlafengehen eine gute Schale warmen Milchreis zu bringen.

Nachdem er sich kräftig gestreckt hat, steht Moniruddin auf. Im Hof bemerkt er den Imam, der die rituelle Waschung vollzieht, indem er Wasser aus einem Krug mit feinem Schnabel gießt. Er sieht seinen Vater wieder vor sich, der sich auch immer die Füße wusch, indem er Wasser aus einer ähnlichen Kanne fließen ließ. Moniruddin tritt näher, nimmt dem Imam den Krug aus den Händen und beginnt ihm die Füße zu begießen, in einer hochachtungsvollen Geste, als fände er einen Vater wieder, von dem er allzu lange Jahre getrennt war. Und dabei bricht er in Tränen aus.

* Es handelt sich um das *Barbari* – das «äußere Zimmer», d. h. das zur Straße gelegene –, das dazu dient, die nicht zur Familie gehörigen Männer zu empfangen, die die Frauen des Hauses nicht sehen dürfen; diese bleiben im *Antarmahal* – den «inneren Wohnräumen».

«Warum weinst du? Was ist mit dir, Moniruddin?», wundert sich der Imam.

Ohne zu antworten, das Gesicht zwischen den Händen verborgen, verlässt Moniruddin das Haus des Imams. Erst einen Monat später taucht er wieder auf, ein strahlendes Lächeln auf dem Gesicht und eine Schachtel Konfekt in der Hand.

«Imam Sahib, hier ist etwas für Sie, Sie werden sehen, wie das schmeckt! Schön warme Rosogollas! Wie in Kalkutta!»

Die Familie des Imams macht sich über die Süßigkeiten her. Während sie noch genüsslich naschen, schlägt der Imam Moniruddin vor: «Möchtest du nicht meine Tochter Khayrunnesa heiraten?»

«Ich, heiraten?», zuckt der junge Mann zusammen. «Aber ... wo sollte ich denn mit meiner Frau wohnen? In den Moscheen?»

«Mach dir darum keine Sorgen! Ich habe genug Grund und Boden, um euch eine Unterkunft bereitzustellen», beruhigt ihn der Imam und legt seinem künftigen Schwiegersohn eine Hand auf die Schulter.

Moniruddin ist außer sich vor Freude. Da gibt's kein Zögern. Und noch vor Einbruch der Nacht wird der *Kadi* gerufen, um die Eheschließung vorzunehmen. Khayrunnesa hat keine Gelegenheit gehabt, ihren künftigen Ehemann zu sehen; sie hat nicht die geringste Vorstellung von seinem Aussehen, geschweige denn von seinem Charakter. Khayrunnesa hat eine gute Schulbildung bekommen; sie kann sogar Gedichte mit der richtigen Betonung des Versmaßes lesen. Und nun findet sie sich mit diesem kompletten Analphabeten verheiratet wieder, noch bevor sie seine Süßigkeiten verdaut hat. Sie hätte eine bessere Partie verdient! Nur dass ihr Vater, der Imam, eben davon überzeugt ist, dass Moniruddin ein Herz aus Gold hat – also ist es egal, dass er weder Geld noch Haus hat. Denn der fromme Mann weiß aus Erfahrung, dass nichts kostbarer ist auf dieser Welt als ein gutes Herz.

Der Imam hat zwar bereits einen Sohn, aber es ist, als gäbe es ihn nicht. Dieser Sohn hat eine Leidenschaft für den Dschungel. Er bringt seine Zeit damit zu, in allen Wäldern Indiens zu jagen. Er ist kaum einen Monat oder zwei im Jahr zu Hause, dann verschwindet er wieder in der Natur. Der Imam setzt keine Hoffnung mehr auf diesen Abenteurer, und als er sein Ende nahen fühlt, vertraut er die Verantwortung für sein gesamtes Hab und Gut Moniruddin an, mit den Worten: «Mein wahrer Sohn bist du!»

Moniruddin konnte gewiss einen guten Sohn abgeben, aber sein Wesen konnte er nicht ändern. Es war noch kein Jahr vergangen seit dem Tod des Imams, da hatte er schon die Hälfte der Ländereien verkauft, zugunsten der Bettler der Stadt. Und von dem wenigen, das übrig blieb, wurde ein Teil behördlich beschlagnahmt, um ein Internat für die benachbarte Schule zu bauen. Auf dem verbliebenen Grundstück schlug Khayrunnesa Wurzeln, sie ließ darauf Bäume pflanzen und ein paar Blechbauten errichten, um die Familie unterzubringen. Sie klammerte sich an dieses Stückchen Erde, um zu verhindern, dass das gute Herz ihres Mannes sie in eine Bettlerin verwandelte, nun da sie jedes Jahr ein Kind bekam und diese ganze Schar, die ihre hungrigen Storchenschnäbel aufsperrte, ernährt werden wollte.

Wenn schon kein schönes echtes Haus, so hatte die Familie doch zumindest ein Dach über dem Kopf. Blieb noch, die Kosten für den Haushalt aufzubringen. Das war die geringste von Moniruddins Sorgen, der seine Zeit damit verbrachte, fern von zu Hause die Freuden des Lebens zu genießen. Um die Wahrheit zu sagen, er kam wohl von Zeit zu Zeit nach Hause zurück – dann nämlich, wenn er alles ausgegeben hatte. Kaum trat er über die Schwelle, weckte er wie mit einem Paukenschlag das ganze schlafende Haus, indem er ausrief: «Heda! Khayrunnesa! Was gibt es zu essen? He! Kinder, wo seid ihr? Auf! Kommt schnell!»

Mit verschlossenem Gesicht serviert Khayrunnesa ihrem Mann und ihren Kindern das Essen, bis zu dem Tag, an dem sie aufbegehrt: «Es gibt nichts mehr zu essen ...» Mama muss damals um die vier Jahre alt gewesen sein. «Was sagst du? Nichts mehr zu essen?», fährt Großvater auf. «Nein, nichts mehr! Weder Reis noch Linsen. Schon seit mehreren Tagen ernähre ich die Kinder, indem ich wild wachsende Pflanzen koche», erklärt Großmutter, die auf ihrem Schemel vor dem erloschenen Herd sitzt, mit eisiger Stimme.

Verbittert geht Moniruddin schlafen. Er steht zwei Tage lang nicht wieder auf, bis Khayrunnesa, die unterdessen aus den Kokosnüssen des Gartens Konfekt zubereitet hat, ihn zwingt, sein Bett zu verlassen: «Geh dieses Konfekt auf dem Markt verkaufen und kaufe mit dem Ertrag Reis und Linsen!», befiehlt sie ihm. Und schon ist Großvater unterwegs, mit einer vollen Schachtel dieser Leckereien auf dem Kopf, um sie auf dem Markt gegenüber dem Gerichtsgebäude zu verkaufen.

Von da an produziert Khayrunnesa jeden Tag so viel, um auf dem Markt das Auskommen der Familie zu erwirtschaften. Moniruddin behält einen kleinen Teil des so verdienten Geldes für sich und gibt den Rest seiner Frau. Heimlich spart diese jeden Tag etwas davon, viertel um viertel Taka; und als ihre Tochter Idul Wara fünf Jahre alt wird, schlachtet sie ihre Sparbüchse und gibt den Inhalt, in ein Taschentuch eingewickelt, ihrem Mann, mit den Worten: «Mach doch mit diesem Geld ein kleines Restaurant auf!»

Als guter gehorsamer Ehemann unternimmt es Moniruddin also, ein Restaurant zu eröffnen. Er stellt Tische und Stühle in den Laden, den er gekauft hat. Er stellt einen Koch ein. Und alles läuft wie am Schnürchen: Das Lokal, in bester Lage mitten in Notun Bazar, ist ständig voll.

Das war noch zur Zeit der Engländer, als die Leute voll des Zorns gegen den Kolonisator waren. Moniruddin hingegen war auf niemanden zornig. Er war unfähig, bei wem auch immer Böses zu sehen. Sogar für seine Stiefmutter fand er Entschuldigungen. Er schwatzte mit allen Gästen des Restaurants, die stets empfangen wurden wie Könige. Selbst die übelsten Hochstapler behandelte er als Freunde. Kurz, sobald der Hunger sie im Bauch zwickte, drängten sich sogar die streunenden Katzen und Hunde in der Küche von Moniruddins Restaurant, wohl wissend, dass immer ein paar Knochen oder Gräten für sie abfielen. Großvater konnte keinen Bettler oder Verrückten vorübergehen sehen, ohne ihm zu essen zu geben, noch konnte er jemandes Missgeschicke anhören, ohne ihm eine Hand voll Taka aus der Kasse zuzustecken. Wenn er einen schweißüberströmten Straßenhändler vor seinem Restaurant erblickte, rief er ihn an: «He! *Bhaisab*, wohin laufen Sie so schnell? Setzen Sie sich doch einen Moment her. Sie können Ihren Weg fortsetzen, wenn Sie sich ein wenig ausgeruht haben …» Und die Händler gingen erst wieder, wenn sie ausgeruht waren und ein Glas Sirup spendiert bekommen hatten. «Ah! Das ist kein Restaurant hier bei Ihnen, das ist ein wahrer Hafen», sagten viele Leute.

Khayrunnesa schickte Idul Wara in Begleitung ihres Bruders Siddiq herüber, um den Saal auszufegen und die Tische und Stühle sauber zu machen. Während seine Schwester fegte, saß Siddiq auf dem hohen Stuhl, auf dem sonst sein Vater über dem Lokal thronte, und aß warme *Jalebis*. Nachdem er Sohn und Tochter einen großen Teller voll Reis und Fisch vorgesetzt hatte, schickte Moniruddin sie vor Einbruch der Nacht zurück nach Hause. Er selbst kam erst sehr spät nach Hause. Khayrunnesa wartete auf ihn, beim flackernden Licht der Petroleumlampe, bereit, sich auf dem Altar des unersättlichen Begehrens ihres Mannes hinzugeben, in der Hoffnung, den wilden Vogel für immer einzusperren in den Käfig des häuslichen Glücks, bestehend aus Wohlstand, Kindern und Lust. Als Frau konnte sie nicht aus dem Haus gehen, um selbst im Auge zu behalten, wie die Geschäfte liefen. Sie musste sich damit begnügen, einzelne Münzen zusammenzusparen, die sie in einem Stück ausgehöhlten Bambus aufbewahrte, das sie in einer Ecke des Hauses im Erdboden vergrub. Und abends dem neben ihr liegenden Ehemann ans Herz zu legen, seine Ausgaben zu mäßigen. Moniruddin hatte sich nie daran gewöhnt, das Geld zu zählen; er konnte nur verschwenderisch damit umgehen. Gewiss lag vieles im Bereich seiner Möglichkeiten, nur eins würde er nie lernen: sein Geld zu zählen!

Dann kam die Hungersnot von 1943. Bald sah man überall Menschen verhungern. Skelette bettelten an den Haustüren um eine Schale Reisschaum. Moniruddin hielt es nicht länger aus, und er stellte den Restaurantbetrieb ein, um eine Volksküche aufzumachen, wo er selbst den Hungernden eine eigenhändig zubereitete Mischung aus Reis, Linsen und Gemüse ausgab. Mit etwas Geld in der Tasche klapperte er alle Märkte der Stadt ab, auf der Suche nach Lebensmitteln, um sein Wohltätigkeitswerk am Laufen zu halten. Vergeblich – bald war kein Reis mehr aufzutreiben. Als allerletztes Mittel machte Großvater die Runde in den Moscheen, da er keine andere Möglichkeit mehr sah, als Gott um Hilfe anzurufen: «Es gibt keine andere Macht als Dich, *ilaha illallah*, es gibt keine andere Rettung als Dich, *ilaha illallah …*», flehte er, heftig schluchzend, die Wangen tränenüberströmt. Das ganze Jahr, solange die Hungersnot anhielt, hörte er praktisch nicht auf zu weinen, bis die Flugzeuge kamen und Säcke voll Reis und Dosen mit «amerikanischer Milch» abwarfen.

Khayrunnesa ihrerseits schaffte es, die Ihren ohne allzu viel Schwierigkeiten durch diese Zeit zu retten, denn sie hatte in jenen wirren Tagen die gute Idee gehabt, große Reisvorräte anzulegen. Indem sie die Rationen sorgfältig abmaß, gelang es ihr durchzuhalten, bis die Normalität wieder einkehrte, wobei sie ihr jüngstes Kind nur mit ihrer eigenen Milch ernährte. Tatsächlich wäre die Familie ohne sie untergegangen. Sie hatte es geschafft, Moniruddin im Haus zu behalten, allen Widrigkeiten zum Trotz. Aber die Furcht, der Vogel könnte eines Tages seinem Käfig entfliehen, ließ sie nicht los.

Am Tag meiner Aqiqa hatte man sich so gut amüsiert, dass niemand bemerkte, dass meine Urgroßmutter, die Mutter meiner Großmutter, in der Küche ohne einen Laut gestorben war. Großmutter hatte sie zu sich genommen, nachdem sie Witwe geworden war. Sie zog es vor, bei ihrer Tochter zu bleiben, statt sich der Obhut ihres Sohnes, des Jägers, zu überlassen. Das widersprach freilich dem Brauch, nach dem eine Frau als Kind bei ihrem Vater Zuflucht findet, als Erwachsene bei ihrem Mann und im Alter bei ihrem Sohn. Beim Anblick seiner Schwiegermutter, die steif auf ihrem Totenbett lag, hatte Großvater sich zu Boden fallen lassen und sie so bitterlich beweint, wie er seine eigene Mutter beweint hätte.

Aber das ist der Lauf des Lebens: Auf Kummer und Elend folgt eines Tages das Glück in einer seiner so vielfältigen Formen! Früher oder später kommt der Monsunregen und wäscht die Asche des Feuers fort. Vom Fenster aus schaut Tante Jhunu dem Spiel der Regentropfen zu, die auf das Wasser des Teichs fallen. Der Wolkenbruch trommelt auf das Blechdach. Das Wasser spielt mit dem Wasser, das Lied des Regens versetzt alle in frohe Stimmung. In allen Köpfen schlägt der Pfau sein Rad! Tante Jhunu hat Lust zu singen. Im bereits überschwemmten Hof rennen die Jungen – Onkel Shoraf, Onkel Tutu, Onkel Felu – wild durcheinander.

Nur Papa wirkt gleichgültig gegenüber der Freude der beginnenden Regenzeit, er ist müde, gereizt. Alles scheint ihm egal zu sein, ob Dürre oder Regen. Die Dürre, die die Erde rissig macht, die Pflanzen verkümmern lässt; der Regen, der die Felder überschwemmt, die Ernten vernichtet. Er schickt sein gesamtes Gehalt seiner Familie im Dorf Madarinogor, mitsamt einem Brief an seinen großen Bruder, um ihm zu sagen: «Zögert nicht, Kushis Vater das Land abzukaufen, das südlich an unsere Felder grenzt. Ich schicke euch nächsten Monat eine größere Summe.» Papa verdient nun mehr als genug zum Leben. Er ist befördert worden. Sein Ruf verbreitet sich. Er hat sich einen neuen Stempel anfertigen lassen: *Dr. Moh. Rojob Ali, Doktor der Medizin.* Nachdem er Großmutter die fünftausend Taka geliehen hat, damit sie das Haus zurückkauft, hat er die fünf Zimmer, die auf den Innenhof hinausgehen, von ihr gemietet: Wohnzimmer, Schlafzimmer, Küche, Schuppen, Abstellraum – Räume mit Steinboden, einem Dach teils aus Blech, teils aus Ziegeln, und Backsteinmauern. Und die Wohnung, in der wir bisher wohnten, deren Eigentümer Papa war, die wurde für meine Brüder hergerichtet.

Tanz, Gesang, Spiele, in Papas Augen ist das alles nichts als sinnloses Treiben. Wenn er mich im Regen spielen sieht, packt er mich am Nacken, um mich ins Haus zurückzubringen. Er lässt mich vor Angst erstarren. Niemals würde ich es wagen, ihn zu bitten, mir ein Märchen zu erzählen, wie ich es oft von Mama verlange. Wann immer die Idee mir in den Sinn kommt, vergeht mir der Wagemut schnell wieder. Ich traue mich nicht einmal, seinem Blick zu begegnen, so schüchtert er mich ein, so groß ist die Distanz zwischen uns.

Das ist, wie ich mir habe sagen lassen, nicht immer so gewesen. Bis zu seinem Studienaufenthalt in Rajshahi himmelten wir uns gegenseitig an. Wir hatten gerade das Gefängnis von Pabna verlassen und uns wieder in Mymensingh niedergelassen. Sobald er nach Hause kam, fiel ich ihm um den Hals und bettelte: «Papa, geh mit mir am Flussufer spazieren!»

Es wurde immer wieder auf den nächsten Tag verschoben, letztlich hat Papa mich nie mit ans Flussufer genommen. Mama kniff mich auf Papas Arm sanft in die Wange und sagte, um mich von meinem Vorhaben abzubringen: «Kinder dürfen nicht ans Flussufer gehen! Da gibt es Leute, die kleine Kinder entführen, weißt du das nicht?»

«Aber mich werden sie doch nicht nehmen! Sie nehmen nur die Jungen», entgegnete ich, fest entschlossen, auf dem Arm meines Vaters zu bleiben, der sich nicht zurückhalten konnte, laut loszulachen.

«Am Flussufer, da wohnt der Foting-ting! Wegen seiner drei abgeschnittenen Köpfe spricht er mit den Füßen ...», erklärte ich mit dem allergrößten Ernst, wie um Papa Angst zu machen, indem ich eine Geschichte nachplapperte, die man mir einmal erzählt hatte. Aber Papa, wahrscheinlich um diese Foting-ting-Geschichten aus meinem Kopf zu verscheuchen, bedeckte meine Stirn, meine Wangen mit Küssen: «Sag mir lieber, wer du bist, mein Schatz», fragte er mich zum Spaß.

«Ich bin deine Mama», antwortete ich bereitwillig, so wie er es mir beigebracht hatte. Und meine Antwort ließ einen neuen Regen von schmatzenden Küssen auf mich niedergehen. Mit seiner Hand strich er mir die verfilzten Haare hinter die Ohren. Ich war damals ein recht verwöhntes Mädchen, das unmöglich zum Stillhalten zu bringen war. Nach zwei Söhnen hatte Papa sich eine Tochter gewünscht – diese Tochter, das war ich, mit meinen rosigen Wangen voller Sommersprossen, die sich als Mama ihres Papas vorstellte! Und zwei Jahre später, nach seiner Rückkehr aus Rajshahi, wo er einen Intensivkurs besucht hatte, um seinen Doktor zu machen, da erkannte ich ihn nicht mehr als meinen Vater; es war, als sähe ich in ihm ein fremdartiges Wesen, das vom Himmel in unser Haus gefallen war. Wenn Papa mich rief, damit ich auf seinen Schoß kletterte, lief ich davon und versteckte mich. Ich nannte ihn nicht einmal mehr Papa. Ich sagte weder du noch Sie zu ihm. Diese Befangenheit, wenn ich ihn anreden soll, habe ich bis heute nicht verloren. Mein Vater war mir ein Fremder, ein unbekanntes Wesen geworden. Während ich mich Menschen wie Großmutter, Tante Runu, Tante Jhunu, Onkel Hashem, Onkel Shoraf, Onkel Felu und sogar meinem windigen Großvater unzweifelhaft nahe fühlte, gelang es mir nicht, die Distanz, die mich von meinem Vater trennte, zu überbrücken. Es war, als bedauerte ich seine Rückkehr nach Hause, als störte seine Rückkehr das wunderbare Glück, das uns einte, Mama, meine Brüder und mich. Diese Rückkehr war wie ein Stein, der auf die ruhige Oberfläche eines Teiches geworfen wurde. Die Distanz zwischen meinem Vater und mir hat sich nie mehr verringert. Noch heute, wenn er mich auffordert, zu ihm zu kommen, und mich zärtlich *kleine Mutter* nennt, erstarre ich unwillkürlich. Zwischen uns steht eine unsichtbare Mauer und trennt uns, sogar dann, wenn er mich herzlich in seine Arme schließt.

HERANWACHSEN

Ich war also an einem hochheiligen Tag geboren, dem Geburtstag des Propheten, einem Montag, ganz kurz vor der Morgendämmerung. Das war wahrhaftig ein Grund, den Herrn zu loben, indem man rezitierte: *«La ilaha illallah-u muhammad-ur rasul-ullah.»** Es heißt, dieses Lob der Größe Gottes komme über die Lippen der Erwählten, sobald sie das Licht der Welt erblicken. Als Tante Fozli mich zum ersten Mal sah, rief sie aus: «Ah! Was für ein strahlendes Gesicht! Aber warum sollte das verwundern, bei einem Mädchen, das an einem so heiligen Tag geboren ist!»

Unter der sengenden Sonne wird der makellose Teint des kleinen Mädchens allerdings sehr bald einen kupferfarbenen Ton annehmen. Man muss dazu sagen, dass sie auch ständig hinter ihren Onkeln, Shoraf, Felu und Tutu, herläuft. Von der Mitte des Nachmittags an herrscht die Aufregung einer Partie «Hilfe, Dieb!», deren Zentrum der alte Banyanbaum im Hof ist. Eines der Kinder ist der Dieb, es muss hinter den anderen herlaufen, und das Kind, das es berührt, wird der nächste Dieb. Da meine Onkel deutlich älter sind als ich, rennen sie auch viel schneller. Also bin meistens ich dran, Dieb zu sein. Onkel Tutu hat eine Art, im Zickzack zu laufen, dass es mir nie gelingt, ihm zu entkommen. Und Onkel Felu rennt so schnell wie ein Hase – ich könnte den ganzen Tag versuchen, ihn einzuholen, ohne es zu schaffen.

Bei diesen täglichen «Hilfe, Dieb!»-Spielen verlor ich also nicht nur meine Einsätze, sondern auch den strahlend hellen

* «Es gibt keinen Gott außer Gott, und Muhammad ist sein Prophet.»

Teint meines Gesichts, das nun von der Sonne stark gebräunt war. Aber das hinderte Tante Fozli keineswegs daran, weiter fest darauf zu hoffen, dass ich, wenn ich erwachsen wäre, dem Pfad Gottes folgen würde.

Nach meiner Rückkehr von einem Ausflug nach Nandibari verfestigte sich diese Hoffnung Tante Fozlis noch einmal. Tante Runu hatte eine Freundin, Shormila, die aus einem Ort namens Nandibari stammte, in der Nähe des Dschungels der Hajibari-Hügel unweit von Mymensingh. Sie hatte uns, Tante Runu und mich, eingeladen, sie dorthin zu begleiten.

Der Verputz des Hauses, das sehr alt war, löste sich in großen Placken ab. Es sah aus wie ein Spukhaus, in dessen Gemäuern Schlangen lauerten, um große Tonkrüge voller Goldstücke zu verteidigen. Man erwartete einen Banyanbaum zu sehen, der seine Luftwurzeln in die Fassade schlug. Man stellte sich vor, um Mitternacht müsste auf der Dachterrasse das Geklingel der Fußringe eines jungen Mädchens von außerordentlicher Schönheit zu hören sein, wenn es einen wunderbaren Tanz vollführte – ein Mädchen, das sich im Wind auflösen würde, sowie man versuchte, sich ihm im Schein einer Lampe zu nähern.

Rund um das Haus wuchsen zahlreiche Lycheebäume, deren Äste sich unter der Last der Früchte bogen – eine Spezialität der Gegend. Aber ich hatte Angst, die Hand nach ihnen auszustrecken, da ich immer fürchtete, eine Kobra könnte mich vom Gemäuer des Spukhauses her beobachten. Es gab auch einen herrlichen Teich, direkt vor der Treppe, die zum Eingang führte. Sein Wasser war so klar, dass man mühelos bis auf den Grund blicken konnte. Lange saß ich da, betrachtete mein Gesicht im Spiegel des Wassers und lauerte auf den Moment, wo es durch ein Zittern der Oberfläche bewegt würde, wie offenes Haar im Wind. Ich lachte nicht, und doch schien mein Bild im Wasser zu lachen vor Freude, mich zu sehen.

Als der Abend gekommen war, hatte Shormila uns im flackernden Licht einer Sturmlampe Milchreis angeboten. Ich weigerte mich strikt, ihn anzurühren. Unmöglich, mich dazu zu bringen, auch nur einen Löffel voll zu mir zu nehmen.

«Warum willst du nicht essen?», hatte unsere Gastgeberin gefragt.

Mit zusammengepressten Lippen saß ich da, ohne zu antworten. Tatsächlich war es die Angst vor Schlangen, vor Dschinns und Gespenstern, die mich unfähig machte, den geringsten Laut von mir zu geben.

Shormila war unglaublich schön. Ich war überzeugt, die mitternächtliche Tänzerin auf dem Dach des Hauses müsste ihr ähnlich sehen. Sie hatte lange schwarze Haare, die ihr bis zu den Knien reichten, und lebte allein in diesem großen Haus, immer mit einem weißen Sari bekleidet. Ich sehe sie vor mir, wie sie auf einem Rattansessel sitzt, mit gelöstem Haar, der Süße des Augenblicks hingegeben. Durch das Fenster dringt der starke Abendwind herein und zerzaust ihr das Haar. Ihre ungeschminkten tiefschwarzen Augen mit dem fernen, weltentrückten Blick glänzen im Zwielicht.

Wenn Shormila die Lippen öffnet, ist es, als kämen ihre Worte auf den Schwingen eines großen weißen Vogels vom Himmel herab: «Wie süß sie ist, diese Kleine! Wie heißt du denn?», fragt sie mich.

Wenn man aufmerksam lauscht, dann erahnt man in Shormilas Stimme den Klang der Glöckchen an den Fesseln der Tänzerin. Nun ... ich jedenfalls höre sie:

Tante Runu antwortet an meiner Stelle: «Sie heißt Sobha.»

«Iss doch etwas, Sobha!», sagt Shormila und lächelt mir freundlich zu.

Ich würde ihr gerne sagen, dass es nicht wahr ist, dass ich nicht Sobha heiße. Aber nichts zu machen! Gewiss, ich finde den Namen Sobha viel hübscher als meinen echten Namen, aber es ist nun einmal nicht meiner. Es bringt mich wirklich aus der Fassung, so angesprochen zu werden. Darauf zu antworten würde mich in meinen eigenen Augen zu einer Lügnerin machen, zu einer Diebin, die einer anderen den Namen raubt, um ihn sich anzueignen.

«Komm, gehen wir zurück nach Hause», sage ich zu Tante Runu und drücke ihre Hand ganz fest.

Plötzlich erlischt, nachdem sie schon lange geflackert hat, die Flamme der Lampe. Aber der ganze Raum erstrahlt in dem Licht, das von Shormila ausgeht.

Shormila, die Licht und Duft um sich verbreitet, sagt: «Der Mond wird bald aufgehen. Die Nacht wird heute sehr hell sein. Wir werden in ihrem Licht dasitzen und singen. Und auch du wirst mit uns singen.» Und darauf bricht sie in ein klingendes Lachen aus. Ich drücke mich an Tante Runu und flüstere ihr zu. «Komm, Tante Runu, gehen wir nach Hause!»

In dieser Nacht auf dem Heimweg beobachte ich ein seltsames Schauspiel: Der Mond folgt uns am Himmel, von Shormilas Haus bis zu unserem. Ich greife nach Tante Runus Hand und rufe: «He! Schau! Schau doch! Der Mond begleitet uns!» Das scheint Tante Runu völlig kalt zu lassen. Also stürze ich gleich, als wir ankommen, zu Mama, um ihr zu sagen: «Mama! Mama! Der Mond ist uns den ganzen Weg lang gefolgt! Von Nandibari bis hier nach Akua!»

Neuerliche Enttäuschung: Mama ist von meiner Enthüllung genauso wenig beeindruckt wie Tante Runu. «Was hat man euch bei Shormila zu essen angeboten?», fragt sie mich stattdessen.

Ganz stolz antwortet Tante Runu an meiner Stelle. «Deine Tochter hat nichts essen wollen. Sicher deshalb, weil es ein Hindu-Haus ist.» Und da ist es passiert! Die Legende ist geboren: Ich weigere mich, bei Hindus irgendetwas zu essen. Und aus demselben Grund, denkt Mama – weil ich am Geburtstag des Propheten geboren bin –, drehe ich auch den Kopf weg, wenn sie mir die Stirn mit einem roten Punkt schmücken will.*

* Gepflogenheit der Hindu-Frauen, aber in Bengalen schmücken sich auch muslimische Frauen gern mit einem farbigen Punkt auf der Stirn.

Und prompt erklärt sie, drei oder vier Tage nach meinem Besuch bei Shormila, Tante Fozli: «Siehst du, meine Tochter ist an einem so heiligen Tag geboren, dass sie alles ablehnt, was von ihnen kommt: sowohl die Nahrung als auch die Gebräuche ...»

Tante Fozli durchquerte oft die Wälder von Hajibari, um uns besuchen zu kommen. Bei ihrer Ankunft zog sie den Burqa aus, der sie von Kopf bis Fuß verhüllte, und machte einen Rundgang durchs Haus, wobei sie auch in die Küche ging und die Deckel von allen Töpfen hob, um zu sehen, was fertig war und was noch vor sich hin köchelte. Dabei rümpfte sie beharrlich die Nase, sogar vor den feinsten Speisen – gebratene Maifische oder panierte Schleienfilets. Als würde das alles scheußlich stinken! Als fände sie da alles, was sie am meisten verabscheute. Beim Essen bemühte sich Großmutter, ihr die besten Stücke zu servieren: Sie reservierte ihr die fettesten Teile der Fische, zwischen Kopf und Schwanz; sie achtete darauf, ihr weder den verkochten Reis von unten im Topf noch den abgekühlten von oben zu geben; sie suchte ihr die perfekt durchgebratenen Auberginenkrapfen aus, die am schönsten geformten, und gab eine Hand voll gerösteter Zwiebeln dazu. Das hinderte Tante Fozli nicht daran, die ganze Zeit, während sie aß, weiter die Nase zu rümpfen. Als brächte sie ein großes Opfer, indem sie eine Mahlzeit lang auf das köstliche Essen verzichtete, an das sie bei der Familie ihres Mannes gewöhnt war. Als würde sie das, was man ihr hier vorsetzte, nur herunterschlucken, weil sie so überaus höflich war und weil sie in Anbetracht der Tageszeit nicht anders konnte, als die Einladung zum Essen anzunehmen. Im Übrigen begnügte sie sich nicht damit, das Gesicht zu verziehen; sie musste auch noch sagen: «Diesen Spinat, wer hat den denn geputzt? Er ist voller Sand! Ach, mir scheint, an dem Fleisch wurde das Garam-Masala vergessen. Na, so was, man hat nicht genug Öl genommen, um den Fisch zu braten ...» Die kritischen Bemerkungen nahmen kein Ende.

Als Mama ihr von meiner Weigerung erzählte, von Hindus Nahrung anzunehmen und meine Stirn auf ihre Art zu schmücken, hatte Tante Fozli gerade bei uns gegessen. Sie kaute zur Verdauung etwas Betel, auf dem Bett liegend, noch immer verärgert über das angebliche Fehlen von Knoblauch im Taubencurry. Sie hatte einen solchen Aufstand gemacht, dass Großmutter ihr schließlich vier rohe Knoblauchzehen auf den Teller gelegt und versetzt hatte: «Sag mir Bescheid, ob die Sauce dir nun genug Geschmack hat!»

«Aber Mama, was für eine Idee!», hatte Tante Fozli mit einem gezwungenen Lächeln ausgerufen. «Roher Knoblauch wird den Geschmack des Fleischs nicht mehr verändern. Es ist übrigens genau richtig gegart, das ist doch schon mal etwas! Gott hat gesagt, um den Hunger zu stillen, genüge es, etwas zu essen, ungeachtet der Qualität. Gott liebt die Schlemmerei nicht. Und der Prophet war sehr genügsam.»

Ein paar Haarsträhnen fallen Tante Fozli lockig in die Stirn, was sie einem Bild der Göttin Durga ähneln lässt. Als sie Mamas Enthüllung hört, weckt sie mit ihrem Geschrei, ohne darum aufzuhören, Betel zu kauen, das ganze Haus aus dem Mittagsschlaf: «Ich hatte es ja gesagt, dass die Kleine sehr fromm werden würde! Hier haben wir den besten Beweis, da du mir sagst, dass sie nichts gegessen hat, was ihr von Hindus aufgetischt wurde! Dass sie es ablehnt, dass man ihr die Stirn schmückt, wie deren Frauen es zu tun pflegen. Das hat ihr niemand beigebracht, wie soll man sich erklären, dass sie es weiß? Wahrlich, Gott selbst ist es, der es sie lehrt. Ich erinnere mich, als sie klein war, hatte sie ein so süßes Lächeln, wenn sie schlief … Sie muss wohl im Schlaf mit den Engeln gespielt haben! Hast du ein Glück, eine solche Tochter zu haben!»

Tante Fozli kann sagen, was sie will, Mama selbst denkt keineswegs, dass sie Glück hat. Sie, die so gerne studiert hätte, hatte keine Gelegenheit dazu. Dabei war sie eine der besten Schülerinnen ihrer Schule. Da Großvater verlangte, dass seine

Töchter nur unter dem Burqa verhüllt aus dem Haus gingen, gehorchte Mama, zur großen Belustigung ihrer Mitschülerinnen. Dann kam sehr bald die Hochzeit, und sie hatte die Schule abbrechen müssen. An ihrem letzten Schultag, als sie sich von ihren Lehrern verabschiedete, hatten diese mit ihrem Kummer und ihrer Enttäuschung nicht hinterm Berg gehalten, sie sagten zu ihr: «Du hattest alle Fähigkeiten. Du hättest bis zum Abitur und sogar noch weiter kommen können. Versuche doch, deine Studien nach der Hochzeit fortzuführen, wenn du kannst.»

Nein, Mama betrachtet sich nicht im Geringsten als Glückspilz!

Wenn sie unter einem guten Stern geboren wäre, hätte Großvater es dann nötig gehabt, sich in ihr Zimmer zu schleichen, sehr darauf bedacht, dass niemand ihn sah, um ihr ein diskret in Zeitungspapier eingewickeltes Fläschchen zu geben? Warum hätte er dann Mama ausdrücklich nahe gelegt, auf keinen Fall darüber zu reden oder es jemandem zu zeigen, und ihr zugeflüstert, denn, nicht wahr, sogar die Wände haben Ohren: «Und achte darauf, du musst es jeden Abend auftragen, aber warte damit, bis es sehr spät ist ...»

Was Großvater Mama da besorgt hatte, war eine Lotion, um die Gesichtshaut aufzuhellen, damit Papa sie weniger hässlich fände und er nicht auf die Idee käme, Frau und Kinder zu verlassen, um anderswo eine neue Familie zu gründen. Mama schmierte sich also jeden Abend diese Lotion ins Gesicht. Vergeblich. Von Tag zu Tag versanken ihre kleinen Augen tiefer in ihren Höhlen, und ihre Augenringe erschienen immer dunkler; und ihre Nase, die blieb genauso breit wie vorher. Gewiss hatte sie, wenn auch keine Schönheit, so doch andere Vorzüge zu bieten: Sie konnte gut nähen und kochen. Aber damit war sie nicht die Einzige. Es fehlte sicher nicht an Küchen- und Nähstubenperlen auf dieser Welt. Wie dem auch sei, so sagte sie sich, um sich zu beruhigen und mangels anderer Möglichkeiten, so abstoßend war sie nun auch wieder nicht, sie hinkte weder, noch war sie blind oder verrückt.

Nein, sie war nicht verrückt, aber manchmal erweckte sie doch den Anschein. Zu der Zeit, als Papa in Rajshahi arbeitete, war sie eines Tages ganz allein dorthin gereist, nachdem sie ihre Kinder in die Obhut ihrer Mutter gegeben hatte. Sie war besessen von der Furcht, Papa liebe sie nicht mehr. Tatsächlich hatte die Lotion, die Großvater ihr geschenkt hatte, ihre Ängste nur noch gesteigert.

Diese Furcht ist es auch, die ihr auf dem Weg nach Rajshahi das Herz zerreißt. Mama versucht, so gut sie kann, sich Mut zu machen. Aber es ist das erste Mal, dass sie Mymensingh allein verlässt ... Was soll's? Irgendwann muss man ja anfangen! Es ist nichts Schlechtes daran, dem eigenen Mann nachzureisen, dem Vater ihrer Söhne. Sie ist nicht unterwegs, um einen Liebhaber zu treffen, sondern den Mann, der sie vor Gott geheiratet hat, und sie hat einen guten Grund dafür. Gewiss, Papa hat sie nicht gerufen; sie selbst ist es, die den tiefen Wunsch verspürt hat, ihn zu sehen. Papa hat vor seiner Abreise zwar daran gedacht, einen großen Vorrat an Reis im Haus zu lassen und Mama das für den Haushalt nötige Geld zu geben. Aber muss sie denn damit zufrieden sein, nicht zu verhungern? Es kommt nicht nur auf einen vollen Magen an! Auch eine hässliche und dumme Frau hat ihre Erwartungen, ihre Hoffnungen ... Wem soll sie sich anvertrauen, wenn ihr Mann nicht da ist?

Als Beamter wurde Papa ständig von einem Ort an den nächsten versetzt. Gleich nach seiner Ankunft in Rajshahi hatte er die notwendigen Anträge gestellt, um so schnell wie möglich zurück nach Mymensingh zu kommen. Aber seine Vorgesetzten hatten andere Pläne. Er musste warten. Das war der Stand der Dinge, als er plötzlich seine Frau auftauchen sah, den Mund mit billigem Lippenstift bemalt, das Gesicht ganz weiß von einer dicken Schicht Schminke, einen Lederkoffer in der

Hand, randvoll mit bunten Saris, Tibetpuderdosen und allen möglichen Schönheitsmittelchen.

Papa zuckt zusammen, als sehe er ein Gespenst vor sich: «Was ist los? Wie hast du es angestellt, bis hierher zu kommen?», ruft er verdutzt aus.

«Ich bin allein gekommen», erklärt Mama kleinlaut.

«Ganz allein! Von so weit her! Wie ist das möglich? Und die Kinder?»

«Es geht ihnen gut. Und du, wie geht es dir? Du schreibst nicht ... Hast du mich vergessen?», wagt sie zu sagen, die Augen voller Tränen.

Papa setzt sich in einen der Sessel, die Teil der von der Verwaltung bereitgestellten Einrichtung sind. «Bist du verrückt geworden, so kleine Kinder allein zurückzulassen?»

«Mach dir keine Sorgen, ich habe sie Mama anvertraut.»

«Du hast doch nicht alles ausgegeben, was ich dir dagelassen habe ...?», fragt Papa beunruhigt.

«Doch. Mein Vater und meine Brüder geben mir Geld, um Milch für die Kinder zu kaufen», erklärt sie und legt ihre Hände auf die Armlehnen des Sessels. Papa kann das Parfum riechen, mit dem sie sich begossen hat.

«Wenn du mir Bescheid gegeben hättest, hätte ich dir den notwendigen Betrag geschickt ... Ich werde ihn dir geben, und du wirst gleich morgen nach Mymensingh zurückfahren», ruft Papa, wobei er aufsteht und die Hände tief in seine Taschen steckt, als wollte er sofort das Geld hervorholen.

«Wer kümmert sich um deine Küche?», will Mama wissen. «Was isst du? Du hast abgenommen, wie ich sehe», fügt sie hinzu und streicht ihm dabei zärtlich über den Rücken.

Papa antwortet nichts, er runzelt nur seine dicken schwarzen Augenbrauen vor lauter Ungeduld und Ärger.

Als Papa später noch einmal für zwei Jahre nach Rajshahi ziehen musste, um seinen Doktor zu machen, vergaß er nicht, Mama nahe zu legen: «Überlasse vor allem die Kinder nicht irgendjemandem, um wer weiß wohin zu gehen!» Und während Mama in Tränen ausbrach, hörte man ihn noch hinzufügen: «Ich lasse dir genug Geld da, um zurechtzukommen. Ich werde dir wieder welches geben, wenn ich euch in fünf oder sechs Monaten besuchen komme.»

Die Briefe, die Papa aus Rajshahi an Mama schrieb, klangen alle etwa folgendermaßen: «Wie geht es Noman, Kamal und Nasrin? Wenn euch der Reis ausgeht, dann schicke deinen Vater in das Depot von Notun Bazar, um welchen zu kaufen. Kaufe alles, was du zum Kochen brauchst, im Lebensmittelladen von Monu Miah. Behalte ein Auge auf Noman und Kamal, um dich zu vergewissern, dass sie ihre Hausaufgaben sorgfältig machen. Sag ihnen immer wieder, sie sollen ihre Studien nicht vernachlässigen. Nächsten Monat schicke ich dir genug, damit du das Geld, das du von Sulekhas Mutter geliehen hast, zurückzahlen kannst. Mach keine unnötigen Ausgaben. Kaufe nichts Überflüssiges. Kümmre dich gut um alle. Rojob Ali.»

Mamas Briefe waren von ganz anderem Stil. Sie verrieten die Städterin, die in den Anfangszeiten ihrer Ehe mit ihrem Mann zwei oder drei Filme mit Dilip Kumar und Madhubala* im Kino gesehen hatte. Sie füllte Seite um Seite mit ihrer großen Schönschrift, etwa folgenden Inhalts:

«Liebster und teuerster Gatte,

was gibt es Neues bei dir? Wann wirst du endlich wiederkommen? Du fehlst mir schrecklich. Ich bin wie ein verletzter Vogel, dessen Herz von einem Pfeil durchbohrt ist. Ich bitte dich, hol mich dahin, wo du bist! Wir werden glücklich zusammen leben, wir zwei mit unseren Kindern. Wenn du von Rajshahi zurückkommst, wirst du ein großer Doktor sein. Ich verkünde es schon allen Leuten und bin von Stolz erfüllt. Ich weiß, dass ich deiner nicht würdig bin. Ich bin weder so gelehrt

* Schauspieler und Schauspielerin des sehr sentimentalen Kinos der fünfziger Jahre.

noch so intelligent wie du. Ich habe nur einen einzigen Reichtum, das bist du. Du mein Glück. Du meine Freude. Ich habe keinen anderen Wunsch auf dieser Welt.»

Und das war die Art von Antwort, die sie von Papa bekam:

«Gib beim Einkaufen nicht mehr als zwei Taka am Tag aus. Wenn es dir an Geld fehlen sollte, dann kaufe bei Monu Miah auf Kredit. Pass gut auf die Kinder auf. Führe sorgfältig Buch über die Ausgaben, die du für den Haushalt tätigst.»

Als Papa zwei Jahre später, nachdem er ruhmreich sein Diplom als Doktor der Medizin erlangt hatte, aus Rajshahi zurückkehrte und sich wieder in Mymensingh niederließ, verspürten wir alle eine enorme Distanz zwischen ihm und uns, eine Distanz, die es zuvor nicht gegeben hatte. Sogar ich mit meinen knapp vier Jahren ging nicht mehr zu ihm, um mich an ihn zu kuscheln. Das Verhältnis zwischen Papa und Mama war nur noch durch den gemeinsamen Haushalt bestimmt: Was essen wir heute? Was muss eingekauft werden? Mama bemühte sich immer weniger, sich für ihren Mann schön zu machen. Sie war hauptsächlich damit beschäftigt, ihm Einkaufslisten für die Familie auszuhändigen: drei Maß Senföl, zehn Pfund Zwiebeln, vier Pfund Salz, acht Pfund rote Linsen. Nachdem er die Liste überflogen hatte, steckte Papa sie in seine Einkaufstasche und ging in den Lebensmittelladen. Beim Mittagessen bediente Mama Papa selbst, für das Abendessen jedoch ließ sie ihm nur eine volle Platte auf dem Tisch stehen, die sie mit einer zweiten, umgedrehten Platte zudeckte, um das Essen vor Insekten und Mäusen zu schützen.*

Oft hören wir Papa, der spät nach Hause kommt, sich am

* Dies ist ein Zeichen ungewöhnlicher Nachlässigkeit, denn üblicherweise warten bengalische Frauen auf die Heimkehr ihres Mannes, egal wie spät es wird, um ihm sein Essen zu servieren. Meist essen sie erst danach.

Brunnen Hände und Gesicht waschen, bevor er sich zum Essen hinsetzt. Ein Rülpsen bedeutet, dass er fertig gegessen hat und schlafen geht. Es ist das Ende eines langen Tages – er ist müde, gereizt. Auf seinen Schultern lastet nicht nur die Verantwortung für seine Frau und seine Kinder; er vergisst auch nicht, dass er Sohn eines einfachen Bauern aus Madarinogor ist. Nach dem Tod seines Großvaters, Jaffar Ali Sarkar, hat sich niemand weiter darum gekümmert, die beiden jüngeren Brüder meines Vaters, Riyazuddin und Iman Ali, zur Schule zu schicken. Der älteste Bruder hat sie sofort hinter den Pflug gespannt. Papa möchte, dass sie etwas lernen. Er will die Fackel seines Großvaters hochhalten. Er hat auch große Pläne für sein Dorf, Madarinogor; jedenfalls halten die Besuche seiner beiden jungen Brüder in ihren grünen Lungis und Plastiksandalen seine Sorge um den Wohlstand der Familie wach.

«Bhaisab, man müsste das Land nördlich des Weihers kaufen können ... Khushis Vater verkauft gerade Felder: Wenn wir uns nicht sofort zum Kauf entschließen, werden sie wieder Jamir Munshi in die Hände fallen ... Unser Vater sagt, wir bräuchten zwei weitere Ochsen für die Feldarbeiten ...»

Papa sieht in seinem Kopf das endlos weite Land vor sich, auf das er die Kühe zum Weiden führte, als er klein war. Trotz all der seither vergangenen Jahre sieht er noch vor sich, wie er durch die Reisfelder rannte, damals ... Bevor Riyazuddin ins Dorf zurückkehrt, gibt er ihm so viel Geld, wie er kann: «So! Damit wirst du Khushis Felder kaufen.»

So viel Großzügigkeit entgeht Mamas Aufmerksamkeit nicht.

Sogleich erstellt sie eine lange Liste, die sie Papa vorlegt:

1. *zwei Saris für zu Hause*
2. *ein Unterrock (weiß)*
3. *eine Bluse (rot)*
4. *ein Paar Sandalen (Marke Bata)*
5. *Ohrringe (in Form von Jasminblüten)*

6. *zwei Glasperlenarmbänder (sehr fein)*
7. *eine Toilettenseife*
8. *Haaröl (Joba Kusum)*
9. *Seife für die Wäsche (570)*
10. *Waschpulver*

Kaum hat er einen Blick auf die Liste geworfen, ruft Papa mit bestürztem Blick aus: «Wie? Aber es ist doch nicht einmal zwei Monate her, dass ich dir Saris gekauft habe!»

«Sie sind schon zerrissen», antwortet Mama ruhig. «Ein Sari hält nicht lange, wenn man damit kocht, spült, putzt, alles macht, was im Haus zu tun ist. Saris sind nicht aus Jute gewebt, soweit ich weiß.»

«Zeig mir doch mal diese zerrissenen Saris!», beharrt Papa mit zweifelndem Blick.

Mama geht einen alten Sari holen, dessen Riss sie entschieden vergrößert, bevor sie ihn Papa zeigt. Sie sieht ihn an, ohne mit der Wimper zu zucken, die Kehle vor Kummer zugeschnürt.

Papa setzt sein Verhör fort: «Kokosöl, davon habe ich dir doch erst neulich gekauft. Ist es schon aufgebraucht?»

«Oh! Schon lang», antwortet Mama.

«Zeig mir die Flasche! Los!», ruft Papa und nimmt seine Brille ab.

«Ich habe sie weggeworfen», sagt Mama in gleichgültigem Ton.

Papa setzt seine Brille wieder auf und untersucht die Liste weiter: «Hier, da hast du einen Taka, um Seife für die Wäsche zu kaufen. Den Rest brauchen wir nicht», schließt er und wirft einen Schein auf den Tisch, bevor er das Haus verlässt. Mama hütet sich, das Geld anzurühren. Der Schein bleibt auf dem Tisch liegen. Sein bloßer Anblick gibt Mama das Gefühl, eine Paria in ihrem eigenen Haus zu sein. Wie könnte sie in Anbetracht einer solchen Behandlung finden, dass sie Glück hat? Dass ihre Tochter am selben Tag wie der Prophet geboren ist, dafür kann sie sich nichts kaufen! «Red mir nicht von Glück, Fozli! Glücklichsein ist für mich nicht vorgesehen, das weiß ich wohl», bricht es in einem tiefen Seufzer aus ihr hervor.

«Bete zu Gott und du wirst sehen, das wird dich trösten. Sage *Dulabhai* auch, er solle beten», rät darauf Tante Fozli, indem sie ihre Hand auf Mamas legt.

Einen Moment lang schaut Mama auf Tante Fozlis blasse Hand, dann ruft sie aus: «Dein Dulabhai lässt keine Gelegenheit aus, mir zu sagen, ich sei zu schwarz! Zu Gott zu beten wird mir auch keine hellere Haut verschaffen!»

«*Borobu*, Gott ist es, der dich schwarz gemacht hat. Wir müssen zufrieden sein mit dem, was Gott uns gegeben hat», erklärt Tante Fozli schulmeisterlich und richtet in einer gebieterischen Bewegung ihren massigen Körper auf.

Mama kommt sich vor wie jemand, der von einem heftigen Windstoß davongetragen wurde und nun einen Ast findet, um sich daran festzuklammern. Gott selbst ist es also, der den Menschen ihre Hautfarbe gibt! Wenn das so ist, dann hieße, auf seine zu schwarze Haut zu spucken, auf Gott höchstselbst zu spucken!

Als ich vier Jahre alt werde, ist Mama, nach zwei aufeinander folgenden Fehlgeburten, wieder schwanger. Papa wird nach Ishwargonj versetzt. Mama packt ihre Koffer, um ihm mit den drei Kindern dorthin zu folgen. Großmutter hat selbst gerade erst Chotku geboren. Mutter und Tochter kommen in der Familie beinahe zur gleichen Zeit nieder.

Das Krankenhaus, in dem Papa in Ishwargonj arbeitet, hat ihm einen Jeep zugeteilt, mit dem er morgens zur Arbeit fährt. Unterwegs setzt er Dada und Chotda an der Schule ab. Ich bin noch nicht alt genug, um zur Schule zu gehen. Ich muss mich damit begnügen, zu Hause bei Mama das Alphabet zu wiederholen.

Kurz vor Mamas Niederkunft holt Papa Tante Jhunu mit dem Jeep aus Mymensingh. Sie kommt mit dem Koffer in der

Hand bei uns an, in Schale geworfen, Payjama und Tunika untadelig gebügelt, Brust und Schultern sorgsam mit einem Schal bedeckt. Sie strahlt vor Freude und fängt sofort an, mit meinen Brüdern zu schwatzen, als wären in den letzten sechs Monaten zu Hause so viele Dinge passiert, dass sechs lange Jahre nicht genügen würden, um das Thema zu erschöpfen. Tante Jhunu ist nur anderthalb Jahre älter als mein größter Bruder. Neben ihr wirkt er allerdings noch wie ein Kind.

Bis nach Mitternacht beschreibt Tante Jhunu bis ins Detail den neuen Hauslehrer, einen gewissen Rasou, der ihr Privatstunden gibt. Anscheinend schaut er sie unablässig an, mit offenem Mund, wie ein dicker Karpfen.

Gleich nach ihrer Ankunft unternimmt es Tante Jhunu, unser weitläufiges Haus zu verschönern. «Du müsstest deiner Schwester ein bisschen was über Dekoration beibringen», ruft Papa aus, als er die Verwandlung der Wohnräume gewahrt, die plötzlich so adrett wirken.

«Siehst du, Jhunu, nichts von dem, was ich mache, gefällt ihm. Heißt es nicht: ‹Der Feind hat alle Laster›?», kommentiert Mama.

Papa, der Tante Jhunu auf seinen Schoß gezogen hat, kitzelt sie am Bauch und sagt zu ihr: «Weißt du eigentlich, dass du von Tag zu Tag hübscher wirst? Ein Glückspilz, wer dich heiraten wird!» Verlegen über das Kompliment, befreit sich Tante Jhunu aus Papas Armen und bedeckt sich das Gesicht mit ihrem Schal. Sie ist ganz rot geworden.

Noch mehr Spaß hatte Papa daran, mit Tante Fozli solche Scherze zu treiben – vor ihrer Heirat. Er zog sie zu sich aufs Bett und sagte zu ihr: «Komm ein bisschen zu mir, meine Schöne! Tu mir nur diesen einen Gefallen und ich werde glücklich sein, denn ich würde mein Leben für dich geben!»

«Ach, Sie! Sie übertreiben immer, Dulabhai», rief Tante Fozli prustend aus.

Mit jungen Schwägerinnen herumzuscherzen, sie in die

Brust zu zwicken oder zu kitzeln, das sind Dinge, die Gott erlaubt – das ist allen Dulabhais wohl bekannt, und sie nutzen es weidlich aus! Niemand würde an ein paar Anzüglichkeiten dieser Art Anstoß nehmen. Und doch findet Mama, dass Papa in dieser Richtung etwas übertreibt. Sobald er eine helle Haut erblickt, Schwägerin oder nicht, kennt er kein Halten mehr.

Sechs Tage nach Tante Jhunus Ankunft setzen bei Mama die Wehen ein. Sofort wird Papa benachrichtigt, und er kommt mitten am Tag aus dem Krankenhaus nach Hause, mit seinem Arztkoffer und einer Krankenschwester. «Diesmal möchte ich, dass es ein Junge wird», wiederholt er ständig. Das Haus ist erfüllt von Mamas Schreien und dem Geruch nach Dettol. Ihren Schal gegen die Lippen gepresst, um ihren Drang zu lachen zu ersticken, späht Tante Jhunu durch einen Spalt in der Tür und beobachtet, was in dem Zimmer passiert, in dem Mama sich befindet. Und ich, ich stehe hinter ihr und frage sie pausenlos: «Sag doch, Tante Jhunu, wie werden Kinder gemacht?» Ich bin so aufgeregt, dass mein Herz zum Zerspringen klopft. Oft wendet Tante Jhunu den Kopf ab, und ich sehe ihr ganz rotes Gesicht, das von einem verlegenen Lachen geschüttelt wird. «Aber hör mal! Du bist doch noch zu klein, um zu erfahren, wie Kinder gemacht werden!» Und dann muss sie noch mehr lachen, als plötzlich das Weinen des Kindes ertönt. In dem Moment hebt Tante Jhunu mich hoch, damit meine Augen die Höhe des Spalts erreichen. Ich erkenne Papa, der mit blutigen Handschuhen dasteht; ich sehe, wie die Krankenschwester das Baby in eine Schüssel taucht. Ich schaue nicht lange zu. Ich bin ganz entsetzt und zittere wie Espenlaub. Hat Papa Mamas Bauch aufgeschnitten, mit all diesen Scheren und Messern? Mamas Bauch blutet und sie stöhnt! Tante Jhunu, die die von Großmutter mitgeschickte kleine Decke in den Händen hält, wartet darauf, das Neugeborene auf den Arm nehmen zu dürfen. Sobald Papa herauskommt, fragt sie ihn: «Was ist es, Dulabhai? Ein Junge oder ein Mädchen?»

«Es ist nicht, was ich wünschte. Es ist ein Mädchen», antwortet Papa.

«Ist sie hell oder dunkel?», will Tante Jhunu wissen.

«Was für eine Frage», erwidert Papa ungeduldig. «Wie soll denn eine ganz schwarze Frau eine milchweiße Tochter bekommen? Nun denn. Ich musste das Krankenhaus mitten in der Arbeit verlassen. Ich gehe wieder!»

Nachdem er weg ist, nehmen wir nacheinander das in die Decke gewickelte Baby auf den Arm. Wir reiben es mit Senföl ein und legen es dann in sein Bett. Das Köpfchen auf ein kleines Kissen, den Körper unter ein kleines Federbett und über das Ganze ein kleines Moskitonetz. Mama hört unterdessen nicht auf zu jammern. Dada und Chotda, die bald darauf aus der Schule kommen, reißen beim Anblick ihrer neuen kleinen Schwester die Augen weit auf.

Am Abend serviert Tante Jhunu Papa sein Essen, der sich bald darauf schlafen legt. Als das Baby anfängt zu weinen, brüllt Papa, wütend darüber, geweckt zu werden: «Nun bringt sie doch endlich zum Schweigen! Lasst mich in Frieden schlafen!» Tante Jhunu summt mit kaum hörbarer Stimme ein Wiegenlied, während sie die Windeln des Babys wechselt und ihm etwas Wasser oder Milch in den Mund laufen lässt. Auf meinem Bett liegend, lausche ich den Geräuschen des Hauses, das mir recht trostlos erscheint. Mir ist nach Weinen zumute, so traurig scheinen alle zu sein: Papa, Mama, das Kind, Tante Jhunu …

Bald wird Papa wieder nach Mymensingh berufen. Dann nach Thakurgan. Von dort wieder nach Mymensingh. Nach anderthalb Jahren ständiger Umzüge sind wir nun zurück in unserem guten alten Haus. Das Haus meiner Geburt. Papa verkündet uns, dass er künftig im Fall einer erneuten Versetzung allein fortziehen würde, ohne Frau und Kinder – aus Angst, dass die Schulbildung unserer älteren Brüder unter allzu häufigen Wechseln leiden könnte.

Ich bin unterdessen ziemlich gewachsen. Man beginnt davon zu reden, mich in der Schule anzumelden. Mama ist sehr beschäftigt mit meiner kleinen Schwester Yasmin – dies ist der Name, den Papa ihr ausgesucht hat, wegen des Reims auf Nasrin –, die sie den ganzen Tag lang füttert, badet, mit Senföl einreibt, bevor sie sie in der Wintersonne schlafen legt. Am Abend setzt Dada mich auf einen Stuhl, vor einen Tisch, der mit einer Petroleumlampe erleuchtet ist, und macht sich daran, mich zu unterrichten. Ich kann schon viele Gedichte lesen, ohne Fehler zu machen. Und kleine Geschichten. *Tagore für Kinder*. Aber wenn Dada versucht, mir etwas beizubringen, dann gerate ich ins Schleudern und bringe alles durcheinander.

«Sag mir, in welchem Jahr Rabindranath Tagore geboren ist», so fragt er mich ab. «Buchstabiere das Wort *muhurto*. Wer ist der Autor des Gedichts ‹Kajola Didi›?»

Wenn ich Dada Rede und Antwort stehen soll, gerate ich in Panik – vor lauter Angst, mir eine seiner Ohrfeigen einzufangen, wenn ich einen Fehler mache, oder zum Gespött des ganzen Hauses zu werden, wenn er mich meinen Schnitzer vor allen wiederholen lässt.

Als wir in Thakurgan wohnten, hatte Chotda mich im Kindergarten angemeldet. Am ersten Tag hatte er mich auf seinem Arm hingetragen. Nachdem er mich im Klassenzimmer abgesetzt hatte, fing ich an zu brüllen, als wollte man mir die Kehle durchschneiden. Um mich zu beruhigen, hatte der Lehrer mich auf den Schoß genommen und mir ein Lied auf Urdu vorgesungen: «Im Mondenschein, am Firmament …» Und tatsächlich hatte ich aufgehört zu weinen, und er setzte mich wieder zu den anderen, mit den Worten: «Gut, Kinder, ihr werdet mir jetzt eine Vase zeichnen.»

Drei, vier Bleistiftstriche genügten mir, um seinen Wunsch zu erfüllen. Und um die Sache abzurunden, fügte ich einen schönen Blumenstrauß hinzu. Alle meine kleinen Mitschüler ließen ihre Arbeit liegen, um meine schöne Zeichnung anzuschauen. Der Lehrer hob mich hoch und sagte zu den anderen: «Seht euch dieses kleine Mädchen gut an – sie wird eines Tages eine große Künstlerin werden!»

«Los, sag mir das Gedicht auf, das ich dir zu lernen aufgegeben habe», verlangt Dada, der darauf beharrt, mein Hauslehrer zu sein.

«Und donnre! Donnre! Donnre!
Trommel am Himmel erschalle
Über der staunenden Erde!
Hier kommt die Morgenröte ...»

Kaum habe ich diese ersten Verse aufgesagt, da unterbricht er mich schon:

«Was bedeutet das Wort Morgenröte?»

Ich bleibe stumm. Dada schlägt mir mit dem Bleistift auf die Finger und schimpft: «Es genügt nicht, alles nachzuplappern wie ein Papagei. Man muss auch den Sinn verstehen!»

An den Tagen, an denen Dada sich auf die Pädagogik versteift, bekomme ich die ganze Zeit Bleistiftschläge auf die Finger, Ohrfeigen auf die Backen und Knüffe in den Rücken, bis Mama uns zum Abendessen ruft. Wenn Dada mich in Ruhe lässt, muss ich mit meinen Onkeln Tutu, Shoraf und Felu Lektionen aufsagen, wie die Schüler in einem Klassenzimmer in Reih und Glied auf einer Matte im Hof sitzend. Es ist wichtig, ganz laut zu rezitieren, sodass die Erwachsenen auch hören, dass wir wirklich lernen. Wir teilen uns jeweils zu zweit eine Sturmlampe und wiegen dabei unsere Oberkörper vor und zurück. Onkel Shoraf und ich deklamieren kleine Gedichte, während Onkel Felu noch dabei ist, die Wörter einzeln zu buchstabieren. Und Onkel Tutu, der vergnügt sich damit, jeden Tag dieselbe Geschichte zu lesen.

Um acht Uhr werden wir in die Küche gerufen. Auf unseren Schemeln sitzend, essen wir unsere Portion Reis mit Linsensauce und Fischcurry. Das Essen endet mit einem großen Glas Milch. Wegen des Platzmangels schläft Yasmin bei Papa und Mama, während ich die Nacht im Haus mit dem Walmdach bei Großmutter verbringen muss, wo drei Betten für meine Onkel, meinen Großvater, meine Großmutter und mich bereitstehen.

Zwei Monate nach unserer Rückkehr aus Thakurgan meldete Großvater Onkel Shoraf, Onkel Felu und mich in der Schule von Rajbari an. Onkel Shoraf und ich wurden in die zweite Klasse aufgenommen und Onkel Felu in die erste. Für den Schulweg kaufte Großvater jedem von uns einen schwarzen Regenschirm, wobei er vorsorglich unsere Namen in weißen Buchstaben auf den Stoff schreiben ließ. Morgens machten wir uns nach einem Frühstück, das aus Reis mit geklärter Butter und Zucker bestand, auf den Weg zur Schule. Wir gingen zu Fuß bis nach Rajbari, unter unseren Regenschirmen geschützt vor Schauern oder dem Brennen der Sonne. Die Schule versorgte uns mittags mit einem Imbiss. Wenn wir nachmittags nach Hause kamen, bekamen wir eine nahrhaftere Mahlzeit, wonach wir uns auf die Wiese nebenan trollten, um zu spielen. Wenn der Abend kam, gingen wir zurück und wuschen uns an der Pumpe im Hof den Staub ab; dann musste die Petroleumlampe angezündet werden, denn es war Zeit für die Hausaufgaben.

Mein Leben verteilte sich zu jener Zeit auf zwei Höfe: den der Großmutter und unseren. Meine Bücher und meine Hefte, meine Kleider, meine Schuhe waren auf die beiden Häuser verteilt. Ich aß einmal hier, einmal dort. Das war recht praktisch, vor allem in diesem Alter, wo das Lachen so leicht in Tränen umschlägt – wenn ich in dem einen Haus Kummer hatte, floh ich schnell ins andere hinüber.

Die Schule von Rajbari war im ehemaligen Anwesen des Radscha Shashikanto untergebracht. Es war schon lange her, dass erst der Radscha, dann die Rani und später ihre Kinder fortgegangen waren und den großen Palast leer zurückgelassen hatten, als man Pulte und Bänke hineinstellte, um eine Schule darin zu eröffnen. Das Gebäude war von alten Banyanbäumen umgeben, und vor der Hauptfassade hatte man eine ganz weiße, schlichte Statue der Dichterin Mirabai* aufgestellt. Im Hof befand sich ein Wasserbassin, so schwarz wie ein Entenauge, mit einem Rand aus weißen Marmorstufen. Auf der Gartenseite versank eine lange Treppe im hohen Gras. Die Eingangstür war so hoch, dass selbst der riesengroße Wächter mit seinem Stock den Türsturz nicht hätte erreichen können. Die Decken hätten der Himmelskuppel Konkurrenz machen können. Die Fenster bestanden aus kleinen weißen oder bunten Scheiben, manche stellten Bäume dar oder gar Landschaften.

Wenn ich über die Schwelle dieser Schule trat, kam ich mir vor wie eine Königin. Aber das Gefühl hielt nur kurz an. Denn sobald ich im Klassenzimmer war, fühlte ich mich mitten unter den anderen einsam und dumm. Wenn ich an die Tafel gerufen wurde, war ich unfähig, vor meinen Mitschülern mit lauter und verständlicher Stimme ein Gedicht aufzusagen. Halb tot vor Angst und Scham stand ich da, die Augen starr auf den Boden gerichtet. Ich wurde kurzerhand zurück an mein Pult in der letzten Reihe geschickt, mit einer Kopfnuss. Diesmal war ich wirklich weit davon entfernt, mich mit Ruhm zu bedecken. Sogar im Zeichenunterricht brachte ich nichts Rechtes zustande – meine Hand begann zu zittern, sobald man mir auftrug, einen Elefanten, ein Pferd oder einen Kahn auf einem Fluss zu zeichnen. Das einzige Ansehen, das ich in der Schule genoss, bestand darin, dass ich die Nichte des wilden Shoraf war, der sich eines Abends, zusammen mit seinem Kumpel Nassim, eine strenge Bestrafung eingehandelt hatte: Nach Schulschluss hatten sie, die

* Mystikerin, die Krishna verehrte und im 16. Jahrhundert im Gujarat lebte.

Hände im Rücken gefesselt und die Augen verbunden, eine ordentliche Tracht Prügel bekommen. Folgendes war passiert: Nassim hatte seinem Vater Geld aus der Tasche gestohlen und es dann Shoraf gegeben, der ihm im Tausch seinen Magneten überlassen hatte. Am Tag, an dem sie auf der Treppe der Schule mit dem Rohrstock verprügelt wurden, wohnten alle anderen Schüler, auch Onkel Felu und ich, der Szene bei und waren furchtbar eingeschüchtert. Wir mussten zu zweit nach Hause gehen, weil Onkel Shoraf noch zum Arrest in der Schule behalten worden war. Am Abend hatte Großvater ihn, der sich vor Schmerzen die Rippen hielt, zurückgebracht. Und kaum waren sie angekommen, hatte er ihn an eine Säule des Hauses festgebunden, um ihm eine zweite Tracht Prügel zu erteilen.

Die Mädchen in meiner Klasse bewahrten in ihren Büchern Farnblätter auf, die sie «Weisheitsblätter» nannten. Dadurch werde man gelehrt, behaupteten sie. Aber sosehr ich meine Bücher auch mit «Weisheitsblättern» spickte, ich versagte weiterhin jedes Mal, wenn ich an die Tafel gerufen wurde, um etwas vorzurechnen oder ein Gedicht aufzusagen: Wie zuvor starrte ich verzweifelt zu Boden, als würde alles, was ich im Kopf hatte, auf die Erde rutschen, in den Staub.

So schlängelt sich und wirbelt unser kleiner Fluss dahin,
Ausgetrocknet vom Sommer, Wasser nur bis zum Knie!
Es durchqueren ihn die Herden, durchqueren ihn die
Karren,
Über die hohen Böschungen, die steilen Ufer hinweg.
Ringsum glitzert der Sand, keine Spur von Schlamm,
Und seine Gestade schimmern unter silbrigem Schilf.
Ringsum erklingt das Gezwitscher der Vogelscharen,
*Und nachts von ferne das Geheul der Schakale.**

* Kindergedicht von Tagore, das alle bengalischen Schüler kennen.

Obwohl ich das Gedicht auswendig kann, fällt mir kein einziges Wort ein, wenn ich es vor dem Lehrer aufsagen soll. Ich behalte nur die Bilder im Gedächtnis: den Fluss, die Rinderhirten, die ihn mit ihren Herden durchqueren ... Ich sage mir im Stillen: Ach! Wenn man nur von mir verlangte, die Bilder zu zeichnen! Unterdessen prustet die ganze Klasse darüber los, wie ich stumm vor der Tafel stehe und die Ohren lang gezogen bekomme. Sobald die Glocke ertönt, laufen alle Schüler hinaus, um sich auf dem Pausengelände auszutoben. Aber mich wollen sie nicht mitmachen lassen bei ihren Spielen. Ich bleibe auf einem Ende der Treppe sitzen, ganz traurig in meiner Einsamkeit. Als wäre ich das schwarze Schaf der ganzen Schule.

Auch zu Hause fühle ich mich allein, obwohl wir eine große Familie sind. Meine Onkel lassen mich nur mitspielen, wenn sie wirklich niemanden sonst finden können. Aber dann verliere ich jedes Mal, ob nun beim Wettrennen, beim Kreisel- oder Murmelspielen. Wenn sie auf die Bäume klettern oder im Teich schwimmen, bin ich zur bloßen Zuschauerrolle verdammt, einsam unter meine Dattelpalme verbannt.

Seit Dada sich einem neuen Hobby widmet, der Fotografie, interessiert er sich nicht mehr für die Kricketpartien, die auf der Wiese nebenan stattfinden. Mit einem Apparat, den er sich von einem seiner Freunde geliehen hat, geht er ans Flussufer oder in Parks, um Fotos von sich selbst zu machen, in verschiedenen Posen und nach dem letzten Schrei gekleidet, enge Hosen und spitze Schuhe. Die besten Abzüge klebt er in selbst gebastelte Alben. Die zeigt er uns gerne, aber nur von weitem. Ausgeschlossen, sie uns anfassen zu lassen.

Jedem seine Spiele, seinen Zeitvertreib. Eine meiner Aufgaben zu Hause besteht darin, mit einem feuchten Lappen und Sand die Gläser der Sturmlampen sauber zu machen; wenn das erledigt ist, zünde ich die Dochte an, setze die Gläser wieder an ihren Platz und verteile die Lampen in alle Räume. Diese Arbeit bereitet mir wirkliches Vergnügen. Wenn ich die Lampen trage, balanciere ich sie auf dem ausgestreckten Arm wie ein Straßenhändler sein Köfferchen voll Eiskrem … «Eiskrem! Wer will Eiskrem?», rufe ich zum Spaß.

Tante Runu reagiert als Erste auf mein Angebot. «Heda! Hierher mit der Eiskrem! Hier, das Geld; ich hätte gern ein Eis zu zwei *Paisa.*»

Nichts macht mir mehr Freude, als so herbeigerufen zu werden, wie eine echte Händlerin. Ich tue so, als ob ich das Geld annähme, als ob ich die Lampe oben aufmachte, um das gekaufte Eis herauszunehmen … Das ist mein Spiel, mein ganz eigenes – ein Spiel, bei dem es weder Sieger noch Besiegte gibt. Weder Onkel Shoraf noch Onkel Felu finden das geringste Interesse daran. Es ruft vielmehr ihren Spott hervor: «Geh doch mit Chotku spielen!» Chotku, ihr jüngster Bruder, ist erst zweieinhalb, also wirklich viel kleiner als ich!

In meiner Ecke wachse ich weiter heran – oder tue nur so, als ob. Ich bleibe weiter so dumm, so wenig aufgeweckt. Ich versage weiterhin, sobald ich vor anderen stehe. Meine Onkel haben das «Hilfe, Dieb»-Spiel zugunsten von Fußball und Kricket aufgegeben, und ich, ich sitze weiter unter unserem alten Banyanbaum und spiele mit Chotku Babyspiele. Ich backe weiterhin über einer Lampe Fladen aus ausgeschnittenem Zeitungspapier. Ich male weiterhin, statt meine Rechentafeln abzuschreiben, seitenweise kindliche Zeichnungen aus: eine kleine Hütte mit einer Bananenstaude dahinter, darüber der Himmel, in dem ein Vogel davonfliegt, nicht zu vergessen eine ganz rote Sonne, einen Fluss, der vor der Hütte entlangfließt, auf dem Fluss ein Boot mit einem Bootsmann am Heck, am Ufer eine Frau in einem knallroten Sari, die mit einem Krug auf der Hüfte Wasser schöpfen kommt.

Tante Fozli fragt sich, warum ihre Nichte, die am Geburtstag des Propheten geboren ist, wohl so gerne zeichnet. Jedes Mal wenn sie mich eine menschliche Gestalt darstellen sieht, ruft sie betrübt aus: «Wie kannst du, die du an einem so heiligen Tag geboren bist, nur Menschen zeichnen? Hältst du dich für fähig, ihnen Leben zu geben?» Ich verstehe überhaupt nicht, was sie sagen will: Worin besteht der Zusammenhang zwischen zeichnen und Leben geben? Ich richte meine fragenden Augen auf ihr Gesicht, auf dem große Besorgnis abzulesen ist.

Während ich so eines der strengsten Verbote übertrete, hat Mama ihren Kopf ganz woanders: Sie hat erneut einen Brief von Raziya Begum in einer von Papas Taschen gefunden. Über dieser Entdeckung ist sie verrückt geworden. Sie vernachlässigt es, sich zu waschen, zu essen, sich die Haare zu ölen und zu kämmen, das Ende ihres Saris aufzuheben, das über den Boden schleift. Sie verbringt ihre Tage eingeschlossen in ihrem Zimmer. Bis eines Tages eine Nachbarin, Sohelis Mutter, herüberkommt, um sie etwas aufzurütteln: «Du wirst noch daran krepieren, den ganzen Tag um die schönen Augen deines Mannes zu weinen. Auf, beweg dich! Es ist Zeit, an etwas anderes zu denken», ruft sie Mama zu. Und darauf nötigt sie sie, einen sauberen Sari anzuziehen, frisiert sie und nimmt sie mit ins Kino Oloka, um einen Film anzuschauen.

Auf diese Weise hat Mama es sich angewöhnt, ins Kino zu laufen, zuerst in Begleitung ihrer Nachbarin, dann bald auch allein. Sie steht mitten in der Menge an, um eine Karte zu kaufen. Schaut sich ihren Film an und isst dabei Erdnüsse. Mama – die unscheinbare, zu dunkelhäutige Frau mit den zerzausten Haaren, immer unmöglich gekleidet, die Füße in billigen Sandalen – interessiert sich überhaupt nicht mehr für Saris oder Schmuck. Die Goldsachen, die Papa für sie und ihre beiden Töchter hat anfertigen lassen, lässt sie nachlässig hier und dort herumliegen, im Badezimmer, auf der Ecke des Herdes, unter ihrem Kopfkissen. All das ist ihr nunmehr vollkommen egal. Sie, die von ihrem zwölften Lebensjahr an den Burqa getragen hat, vergisst es, sich zu verschleiern, um ins Kino zu gehen. Sie ist so unachtsam, dass sie sogar verschiedenfarbige Sandalen an den Füßen trägt. Und wenn schon?, antwortet sie, wenn man sie darauf aufmerksam macht. Mama interessiert sich nur noch für Uttam Kumar*. Nachts träumt sie, dass er zu ihr kommt und ihr eine Blumengirlande um den Hals legt**, dass sie sich in seinen Armen der Leidenschaft hingibt!

Ich war damals noch nie im Kino gewesen. Meine ersten laufenden Bilder sah ich auf dem benachbarten Platz, als eines sonnigen Winternachmittages ein Laterna-magica-Vorführer vorbeikam. Man musste durch die Löcher gucken, die in die Seiten einer großen Holzkiste gebohrt waren, um eine Abfolge von Szenen vorüberziehen zu sehen, zu denen der Vorführer im Singsang-Ton die Geschichte erzählte. Kurze Zeit später war das ganze Viertel in Aufruhr geraten, als angekündigt wurde, dass auf dem Grundstück neben dem Haus der Sahabuddins ein Stummfilm gezeigt werden sollte. Gleich nach Einbruch der Dunkelheit hatten die Kinder des Viertels sich dort auf Backsteinen niedergelassen, um den Film anzuschauen, der auf eine große Leinwand projiziert wurde. Auch ich hatte, auf meinem Backstein sitzend, mit weit offen stehendem Mund und ohne irgendetwas zu verstehen, die Bilder aufgesogen, auf denen Leute vorübergingen, rannten, die Lippen bewegten … Am Ende der Vorführung hatte das Bekenntnis, dass ich nichts verstanden hatte, nur den Lieblingskommentar meiner Onkel hervorgerufen: «Die hat wirklich nichts in der Birne, diese lange Bohnenstange!»

Ja, das war wohl wahr, dass ich nichts in der Birne hatte! Sonst hätte ich den Mut gehabt, zu Hause allen zu erzählen, was mir passiert ist – in Wirklichkeit habe ich mich nicht getraut, irgendetwas zu sagen. Und so hat niemand je Wind davon be-

* Berühmter Schauspieler, jugendlicher Liebhaber des bengalischen Mainstream-Kinos der sechziger Jahre.

** Symbolische Hochzeitsgeste in der Hindu-Kultur.

kommen, was in unserem Haus voller Menschen von allen unbemerkt geschehen war. Es war an einem sechzehnten August, dem sechzehnten August 1967. Zwei Tage nach der jährlichen Gedenkfeier zur Unabhängigkeit Pakistans.

Es ist Nachmittag, ich bin aus der Schule zurück und warte darauf, dass Mama nach Hause kommt, damit sie mir zu essen gibt. In Großmutters Haus mit dem Walmdach ist Lesestunde. Onkel Kana sitzt auf seinem Schemel, an eine Säule gelehnt; Großmutter kaut auf dem Bett liegend Betel, Tante Jhunu liegt neben ihr; Onkel Hashem sitzt auf einem Stuhl, hat die Füße auf einen zweiten hochgelegt und fächelt sich Luft zu. Und Tante Runu liegt auf dem Bauch, ein Kissen unter der Brust, und liest aus einem Buch ihrer Lieblingsreihe vor: *Die Abenteuer des Banditen Bahram.* Dies ist die immer gleiche Szene, die sich jeden Nachmittag in Großmutters Haus abspielt, wenn die Hitze kein Ende mehr zu nehmen scheint, nach der Siesta, die auf das Mittagessen gefolgt ist. Alle hören Tante Runu zu. Aus dem Publikum steigt mal Gekicher, mal ein Ausruf leidenschaftlicher Anteilnahme, mal ein ungeduldiges Murmeln auf. Den Kleinsten ist es streng verboten, die Sitzung zu stören.

Also werde ich, als ich ganz allein in der Tür auftauche, um Mama zu suchen, von Onkel Hashem schroff zum Teufel geschickt: «Na los, geh draußen spielen!»

Ich habe überhaupt keine Lust, draußen zu spielen – mir zwickt der Bauch vor Hunger. Mama hat, bevor sie weggegangen ist, den Fliegenschrank abgeschlossen. Verzweifelt verlasse ich Großmutters Hof, gehe am Brunnen und an den Kokospalmen vorbei und setze mich auf die Stufen zu unserem Haus, in unserem menschenleeren Hof, die Wangen zwischen den Händen und die Ellenbogen auf die Knie gestützt. Da taucht plötzlich Onkel Shoraf auf, unter dem Vorwand, der Kricketball sei hier irgendwo gelandet. Onkel Shoraf ist wesentlich größer als ich. Ich sehe, wie seine braunen Augen sich nacheinander auf die Blätter der Bäume, die Tür unseres Hauses, die Katze, die leeren Stühle unseres Wohnzimmers richten. Er trägt ein ärmelloses T-Shirt und weiße Shorts. «Ist deine Mutter nicht da?», erkundigt er sich.

Die Wangen immer noch zwischen den Händen, schüttele ich den Kopf.

«Wo ist sie hingegangen?», bohrt er weiter, als müsste er sie dringend sehen. Dann setzt er sich neben mich auf die Treppe, gibt mir zwei kräftige Klapse auf den Rücken und fragt mich: «Was machst du denn hier, so ganz allein auf der Treppe?»

«Nichts», antworte ich trübsinnig.

Im nächsten Augenblick setzt Onkel Shoraf sein Verhör fort, wobei er mir die Hände von den Wangen wegschiebt: «Und wann kommt sie denn wieder, deine Mutter?» Da ich stumm bleibe, spricht er in einem Ton voller Mitgefühl weiter: «Halte deine Wangen nicht so zwischen den Händen! Das bringt Unglück.»

Ich möchte ihm einfach nur sagen, dass ich großen Hunger habe, dass ich überhaupt nichts zum Beißen habe, weil Mama den Fliegenschrank abgeschlossen hat. Aber stattdessen sage ich: «Willst du wissen, wo Mama hingegangen ist?»

Auf meine Frage hin rückt Onkel Shoraf noch näher. Ich flüstere ihm zu: «Du musst versprechen, das Geheimnis nicht zu verraten, einverstanden …? Los! Versprich es!»

«Sprich ruhig, ich erzähle niemandem etwas», bemüht er sich, mich zu beruhigen.

«Versprochen?»

«Versprochen.»

«Schwörst du's?»

«Ich schwör's.»

«Vor Gott?»

«Jetzt ist es aber gut, wenn ich dir doch sage, dass ich es niemandem weitererzähle», ruft er ungeduldig aus.

«Nein, schwöre erst vor Gott!»

Ich glaube felsenfest daran, dass kein Mensch es je wagen würde, sein Wort zu brechen, wenn er vor Gott geschworen hat.

«Na gut, ich schwör's vor Gott», sagt Onkel Shoraf schließlich in ernstem Ton.

«Mama ist ins Kino gegangen», flüstere ich ihm ins Ohr.

Zu meiner großen Überraschung scheint ihn meine Enthüllung völlig kalt zu lassen. Er gibt lediglich ein eher gleichgültiges «aha» von sich. Als wäre es die banalste Sache der Welt ... Als hätte ich ihm gerade gesagt, Mama sei auf der Toilette oder bei der Nachbarin.

Dabei weiß doch jeder, dass eine Frau wie Mama nicht allein ins Kino gehen darf. Das ist eine Sünde. Dies ist das Wort, das Großvater benutzt hat, als er ihr ausdrücklich verbot, ohne Begleitung das Kino zu besuchen, sonst würde er sie aus dem Haus jagen. Und da zeigt Onkel Shoraf nicht den geringsten Schrecken bei dieser sensationellen Mitteilung: Unter Missachtung von Großvaters Befehl ist Mama einmal mehr allein ins Kino gegangen!

«Ich war gestern auch einen Film anschauen», vertraut er mir an.

«Was? Du meinst, du bist allein ins Kino gegangen?»

«Ja», bestätigt er mit vor Stolz funkelnden Augen.

«Was wird passieren, wenn Großvater davon erfährt?», frage ich, jetzt schon in Panik.

«Komm! Ich will dir etwas Lustiges zeigen», sagt er darauf und springt auf, um hinters Haus zu gehen, wo eine Art Hütte aus schwärzlichem Blech steht. Ohne jede Angst folge ich ihm. Die vordere Tür ist verschlossen. Aber die hintere ist ganz leicht zu öffnen, wenn man den Trick kennt. Das hier ist wahrscheinlich der abgelegenste Ort des ganzen Anwesens. Eine beunruhigende Stille herrscht darin, die bestimmt Gespenster anzieht, unter dieser Masse von Kletterpflanzen! Ich wage mich nie in diesen Winkel, aus Angst vor den Schlangen, seit Chotda eines Tages hier im hohen Gras eine hat wegflitzen sehen. Daher halte ich es für nötig, Onkel Shoraf zu warnen: «Vorsicht! Hier gibt es Schlangen!»

«Ach was! Sei nicht feige! Was kannst du dusselig sein! Ein echter Waschlappen! Komm vorwärts, sag ich dir! Ich will dir etwas Lustiges zeigen! Was noch niemand je gesehen hat», sagt er weiter, während er tiefer ins hohe Gras vordringt, als wüsste er ganz sicher, dass keine Schlange sich um diese Zeit aus ihrem Loch vorwagen würde.

«Sag mir erst, was du mir zeigen willst», verlange ich zögerlich.

«Wenn ich es dir im Voraus sage, ist es nicht mehr lustig», bemerkt er.

Nachdem er die Tür aufbekommen hat, indem er die Finger zwischen Tür und Blechwand geschoben hat, geht Onkel Shoraf in den Schuppen hinein. Und ich springe in einem Satz hinter ihm her, durch das hohe Gras hindurch. Nie hätte ich mich für fähig gehalten, diesen gefährlichen Schlangenschlupfwinkel zu überwinden, unter Lebensgefahr, nur um etwas Lustiges zu sehen! Mein Onkel versteht es wirklich, meine Neugier anzustacheln! Sobald ich über die Schwelle des Schuppens trete, steigt mir ein Gestank nach toter Ratte in die Nase. Ich höre auch ringsum Mäuse wegrennen. Auf einer Seite des Raumes liegt ein Haufen Holz, und auf der anderen steht eine Art kleines Bettgestell. Aus Furcht, von meinem Onkel als Angsthase und Dussel beschimpft zu werden, wenn ich meine Angst zugebe, sage ich nichts davon. Er, der sich schon ganz allein durch die Stadt bewegt und an den Flussufern entlang, ist so mutig! Von so viel Kühnheit geblendet, dränge ich meinen Schrecken zurück, fasse mir ein Herz und frage ihn neugierig: «Ist es wahr, dass der Foting-ting dort drüben am Flussufer lebt?»

«Nein», antwortet er, mit baumelnden Beinen auf dem Rand des Bettgestells sitzend.

«Sag, wirst du mich eines Tages dorthin mitnehmen?», wage ich zu fragen.

«Wirst du auch keine Angst haben?», fragt er und pikt mich mit den Fingerspitzen in den Bauch.

«Nein …»

«Das glaube ich dir nicht! Du bist ein echter Hasenfuß! Du wirst Angst haben, da bin ich sicher», ruft er aus und gibt mir einen Klaps auf den Scheitel.

«Hör mal, wenn ich dir doch verspreche, dass ich keine Angst haben werde! Ich bin kein Baby mehr! Ich habe nicht mehr so Angst wie früher», versuche ich ihn zu überzeugen.

«Ich glaube dir nicht; ich bin sicher, dass du Angst haben wirst», beharrt er weiter und schließt dabei mit einem Fußtritt die Tür des Schuppens.

«Versprochen, ich schwöre vor Gott, dass ich keine Angst haben werde», dränge ich weiter und berühre dabei seine Hand.

«Das ist ein guter Platz hier. Ruhig. Niemand wird auf die Idee kommen, dass wir hier sind», denkt Onkel Shoraf laut.

Er liebt es, so plötzlich zu verschwinden. Einmal hatte er mich hinter die Küche gerufen, auch da, um mir etwas sehr Interessantes zu zeigen … Er hatte eine Streichholzschachtel aus seiner Tasche gezogen, dann hatte er einen dünnen Jutestängel angezündet und angefangen ihn zu rauchen wie eine Zigarette, wobei er einen dichten, beißenden Rauch wieder ausstieß. «Los, probier mal», hatte er zu mir gesagt, und auch ich hatte den Rauch eingesogen und wieder ausgestoßen. «Du erzählst es niemandem, klar?» Da ich von dem Rauch husten musste, hatte ich mit einem energischen Kopfnicken versprochen, Stillschweigen zu bewahren.

Das veranschaulicht Onkel Shorafs Charakter gut. Er fürchtet niemanden im Haus. Still und heimlich in seiner Ecke macht er einfach, was er machen will.

«Sag mal, was hast du eigentlich mit Nassims Geld gemacht?», frage ich ihn auf einen plötzlichen Einfall hin. Die Frage beschäftigt mich schon lange.

«Ich habe es in einem Loch vergraben», enthüllt er mir, ohne sich auch nur die Mühe zu machen, mich absolute Diskretion schwören zu lassen.

Und nun bin ich hier, an diesem isolierten Ort, allein mit Onkel Shoraf, der mir verspricht, mich eines Tages an den Fluss zu bringen, der mir erzählt, dass er seinen Schatz vergraben hat – lauter Dinge, die er nur mir enthüllt … Endlich habe ich einen Grund, in mir nicht mehr nur eine lange Bohnenstange mit nichts in der Birne zu sehen!

«Wo denn? Auf unserem Grundstück?», flüstere ich.

«Ja. Wenn ich einmal groß bin, wird dieses Geld mir dazu dienen, ein Schiff zu kaufen.»

«Ein Schiff? Nimmst du mich dann mit, sag?», rufe ich aus und vollführe dabei Freudensprünge. Ich sehe es schon vor mir, dieses riesige Schiff … Es fährt den Fluss hinab, in Richtung Meer … Ich stehe auf der Brücke, die Ellenbogen auf die Reling gestützt, und betrachte das Spiel des Wassers, das vom Rumpf zerteilt wird und unter den Sonnenstrahlen glitzert. Genau so ein Bild hängt bei uns, in einem Kalender von einer pharmazeutischen Firma.

Onkel Shorafs Augen sehen aus, als tanzten Flammen darin. Dabei hat er heute weder einen Jutestängel zwischen den Lippen noch eine Streichholzschachtel in der Hand. Vielleicht hat er einen Magneten in der Tasche, wer weiß?

Das war einer seiner Lieblingstricks. Damals wusste ich noch nicht, was ein Magnet ist. Shoraf nahm ein Stück Metall und stimmte dabei ein Abrakadabra an; dann führte er besagtes Stück Eisen langsam näher an den Türklopfer, an den Griff der Pumpe, an einen Eimer, an den Fensterriegel, und all diese Gegenstände bewegten sich plötzlich darauf zu und klebten sich auf geheimnisvolle Weise daran. Ich schaute mit offenem Mund zu. Ich versuchte, mit einem beliebigen, im Hof aufgelesenen Stück Metall das gleiche Wunder zu vollbringen. Aber ich mochte noch so viele Zauberformeln leiern … der Türklopfer regte sich nicht. Und all meine vergeblichen Versuche brachten den Zauberer nur zum Lachen.

Ja, Onkel Shorafs Pupillen tanzen in seinen Augen. Auf seinen Lippen zeichnet sich ein eigenartiges Lächeln ab. «Jetzt werde ich dir die lustige Sache zeigen, von der ich vorhin gesprochen habe», sagt er. Und er fängt an mich zu schubsen, bis ich auf das Bettgestell falle. Ich trage nur ein Paar gefältelte Shorts. Zu meinem größten Erstaunen streift er sie mir über die Beine hinab …

«Also, wo ist sie denn nun, diese lustige Sache?», sage ich und versuche zugleich, meine Shorts wieder hochzuziehen. «Was fällt dir denn ein, mich so auszuziehen?»

Aber statt zu antworten, lässt sich Onkel Shoraf mit einem komischen Kichern auf mich fallen. Wieder zieht er meine Shorts nach unten, dann öffnet er seinen Hosenschlitz, holt seinen Penis heraus und beginnt ihn an mir zu reiben. Ich habe Mühe zu atmen, denn er drückt sich mit seinem ganzen Gewicht auf meine Brust. Ich versuche ihn zurückzustoßen und rufe: «Hör doch auf! Was machst du da? Hör auf, Onkel Shoraf!»

Aber sosehr ich auch mit aller Kraft versuche, mich zu befreien, es ist unmöglich!

«Das ist sie, die lustige Sache, die ich dir zeigen wollte!», sagt er lachend zu mir. «Weißt du, wie das heißt, was ich da mit dir mache? Es heißt bumsen! Alle Leute bumsen, weißt du. Sogar dein Vater und deine Mutter, und meine Eltern auch …»

Er gibt mir diese Erklärungen, ohne aufzuhören, seinen Penis heftig an mir zu reiben. Ich mag das überhaupt nicht, aber das Einzige, was ich tun kann, ist, mein Gesicht zwischen den Händen zu verstecken vor Scham.

Dann lässt plötzlich das Geräusch von wegrennenden Ratten Onkel Shoraf hochschrecken, und sein Gewicht lässt nach. Geistesgegenwärtig nutze ich das aus, um mich mit einem Ruck loszureißen und aus dem Schuppen zu rennen, wobei ich meine Shorts hochziehe. Diesmal empfinde ich nicht das leiseste Zögern, keine Spur von Angst beim Durchqueren des hohen Grases, in dem sich die Schlangen verstecken. In meiner Brust klopft es, als würden hundert Ratten auf einmal darin galoppieren. Hinter mir höre ich Onkel Shorafs Stimme, der mir nachschreit: «Erzähl bloß niemandem etwas davon, wenn du dir keinen Ärger einhandeln willst!»

MEINE MUTTER

I

Auf der Hauptstraße bewegen sich die jungen Leute des Viertels in einem Zug vorwärts und rufen laut Parolen: «Wir, die neuen Soldaten des Heiligen Krieges, erkämpfen unser Pakistan, mit dem Opfer unseres Lebens! Es lebe Pakistan! Es lebe der Heilige Koran!» Mama bricht ihr Himmel-und-Hölle-Spiel ab und rennt los, um die Demonstration vorbeiziehen zu sehen. Dieses Ereignis lässt auf ihren Lippen einen Slogan zurück, «Wir erkämpfen unser Pakistan!», den sie unablässig wiederholt, vor Freude auf und ab hüpfend. Ohne ein Wort davon zu verstehen, in ihrem Alter! Dann plötzlich, eines Morgens, hört sie die Erwachsenen sagen, dass die Engländer Indien verlassen und die Muslime endlich ein Heimatland erhalten haben, das Pakistan heißt. Und wieder sind die jungen Leute des Viertels auf der Straße, aber sie sind nicht mehr zornig, sondern im Gegenteil fröhlich, und sie schreien sich die Lunge aus dem Leib mit ihren «Es lebe Pakistan!»-Rufen. Ein paar Tage später lernt Mama in der Schule die Hymne des neuen Landes.

Die Geburt Pakistans sollte im Leben meiner Mutter und ihrer Familie kaum etwas ändern. Ihr großer Bruder besuchte weiterhin die Koranschule von Nasirabad. Und sie, sie bekam weiter den Unterricht im Koranlesen, den ihr Lehrer, Sultan Ustadji, ihr zu Hause erteilte. Sie hätte schwerlich irgendeinen Unterschied in ihrem Leben ausmachen können. Wie zuvor ging ihr Vater fünfmal am Tag zum Gebet in die Moschee. Niemand hatte in der Vergangenheit je daran gedacht, solche Aktivitäten zu verhindern … Und dennoch war das Volk aufgestanden, um den Koran mit all seinen Vorrechten wieder einzuführen! Unsere Hindu-Nachbarn hatten bitterlich weinend auf die indische Seite fliehen müssen. Unter dem alten Banyanbaum sitzend hatte Mama zugesehen, wie sie aufbrachen, und mochte ihren Augen nicht trauen. Sie gingen fort, nachdem sie ihre Besitztümer für ein Butterbrot verkauft hatten. Mama hatte sich aufs innigste mit ihrer Tochter Amala angefreundet. Ist es nicht ganz normal, sich todtraurig zu fühlen, wenn eine Freundin einen für immer verlässt? So war es Mama zumute, als sie stumm vor Kummer diesem erzwungenen Aufbruch beiwohnte, den sie nicht die Macht hatte zu verhindern.

Die Schule hatte sich durch das plötzliche Wegbleiben aller Hindu-Mädchen geleert. Es waren kaum mehr als drei oder vier muslimische Mädchen in der Klasse übrig, um das Kapitel auswendig zu lernen, das soeben dem Geschichtslehrplan hinzugefügt worden war: «Unser Land heißt Pakistan; Mohammad Ali Jinnah ist der Vater unserer Nation ...» Bald erschienen neue Gedichtbücher, in denen die Werke der Hindu-Dichter Texten gewichen waren, die von Muslimen stammten – Tagore war durch Kazi Nazrul Islam* ersetzt worden. Das hinderte Mama nicht daran, die Gedichte zu rezitieren, die sie bis dahin gelernt hatte. Noch lange nachdem ihre Freundin Amala fort war, sang sie die patriotischen Lieder, die diese ihr so oft vorgesungen hatte. Aber das Leben geht weiter, mit seinen unglücklichen und seinen glücklichen Tagen. Wie zuvor schwimmt Mama im Teich, wobei sie die wuchernden Wasserhyazinthen beiseite schieben muss. Auf ihrem niedrigen Schemel in der Küche sitzend, isst sie nach wie vor die gleichen Fische. Die Länder verändern ihre Grenzen über Nacht, aber die Men-

* Muslimischer bengalischer Dichter (1898–1976), der vor allem für seine patriotischen und lyrischen Gedichte und Lieder bekannt ist, von denen viele die Gleichheit der Religionen oder einen religiöse Differenzen überschreitenden Humanismus verkünden.

schen, verändern die sich so schnell? Auf den Straßen sind die Engländer von Pathanen abgelöst worden ... Auch sie nennt Mama Fremde. Aber was soll's? Solange sie, in ihrer eigenen kleinen Welt, ihre Puppen weiterhin auf die gleiche Art schlafen legt. Nur für die Puppe ihrer Freundin Amala, die sie mit einer der ihren verheiratet hatte, ist es ein Jammer – wie traurig muss sie sein, die Arme! Das ist es, was Mama bei der ganzen Sache am meisten Kummer macht – einen Kummer, den sie tief in ihrem Herzen bewahrt.

Mama war noch im Alter, mit Puppen zu spielen, als man sie mit meinem Vater verheiratete, ohne sie nach ihrer Meinung zu fragen. Zu Anfang kam es vor, dass sie ihren Mann bedrängte, sie auf den Jahrmarkt mitzunehmen, sie Karussell fahren zu lassen und ihr eben Puppen zu kaufen. Aber diese kindlichen Vorlieben müssen ihr schnell vergangen sein, als sie, ehe sie sich's versah, Mutter eines kleinen Jungen wurde, ganz aus Fleisch und Blut. 1952, das Jahr, in dem ihr erster Sohn geboren wurde, war auch das Jahr, in dem die urdusprachigen Pakistani auf eine Demonstration von Bengalen schossen, die die offizielle Anerkennung ihrer Sprache forderten.

Wenn es so weit kommen konnte, dass Muslime ihre eigenen Religionsgenossen töteten, wozu war es dann gut, für die Anhänger des Islam ein getrenntes Land zu gründen?, fragte sich Mama.

Wieder gingen die jungen Leute auf die Straße – diesmal um die Durchsetzung des Sechs-Punkte-Programms* zu fordern. Die Straße, auf der sie ein paar Jahre zuvor mit «Es lebe Pakistan»-Rufen vorübergezogen waren, erlebte von neuem endlose Demonstrationen, auf denen neue Parolen erklangen: «Nieder mit Ayyub! Tötet Ayyub!» Mama verstand die Welt nicht

* Dieses Sechs-Punkte-Programm bildete die Basis für eine autonome Regierung Ostpakistans.

mehr. Aber wie hätte sie auch all die Veränderungen mitbekommen können, die da im Gange waren, vom Ende ihrer lichtlosen Gasse aus, am Ufer des Karpfenteichs!

In unserem Viertel gab es einen sehr großen, spindeldürren Jungen, den ich oft durch unsere Gasse gehen sah, um im Lebensmittelladen von Monu Miah einzukaufen. Er bewohnte eine winzige Blechhütte unter dem schönsten Jujubenbaum der ganzen Gegend. Seine Mutter und seine Brüder bewohnten ein größeres Haus ganz in der Nähe. Zur damaligen Zeit war es in den Familien üblich, dass man den Söhnen einen außerhalb des Hauses gelegenen Raum überließ, wenn sie groß wurden. Das hatten auch meine Eltern für meine Brüder getan.

Chotda hatte einen Freund, Khokon. Die beiden waren absolut unzertrennlich – das ging so weit, dass sie sich gleichzeitig in dasselbe Mädchen verliebten. Chotda verriet mir eines Tages, dass der magere Junge der ältere Bruder dieses Khokon sei und dass er Mintu heiße.

1969 nahm man mich aus der Schule von Rajbari, um mich in Vidyamoyi anzumelden, mitten im Stadtzentrum, zwischen dem Ufer der Gangina und Notun Bazar. Dadurch hatte ich einen weiteren Schulweg. Der Rikscha-Mann nahm vier Groschen, um mich hinzufahren, und vier Groschen, um mich zurückzubringen. Papa zählte also jeden Morgen acht Groschen ab, die er Mama für meine Fahrtkosten gab. Bis zehn Uhr behielt Mama die acht Groschen sorgfältig in einen Zipfel ihres Saris eingeknotet, da der Unterricht erst um halb elf begann.

Eines Tages fand ich auf meiner Fahrt die Stadt in großer Unordnung vor. Die Straßen waren übersät mit zerbrochenen Backsteinen und entwurzelten Baumstämmen. An jeder Kreuzung standen Polizeibusse. Das war zu der Zeit, als Chotda oft die Schule schwänzte, um an Demonstrationen teilzunehmen. Auch ich wäre gerne auf die Demos gegangen. Chotda kam dann abends sehr spät nach Hause. Papa ging im Hof auf und ab, während er auf ihn wartete. Mama stand an der Wohnzimmertür, mit einer Sturmlampe in der Hand. Sie hatten Chotda zwar verboten, sich den Demonstrationszügen anzuschließen, aber Chotda war nicht der Typ, der seinen Eltern gehorchte – im Gegensatz zu unserem ältesten Bruder. Während Papa Dada daran hindern konnte, sich auf den Straßen herumzutreiben, indem er ihm kräftig den Kopf wusch, gelang es ihm nicht, seinen jüngeren Sohn in Zaum zu halten, der jede Gelegenheit ausnutzte, um aus dem Haus zu verschwinden.

An jenem Tag, dem 24. Januar, hatte ich vom Morgengrauen an den Lärm der Demonstrationen gehört. Die Raben machten am Himmel über dem Viertel einen Mordsradau. Was mochte wohl der Grund für diese außergewöhnliche Unruhe sein? Warum sah man so viele Leute losrennen, um sich den zornigen Zügen anzuschließen? Sogar Mama hatte schließlich ihre Küche verlassen; ohne sich die Zeit zum Umziehen zu nehmen. Barfuß, mit offenem Haar und verknittertem Sari, nach Zwiebeln riechenden Nägeln und von Gewürzen verfärbten Fingern, war sie die Gasse hinabgelaufen bis zu den Mukuls, deren Haus auf die Hauptstraße hinausging, auf der anderen Seite des Bahnübergangs. Von der offenen Veranda aus sah sie, wie eine Menge Leute bis zur Eisenbahnlinie gelaufen kam, an den Internatsgebäuden der Distriktschule entlang, vorbei am Süßwarenladen von Thandas Vater. Mit den Müttern von Mukul, von Shahjahan, von Shafiq versuchte sie, die Jungen des Viertels in ihrem wilden Lauf aufzuhalten. Aber bald wurden die ersten Verletzten gebracht, mit Schusswunden an Beinen, Armen, Schultern ... Sechzehn- oder siebzehnjährige Jungen, wie Faruk, Rafiq, Chandan ... Schon wurden Eimer voll Wasser, Dettol-Fläschchen und Watte aus dem Haus gebracht. Die Mütter verbanden die Wunden ihrer Söhne, indem sie Stofffetzen von ihren Saris rissen – die am schwersten Verletzten wurden mit der Rikscha ins Krankenhaus geschickt.

Als Papa am frühen Nachmittag von der Arbeit nach Hause kam, lenkte er seine Schritte wortlos zum Haus von Mintus Familie. Mama rannte hinter ihm her und ich ihr nach. Noch ein Stück dahinter lief ein großer Teil der Nachbarschaft zusammen. Mit unendlichem Mitleid betrachtete Papa Mintus Mutter und die Blechhütte des Jungen. «Was ist passiert? Ist Mintu etwas zugestoßen?», fragte die Unglückliche sofort, presste Papas Hände und brach in Tränen aus. Als seine Gefährten ihn ins Krankenhaus gebracht hatten, hatte Papa erfahren, dass Mintu, der an der Spitze der Demonstration marschierte, von den Schüssen der Polizei getroffen worden war. Papa hörte nicht auf, tiefe Seufzer auszustoßen, und fand keine Worte. Wir anderen standen da, rings um das Haus, und wussten nicht, was wir tun sollten. Monu, Mintus Schwester, heulte, dass das ganze Viertel erbebte. Am Himmel schlugen die Raben noch lauter Krach. Auf der Veranda gossen die Mütter des Viertels Mintus Mama, die vor lauter Weinen bewusstlos geworden war, Wasser über den Kopf. Monu sagte immer wieder zu meiner Mutter, zwischen zwei Schluchzern: «Idun-*apa*, eines Tages werde ich die töten, die meinen Bruder getötet haben!» Sie wollte sich sofort auf die Suche nach ihnen machen. Mama hatte die größte Mühe, sie zurückzuhalten. Wie hätte sie sie töten können, die Mörder ihres Bruders, die mit Gewehren bewaffnet waren? Kann man mit bloßen Händen gegen Feuerwaffen kämpfen?

Die Leute aus der Nachbarschaft, die sich vor dem Haus versammelt hatten, tauschten ihre Informationen über die Ereignisse aus: Der Demonstrationszug war auf Höhe der tierärztlichen Klinik angelangt, als ohne jede Vorwarnung die ersten Gewehrsalven abgefeuert worden waren; noch bevor sie recht begriffen, was vor sich ging, hatten die Demonstranten im Laufschritt kehrtgemacht – alle außer Mintu.

Die Menge wurde ständig größer. Die Brüder des Opfers mussten sich einen Weg durchs Gedränge bahnen, um zu ihrem Haus zu gelangen. Kurze Zeit später wurde auf einer Bahre Mintus Leichnam gebracht, mit einem weißen Leintuch zugedeckt.

Ich sah es von weitem, von meinem Platz unter dem Jujubenbaum, wo ich verstört stehen geblieben war. Am selben Morgen noch hatte ich ihn gesehen, diesen so schüchternen Jungen, wie er lässig vor seiner Tür saß. Als seine Mutter ihn zum Frühstück rief, hatte er ihr geantwortet, er habe keine Zeit, er müsse gleich weg, aber es werde nicht lange dauern ... Nun war er zurückgekommen, leblos, unter einem weißen Leintuch. In der Küche wartete noch sein Frühstück auf ihn.

Jetzt war unter dem Jujubenbaum eine große Menschenmenge versammelt. Als ich näher trat, sah ich Mama, die sich bemühte, Mintus Mutter zu trösten, und ihr die Haare streichelte. «Weinen Sie nicht mehr! Wenn Sie wüssten, wie viele seiner Gefährten bei seinem Blut geschworen haben, seinen Tod zu rächen! Eines Tages wird dieser Albtraum zu Ende sein!», sagte sie immer wieder. Aber wie sollte man beim Anblick von Mintus Leiche die Tränen zurückhalten? Es waren nicht nur seine Mutter, seine Angehörigen, die weinten, es war die gesamte dort versammelte Menge. Ich hatte nicht gewusst, dass dieser magere Junge im Viertel so sehr geliebt wurde. Chotda saß niedergeschmettert in einer Ecke. Er war direkt zu Mintus Rechten an der Spitze des Zuges marschiert. Die Kugeln hatten ihn streifen müssen, unmittelbar bevor sie seinen Gefährten trafen. Er hätte ebenfalls daran sterben können, wie Mintu, oder an seiner Stelle.

Mintu wurde noch am selben Tag auf dem Friedhof von Akua beerdigt. Ich hatte unser Viertel noch nie so traurig gesehen. An diesem Nachmittag ging kein Kind zum Spielen hinaus. Gruppen von Erwachsenen redeten leise miteinander, an Straßenecken oder auf Türschwellen. Die ganze Nachbarschaft, so schien es, hatte allen Geschmack am Essen, am Lachen, am Sichvergnügen oder Schlafen verloren.

Ein paar Tage später kam der Sheikh Mujibur Rahman persönlich, um die Familie des Opfers zu besuchen. Eine riesige Menge drängte sich in den Gässchen des Viertels, um den Befreier des Landes zu sehen. «Ach! Wenn ich an jenem Tag gestorben wäre, dann würde heute vor unserem Haus ein solcher Auflauf stattfinden! Um den Sheikh Mujib zu sehen!», sagte Chotda, als bedauerte er, nicht an Mintus Stelle von Polizeikugeln niedergestreckt worden zu sein. Ich habe noch nie jemanden so untröstlich darüber gesehen, dem Tod entronnen zu sein.

Auch ich ging los, um den Sheikh Mujib zu sehen. Was keine einfache Sache war, inmitten einer Menge von mehreren tausend Menschen. Zunächst stellte ich mich auf die Zehenspitzen, ohne Ergebnis. Dann stapelte ich ein paar Backsteine aufeinander ... vergebens! Schließlich kletterte ich auf eine Mauer. Zuerst auf eine kleine Mauer, dann, jeder Angst trotzend, auf eine sehr hohe Mauer ... von wo aus ich schließlich einen Blick auf den großen Mann erhaschen konnte. Er war von imposanter Gestalt und trug eine lange schwarze Jacke und eine Brille. Er ähnelte Herrn Sahabuddin, einem unserer Nachbarn. Aber um diesen herum drängte sich nie eine solche Menge. An jenem Tag war es, als empfinge das Viertel den Besuch eines Engels, irgendeines himmlischen Wesens, das nichts gemein hatte mit uns gewöhnlichen Sterblichen. Der Sheikh Mujib legte Mintus Mutter seine Hand auf den Kopf, als Geste des Trostes.

Aber es ist eines der Gesetze der Menschheit, dass sie ihre Trauer schnell vergisst. Kein Monat war vergangen, da gingen alle schon wieder ihren Beschäftigungen nach. Die Kinder spielten wieder auf ihrem Lieblingsplatz, die Männer brachten randvolle Einkaufstaschen vom Markt nach Hause, die Hausfrauen unterhielten das Feuer in den Küchenherden. Und ich, ich hatte meine Gewohnheit wieder aufgenommen, an den Abenden meine Matte im Hof auszubreiten, um beim Schein einer Sturmlampe meine Lektionen auswendig zu lernen und mich dabei energisch vor und zurück zu wiegen.

Das tragische Ereignis, das wir miterlebt hatten, kam mir nur dann wieder ins Gedächtnis, wenn ich am Friedhof vorbeikam – und der lag auf meinem Weg zur Schule und zu den Läden von Monu Miah oder Thandas Vater. Mamas Empfehlungen folgend, ballte ich die Fäuste, senkte den Kopf und war ganz leise, wenn ich dort vorbeiging. Obwohl das nicht zu den mütterlichen Empfehlungen gehörte, gewöhnte ich mir auch an, gelegentlich ein paar Blumen zu pflücken, um sie auf Mintus Grab zu tragen – ich stellte mir vor, er könnte von da, wo er war, ihren Duft riechen.

Mama sieht wohl, dass auch Pakistan – dieses neue, in Wirklichkeit so fragile Gebilde – schließlich auseinander brechen wird. Die Leute reden nicht mehr wie zuvor, sie führen nur noch Beschimpfungen gegen Ayyub Khan im Mund, und sie wagen es, sie laut auszusprechen, ohne sich zu verstecken. Die Studenten besetzen die Straßen und skandieren Parolen für die Autonomie Ostpakistans. Die Regierung verhängt wiederholt Ausgangssperren: Es ist verboten, nach Einbruch der Dunkelheit aus dem Haus zu gehen und Licht anzumachen; von Tag zu Tag verwandelt sich das Land immer mehr in ein finsteres Gefängnis. Wahrhaftig, alle Regierenden sind doch gleich, denkt sie. Die Westpakistani sind nicht weniger bedrohlich als die Briten. Alle Reichtümer Ostpakistans verschwinden in Richtung Westen, genauso wie die Engländer den größten Teil der Reichtümer Indiens in vollen Frachtern in ihre Heimat schafften. Wie sollte man, unter solchen Bedingungen, irgendeine Verbundenheit mit diesem Land empfinden, dessen eine Hälfte die andere schamlos ausbeutet? Daher wäre Mama keineswegs schockiert, wenn Pakistan wiederum zweigeteilt, zerrissen, lebend zerschnitten würde, wenn ihren Söhnen dadurch erspart würde, während einer Demonstration erschossen zu werden. Denn was besitzt sie Kostbareres als ihre Kinder? Sie verlangt nicht mehr als die Möglichkeit, in Frieden mit ihnen zusammenzuleben. Wenn sie nur etwas mehr Bildung hätte, die es ihr erlauben würde, zu arbeiten, ihren Lebensunterhalt zu verdienen, dann würde sie ihrem Mann seine Freiheit wiedergeben – und sie würde die ihre gewinnen.

Sie war wohl einmal bis nach Dhaka gefahren, mit Chotda, um sich eine Arbeit zu suchen. Sie hatte gehört, man müsse sich dort nur bücken, um welche zu finden, es wimmele nur so von freien Stellen. Aber als sie in ein Krankenhaus gegangen war, um nach einer Stelle als Krankenschwester zu fragen, hatte der Direktor ihr geantwortet: «Man wird nicht einfach so von heute auf morgen Krankenschwester. Sie müssten erst ihren Schulabschluss nachholen, in einer Spezialschule eine Ausbildung machen ...» Als sie zurück zu Hause war, hatte Papa es nicht versäumt, sie aufzuziehen: «Heißt es nicht: ‹Wer im Glück lebt, rennt dem Unglück hinterher?›»

Sobald Mama einmal nicht weiß, wo Chotda sich gerade aufhält, hat sie Angst. Sie hat Angst, dass es ihm genauso ergeht wie Mintu, dass man ihn eines Tages von Kugeln durchsiebt nach Hause bringt. Mama hört nicht auf, sich vor Sorge zu verzehren um diesen Sohn, den sie so viel Mühe hatte zu entwöhnen, dass er bis zum Alter von fünf Jahren an ihrer Brust trank. Sie hatte sich schließlich dazu entschließen müssen, Großmutters Rezept zu folgen und sich die Brustwarzen mit dem Saft von *Neem*-Blättern zu bestreichen, dessen Bitterkeit den Kindern den Geschmack an der Muttermilch vergehen lässt. Chotda hatte auch sehr spät zu sprechen angefangen; mit zwei Jahren gab er noch nichts als lallende Silben von sich und scheiterte sogar an «Papa».

In seinen ersten Schuljahren hat er kaum geglänzt. Bei der Aufnahmeprüfung in die Oberschule verdankte er sein Heil nur der Freundschaft, die den Direktor mit Papa verband. Der hatte Chotda zur Belohnung eine Armbanduhr und einen Geometriekasten geschenkt und zu ihm gesagt, um ihn anzuspornen: «Wenn du in der Schule gut lernst, bekommst du ein Fahrrad.» Chotda hatte keine drei Tage gebraucht, um die Armbanduhr zu verlieren. Und die Zirkel aus dem Geometriekasten fanden kaum je eine andere Verwendung denn als Zahnstocher für die ganze Familie.

Um die Wahrheit zu sagen, hat Mama ihren zweiten Sohn immer etwas bevorzugt. Auch als er schon groß ist, behandelt sie ihn noch als ihren kleinen Lieblingsjungen. Sie hat sich viele Sorgen um ihn gemacht, aus Angst, er könnte etwas zurückgeblieben sein. Aber schließlich ist an ihm ein sehr ausgeprägter Charakter zutage getreten. Während Dada wirklich der Mustersohn ist, der immer widerspruchslos gehorcht, benimmt sich Chotda genau umgekehrt. Wie oft haben meine Eltern nicht von der Schule Beschwerden zu hören bekommen, weil Chotda keinerlei Disziplin zeige!

«So, was muss ich da hören? Du missachtest jegliche Disziplin?», hielt Papa ihm unter vier Augen vor, nachdem er ihn am Ohrläppchen ins Haus geschleift hatte.

«Nein! Nein, ich achte sie ja», rief der Schuldige dann zwischen zwei Klagelauten, fuchsteufelswild über die Behandlung, die ihm zuteil wurde.

«Dann sind also deine Lehrer Lügner?», fragte Papa aufgebracht.

«Ja!», behauptete Chotda stolz.

«Warum hast du den Radioapparat im Klassenzimmer kaputtgemacht?», fragte Papa dann beispielsweise, nachdem er ihm ein paar schallende Ohrfeigen versetzt hatte.

«Ich war gerade dabei, Ra-radio zu hören, als ein Junge versucht hat, ihn mir aus den Händen zu nehmen ... Dabei ist er hingefallen und kaputtgegangen ...», erklärte der Bengel wutschnaubend.

«Ah! Was für eine schöne Entschuldigung! Da beweist mein Sohn Intelligenz, wenn es darum geht, Entschuldigungen zu erfinden, nicht wahr? Man müsste ihn geradezu dafür beglückwünschen! Und ich, der ich Tag und Nacht arbeite, um meine Kinder anständig zu erziehen! Damit sie etwas lernen, das ihnen eine gute Zukunft sichert! Wozu gebe ich mir denn so viel Mühe, wenn sie doch nur dumme Tiere bleiben wie du? Wie?», brüllte Papa und hob Chotda am Kragen hoch, um ihn vor seinen Schreibtisch zu setzen.

«Dieses Kind ist von seiner Mutter wirklich durch und durch verdorben worden, weil sie ihm immer alle Launen hat durchgehen lassen!»

Nun war es jedoch in unserer Familie Brauch, den Bestraften mit einem schönen Geschenk zu trösten. Und so bat Mama gleich am Tag nach der oben beschriebenen strengen Sitzung Papa um Geld, um Chotda ein Kricketschlagholz zu kaufen – mit dem es, wie er bald entdeckte, weitaus vergnüglicher war, auf die Möbel seines Zimmers einzuschlagen als auf einen Ball.

Als Mama erfährt, dass ihr Sohn an den Demonstrationen teilnimmt, gibt sie keine Ruhe, bis er eine Gitarre bekommt – in der Hoffnung, die Musik könne ihn davon ablenken. Sie schafft es, Papa zu überreden, ihr das nötige Geld für den Kauf einer Hawaiigitarre zu geben, die sie Chotda zusammen mit einer selbst gefertigten gelben Hülle schenkt.

Die besondere Aufmerksamkeit, die Mama Chotda entgegenbringt, entgeht unserem ältesten Bruder nicht. Als er die neue Gitarre sieht, verlangt er sofort eine Geige für sich. Das heißt, er verlangt von Mama, Papa um das nötige Geld zu bitten, um eine zu kaufen.

«Bitte ihn doch selber darum», antwortet sie unwillig. «Bist du auf den Mund gefallen?»

Dada ist verwirrt. Er hat nicht den Mut, Papa für eine solche Anschaffung um Geld zu ersuchen. Da zieht er sich lieber in sein Zimmer zurück und schlägt den Takt seines Lieblingsliedes auf den Tisch, in Ermangelung einer Geige. Er kennt im Übrigen nur ein einziges Lied, Mama hat es ihm beigebracht, als er vier Jahre alt war: *«Es ist nur ein ‹Auf Wiedersehen›, meine Mutter …!»*

Unterdessen hat Chotda bereits die Tonarten erlernt und versucht sich an beliebten Kinomelodien. Jeden Monat bettelt Mama bei Papa um Geld für die Stunden, die Chotda bei einem Musiklehrer nimmt. Und jeden Monat, bevor er ihr die erbetene Summe gibt, erkundigt sich Papa: «Ich hoffe, du passt wenigstens ein bisschen auf, dass er auch etwas für die Schule tut. Mit der Musik wird er sich nicht durchs Leben schlagen können! Er hat schon drei Nachhilfelehrer: einen für Mathematik, einen für Englisch und einen für die Naturwissenschaften … Weißt du, ob er da regelmäßig hingeht? Bis wie viel Uhr lernt er abends? Die Söhne von Sulekha, die lernen jeden Abend bis um zehn …»

Das Geld, um den Gitarrenlehrer zu bezahlen, gibt Papa ihr nicht etwa, er wirft es auf den Tisch, aufs Bett, auf den Boden. An jedem Monatsende ist es dieselbe Geschichte. Hingegen bringt er den Lehrern, die die ernsthaften Fächer unterrichten, ihr Honorar persönlich.

Mama versteht Papas Haltung und sein Verhalten nicht. Sie ist der Überzeugung, dass es in keiner anderen Familie einen derart komplizierten Charakter gibt. Einerseits scheint es ihr, dass er sich um nichts als das Wohlergehen seines Hausstandes sorgt, dass er der Zukunft seiner Kinder alles opfert, und andererseits, dass er für keines der Mitglieder seiner Familie irgendetwas empfindet, dass diese für ihn bloß ein nützliches Mittel darstellt, um sein soziales Ansehen zu bewahren, während er sich in Wirklichkeit mit Leib und Seele seiner Liebschaft mit Raziya Begum verschrieben hat.

Ein neues Beispiel für dieses in Mamas Augen merkwürdige Verhalten: Eines schönen Tages bringt Papa aus seinem Geburtsort Madarinogor einen seiner jüngeren Brüder namens Aman-ud-Daula mit und quartiert ihn bei uns ein. Am Abend kommt er früh aus der Praxis nach Hause, holt aus seiner Jutetasche eine Riesenmenge Ziegenlammfleisch hervor – das Doppelte von dem, was er sonst einkauft – und sagt zu Mama: «Bereite dieses Fleisch in einer schön würzigen Sauce zu, mit viel Zwiebeln! Mach auch Kürbisblätter mit Zuckererbsen und ein gutes *Dal* statt der gewöhnlichen Brühe!» Mama kann darin nur ein Zeichen der unverhältnismäßigen Aufmerksamkeit sehen, mit der Papa seine Verwandten vom Land behandelt.

Für Onkel Aman richtet Papa im Schuppen ein Zimmer her, indem er das darin gelagerte Holz und Stroh herausräumt und ein Bett, einen Tisch und einen Stuhl hineinstellt. Nachdem er ihn an der Universität eingeschrieben hat, verkündet er der Familie, dass Onkel Aman sich fortan bei uns wie zu Hause fühlen solle. Und fügt noch hinzu, dass er die Kosten seines Studiums und seines Unterhalts übernehmen werde.

«Du hast schon genug Ausgaben mit deinen eigenen Kindern, und da übernimmst du noch die Versorgung einer weiteren Person!»

«Was wäre natürlicher als das? Er ist mein eigener Bruder!», protestiert Papa lauthals. «Ich werde doch einen so nahen Verwandten nicht fallen lassen. Und du wirst sehen, seine Anwesenheit wird nicht zu deinem Schaden sein: Du kannst ihn ja einkaufen schicken.»

«Zum Einkaufen habe ich Noman und Kamal», erwidert meine Mutter, bemüht, die Ruhe zu bewahren.

Am nächsten Tag bringt Papa Mama einen bedruckten Baumwollsari mit. Sie ist gerade dabei, Betel und Arekanuss zu kauen. Nachdem sie ihren neuen Sari angezogen hat, geht sie ganz dicht an Papa heran, der auf dem Bett liegt, und sagt hocherfreut, die Lippen vom Betelsaft gerötet: «Das ist ein sehr guter Stoff, weißt du!»

Ohne sich im Geringsten dafür zu interessieren, ob der Sari Mama gut steht, fragt Papa sie mit ernster Miene: «Du wirst dich gut um Aman kümmern, nicht wahr?»

Er hätte der Unglücklichen ebenso gut eine Nadel ins Herz

bohren können. Das stand also hinter dieser Geste, die sie für einen Ausdruck der Liebe, der Zärtlichkeit gehalten hatte. Genauso wie die Herren ihren Dienstboten kleine Geschenke machen, damit sie williger arbeiten, gut kochen, nicht stehlen. Sie ist also nicht mehr als eine Dienerin in diesem Haus! Papa ist es vollkommen egal, ob sie glücklich oder unglücklich ist.

Einmal, kurz nachdem Onkel Aman bei uns eingezogen ist, sagt Mama zu Papa: «Wir sind von ihrer Mutter zu Sulekhas Hochzeit eingeladen worden. Auf, komm!»

«Kommt nicht in Frage», entgegnet Papa.

Weil Mama nicht nachgibt, sagt er schließlich sehr verstimmt: «Hier hast du etwas, um das Geschenk zu kaufen; du wirst allein hingehen.»

So ist der sonderbare Mann, mit dem Mama verdammt ist, ihr Leben zu verbringen. Weil sie die Frau eines angesehenen Arztes ist, glaubt alle Welt, dass sie im Glück schwelgt. Sie allein riecht dieses Parfum einer anderen Frau, das all ihre Träume von einem glücklichen Leben in den Wind schlägt. Sie allein weiß, wie ihr Mann, nachdem er sich rückhaltlos an ihrem Körper erfreut hat, sich zum Schlafen auf die andere Seite des Bettes wälzt, während sie den Rest der Nacht schlaflos verbringt und mit sich allein gelassen.

Mama geht also allein mit Chotda zu Sulekhas Hochzeit. Sie leidet mehr und mehr unter ihrer Einsamkeit. Papa kommt abends spät nach Hause, fröhlich vor sich hin singend, die Lippen rot vom Betelkauen. Er legt sich schlafen, ohne das Essen anzurühren, das sie ihm aufgehoben hat. «Bei was für einer Kreatur hast du heute wieder zu Abend gegessen, dass du nicht einmal mehr genug Hunger für etwas Reis hast?», wirft sie ihm vor.

«Ich war bei einem meiner Patienten eingeladen», erklärt er lächelnd.

«Patient oder Patientin?», fragt Mama und lässt sich hilflos aufs Bett fallen.

«Ein Patient ist ein Patient! Was macht das für einen Unterschied, ob es ein Mann oder eine Frau ist?», ärgert sich Papa.

«Halte mich nicht für eine Idiotin! Raziya Begum war auch eine deiner Patientinnen. Ist das wahr oder nicht? Habe ich dich nicht einmal nachts aus ihrem Bett geholt? Das wirst du wohl nicht leugnen! Du hast vielleicht Glück, eine Dumme wie mich gefunden zu haben, die bereit ist, alles zu schlucken! So kannst du alles machen, was du willst, nicht wahr?», klagt sie.

«Ach! Wenn es nur so wäre! Wenn ich nur wirklich alles tun könnte, was mir beliebt», lässt Papa fallen, der sich an ihre Seite gelegt hat.

Eines Abends arrangiert Mama vor Papas Heimkehr sorgfältig den Faltenwurf ihres Saris. Während sie ihm beim Abendessen Luft zufächelt, befiehlt sie mir: «Geh zu Großmutter; es ist Zeit zum Schlafen!»

Mama weiß genau, dass ich jederzeit bereit bin, zu Großmutter zu laufen. Daher ist sie sehr überrascht, dass ich diesmal nicht gleich hinüberstürze, wie es ihr Wunsch ist.

«Los! Geh bei Großmutter schlafen!», sagt sie mir noch einmal.

«Nein!», sage ich und schüttle den Kopf.

«Aber was ist denn nur los mit dir?», drängt sie mich.

«Nein, ich habe keine Lust hinüberzugehen!»

«Aber warum denn nicht? Hat dich jemand geschlagen? Wer? Tutu, Shoraf, Felu?»

«Nein», antworte ich und kratze mit dem Daumennagel am Lack des Bettgestells.

«Warum willst du dann nicht hinübergehen?», sagt sie, während sie mich schon in Richtung Tür schiebt.

Ich klammere mich mit aller Kraft am Türrahmen fest. Vor mir liegt der Hof stockdunkel da. Mama beklagt sich: «Ich weiß wirklich nicht, was ich mit diesem Mädchen machen soll! Sie hört auf nichts! Wenn ich ihr sage, sie soll zu Hause bleiben, geht sie draußen spielen. Als hätte sie nichts anderes zu tun! Und dabei hört sie nicht auf herumzujammern, weil sie ständig von den anderen geschlagen wird … Schau dir das an, sie ist nichts als Haut und Knochen: Sie isst nicht, sie pickt wie ein Vogel. Als sie klein war, musste man sie zu dritt festhalten, um ihr ihre Milch einzuflößen! Sie will nie etwas, weder Ei noch Milch … Sie wird immer ungehorsamer. Hier ist der beste Beweis! Ich sage ihr, sie soll bei ihrer Großmutter schlafen gehen, und sie weigert sich. Obwohl ihr doch sonst jeder Grund recht ist, um mit Freudensprüngen hinüberzulaufen …»

Mama kann sagen, was sie will, ich klammere mich weiter an der Tür fest, ohne einen Zollbreit nachzugeben. Da wechselt sie die Taktik, streicht mir über den Rücken und versucht mich mit einschmeichelnder Stimme zu überzeugen: «Geh doch rüber! Deine Onkel werden dir Geschichten erzählen. Hier, nimm Bänder mit. Jhunu bindet dir Schleifen ins Haar!»

Ich rühre mich noch immer nicht von der Stelle. «Lass sie in Ruhe! Wenn sie doch keine Lust hat», greift Papa ein.

«Sie ist wirklich unmöglich!», ruft Mama aus.

Sie hat gewiss Grund, sich um mehrere Züge meines Charakters Sorgen zu machen. Wenn Gäste zu uns nach Hause kommen, verstecke ich mich die ganze Zeit hinter ihr. Wie kann ich nur so ängstlich, schüchtern, scheu sein? Unmöglich, auch nur ein einziges Wort aus mir herauszubekommen. Ich bin nicht einmal in der Lage, eine Geschichte zu erzählen, ohne kläglich herumzustammeln. Ich kann nur zuhören. Und obwohl ich mir jede Menge Geschichten anhöre, bleibe ich genauso linkisch, sobald ich selbst eine erzählen soll. Alle nur möglichen Kindergeschichten verschlinge ich mit einer unglaublichen Gier. Aber ausgeschlossen, sie laut vorzulesen, für die anderen. Ich bin wirklich von der stummen Sorte; nie sage ich meine Meinung oder was ich auf dem Herzen habe. Und so ist es auch jetzt, wo ich nicht bei meiner Großmutter schlafen will und keinerlei Interesse dafür aufbringe, den Geschichten meiner Onkel lauschen zu gehen – ich bin unfähig, den wahren

Grund dafür zu sagen. Wenn man mit mir schimpft, wirke ich gleichgültig. Man mag mich an den Ohren ziehen, mich von morgens bis abends schlagen, deswegen werde ich auch nicht gesprächiger. Ich schaffe es noch nicht einmal, mich so richtig auszuweinen. Ich, das kleine Mädchen, das am gleichen Tag geboren ist wie der Prophet! Das bei Shormila nichts hat essen wollen, weil sie Hindu ist, das sich weigert, sich nach der Mode der Mädchen dieser Religion die Stirn schmücken zu lassen ... Ich sollte wenigstens sehr fromm sein.

Aber ich finde überhaupt keinen Gefallen an meinen Arabischstunden. Ich ergreife immer die erstbeste Gelegenheit, um mein Alphabet liegen zu lassen und stattdessen Märchen zu lesen, zu zeichnen, zur Eisenbahnlinie zu laufen, draußen zu spielen ...

Um mich von all diesen Fehlern zu kurieren, bringt Mama von Tante Fozli ein Amulett mit: ein Stückchen Papier, auf das in roter Farbe die Sandalen des Propheten Muhammad gezeichnet sind, mit der Inschrift eines Koranverses – das Ganze in einer winzigen Schachtel. Mama hängt sie mir um den Hals, damit ich von meinen Übeln erlöst werde ...

II

«Die menschliche Gestalt abzubilden ist eine Sünde», das betet man mir seit jeher vor. Aber seltsamerweise kann ich mich nicht daran hindern, Freude daran zu haben.

Wenn Mama mich bei solchem Frevel erwischt, versucht sie mich davon abzulenken, indem sie mir rät: «Zeichne doch lieber Bäume, Blumen. Wäre das nicht hübscher? Wenn du sie doch nicht zum Leben erwecken kannst, warum versteifst du dich dann darauf, Abbilder von Menschen zu zeichnen? Weißt du nicht, dass Gott allein die Macht hat, Leben zu geben?»

Eines schönen Tages bricht der Widerspruch aus mir heraus:

«Aber die Bäume, die ich deiner Meinung nach zeichnen soll, die sind doch auch mit Leben beseelt!»

Mama, die damit beschäftigt ist, ihren Dutt mit einem Haarteil zu vergrößern, antwortet mir mit schmal gewordenen Lippen: «Tu, was ich dir sage! Werd nicht frech!»

Wie könnte ich meiner Mutter nicht gehorchen? Selbst wenn sie mir befehlen würde, Kacke zu essen, müsste ich Folge leisten. Trotzdem, diese Geschichte, dass es ein Sakrileg sei, die menschliche Gestalt abzubilden, geht mir nicht mehr aus dem Kopf. Wieso sollte ich den Menschen, den ich zeichne, zum Leben erwecken müssen? Warum begreift Mama den Unterschied nicht, der zwischen dem Zeichnen auf einem Blatt Papier und dem Erschaffen eines lebendigen Wesens besteht? Was sie darüber sagt, erscheint mir absurd, zumal es, meiner Wahrnehmung nach, unecht klingt, als würde sie eine Lektion aufsagen, die sie auswendig gelernt hat, ohne sie zu verstehen.

Also fahre ich auch nach dem ausdrücklichen Verbot damit fort, Menschen zu zeichnen – nicht etwa um des bloßen Vergnügens willen, die menschliche Gestalt abzubilden, vielmehr kann ich mir nicht vorstellen, etwa ein Schiff zu zeichnen, ohne einen Schiffer darauf zu setzen. Hat man je ein Boot gesehen, das sich allein über den Fluss bewegt? Wie sollte man da keinen Ruderer, keinen Steuermann hinzufügen? Als meine Kusine Humayra, Tante Fozlis Tochter, bei Großmutter zu Besuch ist, lässt der Anblick dieser Zeichnung sie in Schreckensschreie ausbrechen, mit der Folge, dass Mama mir am Abend, als sie wieder weg ist, Buntstifte und Papier wegnimmt und ausruft: «Du tätest besser daran, deine Hausaufgaben zu machen, statt herumzukritzeln!»

Da ich keine Heulsuse bin, bleibe ich bloß still in meiner Ecke sitzen, in meine Gedanken versunken.

Mama liegt auf ihrem Bett am offenen Fenster, sie hat ihre Bluse aufgeknöpft und kratzt sich an der Brust, die von Hitzebläschen bedeckt ist, während sie sich mit der anderen Hand

Luft zufächelt. Mir meine Zeichenuntensilien wegzunehmen hat für sie nicht mehr Bedeutung, als Abfälle in den Müll zu werfen.

«Lies laut vor! Ich will dich hören!», ruft Mama mir zu.

Ich zucke zusammen, mit einem Schlag aus meiner Niedergeschlagenheit herausgerissen. Wie könnte ich ein Gedicht laut vorlesen, wo doch meine Kehle vor Verzweiflung zugeschnürt ist? Wieder etwas, wozu ich unfähig bin.

Später am Abend, als es Zeit wird für das gemeinsame Gebet, braucht Mama mir nur zärtlich übers Haar zu streichen, und mein ganzer Zorn schmilzt dahin wie Eis in der Sonne. So ist Mama: Nach Schelte und Klapsen nimmt sie einen auf den Schoß, um einen zu herzen und zu liebkosen. Morgens verabreicht sie Dada Rohrstockschläge, dass es ihm schier die Haut vom Rücken reißt, und nachmittags lässt sie ihm eine lange Massage mit Senföl zuteil werden.

«Wenn du schön betest, wird Gott dich sehr lieben. Er wird dir alles gewähren, was du willst», sagt sie zu mir, um mich zur Frömmigkeit zu ermuntern.

Ganz verzückt von dem Gedanken, dass Gott mir alles geben würde, was ich wollte, ahme ich Mamas Bewegungen nach, wie sie sich mehrmals hinkniet und wieder aufsteht. Ich hebe die Arme empor, schließe die Augen und sage innerlich – da Gott ja alles hört, selbst das, was wir sagen, ohne die Lippen zu bewegen: «Gott, gibt mir einen großen Stiel voll Zuckerwatte!» Nachdem ich die Arme wieder gesenkt und die Augen aufgeschlagen habe, schaue ich mich nach allen Seiten um – nirgends die geringste Spur von Zuckerwatte! Ich hebe den Teppich an: auch da nichts. Mit Tränen der Enttäuschung in den Augen ziehe ich Mama am Arm: «Du, Mama, Gott hat mir nicht gegeben, worum ich Ihn gebeten habe!»

«Dann hast du es nicht stark genug gewünscht, deshalb hat Er dich nicht erhört», antwortet Mama.

Von diesem Tag an verrichte ich regelmäßig jeden Abend

meine Gebete, und ich strenge mich an, alles, was ich am meisten begehre, sehr stark zu wünschen: ein Auto mit einem Schlüssel, das allein fährt, wenn man es aufzieht! Ganze Behälter voll großer und kleiner Murmeln! Einen Luftballon mit einer Flöte daran! Bonbons!

Ich erziele keinerlei Erfolge, und ich habe keine Ahnung, wie ich die Intensität meiner Wünsche noch verstärken könnte. Am Ende muss ich glauben, dass ich zu böse bin, um die Erfüllung meiner Wünsche zu verdienen. Aber ist es denn meine Schuld, wenn Onkel Shoraf es ausgenutzt hat, dass wir allein waren, um mich plötzlich auszuziehen? Ist es diese Sünde, derentwegen Gott mich verabscheut? Die Vorstellung, dieses Ereignis könnte mir Gottes Feindschaft eingetragen haben, stürzt mich in tiefe Verzweiflung. In der Nacht, als Mama mich zum Schlafen zu Großmutter schicken wollte, hatte ich mich so hartnäckig geweigert, weil ich Angst davor hatte, in der Nähe meiner Onkel schlafen zu müssen. Natürlich kannte Mama den Grund meines Starrsinns nicht, da sie ja nicht wusste, wovor ich mich fürchten musste.

Ein paar Tage nach dem Vorfall im Schuppen hatte Onkel Shoraf mich ans Ufer des Teiches gerufen, um mir einen Trick mit seinem Magneten zu zeigen, aber ich war ihm lieber nicht gefolgt. Ich war mit einem kräftigen Klaps auf den Kopf davongekommen. Spätnachmittags spielt Onkel Tutu oft, nachdem er vorsichtshalber die Zimmertür geschlossen hat, die Geschichte von Siraj-ud-Daula* nach, unter dem Applaus aller Kinder des Hauses. Aller außer mir, denn der Anblick des in Dunkelheit getauchten Zimmers treibt mich in die Flucht. Ich vermeide es stets, mich in dunklen Ecken aufzuhalten. An den Abenden erzählt Onkel Kana im vom Mondlicht überfluteten

* Letzter Nabob Bengalens; im Kampf gegen die Engländer unterlag er in der Schlacht von Plassey (1757), was den Kolonisatoren erlaubte, von der gesamten Provinz Besitz zu ergreifen.

Hof der ganzen Familie, wie er auf der Antilopenjagd ein Auge verloren hat, oder die eine oder andere Episode aus der Geschichte der Kalifen. Ich dränge mich beim Zuhören fest an Mama, bis sie zornig wird: «Nun lass mich doch mal los! Bei dieser Hitze!» Nichts zu machen, ich drücke mich beharrlich an sie. Wenn sie versucht, auf Abstand zu gehen, habe ich sofort Angst, dass jemand kommen und mir die Hosen herunterziehen könnte. Und wenn sie mich wegen ihrer Kinobesuche allein zu Hause lässt, jammere ich: «Geh nicht weg, Mama! Ich habe Angst alleine ...»

«Das Haus ist doch voller Menschen! Wie kannst du da Angst haben?», ruft sie aus und führt mich zu Großmutter, bevor sie losläuft, um ihren Film zu sehen.

Großmutter verbringt den größten Teil des Tages mit Kochen. Ich bleibe neben ihr sitzen und blase Trübsal. «Geh mal woanders nachschauen, ob ich da bin! Marsch, marsch! Du siehst doch, dass ich arbeite, du störst mich!», schimpft sie bald.

Mama kommt nicht zurück nach Hause, ehe die Sonne sehr tief am Himmel steht. Also fixiere ich sie und flehe sie innerlich an: «Steig herab, Sonne, ich bitte dich, schnell!» Aber nein, es scheint, als hätte sie Spaß daran zu trödeln.

Der Hof wird durch das Hin und Her von streunenden Kötern oder räudigen Katzen belebt und durch das aufdringliche Gekrächze der Raben und Krähen hoch auf den Bäumen. Ein umherziehender Messerschleifer kommt an die Tür, dann ein Mann mit einer Kiste voller Bonbons, der im Tausch gegen ein paar Süßigkeiten Lumpen, alte Schuhe und Sandalen sammelt; danach ist der Ruf eines Hausierers zu vernehmen, der in seiner Holzkiste mit Glasdeckel glitzernde Glasperlenarmbänder, Ohrgehänge und Bänder feilbietet – zu Tante Jhunus größter Freude, die die Ware, unter einem Baum sitzend, lange begutachtet. Bald folgt eine Gruppe von Zigeunerfrauen, die Körbe voll bunter gläserner Armreife auf dem Kopf tragen. Auch der Zuckerwarenverkäufer kommt vorbei, dessen rosafarbene Zuckerwatte einem das Gefühl gibt, Luft zu essen. Und der Bärenführer, der Affenführer, der seine Tiere in roten Hemden tanzen lässt … Wenn der Chanachur-Verkäufer vorbeikommt, mit seinem großen spitzen Hut auf dem Kopf und seinem Stab voller Glöckchen, den er schüttelt und dabei lauthals singt: «Schööön waaarmes Chanachur!», kommen Tante Runu und Tante Jhunu aus dem Haus gerannt, um ihm überquellende Tüten von dem Zeug abzukaufen – eine kleine Schwäche von ihnen. Kaum ist er wieder weg, taucht schon der Erdnussmann auf, bald gefolgt von einem seiner Kollegen, der Puffreis verkauft, gewürzt mit Senföl, grüner Pfefferschote und Zwiebel, der sich ebenfalls mit einem selbst erfundenen Ruf ankündigt …

Es ist eine der Lieblingsbeschäftigungen meiner Onkel und Tanten, sich alle möglichen Naschereien zu beschaffen, wenn der Tag sich dem Ende zuneigt. Einmal ist es Onkel Shoraf, der mit einem Tütchen noch warmer gerösteter Erdnüsse heimkommt. Dann ist Onkel Felu da, mit einem Eis in der Hand. Mir läuft das Wasser im Mund zusammen, und ich betrachte sie kläglich. Niemand beachtet mich. Aber wer kommt denn jetzt in den Hof herein? Eine Schlangenbeschwörerin mit ihrem Korb auf dem Kopf! Meine Onkel und Tanten laufen herbei, um das Schauspiel zu sehen. Die Frau stellt ihren Korb auf den Boden, während alle jungen Leute einen Kreis um sie bilden. Sogar Großmutter schaut zu, von der Schwelle des Hauses aus. Aus dem Korb kriechen bald eine schwarze Schlange, eine gelbe, eine Kobra, eine riesige Python, die anfängt, sich durch den Hof zu schlängeln … Ich kann mich nicht erinnern, je etwas Erschreckenderes, Abstoßenderes gesehen zu haben. Ich springe vom Brunnenrand und suche bei unserer Dienerin Schutz, Fulbahari, die vor der Küchentür sitzend friedlich ihr Bidi raucht.

«Fulbahari, ich habe Angst!»

«Keine Sorge, da ist nichts zu befürchten. Diese Schlangen sind nicht mehr giftig. Sie nehmen ihnen die Giftzähne heraus», versucht mich Fulbahari zu beruhigen, mit einem breiten Lächeln, das ihr sehr dunkles Gesicht aufhellt.

Aber es nützt alles nichts, ich bin starr vor Schreck. Ich habe sogar noch Angst, als die Schlangenbeschwörerin schon wieder weg ist. Ich fürchte mich, einen Fuß in den Hof oder auf das benachbarte Grundstück zu setzen, denn ich werde von der Vision einer Schlange verfolgt, die sich plötzlich vor mir aufrichtet. Abends, wenn ich im Bett liege, stelle ich mir vor, eines dieser Reptilien könnte eingerollt unter meinem Bett liegen, es würde bald aufwachen und langsam zu mir hochkriechen, unter meinem Kopfkissen durch, um mich dann in seinen Ringen zu erwürgen. Wenn ich schlafe, träume ich, dass ich von wütenden Schlangen umzingelt bin; ich bin ganz allein, irgendwo entlang der Eisenbahnlinie oder der Hauptstraße, oder am Teichufer, unter einem Baum oder auch eingesperrt in einem geschlossenen Raum, wo auch immer, als die Stille ringsherum plötzlich vom Zischen einer Schlange durchbrochen wird. Ich rufe Mama zu Hilfe, aber sie ist nicht da. Also mache ich mich in diesem Reich der Reptilien ganz klein, ich ziehe mich zusammen, als versuchte ich, in mich selbst hineinzukriechen ... bis ich davon aufwache, mit vom Galopp meines Herzens brummenden Ohren.

Und mich, die ich eine panische Angst vor Menschen wie vor Schlangen habe, mich will Mama wegschicken, um bei meinen Onkeln zu schlafen! Da aber eine unsichtbare Hand mir die Lippen zugenäht hat, ist Mama meilenweit davon entfernt, auf die Idee zu kommen, dass Onkel Shoraf mich eines Tages ausgezogen hat, um seinen Penis auf meinem Bauch zu reiben.

Nein, trotz des Talismans, den ich um den Hals trage, verlässt mich die Angst in keinem Augenblick.

Nachdem Papa die Nebengebäude von Großmutters Haus gemietet hat, hat er einen Tisch und Stühle in unsere neue Küche stellen lassen, wo wir fortan, sitzend wie vollendete Sahibs, unsere drei täglichen Mahlzeiten einnehmen. Papa ist nämlich fasziniert von allem, was die Lebensart der Weißen ausmacht. Er trägt nie etwas anderes als geschlossene Lederschuhe – er liebt deren quietschendes Geräusch beim Gehen. Vorbei ist die Zeit, da er, ganz dünn, in Payjama und dem traditionellen langen Hemd, auf seinem Herkules-Fahrrad über die Straßen holperte. Jetzt kleidet er sich nur noch auf europäische Art, achtet darauf, sein Hemd in die Hose zu stecken, verlässt das Haus nie ohne Krawatte und geht ab und an sogar so weit, ein Jackett zu tragen. Ausgeschlossen, dass unser Sahib von Vater sich zum Essen wie bisher auf den Boden hockt. Er hat sogar ein Rattansofa für unser Wohnzimmer angeschafft. Großmutters Behausung erscheint jetzt recht glanzlos im Vergleich zu der unseren. Auch wenn es bei ihnen genauso guten Fisch gibt wie bei uns, so essen sie ihn doch auf einer Matte sitzend. Und es geht nicht nur um die Mahlzeiten; wir haben jetzt auch Tische und Stühle zum Lernen. Was allerdings nicht heißt, dass wir es deswegen vollständig aufgegeben haben, unsere Lektionen beim Licht der Sturmlampe zu wiederholen, im Hof auf dem Boden sitzend, in Gesellschaft unserer Onkel, ohne zu vergessen, uns energisch vor und zurück zu wiegen. Alte Gewohnheiten sind zählebig.

Eines Abends, als ich im Bett noch wach lag und durch das offene Fenster den Himmel betrachtete, wurde ich plötzlich von lauten Schreien aus meiner Träumerei gerissen. Sofort war ich auf den Beinen und rannte zu Großmutter, von wo der Lärm kam: Im Hof stand Onkel Felu, die Arme zum Himmel ausgestreckt, und brüllte, man habe Tante Jhunus goldene Ohrringe gestohlen. Wer mochte wohl diese Missetat vollbracht haben? Zwischen allen Bewohnern des Hauses gingen misstrauische Blicke hin und her. Tante Jhunu ging so weit, dass sie mich beiseite nahm, um mir ins Ohr zu flüstern: «Wenn du es warst, dann gib sie mir wieder! Ich sage niemandem etwas!»

Ich schüttelte den Kopf, um ihr zu verstehen zu geben, dass ich unschuldig war. Aber ich hatte das Gefühl, dass sie mir nicht glaubte, bis ich schließlich anfing, mich selbst zu fragen, ob nicht doch tatsächlich ich die Diebin war. Ob ich das Paar Ohrringe nicht irgendwo im Hof vergraben hatte. Von diesem Moment an schlug mir das Herz zum Zerspringen, sobald jemand den Blick auf mich richtete.

Bald erfuhr ich voller Besorgnis, dass beschlossen worden war, die gesamte Familie der Reisprobe zu unterziehen. Alle müssten ein paar Körner geweihten Reises zu sich nehmen; den Dieb würde man daran erkennen, dass er bald darauf Blut erbräche. Man ließ den Imam des Viertels kommen, um die Körner zu weihen, was er tat, indem er auf ein Schälchen voll Reis blies, nachdem er eine Reihe unverständlicher Laute zwischen den Zähnen gemurmelt hatte. Dann musste jeder von uns etwas Reis in die hohle Hand nehmen und in den Mund stecken. Alle kauten auf ihren Körnern herum, mit Blicken nach rechts und links, um zu sehen, wer von uns Blut spucken würde. Ich war so eingeschüchtert, dass ich anfing, am ganzen Leibe zu zittern, als ich meinen Reis kaute. Ich war mir sicher, dass ich es sein würde, die sich erbrechen musste! Dass alle sich über das Ergebnis beugen und blutige Spuren darin entdecken würden. Worauf ich ganz sicher Prügel bekäme, mit Zweigen aus dem Hof, bis mir die Haut in Fetzen herunterhing. Zerschlagen und geschunden würde ich im Matsch liegen bleiben. Dann würde ich kläglich Tante Jhunus Ohrringe ausgraben gehen, wenn ich auch nicht mehr genau wusste, ob ich sie am Fuß der Kokospalme oder bei der Treppe zu den Toiletten vergraben hatte. Ich konnte Tante Jhunus Blick nicht begegnen, ohne mich schuldig zu fühlen, als sähe ich mich mit ihren Augen, als wäre meine ganze Persönlichkeit in ihren Bann geraten.

Drei Personen wurden von der Reisprobe ausgenommen: Großvater, Onkel Shoraf und die Dienerin Fulbahari. Die ersten beiden waren seit mehreren Tagen außer Haus; und Fulbahari, die hatte sich hoch aufgerichtet, das Ende ihres Saris in der Taille festgesteckt und sich mit folgenden Worten geweigert: «Ich bin keine Diebin; also ist es nicht notwendig, dass ich von dem geweihten Reis esse. Der Mann, der gekommen ist, um darauf zu blasen, den kenne ich. Das ist ein schöner Dreckskerl! Ich habe früher einmal beim Imam gearbeitet, ich weiß, wie er ist. Ihr bringt mich nicht dazu, ein Korn zu schlucken, das er angerührt hat! Eher sterbe ich!» Und sie hatte ihre Rede beendet, indem sie demonstrativ auf den Boden spuckte. Auf keinen Fall würde sie sich der Reisprobe unterziehen.

«Wie kannst du unseren Imam als Dreckskerl bezeichnen, Fulbahari? Weißt du nicht, dass das eine Sünde ist?», fragte Mama sie empört.

Fulbaharis magerer Körper gleicht einem mit Öl polierten Bambusrohr, von einem schön glänzenden Schwarz. Ihr Gesicht ist mit Pockennarben bedeckt. An ihren Lippen, die ebenso schwarz sind wie der Rest, hängt ein Bidi. Sie hat immer eines hinters Ohr geklemmt, während sie Gewürze mahlt, Geschirr spült, die Böden putzt, den Hof kehrt. Sowie sie fertig ist mit ihren Pflichten, setzt sie sich in den Hof, an die Außenwand der Küche gelehnt, um in Ruhe zu rauchen.

Ihre Weigerung, sich der Reisprobe zu unterziehen, hat alle von ihrer Schuld überzeugt. Da sie es strikt ablehnt, den Reis des Imams in den Mund zu nehmen, wird auf Tante Runus Vorschlag hin beschlossen, die Schalenprobe vorzunehmen. Eine Verwandte, Jobeda Khatun, die Frau von Onkel Kana, wird die Probe durchführen. Zuerst wird der Boden des Hofes mit glitschigem Lehm geglättet, dann wird in die Mitte eine Messingschale gestellt. Schließlich muss jemand, der im Zeichen der Waage geboren ist, die Schale berühren, die sodann anfängt, sich von allein zu bewegen, bis sie vor dem zu entlarvenden Schuldigen zum Stillstand kommt.

Jobeda Khatun ist gerufen worden, weil sie Waage ist. Sobald sie die Hände auf die Schale legt, zieht diese sie quer durch den ganzen Hof und bis vor unsere Küche, um unter Fulbaharis Hintern schlagartig anzuhalten, die gerade vornübergebeugt dahockt, um mit einem Mahlstein Gewürze zu zerkleinern. Hinter der Schale und Jobeda Khatun folgt die ganze Familie nach. «Fulbahari, gib auf der Stelle die Ohrringe zurück!», brüllt Onkel Hashem.

Fulbaharis Antwort lässt nicht auf sich warten. Sie richtet sich auf wie eine Kobra und ruft aus: «Ich habe nicht gestohlen! Weil ich arm bin, bildet ihr euch ein, dass ich eine Diebin bin! Aber ihr täuscht euch: Man wird nicht zwangsläufig zum Dieb, nur weil man arm ist. Ich hätte gewiss gestohlen, wenn ich zur Diebin geboren wäre, statt mich totzuarbeiten, um zu essen zu haben. Sie hat sich geirrt, eure Schale, Punkt, aus!» Und während sie sich so mit Zähnen und Klauen verteidigt, lässt der Zorn die billigen Gehänge erzittern, die sie an den Ohren trägt.

Aber niemand ist bereit anzuerkennen, dass die Schale sich geirrt hat. «Fulbahari, gib sofort dieses Paar Ohrringe heraus!», befiehlt Großmutter.

Fulbahari hebt ihre vom Kurkuma gelb verfärbten Hände zum Himmel und ruft noch einmal aus, wobei ihre schwarzen, von den Bidis gegerbten Lippen beben: «Der Dieb ist bestimmt unter euch! Ich war's nicht, sage ich euch!»

Noch bevor sie ihren Satz beendet, hat Mama sich auf sie gestürzt, um sie an den Haaren in die Mitte des Hofes zu schleifen, unter den Mangobaum. Zuerst sieht man einen langen schwarzen Haarschopf vorbeiziehen, gefolgt von der übrigen Fulbahari, die trotz all ihrer Anstrengungen keinen Halt auf dem Boden findet. Und schon kommt Onkel Tutu aus der Küche, in der Hand einen brennenden Ast, den er aus dem Herd gezogen hat, und beginnt Fulbahari mit aller Kraft damit zu schlagen. Das Bidi hinter ihrem Ohr fällt zu Boden und wird unter ihr zerdrückt, während sie durch den gesamten Hof geschleift wird und sich die Seele aus dem Leib schreit: «Fulbahari ist keine Diebin!»

Sie wurde noch am selben Tag aus dem Haus gejagt. Ich sehe sie noch vor mir, wie sie durch die Gasse davonhinkt. Ich war mir sicher, dass sie es nicht war, die den Schmuck gestohlen hatte, dass sie Recht hatte: Die Schale hatte sich geirrt!

Gleich am nächsten Tag wurde als Ersatz für Fulbahari eine Frau mittleren Alters eingestellt, die Toi-Toi gerufen wurde und im *Bustee* um die Ecke wohnte. Eigentlich hieß sie Nurjahan. Aber sie besaß ein paar Enten, die sie jeden Abend zurück ins Haus trieb, indem sie sie mit dem Ruf toi-toi-toi lockte ... Dann sah man sie durch die Gasse gehen, gefolgt von ihrer Prozession gackernder Enten. Dieses tägliche Schauspiel hatte Onkel Tutu inspiriert, der die Mode aufbrachte, Nurjahan bei dem Ruf zu nennen, mit dem sie ihr Federvieh lockte. Und bald nannten sie alle, mit Ausnahme von Großmutter, nur noch Toi-Toi. Diese kleine Frau mit ihren von Betel und Arekanuss ganz roten Zähnen wurde also unser neues Mädchen für alles.

Vom frühen Morgen bis zum Abend mahlte Toi-Toi Gewürze, spülte und putzte in unserem Haus. Sie kochte auch in unserer Küche, die wir nun nicht mehr mit Großmutter und den Ihren teilten. Für all diese Arbeit verdiente sie fünf Taka im Monat, dazu eine Mahlzeit am Tag.

Es war überhaupt nicht schwierig, zu diesen Konditionen ein Dienstmädchen zu finden, gleich, ob sie abends heimging oder im Haus lebte. Die Reserve an Mädchen für alles lag gleich um die Ecke: das Bustee, das von Frauen auf Arbeitssuche überquoll. Entließ man eine, standen gleich zehn wieder vor der Tür. Kaum hatte die angebliche Diebin Fulbahari ihre Prügel bezogen, gehörte die Stelle Toi-Toi. Die wurde ihrerseits bald wieder fortgejagt, wegen allzu häufigen Wegbleibens und mangelnden Arbeitseifers. Das heißt, sie hatte es abends etwas zu eilig, wegzukommen, wahrscheinlich um sich um ihre Kinder zu kümmern, Alek und Khalek … und um ihr Dutzend Enten. «Diese Frau nimmt ihre Arbeit wirklich nicht ernst», hatte Mama zu Großmutter gesagt. «Sie lässt mich das Abendessen allein zubereiten. Was ich bräuchte, ist ein Dienstmädchen, das im Hause wohnt …»

«Gib ihr noch eine Chance, nur ein paar Tage», hatte Großmutter geraten. «Nurjahan ist ein braves Mädchen, weißt du. Keine Diebin!»

Aber Mama hatte nichts davon hören wollen. Sie händigte Toi-Toi ihre zweieinhalb Taka Lohn für einen halben Monat Dienstzeit aus und sagte zu ihr: «Hier hast du deinen Lohn. Ich brauche dich nicht mehr: Ich habe eine neue Dienerin gefunden.»

Niemand kam auf die Idee, diese Entlassung zu kritisieren. Es gab so viele Mädchen im Bustee – man brauchte bloß die Hand auszustrecken!

Nach Toi-Tois Entlassung muss Mama ihre Tage in der Küche verbringen, um das Feuer des Herdes zu unterhalten, das Gemüse zu putzen und klein zu schneiden, Fisch und Fleisch zu waschen und das alles dann zu kochen. Sie rauft sich die Haare, weil sie so viel Zeit mit Suchen verliert, da sie nicht weiß, wo die Dienstmädchen die Sachen hingeräumt haben.

«Lauf zu Aman-ud-Daula und bitte ihn um Streichhölzer», trägt sie mir auf.

Seit Toi-Toi nicht mehr da ist, vertraut Mama mir oft kleine Aufgaben an. Sie weiß, dass Onkel Aman immer eine Schachtel Streichhölzer hat, weil er raucht. Deshalb schickt sie mich zu ihm. Das Dumme ist, dass er in diesem Schuppen wohnt, in den Onkel Shoraf mich vor einiger Zeit gelockt hat, um mir «etwas Lustiges» zu zeigen! Als ich die Tür aufstoße, stelle ich fest, dass Onkel Aman auf seinem Bett liegt. Er sieht Papa sehr ähnlich. Wie er hat er lockige Haare, eine gerade Nase, dicke, sehr schwarze Augenbrauen, einen hellen Teint. Er ist nur weniger hoch gewachsen.

Der Raum hat sich völlig verändert. Keine Holzbündel und keine Mäuse mehr. An einer der Blechwände prangt ein großes Foto meines Onkels, modisch frisiert und mit Mokassins an den Füßen. Rechts von diesem Rahmen ein Kalender mit einem Mädchenporträt. In einer Ecke hängen ein kleiner Spiegel und ein Kamm an einem Nagel. Es gibt auch einen Kleiderständer, über dem Hemden und Hosen hängen.

«*Kaku*, Mama hätte gern Streichhölzer», sage ich und betrachte dabei das Kalenderfoto.

«Was will deine Mutter denn mit Streichhölzern?», fragt Onkel Aman, der sich auf dem Bett aufrichtet und sich die Brusthaare kratzt.

«Sie muss den Herd anmachen, um zu kochen.»

«Aber ich habe doch keine Streichhölzer!», ruft mein Onkel aus.

Da ich auf diese Antwort hin Anstalten mache, wieder hinauszugehen, zieht er mich zurück ins Zimmer. «Langsam! Nicht so schnell! Hier, da hast du Streichhölzer», sagt er zu mir, wobei er lacht und zwischen seinen Fingern eine kleine Schachtel hervorzieht, wie durch Zauberei. Aber als ich die Hand vorstrecke, um die Schachtel zu nehmen, zieht er die seine zurück. Dieses Spielchen wiederholt er mehrmals hintereinander. Wie ein Leuchtkäferchen taucht die Streichholzschachtel abwechselnd auf und verschwindet wieder. Ich gehe immer näher an Onkel Aman heran, im Versuch, die Schachtel im Flug zu erhaschen, und er lockt mich immer weiter zu sich. Dann fängt er an, mich am Bauch zu kitzeln, unter den Armen, bis ich auf seinem Bett liege. Ich ziehe mich zusammen wie eine Schnecke in ihrem Haus. Er packt mich und wirft mich in die Luft, als wäre ich ein Ball zum Spielen. Als ich dann auf das Bett zurückfalle, steckt er seine Hand in meine Shorts, immer tiefer. Zappelnd finde ich mich mit den Füßen auf dem Boden wieder, mit dem Rücken auf dem Bettrand, die Shorts bis zu den Knien heruntergezogen, die zwischen Bett und Boden hängen. Um den Hals trage ich noch immer meinen Talisman – die kleine Schachtel mit der Zeichnung der Sandalen des Propheten und dem Koranvers –, der mich von meinen Ängsten erlösen soll. Ich sehe meinen Onkel seinen Lungi heben, wodurch sich vor meinen Augen etwas wie eine dicke Schlange enthüllt, die sich in meine Richtung aufrichtet, um mich mit ihren Giftzähnen zu beißen. Obwohl ich versuche, mich ganz klein zusammenzurollen, spüre ich voller Grauen, wie die Schlange mich zwischen die Schenkel beißt. Einmal, zweimal, dreimal … Vor Entsetzen werde ich starr wie ein Stück Holz. Mein Onkel fixiert meinen völlig verstörten Blick und sagt zu mir: «Willst du Bonbons? Ich werde dir morgen welche kaufen. Hier, da sind deine Streichhölzer! … Und hör mir gut zu, mein Schatz: Lass es dir ja nicht einfallen, irgendjemandem zu erzählen, dass du meinen Pimmel und ich deine kleine Muschi gesehen habe! Das sind hässliche Dinge, darüber darf man mit keinem Menschen reden! Ist das klar?»

Und schon bin ich aus dem Zimmer, mit den Streichhölzern in der Hand. Mir tut es zwischen den Schenkeln weh, ich muss Pipi machen … und stelle fest, dass meine Shorts ganz nass sind, als hätte ich schon gemacht. Was ist das nur für ein Spiel, dessen Namen ich nicht kenne? Warum haben erst Onkel Shoraf, dann Onkel Aman auf diese Weise mit mir spielen wollen? Alle beide haben mir befohlen, niemandem etwas davon zu verraten. Und ich bin selbst zutiefst davon überzeugt, dass ich auf keinen Fall irgendjemandem etwas davon erzählen darf. Obwohl ich erst sieben Jahre alt bin, ist mir völlig klar, dass das hier ein schändliches Spiel ist, das es absolut zu verschweigen gilt, das ich für mich zu behalten habe wie das größte aller Geheimnisse.

Noch heute frage ich mich, warum ich damals niemandem in meiner Umgebung von diesen zwei Vergewaltigungen, deren Opfer ich geworden war, erzählt habe. War es, weil ich um das

Ansehen meiner Onkel fürchtete? Schließlich hatte mich niemand mit der Sorge betraut, ihre Ehre in den Augen der Welt zu bewahren. Gewiss, aber sie waren meine Onkel, und man hatte mich gelehrt, und so stand es auch wortwörtlich in meinem Schulbuch: Den Älteren gebührt stets Respekt! Ich verließ mich vollkommen auf das höchst respektable Bild, das ich von ihnen hatte, bis hin zur Bereitschaft, die Realität dessen, was geschehen war, zu leugnen und mir einzubilden, das alles sei nur eine Erfindung von mir oder ein Albtraum gewesen – wenn es nicht gar so war, dass meine Vergewaltiger in Wirklichkeit ganz andere waren, Feinde, die die Gestalt von Mitgliedern meiner Familie angenommen hatten?

Wer hatte mich derart stumm gemacht, wer hatte mich gelehrt, schweigend zu leiden, in der größten Einsamkeit? Wahrscheinlich war mir vage bewusst, dass ich, wenn ich mich beklagt hätte, verdächtigt worden wäre, von Dschinns besessen zu sein, man hätte mich für verrückt erklärt, mich der Lüge bezichtigt oder dass ich vom Teufel bewohnt sei, niemand hätte mich jemals wieder auf den Schoß genommen, um mich zu liebkosen – im Gegenteil, man hätte nicht aufgehört, mich zu schlagen, um den Dämon auszutreiben ... Wohl um diesem schrecklichen Los zu entgehen, hütete ich mich, irgendetwas zu sagen.

Wahrscheinlich empfand ich für keinen Menschen in meiner Umgebung Vertrauen und Nähe genug, um ihm mein Leid zu offenbaren, um es zu wagen, mich auszuweinen, alles rückhaltlos auszusprechen, meine Wunden zu zeigen ... Nicht einmal Mama, in deren Sari ich mich ständig versteckte, meine Zuflucht, mein Baum mit dem schützenden Schatten, mein Quell reinen Wassers, nicht einmal bei ihr konnte ich mir vorstellen, mein Herz auszuschütten. Bei wem sonst hätte ich es tun können?

Zu jener Zeit fing ich an, mich gespalten zu fühlen, als lebten in mir zwei verschiedene Persönlichkeiten nebeneinander: die

Gesellige, die zu den anderen lief, um die Laterna magica anzuschauen, um Himmel und Hölle oder Blindekuh zu spielen; und die Schweigsame, die stundenlang an einem Fleck verharrte und ins Leere schaute, am Teichufer, an der Eisenbahnlinie, auf der Haustreppe. Allein inmitten des Getümmels der Menge. Durch Tausende und Abertausende Meilen von allen anderen getrennt. Eine Distanz, die nicht zu überwinden war, sogar für Mama. Eine solche Distanz, dass ich, selbst wenn ich mich anstrengte, die Hand auszustrecken, rings um mich herum nur ins Leere greifen konnte.

BEIM PIR

Im Jahr 1969 verließen wir das Viertel Akua und den Karpfenteich an der lichtlosen Gasse, Großmutters Haus mit dem Walmdach, das hinter seiner Reihe Dattel- und Arekanusspalmen versteckt lag, den Hof mit seinem Brunnen hinter der Kokospalmengruppe. Wir ließen auch unser Wohnzimmer zurück – ein Häuschen auf der Nordseite eines weiteren Hofes, gegenüber unserem Schlafzimmer mit den angrenzenden Toiletten; unsere Essküche, die auf einen dritten Hof hinausging, mit dem Zimmer meiner Brüder auf der einen Seite und dem Schuppen auf der anderen, der für meinen Onkel Aman zum Zimmer umfunktioniert worden war – der Holzvorrat war seit seinem Einzug in einer rot gestrichenen Hütte gelagert worden, die in der Nähe des Wohnzimmers errichtet worden war.

In jenem Jahr also verließen wir, meine Eltern, meine Brüder, Yasmin und ich, diese so vertraute Umgebung, um in das geräumige Haus in Amlapara einzuziehen, wo man nur auf einen Knopf drücken musste, damit in den Zimmern das Licht anging und sich an den Decken die Ventilatoren drehten. Die Räume waren riesengroß, und mit den gewaltigen Säulen, die das Dach über der Veranda trugen, hatte das Haus wirklich etwas Palastartiges: Nur der Radscha und sein Wesir fehlten! Als hätten wir ihre Abwesenheit ausgenutzt, um ihre herrliche Residenz zu besetzen.

Die Fenster, die mit bunten Scheiben bestückt waren – rote, blaue, gelbe und violette –, waren unglaublich hoch. Man musste achtunddreißig Stufen hinaufgehen, um vom Hof in die Eingangshalle zu gelangen. Im Inneren waren die Wände der Zimmer mit vielen Nischen versehen, wie man sie in den Tempeln sieht. Später würde Papa sie verschließen lassen, wie er auch die Freitreppe abreißen ließ, die die gesamte Vorderseite des Hauses beanspruchte, um eine Veranda anbauen zu lassen, rechteckig wie ein Schulhof. Ich vermute, dass Papa damit einem reichen Bewohner des Viertels nacheifern wollte, einem gewissen Herrn A. Kahar, dessen Haus Wände ohne Nischen und eine flurgerade Veranda hatte. Papa hat schon immer ein Faible für den Luxus und die Lebensart der Reichen gehabt. Und da er ohnehin nie irgendjemanden in seine Pläne einweihte, war es für uns nicht weiter verwunderlich, eines Tages ganze Wagenladungen voll Sand, Zement und Backsteine anfahren zu sehen, die für den Umbau des Hauses bestimmt waren – Umbauten, von denen niemand von uns vor Abschluss der Bauarbeiten hätte sagen können, worauf sie hinausliefen. Er liebte es, geheimnisvoll zu tun …

Unser neues Haus war das höchste des ganzen Viertels. Ein wahrer Wolkenkratzer. Am Vorabend unseres Einzuges hatten Chotda und ich bereits die Nacht darin verbracht. Chotda hatte seine Gitarre dabei. Er spielte bis spät in die Nacht, während ich auf der gelben Hülle des Instruments lag und mich damit vergnügte, das Echo des Raumes auszuprobieren. Ich schrie «Chotda!», um zu prüfen, ob der Klang siebenmal widerhallte, was die Anwesenheit von sieben Prinzen, den Söhnen des Radschas, belegen würde, die sich in den Gemäuern des Palastes verbargen und mich auf ihre Weise neckten … indem sie nämlich alles wiederholten, was ich sagte. Ich war fasziniert!

Das Haus war umgeben von einem Schutzwall aus Kokos- und Arekanusspalmen, und es gab nicht weniger als dreißig Arten von Blumen und Früchten im Garten. Ich konnte gar nicht glauben, dass ein so großartiges Haus wirklich uns gehörte.

Kurz nach unserem Einzug ereignete sich eine Reihe von Zwischenfällen. Zuerst brachen Diebe bei uns ein, indem sie die Gitterstäbe eines Fensters herausbrachen, und raubten Schmuck und eine bedeutende Geldsumme. Dann erblickte Mama vor dem Kino Oloka eines Tages Papa in Gesellschaft von Raziya Begum in einer Rikscha.

Drittens brachten Dada und ein paar seiner Freunde eine kleine Zeitschrift heraus, *Die Seite* betitelt, die eine Mischung aus Gedichten, Erzählungen und Rätseln enthielt. Dada veröffentlichte darin ein selbst geschriebenes Gedicht mit dem Titel «Der Regenbogen», das er jedoch mit meinem Namen unterschrieb – wodurch ich diesen zum ersten Mal gedruckt sah, in der Form Nasrin Jahan Taslima, wenngleich Tante Jhunu ihn, als sie mich in der Vidyamoyi-Schule einschrieb, etwas abkürzte, was Taslima Nasrin ergeben hatte.

«In der nächsten Ausgabe werde ich ein weiteres Gedicht unter deinem Namen drucken lassen», sagte Dada zu mir.

«Wie wär's, wenn ich es selber schreiben würde?», antwortete ich voller Begeisterung.

«Red keinen Unsinn! Du meinst doch wohl nicht, dass du schreiben kannst!», rief Dada mit einem kränkenden Lachen aus, das mich in tiefe Niedergeschlagenheit stürzte. Ich lief hastig davon, um Jujuben aufzulesen und mich auf der Terrasse damit voll zu stopfen, wobei ich mein Kleid ausgiebig bekleckerte. Und wenn schon? In dem Moment war mir alles gleichgültig – nur eins zählte noch: selber auch Gedichte zu schreiben.

Von diesem Tag an machte ich es mir zur Gewohnheit, sobald mein Bruder das Haus verließ, an die Schublade seines Schreibtischs zu gehen, um sein Gedichtheft hervorzuholen, das ich voller Leidenschaft verschlang, zutiefst bedauernd, dass ich keine solche Begabung besaß.

Kurze Zeit später kam Papa mit einem gebrauchten Tonbandgerät nach Hause, hergestellt in Deutschland, das um die zwanzig Kilo wiegen musste. Dada lud natürlich alle seine Freunde ein, um ihnen das Wunderding *made in Germany* vorzuführen.

Er, der immer ein gewisses Faible für Hitler gehabt hatte, wurde nicht müde, diese Zauberformel zu wiederholen – made in Germany. Er war außer sich vor Freude beim Gedanken daran, einen Gegenstand zu besitzen, der im Land jenes großen Mannes hergestellt worden war. Seine Freunde, die bis dahin nur unseren klassischen *His Master's Voice*-Plattenspieler gekannt hatten, sahen die Maschine mit großen Augen an, gefesselt von der Bewegung des Bandes von einer Spule auf die andere. Nach dieser Entdeckung strömten Heerscharen von Nachbarn in unser Haus, wie Narayan Sanyal, um ein kleines Theaterstück aufzunehmen, Pintu, um sich selbst an der Gitarre aufzunehmen, Mahbub, um seine Interpretation der Lieder von Kazi Nazrul Islam zu verewigen …

Ich konnte diesen ganzen Rummel nur aus der Ferne beobachten, an der Tür stehend, einen Zipfel des Vorhangs beiseite schiebend. Nie bekam ich die sehnlichst erhoffte Erlaubnis näher zu treten, wenn etwa Dada seine eigene Interpretation der Gedichte von Tagore oder Nazrul aufnahm, die ihm in der Stadt großen Ruhm eingetragen hatte. Ganze Tage lang lauschten Dada und Chotda, über das Tonbandgerät gebeugt, den Liedern von Hemanto Mukhopadhyay und Manna Dey. Wenn ich es zufällig einmal wagte, ein paar Schritte in ihre Richtung zu machen, sagte Dada sofort warnend zu mir: «Rühr nichts an. Und verzieh dich! Du hast hier nichts zu suchen!»

Natürlich fand ich Mittel und Wege, den geheiligten Gegenstand zu berühren, wenn meine Brüder nicht da waren. Und wenn in diesen Momenten Yasmin ihn auch anfassen wollte, fuhr ich sie nicht weniger streng an: «Rühr nichts an! Und verzieh dich: Du hast hier nichts zu suchen!» Ich drückte auf zwei oder drei Knöpfe, und das Lied begann. Ich brauchte mich nur noch bequem hinzulegen und mich von der Musik davontragen zu lassen. Mein Glück war nur davon getrübt, dass ich nicht Dada war, dass ich heimlich tun musste, was ich wollte.

Infolge des Einbruchs, dessen Opfer wir geworden waren, verfügte Papa, dass Türen und Fenster verschlossen bleiben müssten. Ausgeschlossen, sie zu öffnen, um etwas frische Luft hereinzulassen, auch wenn man vor Hitze verging. Und vor dem beschädigten Fenster ließ Papa gleich drei weitere Gitterstäbe hinzufügen. Man kam sich vor wie im Gefängnis. Das Haus wirkte mit all seinen verriegelten Ausgängen wie ein finsteres Verlies, sogar am helllichten Tag mussten wir das elektrische Licht einschalten, um zu lernen oder zu essen. Ein schönes Lebensgefühl, wie das von Ratten in ihrem Loch!

Und seit Mama Papa und Raziya Begum zusammen ertappt hatte, verließ sie ihr Bett nicht mehr. Sie weigerte sich zu kochen und sogar zu essen und grämte sich in dem Zimmer, in das sie all ihre Sachen geräumt hatte, denn sie war entschlossen, nicht mehr im selben Raum wie ihr Mann zu leben. Jeder, der nicht Bescheid wusste, hätte Mama für eine Schwerkranke halten müssen. Sie glättete ihr Haar nicht mehr mit Öl, kämmte sich nicht einmal mehr. Sie behandelte die Hitzebläschen nicht, mit denen ihre Haut bedeckt war, und wechselte ihren Sari nicht mehr, obwohl er nach Schweiß stank. Sie redete mit niemandem, es sei denn am Abend, wenn Papa nach Hause kam, um sich mit beißender Stimme zu beklagen: «Da bist du ja! Du hast es dir den ganzen Tag gut gehen lassen mit dieser Frau, nicht wahr? Ah! Jetzt verstehe ich, warum du ein so großes Haus gekauft hast: um sie hier einziehen zu lassen, wenn du sie endlich geheiratet hast …»

Papa antwortete nie auf Mamas Gejammer. Als höre er nichts. Als wären diese Tiraden nicht an ihn gerichtet. Als wäre es Geschwätz ohne Hand und Fuß, Katzengemaunze oder das Brodeln eines Topfes auf dem Feuer. Kurzum, er ignorierte Mamas Anwesenheit und ihr ständiges Geschrei vollständig, wenn er, nachdem er sich nach den Kindern, nach den Dienstboten und den Tieren erkundigt hatte, in aller Ruhe seinen Rundgang durch den Hof machte. Dann rief er Moni, das neue Dienstmädchen, damit sie ihm sein Abendessen servierte. Nachdem er gut gegessen und gerülpst hatte, trat er vor den Spiegel, um seine mit Senföl geglätteten Haare zu kämmen, und kam dann wieder aus seinem Zimmer. Mama stellte sich ihm in den Weg, um ihre endlosen Vorwürfe wieder aufzunehmen: «Wenn ich daran denke, was mein Vater alles für dich getan hat! Ihm hast du es zu verdanken, dass du heute Arzt bist! Sonst wärst du Bauer geblieben wie deine älteren Brüder! Du hast mich nur des Geldes wegen geheiratet! Und jetzt, wo du gut verdienst, vergnügst du dich lieber mit einer bereits verheirateten Frau! Aber Gott wird dich strafen, dich vernichten, du wirst schon sehen! Du wirst alles verlieren: dein Vermögen, deinen Stolz! Dann wirst du nicht mehr den Reichen spielen können! Ich verfluche dich, hörst du mich, ich verfluche dich! Möge Gott dich strafen, im selben Maß, wie du das Salz meines Vaters gegessen hast! Mögen die vierzehn Generationen, die dir folgen werden, von der Lepra zerfressen zugrunde gehen!»

Mama war tatsächlich davon überzeugt, dass Papa drauf und dran war, Raziya Begum zu heiraten und mit ihr in unserem Palast in Amlapara zu leben. Während jener Momente unkontrollierbarer Wut, die meine Mutter fast jeden Abend überkamen, wagte sich keiner von uns auch nur mit der Nasenspitze hervor. Wie recht wir daran taten, zeigte sich an dem Tag, an dem mir versehentlich folgende Worte entschlüpften: «Warum schreist du so viel? Wir sind hier nicht mehr bei Großmutter!»

Da stürzte sich Mama auf mich, einem Orkan gleich. Sie packte mich an den Haaren und schleuderte mich gegen die Wand, wobei der Stuhl, auf dem ich gesessen hatte, rückwärts umkippte. Nachdem sie mich eine Weile herumgewirbelt hatte wie einen Kreisel, versetzte sie mir zwei schallende Ohrfeigen und brüllte mich an: «Was sagst du da, du Dreckstück? Hat dich dein Vater jemals angeschaut? Also, was brauchst du dann seine Partei zu ergreifen? Wie der Vater, so die Tochter, wahrscheinlich! Jaja, ihr seid gewiss vom gleichen Blut! Dieselbe Lumpenbrut! Du verdammte Hexe, die du mir von deiner Geburt an nur Leiden zufügst! Nichts als Unglück geschieht mir, seit du zur Welt gekommen bist! Ich hätte dich in der Wiege umbringen sollen, indem ich dir Salz einflößte!»

Diese schrecklichen Worte ließen mir Tränen in die Augen schießen. Und an dem Tag drehte sich Mama kein einziges Mal mehr nach mir um.

Von Tag zu Tag wurden ihre Reden gewöhnlicher, ihr Aussehen schlampiger, ihre Augenringe tiefer. Von morgens bis abends beschimpfte sie alle Bewohner des Hauses. Sie war sogar so weit gekommen, dass sie ihre Kinder hasste. Dass sie in den Dienstboten regelrechte Feinde sah, die am Ruin ihres Haushalts arbeiteten. Wie oft hat sie, aus Angst, einem Komplott ihrer Familie zum Opfer zu fallen und vergiftet zu werden, das Essen, das Moni ihr aufs Zimmer brachte, in den Hof geworfen. Wenn ihre Brüder und Schwestern sie besuchen kamen, beschrieb sie ihnen in allen Einzelheiten, wie sie Papa und Raziya Begum als Liebespaar in der Rikscha hatte sitzen sehen. Nach diesen endlosen Klageliedern blieb sie in Tränen aufgelöst und völlig verstört zurück. Ach! Ihr Traum, sich in dem neuen Haus ein neues, schönes und süßes Leben aufzubauen, war gründlich verflogen!

Es kam so weit, dass wir uns gar nicht mehr darüber aufregten, was Mama Papa alles an den Kopf warf, der in jeder Lage unerschütterlich blieb. Sie konnte ihn anspucken, ohne dass es uns außergewöhnlich erschien. Wir beugten lediglich unsere Köpfe tiefer über unsere Schreibtische und taten so, als hörten und sähen wir nichts. Was mich anging, so versuchte ich, mich während dieser Gewaltausbrüche in komplizierte Mathematikaufgaben zu vertiefen – ein großer Vorteil dieser Textaufgaben besteht nämlich darin, dass es bei deren Lösung ganz normal ist, ausgiebig an den Hefträndern herumzukritzeln. Wenn sie mich seltsame Zeichen kritzeln sahen, mussten alle glauben, dass ich mir den Kopf zerbrach, um eine besonders schwierige Aufgabe zu knacken. Niemand wäre auf die Idee gekommen, dass ich in Wirklichkeit, um der Anspannung des Moments zu entkommen, in einer Zeichnung die süße Erinnerung an einen Nachmittagshimmel voller Wolken wachrief, belebt vom Flug der Möwen, vom Ufer eines Teiches aus betrachtet, dessen Oberfläche vollkommen ruhig dalag und der von menschenleeren Feldern umgeben war, so weit das Auge reichte ... Wenn ich jemanden nahen hörte, brauchte ich das Ganze nur mit ein paar schnellen Bleistiftstrichen zu überkritzeln, um das Bild als Vorüberlegung für eine Algebraaufgabe zu tarnen. Weder Papa noch Mama würden je erfahren, wie ich es anstellte, aus jener schmerzlichen Gegenwart auszubrechen.

Eines Abends war Papa kaum über die Schwelle getreten, da setzte Mama schon zum Angriff an: «Ah! Da ist ja dieser Mistkerl! Hat er für heute genug von seiner Biene! Diese Schlampe, diese Hure ...!» Papa, der noch nicht gewaschen und umgezogen war, der noch nicht einmal seine Krawatte abgenommen hatte, stürzte in Mamas Zimmer und brüllte: «Worüber beklagst du dich? Du hast freie Kost und Logis! Was belauerst du mich dann ständig? Was willst du eigentlich?»

Als ich hörte, wie Papa entgegen seiner Gewohnheit auf das Gezeter meiner Mutter antwortete, hielt ich bestürzt den Atem an. Mein Bleistift zitterte zwischen meinen Fingern, über dem Rand meines Heftes – ein Zittern, das ich meinen Arm entlang aufsteigen spürte. Aber bald lockten die Hilfeschreie meiner Mutter mich von meinem Stuhl und bis zur Schwelle ihres Zimmers, von wo aus ich einer entsetzlichen Szene beiwohnte. Ich kann sie, obwohl ich so etwas Grauenhaftes noch nie gesehen habe, nur mit dem Angriff eines Tigers vergleichen, der sich auf einen Menschen stürzt, um ihm die Kehle durchzubeißen. Papa hielt Mama an den Haaren, er schleifte sie über den Boden und traktierte sie mit Fußtritten in Brust und Bauch. Mit seinen festen Markenlederschuhen trat er sie, völlig außer sich, mit gelockerter Krawatte. Trotz aller Anstrengungen gelang es Mama nicht, sich unter das Bett zu retten. Einer nach dem anderen kamen, Dada, Chotda und Yasmin, zu mir an die Tür. Wie furchtsame, aus ihrem Loch gekrochene Mäuschen schauten wir gelähmt zu, wie Mama das Blut aus Mund und Nase zu laufen begann und sie kreischte: «Er bringt mich um! Hilfe! Tut doch etwas!» Aber keiner von uns hatte den Mut, einen Schritt vorwärts zu tun, während Mama kläglich stöhnte und durch ihren eigenen Urin geschleift wurde. «Wirst du mir weiter solche Sachen an den Kopf werfen? Wie? Ich sollte dich umbringen, jawohl!», schrie Papa ganz außer Atem.

«Nein! Nein! Ich werde es nicht mehr tun! Ich bitte dich! Lass mich los!», flehte Mama nun, schluchzend in einer Urinpfütze kniend, halb ausgezogen, die zusammengelegten Hände in Papas Richtung ausgestreckt.

Endlich ließ Papa von ihr ab und verließ das Zimmer, ein paar zu Tode erschrockene Mäuse vor sich herjagend. Wir hörten ihn seine Schuhe heftig in eine Ecke schleudern. Mama verbrachte die ganze restliche Nacht weinend auf dem Boden. Mir war sehr danach, zu ihr zu gehen und sie zu trösten: «Es ist vorbei, Mama! Weine nicht mehr! Du wirst sehen, eines Tages werde ich dich rächen!» Aber mir fehlte der Mut. Ich ging ohne Essen ins Bett. Ich lag da und fand keinen Schlaf, ich träumte mit offenen Augen: Ich träumte davon, dieses Haus für immer zu verlassen, weit, weit fortzugehen, auf ein anderes, reines und strahlendes Leben zu.

Ein paar Tage nach diesem Ereignis wurde Papa von Onkel Hashem, der ihm auf der Straße aufgelauert hatte, so heftig zusammengeschlagen, dass er ihn halb tot nach Hause brachte. Er warf ihn in den Hof wie einen gewöhnlichen Sandsack und brüllte: «Wenn du noch ein einziges Mal deine Hand gegen meine Schwester erhebst, werfe ich deine Leiche den Hunden zum Fraß vor, hörst du!»

Trotz seiner stählernen Konstitution musste Papa eine Woche lang das Bett hüten, um sich von dieser Tracht Prügel zu erholen. Moni brachte ihm seine Mahlzeiten aufs Zimmer. Sieben Tage lang ließ er mich morgens und abends zu sich rufen, um mir ans Herz zu legen, meine Hausaufgaben gut zu machen. «Du wirst sehen, wenn du jetzt gut lernst in der Schule, dann wirst du Erfolg haben, wenn du groß bist», betete er mir vor.

Am letzten Tag bestellte er mich wieder zu sich, um mir zu sagen: «Lerne alle deine Bücher gut auswendig! Du musst immer die Beste deiner Klasse sein. Diejenigen, die die besten Noten haben, und du, ihr esst doch dasselbe, oder? Also, dann gibt es keinen Grund, dass du nicht auch die Beste sein solltest! Sie haben auch nicht mehr graue Zellen als du, weißt du! Täusche ich mich?»

«Nein», sagte ich und schüttelte energisch den Kopf.

Obwohl ich schon oft gedacht hatte, dass mir eine ganze Menge grauer Zellen im Schädel fehlten, gab ich die Antwort, die Papa hören wollte. War das nicht das Sicherste?

«Wäre mein liebes kleines Mädchen jetzt so gut, mir den Kopf zu massieren?», fragte er mit sehr sanfter Stimme.

Gegen die Bettkante gelehnt, grub ich meine Finger in das dichte väterliche Haar. Als gehörten diese Finger nicht mir. Als wäre dieses Mädchen, das da am Bett seines Vaters stand, nicht ich ... Gleichgültig schaute ich woanders hin, durch die offene Tür hinaus, zur Pumpe im Hof, neben der das Wasser des Bassins in der Sonne glitzerte. Ich wurde plötzlich von der Sehnsucht ergriffen, mit großen Bewegungen durch das reine Wasser zu schwimmen, ohne auch nur daran zu denken, dass ich nicht weit käme, in einem Becken von zwei Meter Länge. So entfloh ich arme Haussklavin in diesem Augenblick, während meine Hand ungeschickt durch Papas Haar fuhr wie eine von einer Katze halb erschlagene Maus.

«So, ja, mein Liebling! Das tut gut!», wiederholte Papa unaufhörlich.

«Ji», artikulierte ich mühsam, in äußerster Verlegenheit.

Mama, die immer sehr um meine guten Manieren besorgt war, hatte mich gewissenhaft gelehrt, dass man Älteren nicht mich *Ja* sondern mit *Ji* antworten solle, als Zeichen des Respekts. Sie hatte mir auch beigebracht, dass man sich am Morgen des *Id*-Festes den älteren Familienangehörigen zu Füßen werfen müsse, eine Geste, zu der ich mich nie habe durchringen können, vor wem auch immer. Auch wenn Mama mich direkt vor Papa schubste, ich blieb gerade wie ein Pflock, unfähig zu tun, was von mir erwartet wurde.

«Zieh fester an meinen Haaren», verlangte Papa plötzlich mit klagender Stimme.

Als ich mich daranmachte, seine Haare kräftiger zu massieren, die sehr dicht und kraus wuchsen, kamen Blutkrusten an die Oberfläche, die zwischen meinen Fingern zerkrümelten wie schwarze Erde. Ich fragte mich plötzlich, ob Papa nicht sterben würde. Ich sah ihn schon auf diesem Bett liegen, tot und starr. Ich stellte mir vor, wie ich, während ich ihn weiter massierte, plötzlich feststellen würde, dass er zu atmen aufgehört hatte. Ich würde Tage und Nächte an seinem Bett bleiben, ohne dass er den Mund aufmachte, um mir zu sagen: «Das reicht, du hast dich genug abgemüht, mein Liebling! Geh jetzt deine Hausaufgaben machen! Lerne in der Schule gut, und du wirst sehen, du wirst im Leben Erfolg haben!»

Die Sonne hat sich von der Oberfläche des Wasserbeckens zurückgezogen, um sich auf den Stamm des Guavenbaums zu legen. Papa hat angefangen zu schnarchen. Bald darauf verlasse ich auf Zehenspitzen das Zimmer. Mama wartet auf der Türschwelle mit einem Glas in der Hand. Sie flüstert mir ins Ohr: «Hier! Bring das deinem Vater.»

«Er ist eingeschlafen», antworte ich leise.

«Das macht nichts, bring es ihm trotzdem! Er wird es trinken, wenn er aufwacht. Dein Vater liebt Zitronenwasser …»

Also gehe ich, ganz die gehorsame Tochter, und stelle das Glas auf Papas Nachttisch. Mama hat einen schönen roten Sari aus bedrucktem Stoff angezogen. Sie hat ihre hübsch zum Knoten geschlungenen Haare mit dem musterverzierten Ende bedeckt. Nachdem sie ihren schlafenden Mann mit einem vor Mitleid überströmenden Blick betrachtet hat, schleicht sie sich bis zu seinem Bett vor und beginnt, ihm den Kopf zu streicheln.

Ich nutze die Gelegenheit, um die Beine in die Hand zu nehmen. Ich gehe auf die Terrasse, wo ich genüsslich ein paar reife Guaven verspeise und dabei den Mädchen aus der Nachbarschaft zuschaue, die im Hof der Profullos Himmel und Hölle spielen. Unmöglich, mich zu ihnen zu gesellen, solange Papa sein Zimmer nicht verlässt! Wenn er im Hause ist, besteht er darauf, dass wir alle in seiner Reichweite bleiben.

Ich will gerade in meine letzte Guave beißen, als ich Papa nach mir rufen höre. Ich renne hinunter und stelle mich neben sein Bett, bereit, seinen Befehlen zu gehorchen. «Wer hat mir dieses Glas gebracht?», fragt er schroff.

«Mama», sage ich mit gesenkten Augen.

«Was fällt ihr ein? Habe ich sie um etwas gebeten?», ruft er aus, wobei er sich aufrichtet und auf den Bettrand setzt. Es ist, als wären Flammen in seiner Stimme, er klatscht in die Hände, als bereitete er sich darauf vor, mir ein paar Ohrfeigen zu verpassen … Ich bleibe stumm stehen.

«Nimm dieses Glas da weg und wirf es in den Hof», befiehlt er mir eisig.

Ich gehorche sofort, widerspruchslos. Ich schütte den Inhalt des Glases unter dem Guavenbaum aus, während ich Papa brüllen höre: «Ich will niemanden in meinem Zimmer sehen! Sag das allen, ich verbiete jedem, hier hereinzukommen! Ich werde nichts mehr trinken oder essen, was mir in diesem Haus serviert wird. Ich habe sehr wohl verstanden, dass sie mich vergiften wollte. Es ist, als würde ich in meinem eigenen Haus einen Feind beherbergen!»

Wohlweislich verkneife ich mir jeden Kommentar.

Am Tag nach dieser neuerlichen Szene bemüht sich Tante Fozli, die bei uns vorbeikommt, Mama zu trösten, indem sie sie liebkost und zwischen zwei Schluchzern zu ihr sagt: «Der Augenblick ist gekommen, du musst deine Bande zur Welt durchtrennen! Du musst dem Kino entsagen. Allen Sünden. Den Illusionen dieses Lebens. Du musst aufhören, dich für andere Dinge als deinen Mann und deine Kinder zu interessieren. Es ist Zeit für dich, auf den Pfad Gottes zurückzukehren! Dort wirst du Frieden finden!»

Von jenem Tag an suchte Mama den Frieden nicht mehr in den Kinosälen, sondern auf dem Pfad Gottes, auf dem sie nun ihre ersten Schritte machte. Der Pfad Gottes, das war konkreter gesagt der Weg nach Naomahal, wo Tante Fozli mit ihrer Schwiegerfamilie wohnte. Ihr Schwiegervater, ein nichtbengalischer Muslim, hieß Amirullah. Er unterrichtete in einer Koranschule. Zur Zeit der Teilung hatte er mit Frau und Kindern seine in Indien, im Distrikt Midnapur gelegene Heimatregion verlassen, um sich in Ostbengalen niederzulassen. Er hatte in der Nähe von Hajibari ein Stück Wald roden lassen und dort ein ebenerdiges Haus gebaut. Zu Anfang hatte er als Büroangestellter bei der Gemeinde gearbeitet. Aber diese Stellung hatte er bald aufgegeben, um sich der Lehre des Korans und des islamischen Rechts bei den Leuten der Nachbarschaft zu widmen – eine erheblich lukrativere Tätigkeit, da seine Schüler ihn reichlich entlohnten. Denn jeder weiß wohl, dass Gott diejenigen besonders liebt und in Seinem Paradies willkommen heißt, die sich gegen jene großzügig zeigen, von denen sie ihre Kenntnisse über Ihn und Seinen Propheten erhalten.

Tante Fozli war in diese Familie hinabgefallen wie ein Meteorit. Der Heiratsvermittler war auf seiner langen Suche nach einem Mädchen, das Amirullahs Sohnes, Mussa, würdig war, schließlich bei Großmutter gelandet, am Ende der lichtlosen Gasse mit dem Karpfenteich. Er hatte beschlossen, dass er hier oder nirgends die Richtige finden würde.

Gleich am Tag nachdem der Heiratsvermittler ihm die Schönheit des jungen Mädchens geschildert hatte, packte Amirullah seinen Sohn am Arm und wurde bei Großmutter vorstellig, mit einer Schüssel voll Rosogollas in der Hand.

«Zum wem wollen Sie?»

«Wir wollen das Mädchen namens Fozli sehen!»

«Sie ist in der Schule.»

Alle im Haus lugten durch die Ritzen der Blechwände, um die beiden Besucher zu beobachten, die lange weiße Gewänder trugen und sich in einer fremdartigen Sprache ausdrückten. Sobald Tante Fozli aus der Schule kam, wurde sie den beiden Männern vorgestellt, die auf Stühlen im Hof saßen, und sie fragte sich, warum die sie derart mit den Augen verschlangen. Sie musterten sie so lange und gründlich, dass sie verschreckt ans Ufer des Kanals floh. Amirullahs Augen glänzten noch lange, nachdem sie davongelaufen war. Da er nie zuvor ein so schönes Mädchen gesehen hatte, legte er vor Großvater die Hände zusammen, um ihm seinen Antrag zu machen: «Wenn Sie einverstanden sind, möchte ich, dass die Hochzeit gleich heute vollzogen wird, auf der Stelle! Die Feier kann ja später nachgeholt werden.»

Großmutter, die hinter ihrem Vorhang das Gespräch verfolgte, hatte Einwände. Also gab sie Großvater mit einem Handzeichen zu verstehen, dass sie ihm etwas sagen wolle. Aber der tat, als hätte er nichts bemerkt, wenngleich er genau wusste, worum man sich auf der anderen Seite des Vorhangs sorgte. Tatsächlich war Großmutter nicht so leicht zu begeistern. Sie war nicht bereit zu akzeptieren, dass ihre Tochter Knall auf Fall verheiratet wurde, bei ihrer Heimkehr aus der Schule, ohne zu verstehen, was da auf sie einstürzte. Aber Großvater stellte sich gegen seine Frau taub und nahm Amirullahs Antrag ohne weiteres an: «Da Sie es so wünschen, soll die Hochzeit sofort vorgenommen werden! Ich möchte einen solch frommen Mann, wie Sie es sind, auf keinen Fall enttäuschen.»

Umgehend machte man sich im ganzen Viertel auf die Suche nach Tante Fozli; als man sie gefunden und am Nacken nach Hause gezerrt hatte, wickelte man sie in einen roten Sari, und fertig war sie für die Zeremonie! Ihr ältester Bruder, ganz und gar unzufrieden mit dem Verlauf, den die Ereignisse nahmen, hatte sich unter einen Baum verzogen, um zu schmollen. Er betreute persönlich Tante Fozlis schulische Laufbahn; wenn sie die Schule weiter besuchte, hätte sie in drei Jahren ihren Mittelschulabschluss und könnte ins Gymnasium wechseln. Und da beschloss Großvater aus einer Laune heraus, unter dem Vorwand, Mädchen hätten keinen Bedarf an so viel Schulbildung, sie zu verheiraten, ohne jeglichen Rat zu dulden. Schon begann Amirullah, der so froh war, dass er ganz vergessen hatte, den Tee und das Gebäck vor seiner Nase anzurühren, Koranverse zu singen, bis die jungen Leute einander vor ihm das Jawort gaben und damit die Ehe schlossen, zum bescheidenen Preis von sechs Taka, die die Eltern des jungen Mannes zahlen mussten. Und das, obwohl Großmutter versucht hatte vorzubringen, dass eine höhere Summe angemessen wäre. «Vergiss es!», hatte Großvater ihr sofort ärgerlich entgegnet. «Wir werden doch wohl nicht mit einem so frommen Mann wie Amirullah herumfeilschen!»

Die Hochzeitsfeier fand ein paar Tage später statt, dazu wurde der traditionelle Pulao aufgetischt. Am Ende kam eine Sänfte, um Tante Fozli abzuholen und sie zu ihrer Schwiegerfamilie zu bringen. Beim Aufbruch weinte sie herzzerreißend, und ihr ältester Bruder vergoss nicht weniger Tränen. Großmutter weinte ebenso sehr wie an dem Tag, an dem Großvater vorgegeben hatte, mit seinem ältesten Sohn spazieren zu gehen, und ihn dabei ohne jede Vorwarnung mit Halima verheiratete, einer dicken Landpomeranze, deren größter Vorzug darin bestand, hellhäutig zu sein. Boro-mama war der Gebildetste unter den Söhnen des Hauses. Großmutter sah ihn schon als Richter oder Anwalt. Gleich nach seiner Rückkehr von dieser überstürzten Hochzeit hatte Großvater die Süßkartoffelpflanze abgeschnitten, deren Blattwerk eine ganze Ecke des Hofes überzog, aus Angst, ein Dschinn könnte ihren Schatten nutzen, um von der neuen hellhäutigen Ehefrau Besitz zu ergreifen.

Natürlich war ich nicht Zeugin all dieser Ereignisse, denn sie haben sich lange vor meiner Geburt abgespielt; aber ich kenne sie aus den Erzählungen, die ich während meiner Kindheit wieder und wieder zu hören bekam.

Tante Fozli hatte seit jeher die Neigung, ihre Zeit bei allen möglichen Leuten in der Nachbarschaft zu verbringen. Von morgens bis abends ging sie von Haus zu Haus und genoss es, herumzukommen und sich mit allen und jedem zu unterhalten. Amirullah aus Midnapur hatte aus ihr sehr bald eine vollendete Frömmlerin gemacht, die mit verschleiertem Haupt ständig die Perlen ihrer Gebetskette durch die Finger gleiten ließ, in einem Haus, das von so hohen Mauern umgeben war, dass niemand, der nicht zur Familie gehörte, einen Blick auf die dahinter lebenden Frauen erhaschen konnte. So war Tante Fozli, die damals nicht einmal ganz den Kinderschuhen entwachsen war, dazu verdammt, den lieben langen Tag ihrem Schwiegervater zuzuhören, der ihr schulmeisterlich nahe brachte, wie sie ihre Pflichten gegenüber der Schwiegerfamilie zu erfüllen habe, was ihm zufolge der einzige Weg war, Gottes Gnade zu erlangen. Und sie fügte sich als vorbildliche Ehefrau und Schwiegertochter in Sachen Respekt und Bescheidenheit, als neue Bewohnerin eines von Gott auserwählten Hauses, in dem Er selbst ein und aus ging, denn Er liebt es, Seine lieben Geschöpfe zu besuchen, um sie über Seine Absichten zu unterrichten.

Dieses Haus war außerdem von Bäumen voller Dschinns umgeben, sodass Tante Fozli nach ihrer Heirat oft von ihnen heimgesucht wurde. Die Dschinns blieben ein, zwei Tage in ihr, manchmal sogar bis zu einer Woche am Stück. Nach Amirullahs Austreibungsritualen brach sie zusammen und blieb auf der Erde liegen, was ihm zufolge bedeutete, dass die Dschinns endlich aus ihrem Körper entwichen waren.

Wenn die Dschinns von ihr Besitz nahmen, riss sich Tante Fozli zunächst den Schleier herunter, der ihren Kopf bedeckte, und lief dann ohne Burqa aus dem Haus und erzählte allen Leuten, die sie unterwegs traf, wirres Zeug. Einmal soll sie sogar zu ihrem Mann, auf den sie an einer nahe gelegenen Kreuzung stieß, gesagt haben: «Wohin des Weges, Mussabhai? Würden Sie mir vielleicht Erdnüsse kaufen?»

Die Dschinns auszutreiben war keine leichte Sache. Man musste die Besessene auf offener Straße einfangen und sie mit Gewalt zurück nach Hause bringen. Dann musste sich ihr Schwiegervater Amirullah im dunkelsten Zimmer mit ihr einschließen, mit einem Stock in der Hand. Dann begann das Verhör: «Aus welchem Grund benimmst du dich so?»

«Ich langweile mich hier. Ich hatte Lust, durch die ganze Stadt spazieren zu gehen. Und Erdnüsse und Gebäck zu essen», antwortete Tante Fozli kichernd.

In Wahrheit war nicht sie es, die mit ihrem Mund sprach, sondern der Dschinn Serafat, der von ihrem Körper Besitz ergriffen hatte. Der Urheber all dieser Verrücktheiten – sich den Schleier herunterzureißen, den Burqa wegzuwerfen – war er, er allein. Er war auch schuld, wenn sie anfing zu tanzen wie eine Irre, wenn sie alles sagte, was ihr durch den Kopf ging. Wie hätte sie sich aus eigenem Antrieb in so schockierender, schamloser Weise aufführen können?

Amirullah nahm eine sanfte Stimme an, um dem Dschinn Vorhaltungen zu machen: «Hör zu, wir haben dir nie etwas angetan. Warum plagst du uns so, Alter? Lass sie doch in Ruhe! Sie ist doch noch ein Kind! Sie hat so viele Vorzüge! Eine Perle ist sie! Ich flehe dich an, sie nicht mehr zu belästigen. Verlasse ihren Körper, bitte!»

Tante Fozli begann nun auf ihrem Bett herumzuspringen, zu singen und zu tanzen, die Arme zum Himmel erhoben: «Kommt, meine Freundinnen! Nehmen wir einander an der Hand, lasst uns tanzen und singen …!»

Vor diesem Schauspiel den Blick senkend, drängte Amirullah weiter, in drohendem Ton: «Pass auf, Alter, ich weiß sehr wohl, wie ich dich vertreiben kann!»

Auf diese Worte hin sprang Tante Fozli von ihrem Bett herunter. Dann hob sie ihren Sari hoch, wirbelte herum wie ein Kreisel und sagte laut lachend: «Ich weiß, dass du nicht imstande bist, mir wehzutun!»

«Pass bloß auf! Du gehst zu weit», rief Amirullah, und seine Kiefer spannten sich an.

«Und wenn schon!», erwiderte die Besessene wild gestikulierend. «Ich kann alles machen, wozu ich Lust habe! Ich warne dich: Wenn du versuchst, mich daran zu hindern, bringe ich euch alle um! Ich hacke euch mit dem Beil den Kopf ab! Reize mich nicht!»

Diesmal nahm Amirullah seinen Stock fest in die Hand. Ebenso heftig, wie sie gestikulierte, schlug er auf sie ein, auf den Rücken, auf die Schultern, auf den Kopf. Tante Fozli war von ihrem Vater nie so behandelt worden. Nach dem einzigen Mal, wo er ihr einen Klaps auf den Rücken gegeben hatte, weil sie eines Abends über einem Schulbuch eingeschlafen war, hatte er sie tags darauf in einen Süßwarenladen geführt, um sie mit allem zu verwöhnen, was sie mochte.

Nach diesen Sitzungen fühlte sich Tante Fozli, als wären ihre Knochen zu Staub zermahlen worden. «Ich tu es nicht mehr, ich tu es nicht mehr!», brüllte sie. «Lassen Sie mich los, ich flehe Sie an!»

«Wirst du jetzt wohl gehen?», fragte Amirullah, der schnaubte wie ein Ochse, den Dschinn.

«Ja, versprochen, jetzt sofort! Ich gehe!», schrie Tante Fozli und warf sich ihrem Schwiegervater zu Füßen.

«Wie ist dein Name?», fragte er.

«Serafat.»

«Wo wohnst du?»

«Auf dem Neem-Baum, im Hof.»

Erschöpft sank Tante Fozli zu Boden. Sie blieb lange reglos liegen, mit geschlossenen Augen. Dann schüttelte sie auf einmal den Kopf, wie um wach zu werden, und wenn sie ihren Schwiegervater erkannte, zog sie sich eilig ihren Schleier über, um ihr Gesicht zu bedecken, und fragte ihn: «Vater, was tun Sie hier? Warum ist das Zimmer so dunkel?» Dann lief sie zur Pumpe und sorgte sich: «Vater hat das Wasser für seine Waschungen noch nicht bekommen! Dabei ist es schon spät!» Und mit diesen Worten wurde Amirullahs junge Schwiegertochter wieder sie selbst, unter den erleichterten Blicken des ganzen Hauses.

Tante Fozli wurde oft auf diese Weise vom Dschinn Serafat heimgesucht; von diesen Momenten jedoch abgesehen, erwies sie sich als sehr gehorsam und fromm. In normalen Zeiten lachte sie nie, ließ sie nie ihren Schleier vom Kopf gleiten. Die Spuren der Schläge auf ihrem Rücken rührten nur von diesen Sitzungen her, die unvermeidlich waren, um den Dschinn aus ihrem Körper auszutreiben. Schwärzliche Spuren auf ihrem hellen, wohlgeformten Rücken, wie die Flecken auf der Oberfläche des Mondes.

Als Tante Fozli aufhörte, Mama zu streicheln, trocknete sie sich die Augen mit dem Schal, der ihre Brust bedeckte, und sagte: «Ja, dies ist der Weg zur Glückseligkeit, Borobu. Du solltest von Zeit zu Zeit in die Moschee meines Schwiegervaters kommen, um von Gott und seinem Propheten zu hören. Du wirst dort bei den anfallenden Arbeiten helfen. Du willst doch nicht dein Leben lang derart am Materiellen hängen! An allem, was so vergänglich ist!»

Und so gelangte Mama zu der Einsicht, dass sie sich von der Illusion des Materiellen befreien musste. Und fortan bemühte sie sich um Gleichgültigkeit gegenüber dem Treiben ihres Mannes, um sich ausschließlich der Anbetung Gottes zu weihen und alles andere zu vergessen.

«Und weißt du, Borobu, wenn Vater bei Gott für dich eintritt, wirst du von den Schrecken des Grabes erlöst werden und bald die Brücke überqueren, die zum Paradies führt. Gib Acht, dass die Waage sich am Tag des Jüngsten Gerichts zur richtigen Seite neigt! Was kannst du schon hoffen, von dieser Welt in die nächste mitzunehmen?», fährt Tante Fozli fort.

Mama stimmt mit einem Kopfnicken zu. Es ist wahr: Sie hat im Hinblick auf das Jüngste Gericht noch keinerlei Verdienste erworben. Sie vernachlässigt sogar die fünf täglichen Gebete! Den Koran hat sie schon so lange nicht mehr aus dem Regal genommen oder aufgeschlagen, dass er bestimmt ganz verstaubt ist. Sie hat in diesem Leben das Glück nicht kennen gelernt ... Nun sollte sie es sich für das nächste nicht auch verscherzen! Dieser Gedanke lässt sie vor Angst erzittern, als Tante Fozli ihr dafür die Augen öffnet, während sie noch unter lautem Rülpsen ihren Teller voll Reis mit Fisch verdaut, ehe sie sich unter ihrem schwarzen Burqa auf den Weg zurück zum Haus ihres Schwiegervaters macht, in Naomahal, in der Gemeinde Hajibari.

Gleich am nächsten Morgen nach dem Frühstück wirft Mama sich ihren Burqa über, um nach Naomahal zu laufen. Von da an begibt sie sich wochen- und monatelang jeden Tag dorthin, ohne auch nur einen auszulassen.

Sie hat für niemanden mehr um sich herum einen Blick übrig. Wir vier Kinder stellen fest, dass sie sich Woche um Woche immer weiter von uns entfernt. Wird sie eines Morgens ganz verschwinden? Aber wer von uns wäre kühn genug, sich in ihren Weg zu diesem neuen Ort zu stellen, ohne den sie anscheinend nicht mehr leben kann – Naomahal, dieser Ort, der von ihr Besitz ergriffen hat wie eine Droge, stärker als Opium?

Etwa einen Monat nachdem sie begonnen hat, das Haus des Pirs Amirullah regelmäßig zu besuchen, kommt Mama in ihrem Burqa zu mir gelaufen, von wer weiß was für einem Insekt gestochen, während ich gerade mit Freundinnen in der Nähe des Hauses spiele, und packt mich am Arm. «Komm, geh mit mir», sagt sie einfach zu mir.

Ich freue mich immer über jede Gelegenheit, aus dem Haus zu kommen. Daher bin ich auch allzeit bereit, in eine Rikscha zu steigen, egal mit welchem Ziel, so sehr liebe ich das köstliche Gefühl des Windes in meinen Haaren. Mama lässt mich den Payjama meiner Schuluniform anziehen – den einzigen Payjama, den ich besitze, denn außerhalb der Schule bin ich noch klein genug für kurze Hosen –, und darüber streift sie eine lange Tunika. Die Ankleideszene endet damit, dass sie meinen Kopf mit jenem Stoffstreifen bedeckt, der auch zu unserer Uniform gehört und den wir in der Schule um die Taille gebunden tragen.

In dieser Aufmachung, die in meinen Augen vollkommen grotesk ist, lässt Mama mich mit in die Rikscha steigen. Aber ich denke nicht daran, mir eine Gelegenheit zum Spazierenfahren zu vermasseln, indem ich Mama durch Widerworte aufbringe. Während der ganzen Fahrt nach Naomahal vertiefe ich mich in die Betrachtung von Kinoplakaten, in die Lektüre von Ladeninschriften und in den Anblick der so vielgestaltigen Menschenmenge. Ich bedaure, dass wir unser Ziel so schnell erreichen. Wenn ich nur mein Leben in einer Rikscha verbringen könnte!

Das Haus des Pirs Amirullah im Dschungel von Hajibari hatte sich mit der Zeit so erweitert, dass fast eine kleine Stadt daraus geworden war, bestehend aus vielen weiträumig verstreuten Häuschen. Amirullah wohnte in einem höheren Gebäude mit verputzten Mauern.

Seit Mama zu einer Jüngerin des Pirs geworden war, nannte sie ihn nicht mehr wie üblich *Talisab**, sondern nur noch «Meister», da sie ihn nunmehr über jeden anderen Verwandten stellte. Wenn sie zum Pir kam, war ihre erste Pflicht, sich vor ihm niederzuwerfen, egal ob er schlief, gerade aß oder seine Waschungen vor dem Gebet verrichtete. Alle, die in seinem Haus verkehrten, mussten dies tun: Bevor sie irgendeine Tätigkeit aufnahmen – den Herd anzünden, die Morgengebete verrichten ... oder pinkeln gehen –, mussten sie dem Pir ihren Respekt erweisen, indem sie seine Füße berührten. Das war dadurch gerechtfertigt, dass Amirullah der geliebte Diener des Herrn selbst war, der Auserwählte Desjenigen, Der es liebt, Sich den Gläubigen, die Ihm am Herzen liegen, zu offenbaren – und Der es Sich folglich auch nicht nehmen ließ, Sich Amirullah regelmäßig zu offenbaren. Natürlich wusste niemand genau, wann diese Zwiesprachen stattfanden. Mama zufolge passierte es wohl mitten in der Nacht, und sie mussten sich auf Arabisch unterhalten, was, immer noch ihr zufolge, die *Muttersprache* von Gott selbst sei. Sie war der Überzeugung, dass sie, wenn sie in diesem Leben Arabisch lernte, vielleicht eines Tages ein paar Worte mit Gott persönlich würde wechseln können, wenn sie in die jenseitige Welt gelangt wäre. Daher hatte sie große Lust, es zu lernen. Sie schaute jeden, der des Arabischen mächtig war, immer mit begierigen Augen an, als öffneten sich vor ihr einen Spaltbreit die Tore des Paradieses. Der bloße Gedanke daran, dass ihr Pir seine Nächte damit zubrachte, sich mit Gott zu

* Für Frauen gebräuchliche Anrede für den Schwiegervater ihrer jüngeren Schwester.

unterhalten, ließ sie beinahe in eine Art Ekstase verfallen. Sie sagte sich, Amirullah Freude zu bereiten sei für eine Sünderin wie sie, die so versessen auf Kino- und Theaterbesuche war, der einzig denkbare Weg, um das göttliche Erbarmen auf sich zu ziehen, wenn es denn überhaupt noch möglich war.

Und so blieb Mama oft, nachdem sie sich vor ihrem Meister niedergeworfen hatte, laut weinend auf der Erde liegen, unfähig, wieder aufzustehen. Ihre Augen wurden zu zwei Sturzbächen, deren unaufhaltsame Fluten ihre Wangen, ihren Hals, ihren Sari, sogar ihre Bluse durchnässten …! Tante Fozlis dicke, rosige Lippen bebten bei diesem Anblick, und sie nahm Mama an der Schulter, um ihr so besänftigend wie nur möglich zuzuflüstern: «Warum sollte Gott dir nicht verzeihen, da du an Seine Milde appellierst? Gott ist barmherzig. Gott ist groß. Er wird dir Seine Vergebung nicht verwehren. Gott stößt nie die Hand zurück, die sich nach Ihm ausstreckt.»

Mama war bei weitem nicht die Einzige, die Amirullah Freude bereiten wollte. Vor seiner Tür drängelten sich weitere junge Frauen ihres Schlages. Am späten Nachmittag, wenn der Meister sich auf seinem Bett ausruhte, nachdem er seinen Tee getrunken hatte, stritten sich Mama und ihre Gefährtinnen um die Ehre, seine Arme, seine Beine, seinen Kopf zu massieren. Mama zog die Beine vor. Wenn das Glück es wollte und es ihr gelang, sie zu erobern, strahlte ihr Gesicht in einem seligen Lächeln auf. Sich dazu herabzulassen, diese unreinsten Teile des menschlichen Körpers zu streicheln, bedeutete, selbst des Pirs Unreinheit als heilig zu betrachten, als mit der Macht begabt, den Schmutz der anderen rein zu waschen.

Diese Massagesitzungen dauerten gute zwei Stunden, worauf die Masseurinnen sich wieder zankten, um dem Meister ein Glas Orangensaft, ein Glas Zitronenwasser, eine Süßigkeit servieren zu dürfen, bevor in prachtvollem Silbergeschirr die Hauptgerichte aufgetragen wurden: die schmackhaftesten Fische, die zartesten Hühnchen und dazu der feinste Reis ... Kaum hatte der Meister gerülpst, wurden ihm die Verdauungsbetelbissen gereicht – eine kleine Schwäche von ihm –, die seine jüngste Ehefrau, fast noch ein Kind, für ihn zubereitete, zu seinen Füßen auf einer Matte sitzend. Der Meister stopfte sich einen Bissen in die Backe, kaute fünf- oder sechsmal darauf herum und spuckte ihn dann schnurstracks in den neben ihn stehenden Spucknapf. Das ging nicht vonstatten, ohne dass ein paar Spritzer Betel- und Arekasaft auf einige der anwesenden Frauen flogen. Die Glücklichen machten sich ein Fest daraus, die Tropfen der kostbaren Flüssigkeit aufzulecken, die sie getroffen hatten, während diejenigen, die leer ausgegangen waren, sich nur noch auf den Spucknapf stürzen konnten, um sich buchstäblich um die Stücke und den Saft aus dem Mund des Meisters zu raufen.

Dieses Schauspiel machte mir große Angst. Obwohl ich Mama schon einmal in eine andere Rauferei verwickelt gesehen hatte, vor einem Kino: Da waren die Frauen erst mit aufgelöstem Haarknoten und zerzaust wie die «Menschenfresserin» – eine Furcht erregende Verrückte, die die Straßen von Mymensingh unsicher machte –, schweißüberströmt und mit abgerissenen Knöpfen aus der ihnen vorbehaltenen Schlange wieder herausgekommen ... Aber das war ihnen egal, solange sie stolz eine Eintrittskarte in der Hand hielten!

Wahrscheinlich gäbe es kein schlimmeres Gerangel, wenn es darum ginge, ein paar Tropfen direkt aus dem Paradies herabgefallener Ambrosia zu ergattern, dachte ich. Natürlich sah Mama diese Betelbissenreste nicht als ordinäre Spucke an, da sie ja aus dem Mund eines Mannes stammten, mit dem Gott selbst sich unterhielt, im Schutz der Nacht, wenn das ganze Haus schlief. Eines Mannes, der in der Lage war, stundenlang mit geschlossenen Augen über die unendliche göttliche Barmherzigkeit, über die unsagbare Größe Gottes zu reden – genauer gesagt, zu murmeln –, all Seine Worte und Taten an die ganze

Welt weiterzugeben … Wie sollte einem der Eingang ins Paradies verwehrt werden, wenn man die aus dem Mund eines solchen Mannes gespuckte Ambrosia geschluckt hatte?

Während Mama diese erlesene Substanz hinunterschlingt, stehe ich allein außerhalb dieses ganzen aufgeregten Durcheinanders, verschreckt und rot vor Verwirrung und Scham. Gleichzeitig habe ich die vage Vorstellung, dass auch ich, wenn ich hinter Mama bleibe und mich am Ende ihres Saris festhalte, eine Chance habe, ins Paradies zu gelangen.

Tante Fozli sitzt etwas abseits von diesem Handgemenge, sie betrachtet das Ganze gleichgültig, ohne sich zu bemühen, ihren Anteil zu ergattern. Warum sollte sie auch, da sie, wie Mama sagt, ihre Eintrittskarte für das Paradies schon in den Händen hält? Sie braucht nur noch in aller Ruhe abzuwarten, dass ihr irdisches Leben vorübergeht. Sie hat ja nie gesündigt, indem sie Kinos oder Theater besuchte! Das Einzige, was sie hienieden noch zu tun hat, ist, sich hinabzubeugen, um Mama ins Ohr zu flüstern: «Warum beschränkst du dich auf die Reste der Betelbissen des von Gott Auserwählten, da doch selbst sein Auswurf reinigt! Das würde dir noch viel mehr Verdienste eintragen!»

Diese Idee geht Mama fortan nicht mehr aus dem Kopf.

Aber bevor sie so weit geht, setzt sie mich in eines der benachbarten Zimmer, mit einer hundertperligen Gebetskette in der Hand, und gibt mir einen Zettel dazu, auf dem steht: *«Es gibt nur einen Gott, und Muhammad …»* Denn dies ist der Hauptgrund, zum Pir zu kommen: Verdienste zu erwerben für den Jüngsten Tag. Und Mama möchte, dass auch ich welche ansammle, indem ich dem Pfad Gottes folge, statt meine Zeit mit endlosen Himmel-und-Hölle-Spielen zu verschwenden. Ich sehe die Dinge ganz anders – lieber würde ich stundenlang in stinkenden Toiletten eingesperrt bleiben, als dazu verdammt zu sein, eine Gebetskette abzuleiern, in diesem unglaublichen Haus, wo es verboten ist, zu spielen, anders als im Flüsterton zu reden, auch nur den kleinsten Teil des Körpers unter dem Schleier hervorschauen zu lassen, der einen vom Kopf bis zu den Zehenspitzen bedeckt. Sogar die Freude an der Rikschafahrt ist eine solche Quälerei nicht wert!

Bei Einbruch der Nacht schart der Meister seine Jünger um sich, um sie zu unterrichten. Dann holt mich Mama aus dem Zimmer ab, in dem sie mich zum Beten zurückgelassen hat. Auch ich soll von Gottes Wort berührt werden.

Sobald mir mein Schleier vom Kopf rutscht, ruft Mama mich unverzüglich zur Ordnung, indem sie mir kräftig den Ellenbogen in die Rippen stößt. Während der Rikschafahrt hat sie mir wohlweislich schon ans Herz gelegt, mich auch ja dem Meister zu Füßen zu werfen, sobald ich ihn sehe, und darauf zu achten, dass meine Haare dabei nicht sichtbar werden. Aber sie wird enttäuscht: Entgegen ihren Anweisungen werfe ich mich dem Meister nicht zu Füßen, und als mein Schleier herunterrutscht, mache ich keine Anstalten, ihn wieder hochzuziehen.

In dem Saal, wo sich die Jünger versammeln, setzt Mama mich hinter sich, in der Menge der Frauen, die alle hinter einem großen Vorhang versteckt sitzen, der sie von den Männern trennt. Durch einen Spalt kann ich den Pir erkennen, der vor der Versammlung thront, mit riesengroßen Büchern vor der Nase. Über sie gebeugt, liest er Sätze in arabischer Sprache vor, welche die Anwesenden zu bewundernden Zurufen veranlassen. Während er seine Brille putzt, erklärt der Meister: «Wisst ihr, wie Gott diejenigen, die ungläubig sind und die Religion verachten, in den Flammen der Hölle verbrennen lassen wird? – Denn so ist es, wenn ihr keine Rechtgläubigen seid, dann werdet ihr vom schrecklichen Höllenfeuer verzehrt werden! Ein Feuer, als würde sich die Sonne bis auf Armeslänge auf euren Kopf hinabsenken! Und ihr werdet von Tausenden Schlangen und Skorpionen gebissen werden! Zu trinken werdet ihr nichts als kochendes Wasser und zu essen nichts als Eiter bekommen!

Gott wird euch die Zunge aus dem Mund ziehen bis auf den höchsten Punkt eures Schädels, und dort wird Er sie festnageln! Dann wird Er euch ins Feuer werfen, wo eure Leiber lichterloh brennen werden, aber ihr werdet nicht sterben daran, denn Gott wird euch den Tod erlassen, um euch noch härter zu strafen. Schlangen werden sich um euch winden und euch fesseln, während Skorpione euch ins Fleisch stechen. Die weltlichen Freuden sind nur von kurzer Dauer, ihr Diener Gottes! Die Apokalypse steht bevor. Der Zorn Gottes ist nah! Seid bereit, Ihm zu begegnen! Die Furcht erregende Zeit des Jüngsten Gerichts ist bald gekommen! Hört ihr nicht schon den Klang der Trompete, die der Engel Israfil bläst? Nicht mehr lange und Gott wird euch Seinen Willen verkünden!»

Auf der anderen Seite des Vorhangs ist lautes Weinen zu hören. Die Männer reiben sich mit ihren Taschentüchern die Augen, manche werden von tiefen Schluchzern geschüttelt. Wer kann sich schon sicher sein, wirklich ein Rechtgläubiger zu sein?

«Was sind die Interessen dieser Welt schon wert, meine Brüder? Besser ist es, sich darauf vorzubereiten, vor Gott zu erscheinen! Besser ist es, gleich vom heutigen Tage an Seinem Weg zu folgen! Die Milde des Allmächtigen ist eure einzige Hoffnung, von den Schrecken des Grabes, von den Gräueln der Hölle erlöst zu werden! Denn das Feuer, das dort herrscht, hat nichts mit dem Feuer gemein, das ihr in dieser Welt kennt – es ist siebzigmal schrecklicher!»

Hinter Mama sitzend, höre ich brav zu, mit der Gebetskette in der Hand. Zu meiner großen Verstörung weint auch sie, laut schluchzend. Ich kann nicht begreifen, wie all diese Leute um mich herum wegen der bloßen Beschreibung der Flammen der Hölle weinen können wie kleine Kinder, denen mit Prügeln gedroht wird. Wahrscheinlich werde auch ich bald in Tränen ausbrechen? Aber solange ich auch warte, es will keine Träne fließen! Mein einziger Gedanke bei der Vorstellung von den

Strafen, die die Menschen in der Hölle erwarten, ist, dass Gott wirklich böse ist …

Während ich noch immer hinter Mama sitze und mich zunehmend unwohl fühle, werfe ich Blicke nach rechts und links, auf die Frauen um mich herum, auf die Männer, die ich durch den Vorhangspalt erkenne, und kann diese eigenartige Welt, in die ich hineingeraten bin, nicht fassen.

Bald bekommt Papa Wind von Mamas Besuchen beim Pir, und er erfährt, dass sie Jüngerin Amirullahs geworden ist. Feierlich verkündet er, dass er keinesfalls bereit sei hinzunehmen, dass irgendein Mitglied der Familie weiter nach Naomahal gehe. Jeder, der sein ausdrückliches Verbot missachte, werde auf der Stelle aus dem Haus gejagt. Mama, die nicht in der Stimmung ist, sich einschüchtern zu lassen, sagt darauf bloß: «Ich lege keinen Wert darauf, bei diesem Ungläubigen zu bleiben, der den Namen Gottes nicht fürchtet! In diesem Haus zu bleiben ist der sicherste Weg, dass mir die Tore des Paradieses verschlossen bleiben!»

Seit sie Jüngerin Amirullahs ist, hat Mama es ganz aufgegeben, sich zu Hause um die Küche zu kümmern. Unsere Dienerin Moni traktiert sie zwar mit Fragen, was sie mit den morgendlichen Einkäufen zubereiten solle – mit welchem Gemüse sei der Fisch aufzutischen? Und das Fleisch? Soll sie den Spinat kochen? Und die Linsen, in klarer Brühe oder als dicke Suppe? – Aber als Antwort bekommt sie nur ein vollkommen gleichgültiges «Wie du willst» zu hören.

Moni versteht die Welt nicht mehr. Früher hat Mama sich nicht so verhalten. Sie ließ ihr Diensmädchen das Gemüse nur putzen und klein schneiden; was dann im Kochtopf damit geschah, das behielt sie sich ausschließlich selbst vor. Und jetzt ruht die gesamte Last der Zubereitung des Essens allein auf Monis Schultern. Mama hat ihr sogar den Schlüssel zum Vorratsschrank übergeben, damit sie sich nach Gutdünken aus dem

Bestand an Gewürzen und Gemüsen bedienen kann, an allem Nötigen, um zu kochen, wie es ihr beliebt. Sie überlässt Moni jede Initiative in diesem Bereich. Und eine solche Freiheit zieht unvermeidlich bald nach sich, dass Moni sich für eine echte *Madame* hält.

Wenn Mama von ihren Ambrosia-Orgien und ihren Schreckenspredigten aus Naomahal nach Hause kommt, breitet sie meistens sofort ihren Teppich aus und vertieft sich ins Gebet. Wenn sie nicht betet, lässt sie die Gebetskette durch ihre Finger gleiten. Wenn sie damit fertig ist, beginnt sie Seite um Seite aus dem Koran zu psalmodieren, und dann ist es schon wieder Zeit fürs Gebet ... Denn sie begnügt sich nicht mit den fünf vorgeschriebenen täglichen Gebeten, sondern fügt noch alle nur möglichen und vorstellbaren Andachten hinzu. Ihr Geist ist ständig Tausende von Meilen vom häuslichen Leben entfernt. Sie hat nicht einmal mehr die Zeit, sich zu fragen, ob ihre Kinder gegessen haben.

In den seltenen Augenblicken, in denen sie nicht mit der Ausübung ihrer Religion beschäftigt ist, hält uns Mama neuerdings mit getragener Stimme und feierlichem Ernst lange Vorträge, etwa: «Meine Kinder, es bringt überhaupt nichts zu studieren. Das wird euch nur an diese Welt ketten. Ihr tätet besser daran, an den Jüngsten Tag zu denken! Und zu beten und zu fasten, wie es vorgeschrieben ist! Werdet keine Ungläubigen nach dem Vorbild eures Vaters. Fürchtet Gott! Gott ist Barmherzigkeit, Er wird euch eure Fehler verzeihen. Lernt das arabische Alphabet, um den Heiligen Koran lesen zu können. Wahrhaftig, es ist Gott selbst, der euch durch meinen Mund den Weg weist. Gott, der Stifter des Glaubens! Er sieht alles, hört alles. Nicht ein Blatt eines Baumes regt sich, wenn nicht durch Seinen Willen.»

Wenn sie uns diese Vorträge hält, nimmt ihr Gesicht das Aussehen von toten Blättern an, ausgetrocknet von den Härten des Sommers. Wenn meine Brüder weg sind, fährt sie unter tiefen Seufzern für mich fort: «Nie verrichtet dein Vater seine Gebete. Wer lebt, ohne zu beten, ist ein Ungläubiger. Nur um euretwillen, meine Kinder, bleibe ich im Haus dieses Ungläubigen. Wenn ich nicht koche, dann weil es eine Sünde wäre, ihn mit meinen Händen zu ernähren! Und wenn auch ihr euch nicht auf den Pfad Gottes begebt, so wird mir nichts übrig bleiben, als endgültig von hier fortzugehen. Komm, es ist Zeit! Mach deine Waschungen vor dem Gebet!»

Wenn Mama mich zu derartigen Verrichtungen auffordert, fühle ich mich steif werden wie ein Pflock. Ich weiß, nachdem ich mir die Füße und die Hände gewaschen habe, werde ich eine endlose Weile neben ihr verbringen müssen, die Hände mal auf der Brust, mal auf den Knien, abwechselnd kniend und stehend und mich bis zur Erde verneigend ... Es gibt für mich nichts Unangenehmeres. Aber wie könnte ich dem mütterlichen Zugriff entkommen?

Wenn allerdings Papa nach Hause kommt und mich auf dem Gebetsteppich vorfindet, ruft er mich sofort: «Nasrin, komm hierher!»

Das lasse ich mir nicht zweimal sagen. Es ist eine regelrechte Befreiung. Mit gesenktem Kopf dastehend, sage ich mir, dass ich, da ich mit etwas so Ernsthaftem wie Beten beschäftigt war – und nicht etwa mit etwas Oberflächlichem wie Spielen oder Schwatzen –, keine größeren Vorhaltungen riskiere. Da täusche ich mich aber, denn kaum habe ich mich ihm genähert, packt er mich am Kragen, hebt mich hoch und schleift mich unsanft an meinen Schreibtisch. «Was fällt dir ein, dich mit diesem Unsinn zu beschäftigen, statt deine Hausaufgaben zu machen?», schimpft er mit knirschenden Zähnen. «Du bist wirklich die Tochter deiner Mutter! Genügt es etwa, Gott zu Hilfe zu rufen, um seinen Teller zu füllen? Oder muss man sich selber darum kümmern? Los! Arbeite! Und wenn ich dich noch einmal anderswo als an deinem Schreibtisch erwische, dann wehe deinen Knochen, verstanden?»

Ich höre Mama auf ihrem Teppich wüten. Wie kann dieser Mann es wagen, seine Tochter mitten im Gebet zu unterbrechen, um sie mit Gewalt vor ihre Bücher zu setzen? Er hat also beschlossen, auch aus ihr eine Ungläubige zu machen. Gewiss, der Meister hat ihr ans Herz gelegt: «Du musst unter allen Umständen einen kühlen Kopf bewahren, Hamima!» – denn unser Pir hat es für gut befunden, Mama einen neuen Namen zu geben. Kurzum, Hamima bemüht sich fortan, Ruhe zu bewahren, den Rat ihres Meisters Amirullah befolgend. Aber das liegt nicht eben in ihrer Natur. Und es gibt für alles Grenzen. Schließlich ist sie es, die ihre Kinder zur Welt gebracht hat! Wozu in diesem Haus bleiben, wenn ihr nicht die mindeste Autorität über ihre Kinder zugestanden wird?

Nachdem er sich umgezogen und den Lungi fest um den Bauch gebunden hat, kommt Papa noch einmal zu mir, um mir zu sagen, so laut, dass das ganze Haus es hört: «Ich warne dich, wenn du mir nicht in allen Dingen gehorchst, werde ich deine Anwesenheit in diesen vier Wänden nicht dulden! Ich bin es, der dir ein Dach über dem Kopf gibt, dich ernährt, dich kleidet, also musst du mir stets aufs Wort folgen! Sonst bleibt dir nichts, als fortzugehen und bettelnd von Haus zu Haus zu ziehen! Ist das klar? Wenn du gehen willst, steht dir das frei. Ich überlasse es dir, wenn du es vorziehst, das Haus eines Ungläubigen zu verlassen. Die Tür steht weit offen! Du hast die Wahl!»

Ich begreife sehr wohl, dass diese Worte in Wirklichkeit an Mama gerichtet sind. Weder Papa noch Mama haben mich je nach meiner Meinung gefragt, bevor sie mich entweder zum Beten oder zum Lernen schickten. Im Grunde bin ich erleichtert darüber, dass meine Meinung in diesem Krieg zwischen Papa und Mama überhaupt nicht zählt.

Sobald Papa den Raum verlässt, kommt Mama herein. «Jawohl! Ich werde fortgehen!», brüllt sie. «Ihr werdet mich nicht daran hindern können! Ihr bildet euch vielleicht ein, dass ich keinen Ort habe, wohin ich gehen kann! Aber ich würde lieber im Wald bei den wilden Tieren leben, als bei einem solchen Ungläubigen zu bleiben! An dem Tag, an dem ich wirklich fortgehen werde, werdet ihr euer Unglück begreifen! Ich werde ohne Vorwarnung gehen, ihr werdet schon sehen! Ohne irgendjemandem Bescheid zu sagen! Da dieser Dämon seine Kinder nach seinem Bild formen will, würde hier bleiben für mich bedeuten, auf alle Verdienste zu verzichten, die ich in diesem Leben mühsam erworben habe …»

Mamas Worte sind eigentlich Papa zugedacht. Aber da sie sie ihm nicht ins Gesicht sagen kann, brüllt sie sie vor mir heraus, genau so, wie er es gerade getan hatte. Da sie es nicht ertragen, dass ihre Schatten einander streifen, bleibt ihnen nichts anderes übrig, als mich anzuschreien.

Kaum hat Mama ihre Flut von Drohungen ausgeschüttet, versetzt sie mir auch noch eine Ohrfeige, die mir fast den Kopf von den Schultern reißt. «Warum bist du mitten im Gebet aufgestanden? Fürchtest du Gott denn nicht? Wie kannst du es wagen? Das muss das Werk Satans sein, der immer versucht, die Gläubigen von ihren Gebeten abzulenken! Und du bist natürlich, kaum hast du den Ruf des Teufels gehört, aufgesprungen und ihm entgegengelaufen, ohne länger daran zu denken, zu Gott zu beten! Aber du wirst schon sehen, du wirst in den lodernden Flammen der Hölle verbrennen, das sage ich dir! Glaubst du vielleicht, dass dein Vater dich daraus retten wird?», brüllt sie mir in die Ohren, während ich von der Ohrfeige noch ganz benommen bin.

Am nächsten Morgen nimmt Mama ihre frommen Ratschläge an mich mit neuem Schwung wieder auf – da ich ja an jenem allerheiligsten Tag geboren bin. Gleich bei meiner Rückkehr von der Schule lauert sie auf den Moment, wo sie mich einfangen und zur Koranlektüre einspannen kann. An den späten Nachmittagen füllt sich das Grundstück nebenan mit Mädchen, die dort Himmel und Hölle spielen. Kaum beginne ich mit ihnen eine Partie, erklingt auch schon der mütterliche Ruf. Es ist Zeit, die rituellen Waschungen vor der Koranlektüre zu verrichten. Ich muss meinen Kopf mit einem Schleier bedecken, einen Payjama überziehen, damit man meine Beine nicht sieht ... Während meine Spielkameradinnen draußen auf mich warten, bin ich dazu verdammt zu lesen: *«Alhamdulillah hi rabbilal amin ar rahmanir rahim ... kulhu allahu ahad allahus samad ...»*

«Aber was lässt du mich denn da lesen?», rufe ich wütend aus. «Ich verstehe kein Wort davon!»

«Man verlangt nicht von dir, es zu verstehen», antwortet Mama unbeirrbar. «Was zählt, ist, im Heiligen Buch Gottes zu lesen, um Verdienste zu erwerben.»

Jeden Morgen kam ein gewisser Sultan Ustadji, um mir Arabischunterricht zu geben. Als wäre das nicht schon genug, musste ich spätnachmittags auch noch im Koran lesen. Die morgendlichen Kurse waren eine ständige Quelle von Unannehmlichkeiten. Besagter Lehrer setzte sich mit mir auf die mit Taubendreck übersäte Veranda, um mir das Alphabet beizubringen. Wenn ich wegen des Ekel erregenden Geruchs, der über diesem Ort lag, die Nase rümpfen musste, warf Sultan Ustadji mir in scharfem Ton vor: «Musst du derart das Gesicht verziehen, wenn es darum geht, Gottes Wort zu lesen?» Und er versetzte mir mit dem Daumengelenk eine kräftige Kopfnuss.

Als ich eines Morgens, statt korrekt zu buchstabieren: *alif lam zabar – al, lam khara zabar – la, iyao pesh – hu*, eine Silbe übersprang und etwas wie *lam iyao pesh – lahu* von mir gab, war der Bärtige in den Garten gegangen und hatte von einem Baum einen recht harten Ast abgebrochen. Zurück bei mir, hatte er mit angespannten Kiefern gesagt: «Streck deine Hand aus!» Da ich wusste, dass man Lehrern immer gehorchen muss, tat ich wie befohlen. Er schlug mich, bis meine Hand ganz rot war. Die gleiche Geschichte wiederholte sich oft am Nachmittag – da musste ich Mamas Schläge erdulden, weil ich über dem Koran eingenickt war oder mich verlesen hatte. Sie war immer schnell dabei, mir die Ohren lang zu ziehen, einen Schlag in den Rücken oder ein paar schallende Ohrfeigen zu versetzen, in der Überzeugung, ich interessierte mich nicht für meine Lektüre, ließe meine Gedanken abschweifen – nämlich hin zu den Schulaufgaben, die einen an diese Welt ketten, oder zu den oberflächlichen Spielen mit meinen Freundinnen, zu unschicklichen Dingen wie Musik oder Tanz … Unermüdlich hielt sie mir vor, dass ich mit Sicherheit in der Hölle landen würde.

Nicht genug damit, dass sie schon mir mit der Koranlektüre den Nachmittag verdorben hat, fragt Mama auch Dada, als sie ihn erblickt, in ihrem getragenen und ernsten Ton: «Noman, hast du noch nicht mit deinen Gebeten angefangen?»

«Gleich, Mama! Ich werde gleich anfangen», antwortet er lächelnd.

«Ich warne euch, wenn ihr weder eure Gebete verrichtet noch fastet, werde ich euch bald allein zurücklassen! Lieber gehe ich sonst wohin, als in diesem Haus zu bleiben!», ruft sie aus.

Unbeeindruckt von dieser Drohung erwidert Dada, der auf einem Sessel auf der Veranda schaukelt, mit unverändert heiterer Miene: «Glauben Sie mir, Mama! Ich schwöre Ihnen, dass ich in einem Moment mit meinen Gebeten anfangen werde! Seien Sie beruhigt!»

Eine Woche verstreicht, und Mama macht einen neuen Anlauf: «Vor einer Woche hast du mir gesagt, du würdest anfangen, täglich deine Gebete zu verrichten … Ich habe noch nichts davon gesehen», sagt sie zu meinem ältesten Bruder.

«Keine Sorge, Mama, ich werde ab Freitag damit anfangen», antwortet Dada sehr ernsthaft.

«Beeil dich, um rechtzeitig zum Freitagsgebet in die Moschee zu kommen», erinnert ihn an diesem Tag Mama eilfertig.

«Heute fühle ich mich nicht wohl ...», erklärt Dada und kratzt sich die Schulter. «Ich verspreche Ihnen, dass ich ab nächsten Freitag regelmäßig hingehen werde. Dass ich von diesem Tag an alles tun werde, um Gott zu gefallen!»

Mama seufzt vor Zufriedenheit. Das hört sie gern. «Erinnerst du dich an die Gebete, die ich dich gelehrt habe?»

«Natürlich», antwortet Dada beflissen. «Wer seine Gebete vergisst, ist kein Muslim mehr, das wissen Sie doch, Mama!»

Diese Antwort beglückt Mama so sehr, dass sie beim gemeinsamen Essen ihrem Sohn, der so voller guter Absichten und eigentlich so fromm ist, den Schenkel des Hühnchens zuteilt.

Aber am nächsten Freitag flunkert Dada ihr ordentlich etwas vor: «Nicht ein Blatt eines Baumes regt sich ohne den Willen Gottes. Nichts geschieht, ohne dass Gott es befiehlt. Niemand kann irgendetwas tun, ohne dass der Allmächtige es befohlen hat. Wie können Sie wollen, dass ich beten gehe, wenn ich Seinen Befehl dazu nicht erhalte? Und ich habe noch nichts erhalten! Wie könnte ich ohne Seinen Willen anfangen? Wie sollte ich diese Macht haben? Sie mir anzumaßen wäre die schlimmste aller Sünden: Gottes Allmacht zu leugnen! *La sharika lahu* – Gott ist Eins und Einzig, es gibt keine Macht außer der Seinen», beginnt er zu psalmodieren. «Wir alle sind Marionetten in Gottes Händen! Also sind wir keineswegs schuldig, wenn wir dieses oder jenes nicht vollbringen!»

Da sie Dada nicht bezwingen kann, wendet Mama sich an mich, die ich ihr erreichbarer erscheine: «Und du, hast du gebetet?»

«Aber Papa hat gesagt, ich soll meine Schulaufgaben machen ...», gebe ich vor und setze mich schnell an meinen Schreibtisch.

«Dir läuft noch die Milch aus den Nasenlöchern, und du

kannst schon so gut Ausreden erfinden ...!», entgegnet sie mir. «Wie der Vater, so die Kinder! Keinerlei Gottesfurcht ... Wie soll Gott euch nur auf den rechten Weg führen, wenn ihr unter dem Einfluss eines solchen Dämons steht? Der es euch verwehrt, den Allmächtigen zu verehren ... Nun seid ihr Komplizen des Teufels», fährt sie schluchzend fort. «Satan ist in dieses Haus eingedrungen und hat aus euch allen Ungläubige gemacht! Und ich hatte so viele Hoffnungen in meine Kinder gesetzt! Er hat sie verdorben! O mein Gott, ich flehe Dich an, führe mich von ihnen fort ...!»

Aber Gott erhört Mama nicht. Er führt sie nicht von uns fort. Sie wohnt weiterhin in unserem von Mauern umgebenen Sans-Souci, im Schatten der mit Blumen und Früchten beladenen Bäume. Sie lässt sich freilich von Papas Drohungen nicht beeindrucken, denn sie setzt ihre regelmäßigen Besuche beim Pir von Naomahal fort. Sie kommt weiterhin jeden Donnerstagabend mit verquollenen Augen von den Versammlungen in Amirullahs Haus zurück, auf denen der Meister für seine Jünger den Koran und die Tradition kommentiert. Mama ist tatsächlich davon überzeugt, dass der Jüngste Tag nah ist, dass sie an nichts anderes denken darf, als sich darauf vorzubereiten, indem sie so schnell wie möglich Verdienste erwirbt. Sie glaubt felsenfest daran, dass der Pir Amirullah sich bei Gott für sie verwenden wird, damit sie ihre Eintrittskarte ins Paradies bekommt. Das hat Amirullah ihr zu verstehen gegeben. Daher hat sie es mehr oder weniger aufgegeben, ihre Kinder um jeden Preis auf den Pfad Gottes mitzunehmen. Es ist aussichtslos, da ihr Teufel von Vater sie von jeglicher Frömmigkeit abgebracht hat, mit Hilfe ihrer Schulbildung, die sie an diese Welt gekettet hat. Mama will sich nur noch um ihre eigene Zukunft sorgen. Am Jüngsten Tag werden alle zittern vor Furcht, dass ihnen ein schreckliches Los zuteil wird. Dann wird keine Zeit mehr sein, sich um das Schicksal anderer zu kümmern.

Nach und nach wird Mama klar, dass der Pfad Gottes, auf den sie sich begeben hat, nicht gratis ist, anders als sie zuerst geglaubt hatte. Amirullah hat ihr zu verstehen gegeben, dass die Straße des Paradieses voller Hindernisse ist, die nur mittels Zahlung eines gewissen Preises aus dem Weg geräumt werden können. Selbst der Prophet hat das Paradies nicht erreicht, ohne eine gewisse Summe aufzuwenden. Das Geld, das für das Erreichen des himmlischen Zieles bezahlt wird, hat einen besonderen Namen – *Hadiya*. Für Mama ist es nicht einfach, die erforderliche Summe für ihre Hadiya zusammenzubringen. Es ist nämlich so, dass das Geld für die Einkäufe des Hauses nicht mehr durch ihre Hände geht. Papa kümmert sich neuerdings selbst um alle Besorgungen, die für unseren Haushalt notwendig sind. Unser neues Haus ist sehr günstig gelegen: das Kino Oloka, das Mama früher so gern besuchte, meine Schule sowie die Apotheke Taj, wo Papa nachmittags Sprechstunde hält – all diese Orte liegen sozusagen um die Ecke. Daher kann Papa alle Einkäufe auf dem Rückweg von der Arbeit erledigen, auf den vielen Märkten des Viertels.

Also beschließt Mama zu behaupten, dass ihr die Armbänder und die Goldkette, die sie normalerweise trägt, gestohlen worden sind, und geht jeden Nachmittag in den nächsten Schmuckladen, um ihre Schmuckstücke eins nach dem anderen zu verkaufen; der Erlös aus diesem Geschäft nimmt sodann als Hadiya den Weg zum Haus des Pirs. Dazu kommen kiloweise Reis und Linsen und literweise Senföl, die sie aus dem Vorrat der Familie entwendet, in der tröstlichen Hoffnung auf die zusätzlichen Verdienste, die es ihr einbringen soll, wenn sie nicht mit leeren Händen zu den Auslegungen des Korans und der Tradition erscheint. Da Papa ihr kein Taschengeld mehr gibt, hat Mama nicht einmal genug, um die Rikscha zu bezahlen. Sei's drum, dann geht sie eben zu Fuß nach Naomahal: Sie muss, ein gebieterischer Sog zieht sie dorthin. Auch unsere kleinen und großen Wehwehchen – ob ich Fieber habe, Dada sich ein Bein gebrochen oder Yasmin sich beim Sturz von einem Baum den Kopf aufgeschlagen hat – lassen sie nicht auf ihre beinahe täglichen Besuche verzichten. Denn Mama beschränkt sich nicht auf die donnerstagabendlichen Versammlungen; wenn ich aus der Schule komme, stelle ich fest, dass sie auch am Montag, am Dienstag nicht da ist ... Überflüssig, sich zu fragen, wo sie wohl sein mag: bei ihrem Pir! Sie ist fortan bei all den kleinen Ereignissen abwesend, die das Leben einer Familie ausmachen, was Papa natürlich umso mehr erzürnt. Zweimal täglich kommt er von seiner Arbeit nach Hause, um sich zu vergewissern, dass das Haus noch steht. Er geht nie aus, ohne zuvor die Tür der Vorratskammer mit einem Vorhängeschloss gesichert zu haben. Um neun Uhr abends schließt er auch das große schwarze Tor ab. All diese Vorsichtsmaßnahmen beunruhigen Mama sehr, denn sie bildet sich ein, dass Satan mit allen Mitteln versucht, ihr den Pfad Gottes zu versperren. Diese Furcht stürzt sie noch tiefer in ihren Gottesglauben, treibt sie dazu, sich mit noch mehr Hingabe dem Dienst des Pirs Amirullah zu widmen. Mag Papa das Tor doch verschließen: Dann kehrt sie eben um und verbringt die Nacht in Naomahal! Und das tut sie fortan immer öfter.

Nachdem er eine Abwesenheit von sieben aufeinander folgenden Nächten erduldet hat, schickt Papa Dada mit dem Auftrag nach Naomahal, Mama zurückzubringen. Bei ihrer Rückkehr wird sie mit einer gewissen Feierlichkeit empfangen und in den folgenden Tagen von uns allen mit Aufmerksamkeiten bedacht. Denn ohne sie geht es tatsächlich im ganzen Haus drunter und drüber – eine Situation, deren sie sich wohl undeutlich bewusst ist. Und so verkündet sie uns eines Morgens ernst, in Anwesenheit Papas: «Wenn ihr regelmäßig eure Gebete verrichtet, bin ich bereit, bei euch zu bleiben. Ansonsten gehe ich wieder. Ich denke, das ist klar?»

Papa, der auf seinem Sofa sitzt, ergreift das Wort, wobei er versucht, einen versöhnlichen Ton anzuschlagen: «Verrichte du deine Gebete; lies den Koran; niemand denkt daran, dich daran zu hindern. Aber warum musst du zu diesem Pir gehen? Verschließen sich denn die Tore des Paradieses vor allen, die nicht dorthin gehen? Die Kinder müssen doch etwas lernen ... du kümmerst dich überhaupt nicht mehr um sie, seit du deine Tage und deine Nächte in Naomahal verbringst. Muss man denn, wenn man fromm sein will, sein Haus und seine Kinder verlassen? Wer hat dir eine derartige Idee in den Kopf gesetzt? Das ist wahrscheinlich der Einfluss all dieser Scharlatane ...»

Da ist es um Mamas Ruhe geschehen. «Pass auf, was du sagst», heult sie auf. «Ich verbiete dir, die Auserwählten Gottes Scharlatane zu nennen. Wie kannst du es wagen? Aber ich warne dich: Eines Tages wird dir die Zunge abfallen! Ich will keinerlei Beziehung zu einem Ungläubigen von deiner Sorte aufrechterhalten! Du hast mein Leben zerstört. Zum Glück kam Fozli, um mich auf den Pfad Gottes zu führen. Ich war blind, aber seit ich auf Gottes Pfad voranschreite, haben sich mir die Augen geöffnet. Alle Interessen, alle Bindungen an diese Welt sind nichts als Illusionen, Lug und Trug. Ich verstehe nun, dass alles Treiben dieser Welt uns in den Ruin führt. Wer wird mich bis zum Tag des Jüngsten Gerichts geleiten? Gewiss nicht mein Mann oder meine Kinder, die mir zu Fremden geworden sind! Nein, ich habe keinen Freund, keinen Verwandten mehr als Gott selbst ...»

Tatsächlich hatte Tante Fozli Mama erklärt: «Wenn du bei einem Gottlosen von dieser Sorte bleibst, tauchst du immer tiefer in die Sünde ein, Borobu! Dein Mann verrichtet nie seine Gebete; und die das nicht tun, sind Ungläubige. Und die unter dem Dach von Ungläubigen leben, wird Gott auch im Höllenfeuer verbrennen, zusammen mit den Ungläubigen.»

Dem Höllenfeuer will Mama sich nicht aussetzen. Sie findet, dass sie bereits in den Feuern dieser Welt genug geschmort hat. Unablässig gleitet die Gebetskette durch ihre Finger. Ihre Lippen bewegen sich im Takt: *«Salliala saiyadena muhammadur rasulullah …»* In dem dunklen Zimmer leuchten die Perlen der Gebetskette wie Katzenaugen. Mama wacht die ganze Nacht, ohne ihren Gebetsteppich zu verlassen.

Mitten in der Nacht weckt mich ihr Weinen. Ich hebe den Kopf von meinem Kopfkissen und frage sie: «Warum weinst du, Mama?»

«Ich weine beim Gedanken an die Schrecken des Grabes», antwortet sie mir. «Was werde ich dem Engel antworten, wenn er mich fragt, was ich in meinem Leben Gutes getan habe? In meinem Grab, erdrückt von der Erde …»

Ihre Stimme erlischt.

Wie ich hat auch Papa begriffen, dass Mama sich niemals zu Hause wird einsperren lassen. Er hat es aufgegeben, das schwarze Tor abzuschließen. Besser lässt man es die ganze Zeit offen, damit Mama nach Hause kommen kann, wann sie will, Hauptsache, sie kommt überhaupt! Ich glaube allerdings kaum, dass dieser Wunsch, Mama zu Hause zu sehen, ein Liebesbeweis Papas ist, sondern eher, dass er von seiner Sorge um das reibungslose Funktionieren des Haushalts und unsere Erziehung zeugt.

Zu dieser Zeit erreicht uns die Nachricht, dass Sultan Ustadji gestorben ist, mein Arabischlehrer und auch der von Mama, als sie klein war. Papa nutzt die Gelegenheit sofort, um zu verkünden: «Du brauchst nun keine Arabischstunden mehr; konzentriere dich lieber darauf, für die Schule zu lernen!»

Nach wie vor stattet Mama dem Pir regelmäßige Besuche ab, wobei sie unter ihrem Burqa jedes Mal Früchte verbirgt, mit denen sie die Familie des Meisters erfreuen will – Kokosnüsse, Guaven, Mangos, Jackfrüchte und Rosenäpfel. Sie, die der Küche praktisch vollständig den Rücken gekehrt hatte, geht nun wieder darin ein und aus. Man sieht sie im Hühnerstall das zarteste Federvieh aussuchen, das sie sodann persönlich schlachtet und in einer reichhaltigen Sauce zubereitet. Nicht für uns, natürlich! Der Inhalt des Kochtopfs wandert diskret nach Naomahal, um den Pir Amirullah und die Seinen zu nähren. Auch alte Saris nimmt sie zu ihren Besuchen mit, um sie Tante Fozli zu geben, die Patchworkdecken daraus macht.

Der Meister hat Mama sein Wort gegeben, wenn sie ins Grab eintreten und der Engel sie befragen würde, dann würde er selbst an ihrer Stelle antworten. Er hat sie auch mit der Ankündigung ermutigt, sie würde binnen kurzem den Rang einer Glückseligen erreichen.

Eines Abends murrt Mama bei ihrer Rückkehr aus Naomahal vor sich hin, während sie ihren Burqa auszieht: «Meine Nichte Humayra hat sich einen Anhänger machen lassen, mit einer Goldmedaille, auf die ein Koranvers eingraviert ist. Sie hat sich auch sechs Armreife aus feinstem Gold bestellt. Ach!, und mir schenkt niemand etwas! Gibt es noch jemanden, der auf dieser Welt so allein dasteht wie ich …?» Diese Litanei hört erst auf, als sie befiehlt: «Moni, bring mir mein Abendessen!»

Als diese den Befehl ausführt, beginnt die nächste Szene: «Was fällt dir ein, mir kalten Reis aufzutischen? Was habe ich euch allen denn nur getan? Wenn ich einmal tot bin, werdet ihr eure Ruhe haben! Glaubt ihr, ich wüsste nicht, was ihr denkt? Im eigenen Haus derart vernachlässigt zu werden! Ich habe nicht einmal einen ordentlichen Sari anzuziehen … Dazu müsste jemand auf die Idee kommen, ihn mir zu kaufen!»

Moni geht mit dem Teller zurück in die Küche, um den Reis aufzuwärmen. In der Zwischenzeit kommt Mama zu mir an meinen Schreibtisch und ruft mir zu, laut genug, dass Papa es vom Nebenzimmer aus hören kann: «Normalerweise bedecken die Männer ihre Frauen mit Schmuck! Aber so etwas passiert mir nicht! Ich werde nur als Dienstbotin hier behalten! Wenn überhaupt, Dienstboten bekommen nämlich Lohn! Und ich bekomme nicht einmal das, bei all meiner Schinderei in diesem Haus!»

«Du bist unsere Mutter, warum sollte man dich bezahlen?», bemerke ich.

«Aber wie lebe ich denn?», entgegnet sie wutentbrannt. «Nie gibt mir jemand etwas. Mein Vater hat mich mit diesem Mann verheiratet, weil er Arzt war. Ich hätte gern gehabt, dass er sich um die Ausbildung meiner Brüder und Schwestern kümmert… Keinen Finger hat er für sie krumm gemacht! Wie kann man nur dermaßen egoistisch sein? Wie lange habe ich keinen Groschen mehr bekommen! Alle verheirateten Frauen brechen unter ihrem Schmuck zusammen, und ich laufe herum wie eine Bettlerin … Und kümmer dich um die Kinder! Und pass auf, dass sie gut lernen!»

Ich war sechs Jahre alt, als Tante Fozli aus dem Haus des Pirs die Neuigkeit mitbrachte, dass eine Art Drache auf der Erde erschienen war. Das Ungeheuer, das den Auftrag hatte, den Glauben der Menschen auf die Probe zu stellen, war mit einem gewaltigen Beil bewaffnet, mit dem er jeden in fünf Teile zerhackte, der ihm durch seine Gottlosigkeit auffiel.

Angesichts der drohenden Gefahr nahm jeder in Großmutters Haus zweimal täglich an Andachten teil. Nachts schreckte ich häufig aus dem Schlaf hoch, weil ich träumte, dass der Drache mir die Gliedmaßen abschnitt.

Tag für Tag befragte ich Mama und meine Onkel: «Warum kommt denn der Drache nicht?»

«Er kann jeden Moment da sein», erklärte mir Mama. «Ich habe von Fozlis Mann gehört, sein Kommen sei ein Zeichen dafür, dass die Apokalypse unmittelbar bevorsteht.»

«Und was wird bei der Apokalypse passieren, Mama?»

«Es wird passieren, was passieren muss …», antwortete sie mit einem tiefen Seufzer. «Der Engel Israfil wird seine Trompete blasen. Und die Welt wird zerstört werden. Nichts von Gottes Schöpfung wird übrig bleiben, weder Himmel noch Erde.»

Ich malte mir diese universelle Zerstörung aus: Der Himmel würde sich der Erde nähern, bis er sie zermalmte, alle Häuser würden platt gedrückt, die Menschen zerquetscht werden wie Ameisen. Alle Bäume, sogar die höchsten wie unser Banyan und unser Neem-Baum, unsere Kokos- und Dattelpalmen, würden tief in die Erde hineingerammt werden. Sogar die Menschen, die die Drachenprobe überlebt hatten, würden in den Gräueln des Weltuntergangs umkommen.

Etwas Ähnliches war schon einmal passiert, kurz bevor wir Großmutters Haus verließen, um nach Amlapara zu ziehen. Eines schönen Tages war Tante Fozli angekommen, um uns darüber zu informieren, es sei gottlos, Goldschmuck zu tragen. Sogleich hatten alle Frauen eilends all ihre Schmuckstücke abgelegt. Gerade ein paar Tage zuvor war Onkel Hashems Hochzeit gefeiert worden. Die Braut war deshalb noch von Kopf bis Fuß mit Schmuck behängt, um sich von allen Frauen der Nachbarschaft bewundern zu lassen, die traditionsgemäß kamen und ihren Schleier hochhoben.

«Parul, lege diesen ganzen Schmuck ab!», befahl ihr Tante Fozli. «Das Ende aller Zeiten ist nah. Gott wird es als Sünde erachten, wenn man so geschmückt vor Ihn tritt!» Worauf sie den Worten Taten folgen ließ und sich daranmachte, ihr die Schmuckstücke abzunehmen, die sie dann von sich schleuderte, als seien es lauter tote Ratten, die sie am Schwanz hielt.

«Aber ich dachte, es bedeute ein böses Vorzeichen, wenn man einer Braut ihren Schmuck abnimmt?», hatte Onkel Hashem besorgt gefragt.

«Du meinst wohl, du wüsstest viel über gute oder böse Vorzeichen, wie, Hashem?», hatte Tante Fozli heftig erwidert. «Vorgestern Nacht hat Vater im Traum den Propheten persönlich gesehen. Und in diesem Traum hat der Prophet ihm erklärt, dass alle Stellen des Körpers, die von Goldschmuck bedeckt seien, in der Hölle mit schrecklichen Verbrennungen gezeichnet würden ...»

Großmutter hatte Tante Fozli diskret beiseite gerufen: «Und du? Was hast du mit deinem Schmuck gemacht?»

«Was spielt das für eine Rolle, Mama! Humayras Vater hat ihn genommen, um ihn zu verkaufen», hatte sie geantwortet, während Großmutter ratlos die Stirn in Falten legte …

Und so war das Tragen von Schmuck bei allen Jüngern des Pirs zum Sakrileg geworden. Eines Tages, etwas später, sehe ich, als ich einmal aus meinem Buch zu Mama hinüberblicke, eine große Traurigkeit auf ihrem Gesicht; mir kommt der Gedanke, sie zu fragen: «Wenn es doch ein Sakrileg ist, Schmuck zu tragen, wie kommt es dann, dass alle Frauen der Familie des Pirs den ihren nicht abgelegt haben?»

Mama gibt mir keine Antwort. Sie schaut mich bloß an, als hätte ich wahrhaftig den Teufel im Leib. Als wäre alles, was ich sage, in Wirklichkeit Satans Wort.

Ein paar Tage später kauft Mama auf Kredit ein Paar Armreifen im Schmuckladen des Viertels, dessen Besitzer ein Freund von Papa ist. Mama hat sich mit ihm arrangiert, indem sie ihm sagte, Papa würde ihn in monatlichen Raten bezahlen …

RELIGION

I

Wenn Großvater nach dem Freitagsgebet aus der Moschee kam, hatte er die Taschen immer voll mit Bonbons. Eine Art gelber Pastillen auf Dattel-Melassen-Basis. Es war nämlich Brauch, an diesem Tag in der Moschee Bonbons zu verteilen, wenn das Gebet zu Ende war. Sobald wir Kinder des Hauses – Onkel Felu, Chotku, Yasmin und ich – sahen, dass Großvater sich am Teich entlang näherte, liefen wir ihm entgegen, um unseren Teil an Leckereien zu bekommen.

Gegenüber den Großen der Familie legte Großvater bei weitem nicht die gleiche Großzügigkeit an den Tag. Nach der Verteilung der Bonbons ging er ins Haus, um ihnen gehörig den Kopf zu waschen, wie er sich ausdrückte. Er brüllte dann, dass die Wände wackelten: «Bringt mir einen Stock! Ich verlange, dass alle, die heute Morgen nicht in die Moschee gegangen sind, sich stellen! Ich werde ihnen die Haut vom Hintern prügeln …!» Denn von den Jungen wurde ausnahmslos erwartet, dass sie zumindest zum Freitagsgebet in die Moschee gingen; und die Mädchen mussten, da es nicht üblich war, dass sie diesen Ort besuchten, die Gebete zu Hause verrichten. Von ihnen verlangte Großvater vor allem, dass sie sich vollständig mit einem Burqa verhüllten, wenn sie ausgingen.

An den Freitagen ging Großvater alles gern gemächlich an, wie es seinem Naturell entsprach. Nur nach seiner Rückkehr aus der Moschee und vor seiner Siesta hatte er das dringende Bedürfnis festzustellen, wer das wöchentliche Gebet geschwänzt hatte – welcher seiner Söhne nicht in der Moschee gewesen, welche seiner Töchter nicht zu Hause war. Wenn eine von ihnen ausgegangen war, verlangte er Auskunft darüber, ob sie auch ihren Burqa übergezogen hatte. All diese Fragen reizten Großmutter in höchstem Maße. Aber glücklicherweise gab die Siesta Großvater seine gewohnte Gutmütigkeit zurück. Er band seinen Lungi wieder fest und machte sich auf den Weg nach Notun Bazar, wobei er mit der rechten Hand den Lungi etwas anhob und die Linke schwang, als ob er sich Luft zufächelte. Dann dachte er nicht mehr daran zu fragen, wer zu Hause und wer ausgegangen war. Er hatte nichts anderes mehr im Sinn, als den restlichen Nachmittag im Restaurant zu verbringen und mit diesem oder jenem zu schwatzen. Keine Rede mehr davon, sich das Leben mit der Familiendisziplin zu vergällen.

Mit Ausnahme von Großmutter trug keine der Frauen des Hauses den Burqa aus freien Stücken. Wenn Tante Runu oder Tante Jhunu ausgingen, vergaßen sie ihn oft. Wenn sie am Teich entlang zurückkamen, riefen sie vorsichtshalber Chotku oder jemand anderen, um zu fragen, ob Großvater da sei. Wenn er nicht da war, konnten sie gleich nach Hause gehen; anderenfalls mussten sie bei Nachbarn Zuflucht suchen, um in aller Ruhe abzuwarten, bis er das Haus wieder verließ, worüber sie sofort Bescheid bekamen.

Großvater hatte nur seinen ältesten Sohn in die Koranschule geschickt; seine übrigen Kinder besuchten die allgemeine Schule. Großvater hatte allen – das heißt allen Jungen – unmissverständlich klargemacht, dass *das Wissen ein unschätzbares Gut sei und er nicht die mindeste Nachlässigkeit beim Lernen dulden werde*. Und was die Mädchen anging, *was sollten sie mit so viel Bildung anfangen*?

Trotzdem hatte es Tante Runu bis zum Grundstudium an der Universität gebracht. Großvater wurde nicht müde, mögliche Heiratskandidaten nach Hause einzuladen, denen er sie vorstellte. Um ganz sicher zu sein, ihnen nicht zu gefallen, schwärzte sie sich das Gesicht mit Tinte und Erde und ließ ihre

Haare zu einer wahrhaft abstoßenden Zottelmähne verfilzen. Unsere Nachbarin, Sulekhas Mutter, kam oft zur Siestazeit herüber und setzte sich an Großmutters Bett, um ihr, den Mund voll Betel, zu sagen: «Werdet ihr Runu noch lange die Hausgrille spielen lassen? Worauf wartet ihr, um sie zu verheiraten? Nachdem Idun und Fozli so gute Partien gemacht haben …!»

«Es ist besser, dass sie weiterstudiert», antwortete Großmutter, während sie weiter Betelbissen zubereitete. «Sie will arbeiten. Sie braucht ein Diplom. Sie möchte nicht verheiratet werden, bevor sie ihren Abschluss hat.* Die Zeiten haben sich geändert: Die Frauen von heute werden sich ihren Lebensunterhalt verdienen müssen! Es ist nicht gut, immer von seinem Mann abhängig zu sein … Man weiß nie, was passieren kann.»

Um Tante Jhunu bemühten sich sogar noch mehr Heiratswillige – sie hatte einen sehr hellen Teint! Aber Großmutter schlug einen drohenden Ton an: «Ich will, dass auch sie weiter zur Schule geht! Ich sehe keinen Grund, warum man sich überschlagen sollte, um einen Mann für sie zu finden. Und es wäre sowieso nicht schicklich, die Jüngere vor der Älteren zu verheiraten.»

Boro-mama bestand indessen das Abschlussexamen der Koranschule und machte an der Universität von Dhaka seinen Magister in Arabisch, wodurch ihm bald eine Stelle in der Hauptstadt sicher war. Seine junge Ehefrau mit dem hellen Teint folgte ihm dorthin. Da sie noch immer keine Kinder hatten, hielten die Leute mit ihren Kommentaren nicht hinterm Berg: «Einen hellen Teint zu haben ist ja gut und schön! Aber wenn man nicht imstande ist, seinem Mann Kinder zu schen-

* Das Bengali erlaubt ihr ein Wortspiel, denn das Wort für Heirat wird *«bi-e»* gesprochen, was gleich lautend ist mit der Abkürzung BA, «Bachelor of Arts», einem Hochschulabschluss nach zwei bis drei Studienjahren.

ken …» Und die ganze Nachbarschaft bedachte Boro-mama mit Unmengen von Amuletten und Talismanen, die er der unfruchtbaren Ehefrau um die Taille hängen sollte. Doch kaum hatten die großzügigen Spender den Rücken gekehrt, warf Boro-mama das Zeug schnurstracks in den Brunnen.

Sobald er Urlaub hatte, kam er nach Hause, mal mit seiner Frau, mal allein. Wenn man seine Holzschuhe im Hof klappern hörte, vergaß man, dass er nur für ein paar Wochen zurück war; es war, als sei er nie fortgegangen.

Onkel Hashem dagegen schwänzte meist den Unterricht, um mit seiner Freundesclique herumzustrolchen. Nachdem er das zweite oder dritte Mal am Mittelschulabschluss gescheitert war, gab er die Schule auf.

Boro-mama hatte vor, Tante Jhuṇu nach Dhaka kommen zu lassen, damit sie am Eden College studierte. Was die anderen anging – meine Onkel Fakrul, Tutu, Shoraf und Felu –, so nahmen sie die Schule so wenig ernst wie die religiösen Pflichten. Sie dachten nur ans Herumstrolchen und kamen immer erst spätabends nach Hause. Unter dem Einfluss seiner Kumpel hatte Onkel Tutu sogar angefangen zu rauchen.

Großvater griff oft hart durch und band sie an eine Säule des Hauses fest, um ihnen eine Tracht Prügel zu erteilen. *So macht man aus Eseln Männer*, sagte er. Aber all seinen Bemühungen zum Trotz zeigte keiner von ihnen Anzeichen einer solchen Metamorphose. Keiner glänzte bei den Prüfungen. Nachdem Großmutter sich mit Boro-mama beraten hatte, wurde beschlossen, einen nach dem anderen zum Studium nach Dhaka zu schicken – dies war, so schien es, das letzte Mittel, um sie in die Menschheit zu integrieren.

Während Großmutter ihre ersten weißen Haare bekam, wahrscheinlich aus Angst, dass ihre Kinder zu Vagabunden wurden, wie ihr Mann es in seiner Jugend gewesen war, kündigte dieser an, dass er zu einer Pilgerreise nach Mekka aufbrechen werde.

«Und wo willst du das Geld für diese Reise auftreiben?», fragte Großmutter erbost.

«Gott wird sich darum kümmern, mir welches zu beschaffen», lautete Großvaters rätselhafte Antwort.

Letzten Endes beschaffte Gott überhaupt nichts; es war Papa, der die Reise finanzierte, wobei vereinbart wurde, dass Großvater ihm das Geld nach seiner Rückkehr zurückzahlen würde. Das Jahr, in dem Großvater sich mit einem Blechkoffer – den er wie folgt hatte beschriften lassen: *Mohammad Moniruddin Ahmed*, Adresse: *Akua Madrassa Quarter, Mymensingh* und der Kleider zum Wechseln und einen Vorrat Puffreis enthielt – nach Mekka aufmachte, war auch jenes, in dem Neil Armstrong den Fuß auf den Mond setzte.

Großvater in Mekka, Neil Armstrong auf dem Mond!

Alle in unserem Haus hegten eine glühende Verehrung für das Nachtgestirn. In den Vollmondnächten setzten sich die Mütter in den Hof, die Kinder auf ihrem Schoß, und sangen ihnen vor: *«Komm näher, komm näher, Onkel Mond! Komm und zeichne deine Sichel auf die Stirn meines kleinen Mondes …»** In diesen Nächten wollten alle im Hof Geschichten hören. Die von Onkel Kana wurden besonders geschätzt. Tante Runu sang: *«Heute bei Mondenschein gehen alle in den Wald spazieren …»* Am Ende des Ramadan herrschte große Aufregung im Haus, und jeder versuchte, als Erster den Mond zu erblicken. Sobald Großmutter ihn sah, sprach sie das rituelle *As-Salam alaikum*.

Das hatte sie auch in diesem Jahr voller Eifer getan, wie es die Tradition verlangte; aber da war Boro-mama aufgesprungen und hatte sarkastisch gefragt: «Mama, haben Sie vergessen, dass Neil Armstrong auf den Mond gepisst hat? Wie können

* In der indischen Tradition, die auf der hinduistischen Mythologie beruht, wird der Mond als ein männliches Wesen betrachtet. Das Wort «Mond» wird auch als Kosewort für Kinder gebraucht.

Sie ihn weiterhin so ehrerbietig grüßen, nach einer solchen Schmach?»

Tante Fozli, die nach den Dschinn-Austreibungssitzungen oder bei kleinen Unpässlichkeiten wie Fieber, Migräne oder Koliken ein paar Tage bei ihren Eltern zu verbringen pflegte – mit Erlaubnis ihres Schwiegervaters, des Pirs –, war gerade zugegen. Schlagfertig entgegnete sie ihrem Bruder: «Mein Schwiegervater sagt, dass in Wahrheit niemand je auf dem Mond gewesen ist! Gott hat die Sonne und den Mond geschaffen. Er lässt sie auf- und untergehen. Der Mond ist heilig; sein Erscheinen kennzeichnet den Beginn des Ramadan-Fastens und die Feier von dessen Ende. Diese Geschichte von dem Mann, der auf dem Mond herumläuft, ist nichts als Christen-Propaganda!»

«Was erzählst du uns da, Fozli?», prustete Boro-mama los. «Habe ich dich nicht in Naturkunde unterrichtet, als du klein warst? Habe ich dir nicht beigebracht, wie die Erde entstanden ist? Hast du denn alles vergessen?»

«Wissen die Wissenschaftler mehr als Gott selbst?», erwiderte Tante Fozli, während sie Wasser für ihre Waschungen aus dem Brunnen zog. «Das denkst du also! Aber es gibt keine Wahrheit außer von Gott, alles andere ist Lüge!»

Ich hätte nicht sagen können, wer von beiden Recht hatte, Tante Fozli oder Boro-mama.

Während er im Hof auf und ab geht, der vom Klappern seiner Holzschuhe widerhallt, setzt Boro-mama die Diskussion fort: «Nun gut. Es gibt keine Wahrheit außer von Gott. In diesem Fall sollte man Sein Wort buchstabengetreu befolgen. Dann hätte dein Mann also das Recht, mit den Dienerinnen, die bei euch arbeiten, zu schlafen: Das wäre völlig normal, da Gott dies sagt.»

Das Wasser bleibt im Eimer. Tante Fozli vergisst ihre rituellen Waschungen und geht ins Haus, wobei sie die Tür hinter sich zuknallt. Während sie ihren Burqa vom Haken nimmt, bricht sie in Tränen aus. Wenn sie weint, werden Tante Fozlis Wangen rot wie reife Mangos. Das ist sehr hübsch. Ein schönes Motiv zum Zeichnen!

«Mama, ich gehe. Ich werde keine Minute länger in diesem Haus bleiben! Wie könnte ich derartige Beleidigungen hinnehmen?», schreit sie völlig außer sich.

Großmutter läuft herbei, um ihrer Tochter den Burqa aus den Händen zu reißen. «Warum regst du dich denn so auf?», fragt sie. «Du weißt doch, dass Siddiq seine Zunge nicht im Zaum halten kann, wenn er erregt ist. Er redet dann dummes Zeug. Du wirst doch wohl nicht mitten in der Nacht losgehen, nur weil er ein paar anzügliche Worte dahergesagt hat! Was soll deine Schwiegerfamilie denken, wenn du das tust? Warte wenigstens, bis das Id-Fest vorbei ist, bevor du zurückgehst.»

Tante Fozli nimmt ihrer Mutter den Burqa schnell wieder aus der Hand und sagt, während sie ihn überzieht: «Nein, keine Minute, ich werde keine Minute länger hier bleiben! Glaubt ihr denn, ich komme zum Vergnügen in dieses Haus? Bei uns herrscht ein solcher Lärm, wegen all der Leute, dass ich davon Kopfschmerzen bekomme; deshalb komme ich hierher. Aber wenn ich mir dann Beleidigungen von meinen Brüdern anhören muss, wozu …? Ich habe mich darüber gefreut, das Id-Fest bei meinem Vater zu feiern! Nun sehe ich, dass ich darauf verzichten muss. Dabei hat doch *Miahbhai* bereits Gelegenheit gehabt, mit Humayras Vater zu reden … Er weiß genau, dass es auf dieser Welt keinen heiligeren Mann gibt als ihn …!»

Es gelingt Großmutter nicht, Tante Fozli zurückzuhalten. Onkel Hashem wird beauftragt, sie nach Hause zu begleiten. In dieser Nacht herrscht eine unheilvolle Stille im Haus. Ich bleibe allein im Hof zurück, betrachte den Mond in den endlosen Weiten des Himmels und frage mich, wie der Mensch bis dorthin, auf diese winzige Scheibe, hat gelangen können …

Am Morgen nach dem Id-Fest gehen alle Familienmitglieder nacheinander an die Pumpe, um sich mit kaltem Wasser und viel Seife zu waschen. Man lässt mich neue Kleider und Schuhe anziehen, man bindet mir rote Bänder ins Haar, man parfümiert mich und steckt mir ein Stück Watte, das mit herrlich duftendem Öl getränkt ist, in die Ohren. Die Männer kleiden sich ganz in Weiß, in Payjamas und lange Hemden, und bedecken ihren Kopf mit einer kleinen Kappe. Auch sie haben parfümierte Watte in den Ohren. Das ganze Haus duftet. Wir begeben uns zu dem riesigen Platz, auf dem alljährlich die große Id-Versammlung stattfindet. Nachdem sie große Leintücher auf dem Boden ausgebreitet haben, halten sich Papa, Dada, Chotda sowie meine Onkel, mit Ausnahme des ältesten, zum Gebet bereit. Die Menge ist unglaublich dicht. Als sich in dem Augenblick, da das Gebet beginnt, alle hinknien, bleibe ich stehen und betrachte diese faszinierende Landschaft von Tausenden und Abertausenden zusammengedrängter Menschen, die mich an unsere Gymnastikstunden im Schulhof erinnert, wo wir uns vornüberbeugen müssen, um unsere Fußspitzen zu berühren …

Als das Gebet zu Ende ist, umarmen sich die Männer rechts und links – dieser Brauch ist ihnen vorbehalten –, zumindest unter Bekannten. Einmal hatte ich, zurück zu Hause, Mama vorgeschlagen: «Umarmen wir uns doch auch, zur Feier des Id-Festes!» Mama hatte verstimmt ausgesehen und zu mir gesagt: «Mädchen tun das nicht! Was ist denn das für ein Einfall?» Und als ich nachbohrte, um zu erfahren, warum, hatte sie mir die unbefriedigende Antwort gegeben: «Das ist nicht Brauch.» Seitdem wurmt mich die Frage: Warum ist es nicht *Brauch*?

Nach dem gemeinsamen Gebet wird das Tieropfer vollzogen. Das schwarze Rind, das in diesem Jahr gekauft wurde, ist seit drei Tagen am Banyan-Baum im Hof festgebunden. Ihm triefen die Augen, als würde es weinen. Mir bricht das Herz beim Gedanken daran, dass dieses lebende Tier, das da wiederkäut und friedlich mit dem Schwanz schlägt, in wenigen Augenblicken nichts mehr als ein paar Eimer voll Fleischstücke sein wird. Neben dem Rind am Fuß des Baumes sitzend, schärft der Imam der Moschee unseres Viertels sein Messer. Onkel Hashem bringt ein Bambusrohr herbei. Papa entrollt ganz in der Nähe eine Matte, damit man sich bequem hinsetzen kann, um das Fleisch zu zerlegen. Der Imam gibt das Signal zum Vollzug. Darauf legt Papa, mit Hilfe von Onkel Hashem und ein paar Nachbarn, dem Tier Fußfesseln an, und sie bringen es zum Stolpern, sodass es zu Boden fällt. Das Rind brüllt herzzerreißend. Mama und meine Tanten schauen der Tötung vom Fenster aus zu. Alle Blicke sind von freudiger Erregung belebt. Allein Boro-mama, der sich nicht umgezogen und parfümiert hat, steht in seinem Lungi abseits der schrecklichen Szene, und man hört ihn ausrufen: «Ich frage mich, wie Menschen sich an dem Anblick freuen können, wie ein armes Tier so grausam ermordet wird, unter dem Vorwand, das gefalle Gott! Welch eine Herzlosigkeit, wirklich …»

Ich will es aber sehen. Das Rind leistet Widerstand. Es gelingt ihm, wieder aufzustehen, trotz aller Bemühungen, es am Boden zu halten. Es muss noch einmal auf die gleiche Weise zu Fall gebracht werden. Dann setzt der Imam sein Messer an den Hals des Tieres, mit den Worten: «Gott ist groß!» Das Blut schießt hervor. Trotz der halb durchgeschnittenen Kehle brüllt das Rind noch eine ganze Weile weiter und strampelt mit allen vieren in der Luft. Während seines Todeskampfes zieht sich mir das Herz zusammen. Mama hatte mir, wie jedes Jahr am Morgen des Id-Festes, nahe gelegt, der Tötung zuzusehen. Ich habe wohl gesehen, dass sie Tränen in den Augen hatte, als der Imam das Tier häutete. Meine Onkel Felu und Shoraf können die Augen nicht von dem Schauspiel wenden. Ich aber habe jetzt genug davon: Ich gehe zum Laden von Monu Miah und kaufe mir einen Luftballon mit Flöte! Inzwischen wird das Fleisch in sieben Haufen aufgeteilt: drei für Großmutters Haushalt, drei für unseren, und der letzte wird an die Bettler und Nachbarn verteilt.

Aber das Beste am Id-Tag ist, dass Papa wohlwollend mit uns spricht, ohne je die Stimme zu erheben, ohne uns streng aufzufordern, unsere Hausaufgaben zu machen. An einem solchen Tag kann keine Rede davon sein, uns zu schlagen! Nach dem Festessen – Pulao mit gebratenem Fleisch, mit Safran gewürzte süße Milchnudeln – gehen wir Kinder spazieren, leichten Herzens, in der Gewissheit, vor dem väterlichen Zorn sicher zu sein. Der Rest des Hauses bringt den größten Teil des Tages damit zu, das Opferfleisch zuzubereiten, es in großen Töpfen zu garen. Erst wenn das vollbracht ist, am späten Nachmittag, nehmen Mama und Großmutter ihr Bad und ziehen den neuen Sari an, den sie zum Fest bekommen haben.

Tante Runu und Tante Jhunu, die sich aufgeputzt haben, warten auf eine Gelegenheit zu entkommen, sie wollen ihre Freundinnen besuchen. Bei uns reißt der Besucherstrom nicht ab. Boro-mama, der sich noch immer nicht von seinem Lungi und seinem alten Hemd getrennt hat, kommt von einer Runde durch die Nachbarschaft zurück und sagt: «Das ganze Viertel schwimmt im Blut der geopferten Rinder! Man hätte diese Tiere besser an Bauern verteilt, die sie für die Feldarbeit hätten brauchen können. Es gibt so viele arme Bauern, die keine Arbeitstiere haben. Ich werde nie verstehen, warum sich die Leute als solche Vielfraße aufführen! Wie viele Notleidende haben nicht einmal ein Reiskorn zum Beißen, während eine einzige Familie sich mit Fleisch voll stopft, nachdem sie ein Rind geopfert hat!»

Es ist sinnlos, Boro-mama anzuflehen, zur Feier des Tages ein Bad zu nehmen und sich umzuziehen. Großmutter bedrängt ihn trotzdem: «Einverstanden, du hast das Id-Fest nicht feiern wollen. Aber das ist kein Grund, nichts zu essen!»

«Aber natürlich werde ich essen», antwortet Boro-mama seufzend. «Serviert mir alles, was ihr wollt, nur kein Fleisch!»

Großmutter ist schon seit einer Weile den Tränen nahe. Wie könnte sie es hinnehmen, dass ihr ältester Sohn das Fleisch des Id-Opfers nicht anrühren will? Während sie sich mit einem Zipfel ihres Saris die Augen trocknet, versichert sie, dass sie unter diesen Umständen auch nichts davon anrühren werde. Hat man je eine Mutter essen sehen, bevor sie nicht zuerst ihren Sohn versorgt hat?

Das ganze Haus weiß Bescheid über Boro-mamas Weigerung, von dem Id-Fleisch zu essen. Unter den Erwachsenen hat sich Unbehagen ausgebreitet. Während sie unsere Teller füllt, vertraut Mama uns an: «Miahbhai wird nach Dhaka zurückkehren, ohne von dem Opferrind gegessen zu haben. Er sagt, er ertrage diesen Brauch nicht, dass man Tiere opfert; aber das Fleisch, das man auf dem Markt kauft, erhält man das nicht auch, indem man Tiere tötet?»

Das Fest dauert nur einen Tag. Am nächsten Morgen hat der Alltag mich wieder. Und dazu gehören beispielsweise die Frotzeleien von Onkel Shoraf, der sich über mich lustig macht, weil ich meine Schneidezähne verloren habe:

Die Zähne sind ihr ausgegang',
Nur noch Kacke fressen kann!

Als ich meine Milchzähne verloren habe, hat Mama sie in ein Mauseloch geworfen und dazu gesungen:

Mäuschen, Mäuschen, nimm den Zahn,
Gib mir 'nen schönen weißen,
Dass ich wieder gut kann beißen!

Solange das Mäuschen mich nicht mit neuen weißen Zähnen beglückt, bin ich dazu verdammt, Onkel Shorafs Raubtierlächeln zu begegnen. Und auch Tante Runu zieht mich auf:

Damit die Zähne wieder sprießen,
Musst Exkremente du genießen!

Wie könnte ich, ohne mich zu übergeben? Auf der Toilette sitzend, zwinge ich mich dazu, unter mich zu schauen, zu dem Haufen Kot, den ich produziert habe und um den bereits ein paar Schmeißfliegen schwirren. Ich halte mir mit den Fingern die Nase zu, solange es geht ... Den Rekord meines Bruders, der sich immer mindestens zwei Stunden lang einschließt, werde ich gewiss nicht brechen! Wie schafft er das bloß, es so lange in einem solchen Gestank auszuhalten? Das frage ich mich, ich muss immer mit zugehaltener Nase in mein Zimmer flüchten, wenn der Grubenentleerer zu seiner allmonatlichen Arbeit erscheint. Ich höre dann nicht nur auf zu atmen, ich muss auch unaufhörlich ausspucken, solange ich weiß, dass er noch in der Nähe ist. Großmutter hingegen scheut sich nicht, lange mit ihm über seinen Preis zu verhandeln. Also wirklich, Tante Runu veräppelt mich, denke ich wütend. «Da du alle deine Zähne hast», reibe ich ihr unter die Nase, «heißt das ja, dass du Scheiße gegessen haben musst!»

«Natürlich habe ich welche gegessen!», antwortet sie mir unverfroren. «Als ich so alt war wie du!»

Kürzlich ist der Beschneider in unser Haus gekommen, um Onkel Tutu und Onkel Shoraf die Vorhaut zu entfernen – ein Initiationsritus, der sie zu echten Muslimen macht. Nach der Operation hat man sie neue Lungis anziehen lassen. In den ersten Tagen sehe ich sie ihre Lungis leicht anheben, wenn sie im Haus herumlaufen, damit die Reibung des Stoffes ihnen nicht wehtut. Diese neue Art zu gehen finde ich sehr lustig, ich muss unwillkürlich lachen, was mir prompt ein paar Ohrfeigen der beiden Frischbeschnittenen einträgt. Es ist mir verboten zu lachen, verboten, auch nur den geringsten Blick auf ihre Lungis zu werfen, wenn sie gehen! Das Recht, die Grenze zwischen Erlaubtem und Verbotenem zu ziehen, steht nun einmal den Älteren zu.

In diesem Jahr hat Boro-mama die gesamten Id-Ferien zu Hause verbracht. Er ist kaum aus seinem Zimmer herausgekommen, wo er tagelang auf seinem Bett lag und las. Erst am späten Nachmittag ging er in den Hof hinaus, was wir am Klappern seiner Holzschuhe auf dem gestampften Boden hörten. Er verbrachte mehrere Abende bei uns, um mit Papa zu diskutieren. Boro-mama spricht leise, ohne je die Stimme zu erheben. Sobald er jemanden schreien hört, verleiht er seinem Unwillen Ausdruck, indem er leise mit der Zunge schnalzt. An einem dieser Abende haben wir plötzlich Onkel Hashem brüllen hören: «Hilfe! Ich falle!» Das ganze Haus lief zusammen, und wir fanden ihn, wie er sich von innen an den Brunnenrand klammerte. «Hör auf, dich mit solchen Dummheiten zu vergnügen, Hashem! Eines schönen Tages wirst du wirklich hineinfallen», hat Großmutter sehr erbost ausgerufen.

Onkel Hashem steigt lachend wieder aus dem Brunnen. Boro-mama schaut ihn verständnislos an. «Was ist das für eine Art von Spaß? Ich verstehe nicht, was daran interessant sein soll! Bist du verrückt geworden, Hashem?», sagt er schließlich zu ihm.

Onkel Hashem kennt noch ein anderes Spiel. Manchmal packt er uns, Onkel Felu oder mich, hält uns über das Brunnenloch und droht, uns hineinzuwerfen. Wenn sie unsere Hilferufe hören, kommen alle aus dem Haus gelaufen, um zu sehen, was los ist. Boro-mama ist von dieser Art zu spielen schockiert, und er versäumt es nicht, uns die Oberflächlichkeit und Dummheit solchen Zeitvertreibs vorzuhalten.

Einige Zeit später kommt Tante Fozli zu Besuch, die gehört hat, dass ihr ältester Bruder sich noch immer zu Hause aufhält. Gleich bei ihrer Ankunft schleudert sie Boro-mama entgegen: «Ich habe mit dir zu reden.»

Boro-mama nimmt sie bei den Schultern und sagt in scherzhaftem Ton zu ihr: «Warum bist du so böse? Zieh doch diesen Burqa aus! Setz dich! Nimm dir Zeit!»

«Nein, ich bin nicht hergekommen, um mich zu setzen!», erwidert Tante Fozli, ohne mehr als ihren Kopf zu enthüllen. «Ich werde wieder gehen, sobald du gehört hast, was ich dir zu sagen habe.»

Darauf setzt sie sich auf die Bettkante und beginnt mit ihrem Vortrag: «Was du neulich gesagt hast – Gott habe gelehrt, dass es den Männern gestattet sei, mit den Dienerinnen des Hauses zu schlafen –, welchem Koranvers entnimmst du das? ... Denn es ist falsch! Gott hat nicht von Dienerinnen gesprochen. Im Koran steht der Begriff Sklavin, nicht Dienerin. Verhältnisse mit Sklavinnen sind erlaubt, gewiss, aber heutzutage gibt es keine Sklaven mehr», schließt sie triumphierend.

«Aha! Das war es also!», ruft Boro-mama aus und streckt seine Beine auf dem Bett aus, um bequemer zu sitzen. «Das ist die Sache, die so dringlich ist, dass du dir nicht einmal die Zeit nehmen kannst, deinen Burqa auszuziehen, um sie vorzutragen! Das ist tatsächlich ein Grund zur Hektik! Einverstanden! Aber kannst du mir sagen, warum die altüberlieferte Praxis der Sklaverei heutzutage nicht mehr existiert? Los, sag's mir! Wer hat sie abgeschafft? Dein Gott? Dein Prophet? ... Nein! Es sind die Menschen, die sie abgeschafft haben, hörst du? Zum Glück haben die Menschen das getan! Was für eine Schande wäre das sonst, nicht wahr? Aber wie dem auch sei, überleg mal: Ist es richtig, dass Gott ein solches Gesetz erlässt, ganz gleich, ob es sich nun um Dienerinnen oder Sklavinnen handelt ...?»

Ohne Boro-mama seine Argumentation fortführen zu lassen, verteidigt Tante Fozli ihren Standpunkt: «Gott hat das in alter Zeit vorgeschrieben! Damals war die Sicherheit der Frauen in keiner Weise gewährleistet ... Die Sklavinnen hatten keinerlei Zuflucht außerhalb des Hauses ihres Herrn ... Aus diesem Grund hat Gott ...»

Diesmal ist es Boro-mama, der sie lebhaft unterbricht: «Wenn du meinst, dass der Koran für diese alte Zeit geschrieben ist, wunderbar! Dann überlassen wir ihn doch dieser fernen Vergangenheit. Wozu sollen wir uns dann heute darüber den Kopf zerbrechen? Aber man kann sich doch fragen, warum Gott sich nur um eine bestimmte Zeit gesorgt hat. Das ist doch wirklich sonderbar! Gott ist dafür bekannt, dass er die Vergangenheit und die Zukunft kennt, dass er alles sieht, alles versteht ... Warum hat Er dann nicht geschrieben, dass in der Zukunft die Praxis der Sklaverei verschwinden würde? Dass es elektrisches Licht, Autos, Flugzeuge, Raketen geben würde ...? Er hätte sogar schreiben können, dass der Mensch auf dem Mond herumlaufen würde. Ich sehe wirklich nicht ein, warum man sich Gedanken über etwas machen sollte, das unserer Zeit überhaupt nicht mehr angemessen ist! Du nimmst dir das viel zu sehr zu Herzen!»

Tante Fozli, die ein finsteres Gesicht macht, steht plötzlich auf. Den Schleier ihres Burqa in der Hand, ruft sie aus: «Ich hätte nie gedacht, dass du so tief sinken könntest, Miahbhai! Was für eine Schande! Allein dich anzusehen ist eine Sünde!» Mit diesen Worten rauscht sie aus Großmutters Haus hinaus und flüchtet sich in unser Schlafzimmer, wo sie sich stöhnend aufs Bett fallen lässt: «Borobu, ich muss mich einen Augenblick ausruhen! Ich habe Kopfschmerzen!» Mama geht sofort in die Küche, um für ihre Schwester eines ihrer Lieblingsgerichte zuzubereiten: Garnelen mit rotem Reis.

Wenn Papa und mein Onkel sich unterhalten, geht es in der Regel vor allem um finanzielle Dinge. Boro-mama sagt: «Du solltest ein Grundstück in Dhaka kaufen, Rojob Ali. Es ist zur Zeit noch ziemlich günstig. Aber die Preise werden bald steigen!»

«Ja, ich werde darüber nachdenken ... Das ist eine gute Idee», antwortet Papa und unterstreicht sein Interesse mit einer Kopfbewegung.

Ich für meinen Teil würde mir sehr wünschen, dass mein

Onkel von der großen Stadt, von Dhaka berichtet. Dass er sie mir beschreibt, dass er mir von allem erzählt, was es dort gibt. Aber er schaut mich kein einziges Mal an. Wahrscheinlich hat sich seine kleine Prinzessin zu sehr mit Staub und Matsch beschmutzt, um seine Beachtung zu verdienen! Nur ein einziges Mal, am Tag vor seiner Rückreise nach Dhaka, hat er das Wort direkt an mich gerichtet. Als ich von der Toilette kam, habe ich ein Stück Papier mit arabischen Schriftzeichen aufgelesen, das auf dem Boden lag, um es Mama zu geben, ihren Anweisungen gemäß – sobald ich nämlich das arabische Alphabet beherrschte, hatte sie mir eingeschärft, dass nichts in dieser Sprache Geschriebenes im Dreck herumliegen bleiben dürfe, da es sich um die heilige Sprache Gottes handle. Man müsse also jeden solchen Papierschnipsel aus dem Schmutz erretten und ins Wasser werfen. Das habe ich mir zur Gewohnheit gemacht – jedes Mal, wenn ich ein solch verehrungswürdiges Stück Papier finde, hebe ich es auf, küsse es und lasse es dann auf dem Teich schwimmen wie ein Schiffchen.

Ich gehe also brav zu Mama, die im Hof Wäsche aufhängt, um ihr von meinem Fund zu berichten. «Ich habe keine Hand frei», antwortet sie mir. «Sag deinem Onkel, er soll sich darum kümmern!» Boro-mama nimmt das Stück Papier und liest es zwischen den Zähnen murmelnd. Mama schaut ihm fasziniert zu. Arabisch zu können ist ein Zeichen großer Frömmigkeit. Wenn Boro-mama auch nie in die Moschee geht, nicht einmal freitags, und nie betet, nicht einmal am Id-Fest – was zählt das, da er die heilige Sprache beherrscht?

«Was hast du mit diesem Zettel vor?», fragt er.

«Ich werde ihn küssen und dann in den Teich werfen», erkläre ich ihm und klammere mich an Mamas Sari, nicht so sehr, um darin Zuflucht zu finden, sondern vielmehr, um meinen Geist zu stärken, wenn ich meinem Onkel antworte.

«Was? Das hier willst du küssen?», ruft er aus und wirft den Zettel weit von sich. «Aber weißt du denn, was darauf geschrieben ist? Da steht: ‹*Hurensohn, ich ficke deine Mutter*›, hier, wortwörtlich!»

Als sie diese Worte vernimmt, errötet Mama vor Scham. Sie vergisst darüber die nasse Wäsche, die sie sich über die Schulter gelegt hatte, um sie aufzuhängen. Fulbahari, die mit einem Krug voll Wasser von der Pumpe kommt, bleibt wie vom Blitz getroffen stehen. Großmutter, die gerade eine Pfefferschotenpflanze gießt, lässt ihre Gießkanne fallen, deren Inhalt über den Hof strömt. Und ich, ich gehe zwei Schritte auf Boro-mama zu und frage ihn mit großen Augen: «Aber Boro-mama, Arabisch ist doch die Sprache Gottes! Wie ist es möglich, dass man darin solche Schimpfworte schreibt?»

«Was soll daran Unmögliches sein!», ruft er aus und lässt seine Holzsohlen klappern. «Arabisch ist die Sprache der Bewohner der arabischen Länder. Auch sie trinken Alkohol, tun hässliche Dinge, töten andere Menschen! Warum sollten sie keine Schimpfworte benutzen? In diesen Ländern heiraten die Männer bis zu vierzehnmal! Ich habe sogar sagen hören, dass manche über hundert Frauen haben ...!»

«Siddiq, das reicht jetzt», unterbricht ihn Großmutter.

Und da hört er auf, seiner Mutter gehorchend, er, der älteste Sohn, der Exkoranschüler, der Experte der arabischen Sprache, den sie immer mit Aufmerksamkeiten überschüttet hat – sie allein kann ihm Einhalt gebieten ...

II

Gleich nach dem Ende des Krieges, 1971, machte sich Mama wieder auf den Weg zum Haus des Pirs. Dieser hatte natürlich nirgendwohin fliehen müssen. Er hatte in aller Ruhe in der Stadt bleiben können, da er ja sogar ein paar Bihari zu seinen Freunden zählte ... Hatte er nicht letztlich, genau wie sie, Indien verlassen, als es zur Teilung kam, und sich dafür entschieden, in die neue Heimat der Muslime auszuwandern, nach Pakistan? Da konnte er natürlich nicht tatenlos zusehen, wie dieses Land keine fünfundzwanzig Jahre später auseinander fiel. Also hatten ein paar Jünger Amirullahs, mit seinem Segen und unter «Gott ist groß!»-Rufen, in der Ortschaft Naomahal ein Dutzend Häuser in Brand gesteckt, die von diesem *Bengalenpack* bewohnt wurden. Der Pir hatte sie dazu ermutigt, indem er behauptete: «Es ist überhaupt keine Sünde, so zu handeln, wie ihr es tun werdet ... Diener Gottes, ihr seid die Soldaten dieses heiligen Krieges, der den Islam aus den Klauen seiner Feinde retten soll!»

Obwohl Mama diese Idee eines *heiligen Krieges* einigermaßen fremd ist, stellt sie keine Fragen, da sie ja eine Jüngerin des Pirs ist und eine Jüngerin die Worte und Taten ihres Meisters niemals in Frage stellen darf. Sie hätte viel zu sehr Angst, ihn zu verstimmen oder ihn durch unangebrachte Fragen zu verletzen. Und nicht nur, dass sie keine Fragen stellt, sie fügt sich auch bereitwillig seinem begnadeten Beschluss, dem zufolge alle seine Jüngerinnen, sobald dieser heilige Krieg endlich zu Ende sein wird, nur noch weiße *Shalwar-kamiz*-Ensembles tragen sollen. Sobald der Wunsch des Pirs bekannt wird, läuft Mama los und kauft meterweise weißen Stoff, um sich ihre neuen Kleider zu nähen. Außerdem schneidet sie sich mit zwei, drei Scherenschnitten die langen Haare ab, die ihr bis über die Hüften reichten und die sie mit Haarteilen anzureichern pflegte, um ihnen mehr Fülle zu geben. Nun entspricht sie den Wünschen des Meisters: die Haare schulterlang, eingehüllt in einen so weiten Shalwar-kamiz, dass er um ihren Körper schlackert, und mit einem Schal über Kopf und Brust, der genauso eintönig weiß ist wie der Rest. Ich erkenne meine Mutter nicht wieder. Betrübt über diese Verwandlung, frage ich sie: «Warum ziehst du dich so an, Mama?»

«Ich will keinen Sari mehr tragen. Das ist die Kleidung der Hindu-Frauen. Der Ungläubigen! Für eine muslimische Frau ist es eine Sünde, Saris zu tragen!»

Wie auch immer die Befehle lauten, die vom Pir kommen, Mama befolgt sie mit allem Eifer, zu dem sie in der Lage ist. Hat sie denn ihre Kindheitsfreundin Amala vergessen, die Tochter der Hindu-Nachbarn? Hat sie auch vergessen, wie wütend sie mich damals, als ich mir kurz entschlossen die Haare abschnitt, verprügelt hatte? «Du siehst aus wie eine richtige Hexe, mit diesen kurzen Haaren», hatte sie mir entgegengeschleudert. «Und das, nachdem ich mir so viel Mühe gegeben habe, sie mit Öl zu pflegen ...!»

Deshalb erkenne ich Mama nicht mehr wieder. Wenn wir alle zum Essen am Tisch sitzen, geht sie, nachdem sie uns bedient hat, mit ihrem Teller in der Hand davon und setzt sich auf den Boden oder aufs Bett, um abseits zu essen – denn für sie gilt: «Es ist unrein, an einem Tisch sitzend zu essen. Das ist ein Brauch von Juden und Christen!»

In unserem Viertel gibt es kaum mehr als zwei oder drei muslimische Haushalte; alle anderen sind hinduistisch. Daher gibt es in der Nachbarschaft fast jeden Tag ein Fest, so viele Götter und Göttinnen haben die Hindus! Viele der Nachbarn kommen durch unser schwarzes Tor herein und bitten um die Erlaubnis, bestimmte Blätter, Blumen oder Früchte zu pflücken, die sie für ihre Opfergaben brauchen. Was kümmert es mich, ob sie im Garten ein paar herabgefallene Bilva-Früchte auflesen? Ich verabscheue deren Geschmack. Wenn Mama mich dazu bringen will, von dem Gebräu zu trinken, das sie aus Bilva-Saft herstellt, halte ich mir auf hundert Meter die Nase zu! Mama kennt die jungen Hindu-Mädchen aus der Nachbarschaft gut, die sich auf diese Weise in unserem Garten bedienen; sie hat sich sogar mit einigen von ihnen angefreundet.

Ja, aber das war früher. Bevor sie zum Pir ging. Jetzt jagt sie die Hindus davon, kaum sieht sie sie durch das Tor kommen, und sie warnt uns: «Lasst keinen von ihnen mehr Früchte oder was auch immer für ihre *Pujas* pflücken. Sie sind Ungläubige!

Es ist für uns eine Sünde, zuzulassen, dass sie sich in unserem Garten bedienen, um ihren Götzenkult zu treiben.»

«Warum nennst du sie Ungläubige?», wundere ich mich, schockiert von Mamas Reaktion. «Ich kenne sie gut, es sind anständige Leute!»

«Alle, die keine Muslime sind», entgegnet sie, indem sie ihre Gebetskette durch die Finger gleiten lässt, «sind Ungläubige. Die Hindus, die Buddhisten, die Christen … alle!»

«Aber wenn doch ein Kind in einer Hindu- oder Christenfamilie geboren wird!», wage ich zu sagen, nachdem ich mich vorsichtshalber außer Reichweite der Hände meiner Mutter begeben habe. «Es ist doch nicht seine Schuld, wenn es die und die Eltern hat! Es hätte genauso gut bei dir geboren werden können, oder beim Imam in der Moschee! Es ist nicht verantwortlich dafür, dass seine Eltern ihm beibringen, Statuen Opfergaben zu bringen oder Hymnen an Krishna zu singen. Was wird mit diesem Kind geschehen? Wird es in die Hölle oder ins Paradies kommen?»

Ich sehe, wie sich Mamas Lippen bewegen: Sie betet. Sie gibt mir keine Antwort. Ich trete wieder etwas näher an sie heran, um sie noch einmal zu fragen: «Sag, Mama, wird dieses Kind in die Hölle oder ins Paradies kommen?»

«Wenn es zum Islam übertritt und sehr fromm wird, dann kommt es ins Paradies. Sonst in die Hölle», antwortet sie mir schließlich.

«In die Hölle? Aber was hat es Böses getan?»

«Nun! Es hat den Fehler begangen, in eine gottlose Familie hineingeboren zu werden», antwortet Mama, die nach Worten zu ringen scheint.

«Aber du sagst doch selbst, dass nichts ohne Gottes Willen geschieht», erwidere ich schlagfertig, mit der Schnelligkeit eines Kriegers, der einen Pfeil auf seinen Gegner abschießt. «Also ist es Gott, der dieses Kind in einer gottlosen Familie zur Welt hat kommen lassen. Also hat Er den Fehler begangen! Es ist ungerecht, die Schuld auf das Kind zu schieben, das es sich nicht ausgesucht hat, wo es geboren wird!»

In der Hitze der Diskussion bin ich zu dicht an Mama heran geraten. Mit einer einzigen Bewegung lässt sie ihre Gebetskette los, packt mich, zieht mich zu sich, und bevor ich begreife, was mir geschieht, greift sie mir in die Haare und schüttelt mich mit aller Kraft. Dazu schreit sie: «Du wagst es, Gott zu kritisieren! So eine Unverfrorenheit! Wer hat dir nur beigebracht, so zu reden? Wenn ich dich noch ein einziges Mal schlecht von Gott oder Seinem Propheten reden höre, dann erwürge ich dich, ist das klar? Dass ich ein solches Dreckstück zur Welt gebracht habe! Ich hätte dich wirklich sofort umbringen sollen! Damit hätte ich mir vor Gott viele Verdienste erworben, das ist sicher!»

Ich kann überhaupt nicht verstehen, was ich Schlechtes über Gott und Seinen Propheten gesagt haben soll. Mama verabscheut inzwischen so viele Dinge, dass nichts von dem, was ich tue oder sage, vor ihren Augen Gnade findet. Für alles, was von mir kommt, fällt ihr nur das Wort Sünde ein!

Wenn ich mein Glas direkt an der Pumpe fülle und mich anschicke, es auszutrinken, hält sie mir vor: «Warum trinkst du im Stehen Wasser? Das ist, als würdest du die Pisse des Teufels trinken!»

Wenn ich von der Toilette zurückkomme, untersucht sie meine Hände. Wenn sie nicht nass sind, fragt sie mich: «Hast du dich gewaschen? Die Hindus, die waschen sich nicht. Du wirst es doch wohl nicht wie sie machen! Weißt du nicht, dass die Ungläubigen alle in der Hölle enden?»

Vor dem Fenster an meinem Bett steht ein Baum, dessen Blüten wunderbar duften, wenn die Nacht hereingebrochen ist. Ich liebe es, mich mit dem Kopf in diese Richtung ins Bett zu legen, um den Duft zu genießen, bevor ich einschlafe. Aber jedes Mal kommt Mama und lässt mich meine Position ändern: «Schämst du dich nicht, dich mit den Füßen nach Westen zu legen! Weißt du nicht, dass das die Richtung von Mekka ist? Dass das eine Sünde ist? Los, leg dich bitte mit den Füßen in die andere Richtung!»

Immer wenn sie mir solche Geschichten auftischt, würde ich sie am liebsten daran erinnern, dass im Westen auch ein Hindu-Tempel steht, ganz in der Nähe unseres Hauses. Aber ich weiß, dass eine solche Bemerkung mir nur eine Nettigkeit im Stil von *Satansbrut* eintrüge, oder ein paar Ohrfeigen. Also lege ich mich in die von Mama befohlene Richtung. Und frage mich dabei, was alles auf den Tausenden von Kilometern liegen mag, die meine armen Beine vom heiligen Mekka trennen – wie viele Flüsse und Kanäle, Berge und Hügel, Hindu-Tempel und christliche Kirchen … Scheißhäuser und Pissoirs!

Diese Religion, von der Mama besessen ist, scheint mir jeglicher Vernunft zu entbehren. Auf die ernsten Fragen, die ich stelle, bekomme ich nichts als vorgefertigte Antworten, die meine Neugier nicht befriedigen. Gott hat den Menschen aus Lehm geschaffen und die Dschinns aus Feuer. Die Taten der einen wie der anderen werden am Tag des Jüngsten Gerichts gewogen werden. Die Dschinns leben in den Lüften, für das menschliche Auge unsichtbar. Gott ist Licht. Auch Er ist unsichtbar. Er wohnt hoch über allen Dingen, irgendwo weit oben im Himmel. Wo Er auch ist, Er hört alles, Er sieht alles.

In der Nacht von Schab-i Barat* bereitet sich Mama, nachdem sie die traditionellen Kekse gebacken hat, die zu den süßen Milchnudeln gereicht werden, darauf vor, bis zum Tagesanbruch zu beten. «Heute ist der Tag, an dem Gott aus dem Siebten Himmel herabsteigt, um die Taten der Menschen aufzuzeichnen, wer auf Erden das Gute und wer das Böse tut», erklärt sie mir.

«Aber warum kann Gott die Menschen, die auf der Erde

* Muslimisches Fest.

wohnen, nicht vom Siebten Himmel aus sehen?», entgegne ich unvorsichtigerweise. «Wozu braucht er so nah heranzukommen, um ihre Taten zu beobachten, Er, der alles sieht und alles hört?»

«Hör auf, alle naselang Fragen zu stellen!», wütet Mama mit knirschenden Zähnen. «Du musst an Gott glauben wie eine Blinde. Gott ist allmächtig. Es gibt keine Größe außer von Gott. Gott ist barmherzig. Er ist Eins und Einzig.»

Das sind genau die Worte, die ich aus dem Mund des Pirs Amirullah gehört habe. Sollte Mama sich in einen Beo verwandelt haben? Wie der, der in einem Käfig eingesperrt an einem Ast in Großmutters Hof hing und jeden Ankömmling mit dem Ausruf meldete: «Oh! Ein Gast! Bringt etwas zu essen!» Womit er bloß wiederholte, was Tante Runu ihm beigebracht hatte. Seit er diese Worte sagen konnte, war es, als hätte er seine eigene Sprache vergessen, und er begnügte sich damit, das bisschen, was man ihm eingetrichtert hatte, unverändert zu wiederholen.

An einem anderen Tag sehe ich, wie Mama, vollständig unter einem weiten schwarzen Burqa verborgen, nach Naomahal aufbricht, und frage sie: «Mama, warum müssen sich Frauen unter solchen Gewändern verstecken?»

«Um ihre Tugend zu bewahren», antwortet sie und dreht sich zu mir um. Sie kommt ein paar Treppenstufen zurück zu mir herauf und fügt hinzu: «Gott hat gesagt, dass Frauen von niemandem gesehen werden sollen, der nicht zu ihrer Familie gehört. Um Sünden zu vermeiden.»

Ich gehe meinerseits zwei Stufen hinab und frage weiter: «Aber warum hat Gott den Männern nicht auch befohlen, den Burqa zu tragen? Falls jemand, der nicht zur Familie gehört, sie sieht ...»

Die Augen von Mama, die ihren Schleier hochgehoben hat, funkeln wie glühende Kohlen, und sie erwidert mir wutentbrannt: «Man muss sich begnügen, Gottes Befehlen zu gehorchen! Er hat den Männern nicht befohlen, den Burqa zu tragen, sondern nur den Frauen. Man darf Seinen Willen nicht in Frage stellen. Ihn anzuzweifeln ist eine Sünde!»

Sünde! Sünde! Sünde! Nach rechts gehen: Sünde! Nach links gehen: Sünde! Eine Frage stellen: wieder eine Sünde! Und jeden, der Sünden begeht, wird Gott in die Hölle werfen, wo Schlangen und Skorpione ihn verschlingen werden! Ich denke an die schreckliche Angst, die ich vor Schlangen und Skorpionen habe. Aber zugleich denke ich auch an das, was unser Mathematiklehrer in der Schule so oft wiederholt, wenn er an der Tafel eine Rechenaufgabe löst: «Zögert nicht, Fragen zu stellen, wenn ihr welche habt! Wer keine Fragen stellt, hat die besten Aussichten, nichts zu verstehen!»

Die Sünder wird Gott in die Hölle werfen, wo sie nichts zu essen bekommen außer einer fürchterlich bitteren Frucht, durch die ihnen die Eingeweide aus dem Mund herausquellen werden. Von dieser Frucht, die auf einem Baum namens *Zaqqum* wachsen soll, habe ich zuerst von Großvater gehört.

«Sag, Großvater, wie sieht dieser Baum denn aus?»

«Er ist voller Dornen! Mehrere Schichten von Dornen!», hatte er mir vor Furcht zitternd geantwortet.

Ich hatte das sichere Gefühl, dass Großvater zumindest einmal in seinem Leben von dieser so widerwärtigen Frucht gekostet haben musste. Und dass er deshalb keinen Wert darauf legte, diese Erfahrung zu wiederholen.

Seit seiner Pilgerreise nach Mekka redet Großvater allerdings nicht mehr von der Höllenfrucht; jetzt führt er nichts mehr als die Beschreibung der köstlichen Nahrung des Paradieses im Munde. Mit geschlossenen Augen und einem seligen Lächeln auf den Lippen, als habe er alle Himmelsgerichte vor sich, ruft er aus: «Ah! Was man im Himmel isst, ist so delikat, dass man sogar duftend rülpst!» Von diesem Tag an verdächtige ich Großvater jedes Mal, wenn ich ihn bei seinen fünf täglichen Gebeten sehe, dass er nur deshalb so fromm ist, weil er hofft, sich im Paradies mit dieser unvergleichlich köstlichen Nahrung den Bauch voll zu schlagen und duftende Rülpser von sich zu geben.

An dem Tag, als Großvater von seiner Pilgerreise zurückgekommen war, hatte sich das ganze Haus um ihn versammelt, so fasziniert, als kehrte er von einer Zusammenkunft mit Gott selbst zurück. Bald lachend, bald weinend, hatte er uns erzählt, wie er die Kaaba umschritten habe; wie er den schwarzen Stein, genannt *Hadscharu'l-Aswad*, geküsst habe, der deshalb schwarz sei, weil er die Sünden aller Pilger aufnehme; wie er einen Schuh auf den Berg geworfen habe; wie er sich den Schädel habe rasieren lassen; wie er ein Gewand ohne Nähte angelegt habe; und wie er sich schließlich am heiligen Grab des Propheten in Medina ins Gebet versenkt habe.

Auch die Nachbarn waren bald herbeigeströmt, um Großvater, der von den heiligen Orten zurückkehrte, zu besuchen. Darunter auch Sulekhas Mutter, die zu ihm gesagt hatte: «Wer einmal im Leben nach Mekka pilgert, dem werden alle Sünden vergeben. Haben Sie ein Glück …!»

Von meinem Eckchen aus, wo ich auf dem Boden saß, wollte auch ich meinen Senf zum Gespräch der Erwachsenen dazugeben: «Vergibt Gott allen ohne Ausnahme, wenn sie die Pilgerreise machen, auch denen, die Böses tun, die Menschen umbringen, wie diesen Polizisten zum Beispiel, die Mintu getötet haben?»

«Ja, allen, was auch ihre Sünden sein mögen», hatte Großvater dem Fräulein Naseweis geantwortet.

Mama pflegte zu sagen: «Es gibt alle Arten von Sünden. Aber die größte ist die Sünde *Kabira*. Das ist die einzige, die absolut unverzeihlich ist!»

Also fragte ich weiter: «Wird denen, die nach Mekka reisen, sogar die Sünde Kabira vergeben?»

Diesmal machte sich Großvater nicht die Mühe zu antworten. Und Mama zog mich aufgebracht am Arm zur Pumpe und sagte: «Fulbahari hat schon lange Wasser für dich hochgezogen! Los, wasch dich!»

Im selben Monat, in dem Großvater von seiner Pilgerreise zurückkam, reiste Boro-mama mit dem Flugzeug zum Arbeiten ins Ausland, nach Karachi. Er schickte uns ein dort aufgenommenes Foto von sich, auf einem Pferd sitzend, mit einem Hut auf dem Kopf und einem westlichen Anzug bekleidet. Großmutter ließ dieses Foto einrahmen und hängte es neben der Bambustruhe an die Wand. Die Nachbarn kamen reihum bei ihr vorbei, um das Foto des Sohnes des Hauses zu betrachten, dieses großen Reisenden, wie es in der Gegend noch keinen gegeben hatte.

Sulekhas Mutter hatte sich aus der Schachtel, die Großmutter ihr hinhielt, einen Betelbissen genommen, in den Mund gesteckt und dazu etwas Kalk auf den Finger getan, den sie nun säuberlich abschleckte. Nachdem sie einen ersten Strahl in den Hof gespuckt und verstohlene Blicke nach rechts und links geworfen hatte, beugte sie sich zu Großmutters Ohr herüber, um ihr zuzuflüstern: «Ich habe sagen hören, dass Siddiq Kommunist ist! Und dass er deshalb diese Stelle im Ausland bekommen hat!»

Mama hatte, bevor sie im Haus des Pirs verkehrte, nie so viel von Schlangen und Skorpionen geredet. Sie verrichtete wohl ihre Gebete, erledigte sie jedoch ruck, zuck. Und wenn gerade in dem Moment Papa nach Hause kam oder Dada oder Chotda etwas brauchten oder wenn sie in der Küche etwas zu Bruch gehen hörte, dann kürzte sie ohne jedes Zögern die Sitzung auf das vorgeschriebene Minimum ab und rollte ihren Teppich eilends wieder zusammen. Was für ein Wandel! Jetzt würde Mama ihre Meditation niemals unterbrechen, selbst wenn ein

Orkan durchs Haus fegte! Und das Gebet abzukürzen kommt nicht mehr in Frage! Mit zum Himmel geöffneten Händen betet sie so lange, bis sie sich sicher fühlt, dass sie sich Gott vollständig anvertraut hat, in der Hoffnung, dass er ihr Gebet erhören und sie vor den Bissen der Schlangen und Skorpione erretten möge.

Diese Viecher verfolgen mich. Ich kann nicht aufhören, an die Hölle zu denken, die ich mir wie ein riesiges Loch vorstelle, aus dem Flammen und die Schreie der Menschen emporsteigen, die von den Bissen der Schlangen und Skorpione geplagt werden, während Gott – sehr blasses Gesicht, langer weißer Bart, in einem weißen Payjama und einem langen weißen Hemd, mit einer weißen Kappe auf dem Kopf und einem Stock in der Hand – in das Loch hinunterschaut und vor lauter Freude in ein donnerndes Gelächter ausbricht, wie das der Bösen in den Filmen.

Mit dem Kino habe ich in der Tat eine gewisse Vertrautheit erworben, denn Mama hat mich, als sie noch hinging, drei- oder viermal mitgenommen. Auch in der Schule habe ich ein paar Filme gesehen. Im Kino hat man immer den Eindruck, dass die Bösen Spaß daran haben, die Leute leiden zu lassen. Natürlich wage ich es nicht, Mama zu sagen, dass Gott recht böse sein muss, um den Leuten ständig die schlimmsten Leiden anzudrohen, wie Er es tut … Aber plötzlich schnipse ich mit den Fingern: Ich habe eine Idee! «Wenn eines Tages Schlangenbeschwörer in die Hölle kommen, dann werden sie all diese schrecklichen Schlangen unter ihre Macht bringen!», sage ich zu Mama, ganz stolz auf meinen Einfall. «Du hast doch gesehen, wie sie sie zum Tanzen bringen, nicht wahr? Die Schlangen gehorchen ihnen aufs Wort.»

Zu jener Zeit begann ich mich in der Schule außer mit Bengali und Englisch auch mit den Lehren der Wissenschaft vertraut zu machen. Und ich verschlang alle Bücher – Romane, Erzählungen, Abenteuerberichte –, die ich unter den Kopfkissen meiner Brüder finden konnte, sodass ich in den meisten Wissensgebieten meinem Alter voraus war.

Mama hatte mich zum Gebet aufgefordert. Nachdem ich an der Pumpe die rituellen Waschungen verrichtet und den Kopf mit einem Schal bedeckt hatte, einen Augenblick mit gesenktem Kopf stehen geblieben war, mich dann hingekniet und auf meine Fersen niedergelassen hatte, murmelte ich die gebräuchlichen arabischen Formeln. In meinem Überdruss, ständig Dinge wiederholen zu müssen, die ich nicht verstand, sagte ich, als die lästige Pflicht endlich erfüllt war, zu Mama: «In der Schule sagen uns unsere Lehrer unablässig, dass wir nie irgendetwas auswendig lernen sollen, ohne zuerst verstanden zu haben, worum es sich handelt ... und außerdem ist alles, was wir lesen, auf Bengali geschrieben. Was spräche denn dagegen, die Gebete in unserer Sprache zu sprechen statt auf Arabisch? Spricht Gott kein Bengali?»

«Du redest zu viel», stieß Mama hervor, wütend über meine Kühnheit. «Man könnte glauben, dass es dir Spaß macht, mich zu ärgern! Wenn ich daran denke, wie viel Hoffnung ich in dich gesetzt hatte, die du an einem so hochheiligen Tag geboren bist ...! Ich war mir so sicher, dass du sehr fromm werden würdest, dass du alle Gebete verrichten und alle Fastenzeiten einhalten würdest. Ein wahres Vorbild an Gottergebenheit!»

Auf diese Weise wich Mama meiner heiklen Frage aus.

Und nun verbringt Mama Stunden allein in einem Zimmer ohne Licht und wiederholt: *«Allahu Allahu»*, wobei sie ihren Kopf abwechselnd nach rechts und links wiegt. Sie hat beim Pir gelernt, dass man die Töne aus den Tiefen seiner Eingeweide aufsteigen lassen müsse, statt sich mit der gewöhnlichen Sprechstimme zu begnügen. Stundenlang hallt das ganze Haus von diesem endlosen *«Allahu Allahu ...»* wider. Es erschreckt unsere Katze, die es dann vorzieht, sich in sicherer Entfernung auf die Gartenmauer zu setzen. Diese seltsame, nimmer endende Klage lässt auch die streunenden Köter in Gebell ausbrechen. Aber es hilft alles nichts! Mama macht weiter, denn dem Pir zufolge wachsen denen, die sich dieser Anbetungspraxis hingeben, Engelsflügel. Wodurch sie dann in eine höhere Welt emporfliegen können, wo nur Gott und seine eifrigsten Gläubigen sind, sogar noch jenseits des Siebten Himmels. Dort fasst Gott seine Getreuen am Kinn und küsst sie voller Liebe auf die Lippen, was sie sofort in einen Zustand seliger Ohnmacht versetzt.

Gott erscheint Mama bald in Gestalt des Pirs Amirullah, bald in derjenigen des Hauslehrers, der sie unterrichtete, als sie klein war, bald in der von Sultan Ustadji, dem Arabischlehrer, der immer mit einem langen weißen Gewand bekleidet ist. Mit heftigen Kopfbewegungen versucht Mama diese Visionen zu verscheuchen. Nein, Gott darf niemandes Gestalt annehmen, Gott ist gestaltlos, gesichtslos, unsichtbar. Je mehr ihr Gott in Gestalt dieser Männer erscheint, desto heftiger schüttelt sie den Kopf, um sich von diesen Gespenstern zu befreien, die durch ihren Geist spuken.

Eines Nachmittags, an dem sie sich solchen Übungen widmete, kam Papa unerwartet nach Hause. Er ging dem merkwürdigen Geräusch nach, das das ganze Haus erfüllte, und hatte dessen Herkunft bald ausfindig gemacht.

An diesem Tag sagte Papa mir nicht jenen Sanskrit-Vers vor, den er mir sonst, wenn er mich an meinem Schreibtisch fand, stets vorzuhalten pflegte: *«Das Lernen ist die Askese der Schüler.»* Ich sah ihn ganz verlegen auf mich zukommen, mit einer Hand vor dem Mund, um mich zu fragen: «Ist deine Mutter verrückt geworden? Was ist denn in sie gefahren?»

Während ich rasch das Stück von Tagore, das ich gerade las – *Amal und der Brief des Königs* –, unter meinem Geographiebuch versteckte, antwortete ich ihm mit starrem Blick auf die Karte des Golfs von Bengalen: «Sie spricht ihre Gebete …»

«Diese Frau ist wirklich besessen vom Gedanken an das Paradies! Aber wer hat denn je behauptet, dass Gott sich darüber freue, wenn ein Gläubiger seine Familie, sein ganzes soziales Leben aufgibt, um nichts mehr zu tun als von morgens bis abends Seinen Namen zu schreien? Hat nicht ein Dichter geschrieben: *«Wer hat gesagt, Himmel oder Hölle seien fern? Sie sind beide im Menschen selbst, Gott und der Dämon.»*

Papa kommt noch etwas auf mich zu. Je näher er kommt, desto fester stütze ich mich auf das Geographiebuch, aus Angst, er könnte das Buch darunter entdecken. «Streng dich an in der Schule», fängt er wieder an. «Eine gute Bildung, das ist der größte Reichtum im Leben! Das ist etwas, was dir niemand nehmen kann. Ich habe sehr viel Mühe auf mich genommen, um zu studieren. Wenn ich aus der Schule kam, musste ich die Kühe auf die Weide führen ... Meine Hausaufgaben machte ich abends beim Schein einer kleinen Öllampe ... Das hat mich nicht daran gehindert, Klassenbester zu sein. Und jetzt wache ich darüber, dass es euch an nichts fehlt. Ihr müsst euch also voll und ganz euren Studien widmen, um die Besten zu sein. Lernt eure Bücher auswendig, von der ersten bis zur letzten Seite!»

Auf Papas Ermahnungen gibt es nichts zu antworten. Sie rufen nichts hervor als lastendes Schweigen.

Wenn sie mit ihren Exerzitien fertig ist, kommt Mama wieder ans Licht. Ihr Gesicht mit den verquollenen Augen, der breiten Nase, den schwarzen Lippen und den knochigen Wangen strahlt vor Befriedigung.

Ich höre, wie Papa sich entfernt ... Ich kann Rabindranath wieder unter der Geographie hervorholen. Mama schimpfte früher auch, wenn sie mich dabei ertappte, ein Buch zu lesen, das nicht zum Lehrplan gehörte. Aber jetzt hat sie keinen Blick mehr übrig für das, was auf meinem Schreibtisch liegt. Es ist ihr vollkommen egal, ob ich die Texte des Lehrplans oder Romane lese. Da für sie ja nunmehr alles irdische Wissen verachtenswert ist.

Das Gesicht von einem seltsamen Lächeln erleuchtet, als wäre sie verrückt, geht Mama zu dem Rosenstock im Hof und streichelt ihn mit den Händen. Es kümmert sie nicht, dass die Stacheln sich in ihr Fleisch bohren: *Nichts ist ohne Leid zu haben!* Je mehr sie sich die Finger zersticht, desto verzückter lacht sie. Durch die verschlossene Tür meines Zimmers hindurch ruft mich dieses Lachen zum Rosenstock, in den Hof mit den zig Blumen- und Fruchtsorten, in dem die Katze, die von ihrer Mauer heruntergesprungen ist, auf und ab geht und Mama beobachtet.

«Was hast du denn, Mama? Warum streichelst du die Blumen auf diese Weise …? Du wirst dich …»

«Hast du gesehen, was für eine schöne rote Farbe Gott diesen Blumen gegeben hat?», unterbricht sie mich. «Wie zart und weich die Blütenblätter sind! Wie ebenmäßig in Größe und Form! Und was für ein Duft! Keine menschliche Macht könnte ein solches Wunderwerk erschaffen! Gott schenkt uns so viele Dinge! Seine Großzügigkeit ist wahrlich grenzenlos!»

Mama wirkt wie in Ekstase, als sehe und rieche sie zum ersten Mal in ihrem Leben Blumen. Als hätte sie bis jetzt nicht gewusst und soeben erst entdeckt, dass der Himmel und die Erde, das gesamte Universum Gottes Schöpfung sind. «Und zugleich», fährt sie fort, «ist jede Blume, jeder Duft einzigartig! Jede Baumart hat ihre ganz eigene Blattform! Jede Frucht hat einen besonderen Geschmack, so groß und grenzenlos ist Gottes Kraft!»

Sie hebt die Augen von der Blume zwischen ihren Händen und schaut in meine Richtung. Sie sieht mich an, aber tatsächlich sieht sie nicht mich; denn was sie interessiert, ist, auf meinem Gesicht die Allmacht des Schöpfers zu lesen. Dann hebt sie den Blick zum Himmel; auch dort bewundert sie, mit einem sonderbaren Lächeln auf den Lippen, Seine Macht … Sie erscheint mir so weit weg von dieser Welt, so losgelöst von allem, was ihr angehört!

Bald wird es Abend werden. Mama wird zurück ins Haus

gehen, wie jeden Tag um diese Zeit, um den Teufel und seine Werke daraus zu vertreiben. Zu diesem Zweck muss man in jedem Raum in eine Ecke blasen, nachdem man seinen Atem durch die Rezitation des Verses *Ayatu'l Kursi* geheiligt hat.

Aber die Werke des Bösen sind nicht so einfach zu vertreiben! Schon türmen sich über unseren Köpfen riesige schwarze Wolken auf. Sie prallen mit drohendem Donnergrollen aufeinander. Niemand ahnt, dass es sich hier nicht um ein gewöhnliches Gewitter handelt, sondern dass im nächsten Augenblick ein Wirbelsturm über uns hereinbrechen und das Blattwerk der Kokospalmen in das Haar eines Hals über Kopf davonrennenden jungen Mädchens verwandeln wird. Dass mit einem Schlag der Stamm der Jujube in die Äste des Guavenbaums stürzen wird, welche sich wiederum mit denen des Mangobaums verhaken werden. Die noch winzigen Früchte werden abfallen und über den ganzen Hof verstreut liegen bleiben. Niemand hat diesen Wirbelsturm vorhergesehen, der in einem Augenblick das Blechdach der Nachbarn davonreißt, welches im Flug noch unserem Jackfruchtbaum die Krone abschlägt. In wenigen Sekunden sind fast alle Bäume unseres Gartens, die uns Früchte und Blüten im Überfluss lieferten, entwurzelt.

Da kann Mama ihren Gott noch so sehr zu Hilfe rufen, ihn mit lauten Schreien anflehen, die entfesselten Elemente anzuhalten! Mama, mit der Kraft all ihrer Gottergebenheit, ihrer fünf täglichen Gebete, ihres Ramadans, ihrer endlosen Koranlektüren, ihrer schulterlang abgeschnittenen Haare, ihrer Kleidung nach der Mode der Ehefrauen des Propheten. Mama, die ihre Eintrittskarte ins Paradies quasi schon in der Hand hält, wie ihr der Pir versichert hat, mag mit all ihrer Kraft weinen, doch ihre Klage wird vielleicht den Zweiten Himmel, vielleicht sogar den Dritten oder Vierten erreichen, aber – ach! –, dann wird sie kläglich auf die Erde zurückfallen, mitten ins Elend, ohne dass es ihr gelungen wäre, den Siebten zu berühren, wo ihr allmächtiger Gott seinen Sitz hat.

Nachdem alle Türen und Fenster verschlossen sind, drängen wir, Moni, Yasmin und ich, uns in unserem Entsetzen vor dem Lärm der brechenden Äste und davonfliegenden Dächer und im Gefühl, dass das ganze Haus jeden Moment einstürzen kann, ganz dicht an Mama, in der Hoffnung, dass sie durch ihre Anrufungen des Allmächtigen unser aller Rettung erwirken möge.

Aber da unterbricht sie plötzlich zu meinem größten Erstaunen ihre Rezitation, um zu mir zu sagen: «Und ich weiß nicht einmal, wo dein Vater ist, wo Noman und Kamal sind!»

Es ist, als ob sie wieder meine Mama von früher geworden ist! Ängstlich und besorgt um ihren Mann und ihre Kinder. Als ob ihre Rolle als weltentrückte Mystikerin von dem Wirbelsturm davongefegt worden ist!

Ich sehe sie sich in voller Länge niederwerfen, die Stirn auf dem Boden, wie eine Hindu-Frau, die zur Göttin Kali betet, und höre sie murmeln: «Gott, ich flehe Dich an, verschone sie, wo sie auch sein mögen!»

Als der Sturm sich beruhigt, nach einer endlos erscheinenden Zeit des Schreckens, habe ich – ohne zu wissen, warum – die Gewissheit im Herzen, dass weder Mama noch Gott irgendetwas mit dieser wieder eingekehrten Ruhe zu tun haben. Ich habe noch monatelang ergebnislos darüber nachgedacht, woher diese innere Überzeugung kam.

Die Frühlingswirbelstürme zogen vorüber, dann die Hitze des Sommers, die Sintfluten des Monsuns, die Strenge des Winters … die Wärme kehrte wieder. Da stieß ich eines Tages, in Mamas Schrank, auf eine Übersetzung des Korans. Ich las sie. Denn das ersehnte ich mehr als alles andere: zu verstehen, was ich rezitierte – die Suren Al-Fatiha, An-Nisa, Al-Ikhlas …* Die bengalische Übersetzung unter dem arabischen Text – das wahre Gesicht unter der Maske!

* Titel der Suren 1, 4 und 112.

Draußen herrscht eine bleierne Hitze. Das ganze Viertel dämmert vor sich hin und kauert sich in der Ruhe dieses anbrechenden Nachmittags zusammen. Rocket, unser Hund, streckt auf der Veranda alle viere von sich und schläft. Auch die Bäume scheinen fest zu schlafen. Im Schatten des Bilvas hält Moni ihre Siesta, auf der Treppe, die zur Dachterrasse führt. Neben ihr steht der Eimer mit der Wäsche, die sie ausgespült hat. Sie hat nicht mehr die Kraft gehabt, hinaufzugehen und sie aufzuhängen.

Ich bin in meinem Zimmer, in einer Hand eine Tamarindenschote, die ich auslutsche, in der anderen die Koranübersetzung. Je weiter ich in meiner Lektüre voranschreite, desto mehr gefriert mir das Blut in den Adern. *«Der Mond erstrahlt in seinem eigenen Licht. Die Erde steht still. Die Berge halten sie fest, damit sie nicht wankt und bebt.»* Ich lese die Stelle wieder und wieder. Ich drehe und wende die Sätze in alle Richtungen, neige den Kopf mal nach rechts, mal nach links ... Aber ich weiß doch genau, dass die Erde nicht stillsteht, dass sie sich um die Sonne dreht. Der Koran enthält also Irrtümer! Oder sind es unsere Schulbücher?

Das stürzt mich in die größte Ratlosigkeit.

Es soll also nichts geben, das den Namen Schwerkraft trägt? Ist es wirklich den Bergen zu verdanken, dass die Erde weder nach rechts noch links umkippt? Aber ich habe doch in meinen naturwissenschaftlichen Lehrbüchern gelesen, dass die Erdkugel sich in vierundzwanzig Stunden einmal um sich selbst dreht. Also steht die Erde doch nicht still!

Wer hat Recht? Die Wissenschaft oder der Koran?

Ich halte meine Tamarindenschote weiter in der Hand. Ich sitze mit leicht angewinkelten Beinen da, sodass ich das Buch gegen meine Knie lehnen kann. Ein warmer Wind lässt den blauen Vorhang am Fenster, meine Haare, die Seiten des Korans flattern.

Auch mein Geist treibt auf diesem Wind dahin. Je weiter er davonfliegt, je höher er sich aufschwingt, desto winziger erscheint mir mein Leben. Ich bin nichts mehr als ein Wassertröpfchen, einsam, hilflos, passiv. Das Gurren der Turteltaube weckt mich, bringt wieder Bewegung in meine Augen. Mein Blick fällt auf verschiedene Stellen: *«Die Gefährtin des Mannes ist aus einer seiner Rippen erschaffen worden. Die Frauen haben in ihrem Hals einen leicht gekrümmten Knochen; daher sprechen und gehen sie niemals gerade. Die Frauen sind wie Äcker, zu denen die Männer gehen, wie es ihnen gefällt. Wenn seine Frau ihm nicht gehorcht, wird der Mann sie von seinem Lager verbannen und versuchen, sie zur Vernunft zu bringen; wenn sie noch immer nicht gehorcht, wird er sie schlagen. Die Frauen erben ein Drittel der Güter ihrer Väter, und die Männer zwei Drittel. Die Männer können viermal heiraten. Aber die Frauen dürfen das nicht. Die Männer können sich von ihren Frauen scheiden, indem sie einfach dreimal* talaq!* *sprechen. Die Frauen haben dieses Recht nicht. Bei Zeugenaussagen gilt das Wort eines Mannes so viel wie das zweier Frauen.»*

Erstrahlt der Mond in seinem eigenen Licht? Steht die Sonne still oder dreht sie sich? Und die Erde? Gewiss, diese Frage kann ich nicht beantworten, indem ich mich allein auf meine Augen verlasse. Was hingegen die Menschen betrifft, die Männer und die Frauen, das ist mir schon eher zugänglich. Eines Tages haben Chotda und ich durch das Fenster eines Medizinstudenten, der in unserem Viertel wohnt, ein vollständiges Skelett gesehen. Chotda meinte, es könne ebenso gut das Skelett einer Frau wie das eines Mannes sein. Das menschliche Skelett besteht aus zweihundertsechs Knochen. Das hat man uns in der Schule beigebracht. Ich habe nie den geringsten Unterschied zwischen dem Hals meines Bruders und dem meinen bemerkt. Unsere Hälse sind einer so gerade wie der andere! Chotda hat die Angewohnheit, seine Gelenke knacken zu lassen. Er zieht sich oft die Finger und die Zehen lang. Er fasst sich an den Hals

* Muslimische Scheidungsformel.

und dreht mit einem Ruck erst nach links, dann nach rechts, und man hört seine Wirbel knacken. Ebenso, wenn er sich streckt wie eine Katze. Aber das reicht ihm nicht – er muss auch andere strecken. Also wendet er seine chiropraktischen Talente auf mich an. Und mein Hals knackt haargenau so wie der seine! Papa und Mama, meine Brüder und ich, wir haben alle dieselbe Anzahl von Rippen in der Brust. Papa fehlt nicht etwa eine, die dazu gedient haben könnte, Mama zu erschaffen. Und wenn ein Mann viermal heiratet, fehlen ihm dann vier Rippen im Brustkorb? Ich glaube kaum. Man soll mir doch nicht erzählen, dass die neue Frau, die Großvater sich einmal für vierzehn Tage ins Haus geholt hat, aus einer seiner Rippen erschaffen worden ist!

Und aus welchem Grund wird da, wo man im Falle eines männlichen Zeugen eine einzige Aussage anerkennt, eine doppelte Aussage gefordert, wenn es sich um eine Zeugin handelt? Sind Frauen denn immer der Lüge verdächtig? Sind allein die Männer fähig, die Wahrheit zu sagen? Lügt Onkel Shoraf etwa nie? Obwohl er so energisch geleugnet hatte, Tante Jhunus Ohrringe genommen zu haben, hatte man sie schließlich in seinem Besitz wieder gefunden – er hatte sie in einen Zipfel seines Lungi geknüpft; eines Tages während seiner Siesta hatte sich der Knoten gelöst, und die Ohrringe waren vor aller Augen zum Vorschein gekommen. Großmutter hatte sich beeilt, sie an sich zu nehmen. Als er aufwachte, war der Dieb sofort von zu Hause weggelaufen, und als man ihn wieder fand, hatte man ihm, damit er mit zurückkam, versprechen müssen, dass er nicht geschlagen würde.

Es gelingt mir auch nicht, diese Ungerechtigkeit einzusehen, die es den Mädchen verbietet, mehr als ein Drittel der Güter ihres Vaters zu erben, während ihre Brüder zwei Drittel erhalten. Aus welchen Grund sollte Dada ein Drittel mehr erben als ich? Sind wir nicht in gleichem Maß Kinder unserer Eltern? Ich vermag zwischen uns keinen anderen Unterschied zu erkennen als diesen: Dadas Geschlecht ist länglich und das meine ist flach. Ich höre Mama oft bedauernd sagen: «Noman ist wirklich nicht sehr intelligent!» Und trotz dieses Mangels steht ihm ein Teil mehr zu als mir, aus keinem anderen als dem einfachen Grund, dass er einen Pimmel zwischen den Beinen hat!

Ich kann wirklich nicht glauben, dass dieser heilige Koran, den zu küssen, wenn ich ihn vom Regal nehme oder wieder hineinstelle, man mir beigebracht hat, solche Diskriminierungen vorschreibt. Zwar habe ich mich von diesem Buch nie übermäßig angezogen gefühlt, aber ich war doch weit davon entfernt zu denken, dass es solchen Unsinn enthalten könnte. Gott sieht also die Frauen nicht mit denselben Augen an wie die Männer. Das heißt, Gott ist wie Getus Vater, der seine Zeit damit zubrachte, seine Frau zu schlagen, weil sie nicht allen seinen Launen nachkam! Ich erinnere mich an jenen Tag, als unser Viertel von den Schreien von Getus Mutter widerhallte: Ich war hinter Onkel Felu hergerannt, durch das Bambuswäldchen hindurch bis in ihren Hof, wo bereits eine Menge Nachbarn zusammengelaufen waren. Ich hatte Getus Vater, einen korpulenten Mann mit Bürstenschnitt und sehr schwarzen Augen, bisher immer nur hinter der Theke des Süßwarenladens des Viertels gesehen, wo er einen köstlichen Sahnejoghurt verkaufte, seine Spezialität. Aber an jenem Tag sah ich einen nur mit einem Lungi bekleideten und am ganzen Körper schwitzenden Mann, der vor Wut raste.

«Du miese Schlampe, du glaubst wohl, du kannst dir alles erlauben, wie! Du setzt mir irgendwelchen Fraß vor, und dann provozierst du mich noch ...!», schrie er auf seine Frau ein, während er sie mit Fußtritten in Rücken, Brust und Kopf traktierte. Außerdem hielt er einen brennenden Holzscheit, den er aus dem Herd gezogen hatte, in der Hand und schlug sie damit am ganzen Körper. Unter den Verbrennungen zuckte Getus Mutter wie ein Huhn, dem man gerade die Gurgel durchgeschnitten hat. Und alle Anwesenden schauten der Szene zu, die einen mit verschränkten Armen, die anderen auf die Schultern des Vordermannes gestützt oder einen Nachbarn am Arm haltend … Einige streckten sich wohlig, die Hände im Nacken gekreuzt. Viele Frauen hielten sich die rechte Hand vor den Mund und stützten ihren Ellenbogen mit der linken. Andere hängten ihre linke Hand an die rechte Schulter und stemmten sich die rechte in die Hüfte. Aber während sich die Gliedmaßen so ausruhten, verschlangen die Augen das Schauspiel voller Gier, voller Bewunderung für die Kraft des Mannes und ohne jedes Mitleid angesichts des Blutes, das der Frau aus der Nase, aus dem Mund, aus dem Kopf lief. Erst als Getus Vater sich in Siegerpose mitten im Hof postiert und ausgerufen hatte: «Ich verstoße dich, talaq, einmal! Talaq, zweimal! Talaq, dreimal! Talaq auf immer und ewig!», erst dann war ein ergriffenes Schaudern durch die Menge gegangen. Von der Heftigkeit des Ausgangs erschüttert, standen alle mit hängenden Armen da.

Das Opfer rührt sich nicht mehr, nicht einmal mehr ein Stöhnen kommt aus seinem Mund. Die Blicke der Zuschauer scheinen noch etwas zu erwarten. Vielleicht gelüstet es sie nach einer Zugabe zu dem Drama, bevor sie Getus Mutter zurücklassen, die in ihrem zerfetzten Sari daliegt, mit ihren mangels Pflege von der Sonne ausgebleichten Haaren voller Erde und Matsch. Doch schließlich verlassen sie einer nach dem anderen den Ort des Geschehens: Das Publikum dreht sich um und geht. Wie im Kino, wenn nach der Schlussszene, deren Intensität die Zuschauer noch gefangen hält, der Vorhang fällt. Die Frau, die durch das dreimalige «talaq!» verstoßen worden ist, bleibt allein im Hof zurück, der untadelig mit Kuhdung* geglättet ist, vor der Hütte mit ihren Wänden aus gewebtem

* Überall im ländlichen Bengalen werden die Wände und Böden der Lehmhäuser regelmäßig mit einer Mischung aus Kuhmist und Kuhurin geglättet, wodurch sie wasserdicht werden und weniger leicht Risse bekommen. Hier Hinweis auf ein bescheidenes, aber gut geführtes Haus.

Schilf und dem mit Kürbisblättern gedeckten Dach. Das Publikum ist auf seine Kosten gekommen. Die Schlussszene hat sich wirklich gelohnt. Jetzt können alle nach Hause gehen. So auch Onkel Felu, und ich hinter ihm her.

Auf dem Rückweg lösen sich die Zungen: «Wenn eine Frau ihre Küche vernachlässigt, ist es dann nicht normal, dass ihr Mann sie schlägt? Und wenn sie obendrein noch ständig Streit mit ihm sucht. Sie hat nur bekommen, was sie verdient hat, nachdem sie ihrem Mann so lange das Leben sauer gemacht hat! Eine richtige Megäre, jawohl! Und so hässlich, dass sie jeden Mann in die Flucht geschlagen hätte ... Kein Mann würde zwei Nächte mit einer solchen Hexe verbringen!»

Nachdem sie wieder aufgestanden war, hatte sich Getus Mutter für den Rest des Tages ans Ufer des Teiches gesetzt, um zu weinen. Ganz allein – sie interessierte niemanden mehr. Nur ich beobachtete sie, das Kinn auf den Fenstersims gestützt. Ich konnte meine Augen nicht von ihrer Verzweiflung lösen, mit der vom Regenwasser überschwemmten Monsunlandschaft im Hintergrund. Ich war es gewöhnt, sie dort zu sehen, wenn sie ihre Wäsche wusch oder ein Bad nahm, indem sie vollständig untertauchte, nachdem sie den Sari, den sie am Leibe trug, eingeseift hatte. Wenn sie mit ihrem ganz nassen Gewand wieder aus dem Wasser kam, machte sie beim Gehen ein charakteristisches Geräusch, an dem ich sie erkannte, selbst wenn ich keine Zeit hatte aufzuschauen. Sie trug ihre noch feuchte Wäsche auf dem Arm, die tropfte und hinter ihr eine Spur bildete. Heute hat sie nichts mehr zu waschen – weder die Lungis ihres Mannes noch Getus Decken, der noch ins Bett macht. Ringsum hat sich nichts verändert; nur sie ist nicht mehr dieselbe, von allen verlassen – wie unter einem Termitenbau begraben*.

* Der Vergleich beruht vermutlich auf dem bekannten Mythos eines Asketen, der so lange reglos verharrte, dass Termiten ihren Bau auf seinem Körper errichteten.

Aber da kommt Mama und schimpft mich aus, weil ich so lange am Fenster hänge. «Was ist denn das für eine Krankheit, ständig derart auf die kleinen Leute zu starren?» Denn bei uns wird für die Menschen, die in den Hütten des Bustee wohnen, der Ausdruck *kleine Leute* gebraucht, im Gegensatz zu den *anständigen Leuten,* die in den massiv gebauten Häusern wohnen. Wenn anständige Leute zu Besuch kommen, lässt man sie auf den Sesseln im Wohnzimmer Platz nehmen, wo man ihnen in den hübschesten Schälchen eigens zubereiteten *Paes* serviert. Und wenn die anständigen Leute ihren Paes mit dem Löffelchen vernascht haben, bekommen sie in feinen Gläsern frisches Wasser von der Pumpe serviert. Dann ist der Tee an der Reihe, der in Porzellantassen aufgetragen wird, und dazu Markenbiskuits. Wenn dagegen kleine Leute kommen, dann lässt man sie sich auf den bloßen Boden setzen und hört sich an, was sie zu sagen haben, ohne ihnen etwas anzubieten, weder Süßspeisen noch Biskuits, noch Tee.

Eine knappe Woche nach der Verstoßung seiner Frau hat sich Getus Vater, zur Kategorie der kleinen Leute gehörig, wieder verheiratet, mit einem Mädchen, das noch im Alter war, mit Puppen zu spielen. «Was für ein Dreckskerl Getus Vater ist! Er hat seine Frau wegen nichts und wieder nichts verstoßen!», hat Mama ausgerufen, als sie davon hörte. Fulbaharis Mann hat vier Frauen zu Hause. «Fulbaharis Mann ist mir vielleicht einer! Er hat ich weiß nicht wie viele Frauen!», ruft sie mit tief schockierter Miene aus. Mama versagt es sich auch nicht, Papa immer wieder vorzuhalten, dass er den Teufel im Leib habe und dass er eines schönes Tages diese Raziya Begum noch heiraten werde.

Und andererseits darf man bloß nichts, auch nicht das Mindeste, gegen Gottes Wort sagen! Gott, der den Männern die Erlaubnis gegeben hat, ihre Frau zu verstoßen, wenn ihnen der Sinn danach steht, und bis zu viermal zu heiraten, wenn sie dazu Lust haben! Wie kann Mama es wagen, die Männer zu kritisieren, die sich danach verhalten? Bedeutet das nicht, es gegenüber Gottes Autorität an Respekt fehlen zu lassen? Hat sie dabei nicht das Gefühl zu sündigen?

Das Buch liegt offen auf meinen Knien; seine Seiten flattern im warmen Wind, der auch den Vorhang am Fenster und meine feinen Kinderhaare bewegt. Mir ist, als hätte ich gerade ganz allein und von allen ungeahnt den verborgenen Schatz irgendeines mächtigen Wesens entdeckt. Als hätte ich soeben die Furcht erregende Schlange erspäht, die sich um den Tonkrug mit den Goldmünzen rollt. Aber kann man denn sicher sein, dass er wirklich einen Schatz enthält? Wer weiß, ob er nicht leer ist? Sagt man nicht: *Leerer Krug klingt hell und klar*?

SITTEN UND GEBRÄUCHE

Ich habe Mama sehr selten mit uns zusammen essen sehen. Sie aß immer als Letzte, nachdem sie dafür Sorge getragen hatte, dass das ganze Haus satt wurde. Und auch dann aß sie wirklich das Minimum. Wenn sie Hühnchen gemacht hatte, behielt sie für sich nur das bisschen Fleisch um den Hals, den Brustbeinkamm und den Bürzel. Also das, was man einer Dienerin übrig gelassen hätte. Wenn nichts übrig blieb, Pech! Die Dienstboten hatten ihre eigenen Gerichte. Fleisch und Fisch waren grundsätzlich der Herrschaft vorbehalten. Die Dienstmädchen bekamen ihre Linsenbrühe und ihren Trockenfisch. So war es Brauch, bei uns wie bei Großmutter, die ebenfalls erst aß, nachdem ihre ganze Familie satt war, ihr Mann und die Kinder vom größten bis hin zum kleinsten. Ebenso wie die Dienstboten erst nach der Herrschaft ihre Mahlzeiten einnahmen: eine reichliche Portion Pantabhat mit Salz und grünen Pfefferschoten, gelegentlich mit einem alten, nahezu ungenießbaren Linsenrest übergossen.

Wenn wir bei Tisch waren, ließ es Mama nicht zu, dass irgendein Dienstbote sich im Zimmer aufhielt. Aus Angst, sie könnten den bösen Blick auf das werfen, was wir auf dem Teller hatten. Eines Tages – ich muss um die sieben Jahre alt gewesen sein – hatte ich mitten in der Nacht heftige Bauchschmerzen bekommen. Ich höre noch, wie Mama ausrief: «Das war bestimmt Fulbahari! Ich habe genau gesehen, wie sie heute Nachmittag, als du gegessen hast, ständig in deine Richtung schaute. Sie muss dich verhext haben!»

Mama war dann zu Großmutter gegangen, um drei Betelblätter zu holen. Nachdem sie diese mit Senföl eingerieben hatte, war sie damit über meinen ganzen Bauch gefahren und hatte dazu Dinge gemurmelt wie etwa: «Entferne dich, böse Winde verbreitender Zauber! Entferne dich, Werk Fulbaharis! etc.» Dann hatte sie die drei Betelblätter auf ein Streichholz gespießt und das Ganze über der Flamme einer Öllampe verbrannt, mit den Worten: «Böser Blick, ich vernichte dich durch das Feuer!»

«Was ist der böse Blick, Mama?»

Und sie erklärte es mir: «Manche Menschen haben die Gabe, jemanden mit einem einzigen Blick zu verhexen. Eines Tages ist eine Bettlerin in unseren Hof gekommen: ‹Ach, Ihr Baum bricht ja zusammen vor lauter Papayas›, rief sie aus, während sie ihn betrachtete. Nun, und kaum war sie ihres Weges gegangen, ist der fragliche Baum umgefallen! Ohne Sturm oder Windstoß. Es hatte genügt, dass sie ihn anschaute. Ich bin mir sicher, dass Fulbahari es voller Neid auf deinen Teller abgesehen hatte …»

Gewiss, der Schmerz begann nachzulassen, nachdem Mama den bösen Blick verbrannt hatte. Aber man muss dazu sagen, dass Papa mir seinerseits ein Medikament verabreicht hatte …

Mama zufolge gab es in unserem Viertel Akua mindestens drei Frauen, die den bösen Blick besaßen. Es genügte, dass sie einen Baum anschauten, damit er vertrocknete, dass sie jemanden erblickten, damit dieser von einem Übel ergriffen wurde, das ihm zum Verhängnis werden konnte. Bei ihrem bloßen Anblick schlossen sich die Leute des Viertels in ihre Häuser ein.

Aber diese Hexen besaßen unter Umständen auch heilende Kräfte. So wurden etwa bei Großmutter zwei Bäume, die schon fast tot waren, gerettet, als man sie mit Wasser goss, das eine dieser drei Frauen mit Zauberformeln besprochen hatte.

Für den Fall, dass ein Mädchen von einem Hund gebissen wurde, kannte Großmutters Mutter, unsere Urgroßmutter mütterlicherseits, ein Heilmittel, das verhinderte, dass das Opfer mit kleinen Hunden schwanger wurde. Es wurde hergestellt, indem man in eine Banane einer bestimmten Sorte etwas Mysteriöses einführte, das einer runden Pfefferschote ähnelte. Um die Wirksamkeit dieses Heilmittels, dessen Herstellung im Geheimen erfolgte, nicht zu gefährden, durfte man drei Monate lang keine andere Banane dieser Sorte essen. Dadurch konnte man sicher sein, keinen Wurf junger Hunde zu gebären. Meine Urgroßmutter wurde oft um diese Arznei gebeten.

Ein noch gängigeres Heilmittel für diese Fälle war ein Gebräu aus den Wassern von sieben verschiedenen Teichen. Wenn das Opfer des Bisses von diesem Wasser trank, war es gerettet vor der Tollwut und dem Werfen junger Hunde. Als ich einmal von einem Hund gebissen wurde, wurde mir allerdings weder das Wasser der sieben Teiche noch die Banane zuteil, denn es passierte nach dem Tod meiner Urgroßmutter. Papa gab mir nur eine Reihe von Spritzen in den Bauch – zur größten Erheiterung meines Onkels Shoraf, der unablässig wiederholte und dabei in die Hände klatschte: «Du wirst junge Hunde werfen! Hahaha! Das ist gut …» Ich hatte große Angst. Ständig tastete ich meinen Bauch ab, ob schon etwas von einem Wurf zu spüren war.

Onkel Shoraf behauptete auch, wenn man einen Jujubenkern schluckte, würde einem ein Jujubenbaum auf dem Kopf wachsen. Als ich einmal einen geschluckt hatte, fuhr ich mir ständig mit den Händen über den Kopf, um zu überprüfen, ob nicht ein Jujubenkeimling mir den Schädel spaltete.

Ein weiterer sehr verbreiteter Aberglaube besagte: Wenn zwei Personen mit den Köpfen zusammenstoßen, werden ihnen Hörner wachsen. Das einzige Gegenmittel bestand darin, willentlich ein zweites Mal zusammenzustoßen. Eines Tages waren Onkel Fakrul und ich an der Pumpe mit den Köpfen zusammengestoßen. Und wir hatten keinen zweiten Zusammenstoß herbeigeführt. Ich hatte mich nicht getraut, die Initiative dazu zu ergreifen, denn mit diesem Onkel stand ich nicht auf sehr vertrautem Fuß. Tatsächlich hatte Boro-mama ihn mit nach Dhaka genommen, damit er dort weiter zur Schule ging, gerade als wir aus Ishwargonj zurück nach Mymensingh gezogen waren. Als der Unfall passierte, war Onkel Fakrul gerade erst nach Hause zurückgekommen, nachdem er sein Abitur bestanden hatte. Er wartete auf Boro-mamas Rückkehr, der inzwischen nach Karachi geschickt worden war, um sich an der Universität einzuschreiben. Dieser frisch aus der Hauptstadt gekommene Onkel erschien mir so fern wie ein Stern am Himmel – ausgeschlossen, ihn wie auch immer zu berühren! Und erst recht, absichtlich mit ihm zusammenzustoßen! Seinerseits hatte er wohl nicht mitbekommen, dass es mein Schädel war, an dem er sich gestoßen hatte ... Er muss gedacht haben, es sei der Griff der Pumpe gewesen. Als es zum Zusammenstoß kam, war er gerade dabei, sich die Haare zu waschen, und hatte die Augen geschlossen, damit keine Seife hineinlief. Und ich hatte nur schnell einen Krug mit Wasser gefüllt. Den Rest dieses Nachmittags verbrachte ich damit, meine Stirn in einem Spiegel zu beobachten.

Onkel Fakrul hatte, nachdem er sich und seine Kleider gewaschen hatte, den größten Teil des Nachmittags in der Nähe des Brunnens verbracht, wo Großvater einen Haufen Jutefasern hatte liegen lassen. Als Mama ihn gefragt hatte, warum er diese Jute so aufmerksam betrachtete, hatte er geantwortet: «Ach, nur so! Ich habe mir einfach vorgestellt, wie es wohl wäre, wenn man diesen Haufen anzünden würde.»

Mama hatte sofort lauthals Großmutter davon in Kenntnis gesetzt. Diese war gerade dabei, den Tee zuzubereiten, und hatte nur gelacht. Aber dann passierte es! Als es Abend wurde, begann der Jutehaufen tatsächlich lichterloh zu brennen. Sofort machte man sich auf die Suche nach Onkel Fakrul. Aber er war nicht zu Hause. Nachdem er seinen Tee getrunken hatte, war er zu einem kleinen Spaziergang aufgebrochen. Großmutter hatte ihrerseits angefangen, ohne lange darüber nachzudenken, wer wohl an dem Feuer schuld war, eimerweise Wasser aus dem

Brunnen zu ziehen, um die Flammen zu löschen. Vergeblich. Das Feuer erreichte die höchsten Äste der Kokospalme. Alle Bäume, die um den Brunnen herum standen, gingen nacheinander in Flammen auf. Als man Onkel Fakrul bei seiner Rückkehr von dem Vorfall berichtete, schien er tief betrübt. «Was für ein Pech! Wo ich diesen Jutehaufen doch so gerne hätte brennen sehen! Dass ich das verpasst habe!»

Natürlich wurde Fulbahari beschuldigt. Onkel Tutu schwor Stein und Bein, er habe gesehen, wie sie am Brunnenrand ein Bidi rauchte. Sie habe sicher ihre Kippe auf den Jutehaufen geworfen. Wutentbrannt drohte Mama der Dienerin an, sie windelweich zu schlagen, und verbot ihr kategorisch das Rauchen, solange sie bei uns arbeitete. Nachdem sie eine Zeit lang gehorcht hatte, nahm Fulbahari ihre Gewohnheit bald wieder auf; sie rauchte allerdings nur noch auf der Küchenveranda.

Von dieser Zeit an – etwa als Mama verfügte, dass ich einen Payjama tragen müsse – begann ich mich für diese Frau zu interessieren, deren schwarzes Gesicht voller Pockennarben mich an einen Eidechsenkopf erinnerte. Ich empfand für sie, auf die alle Missetaten zurückfielen, die im Haus begangen wurden, eine große Zuneigung.

Daran dachte ich eines Morgens zurück, als wir schon nach Sans-Souci umgezogen waren. Ich war gerade aufgestanden und putzte mir auf der Veranda die Zähne. Da fielen mir voller Sehnsucht diese köstlichen Reisfladen ein, im Dampf gegart und mit Dattelpalmsaft gefüllt, die Fulbahari im Winter zu machen pflegte. Sie hielt sie unter einem Tuch warm, und wenn man es anhob, stieg eine Dampfwolke auf, die mir das Wasser im Mund zusammenlaufen ließ! Damit war es endgültig vorbei, seit wir den Karpfenteich am Ende der lichtlosen Gasse hinter uns gelassen hatten … Während ich mir an diesem nebligen Morgen die Zähne putzte, bedauerte ich sehr, keinen dieser dampfenden Fladen zum Frühstück zu bekommen. Was war das für ein Winter, ohne Reisfladen und ohne die *Shiuli*-Blüten, die wir in unserem Schoß sammelten, um sie zu Girlanden aufzufädeln?

Unser jetziges Dienstmädchen, Moni, stellt eine Schüssel voll Wasser vor mich hin, damit ich mir nach dem Zähneputzen den Mund ausspülen und das Gesicht waschen kann. Dabei habe ich sie um nichts gebeten. Fulbahari machte es genauso: Wenn ich zum Beispiel Schluckauf bekam, brachte sie mir sofort ein Glas Wasser; wenn ich stolperte und hinfiel, rannte sie sofort herbei, nahm mich in den Arm und streichelte mich sanft.

Äußerlich gesehen hat Moni keine Ähnlichkeit mit Fulbahari. Doch sie erledigt ihre Arbeit ebenso lautlos und mit der gleichen Gabe, alles bereitzustellen, was man braucht, noch bevor man danach fragen muss. Wie können diese Frauen von morgens bis abends derartig arbeiten? Das gehört für mich zu den erstaunlichsten Beobachtungen. Schon im Morgengrauen fegen sie den Hof. Dann muss das Frühstück zubereitet und serviert werden. Wenn die Herrschaft fertig gegessen hat, muss das Geschirr an der Pumpe gespült werden. Und wir, wir müssen uns für die Schule fertig machen – die Dienerinnen müssen uns die Schuhe binden, dann unsere Hauskleidung wegräumen, die wir irgendwo haben herumliegen lassen, oder sie waschen, wenn sie schmutzig ist. Wenn es Nacht wird, müssen sie unsere Betten vorbereiten und die Moskitonetze aufspannen. Sie gehen erst lange nach uns schlafen, nachdem sie unsere Reste gegessen und das Geschirr gespült haben. Und sie schlafen auf dem bloßen Boden, ohne Matratze und ohne Moskitonetz. Egal, wenn sie von den Insekten überfallen werden und am nächsten Morgen aussehen, als hätten sie die Röteln! In den Winternächten haben sie nichts als alte geflickte Decken, um sich zuzudecken, während wir uns in kuschelige Federbetten einmummeln.

So ist es seit unvordenklichen Zeiten Brauch, mit dem auch ich mich abfinden muss, wie auch damit, dass diese Unglücklichen unter jedem möglichen Vorwand verprügelt werden. Ich muss mich daran gewöhnen, dass sie, wenn wir sie einmal in der Rikscha irgendwohin mitnehmen, zu unseren Füßen sitzen. Denn selbst dann, wenn auf der Sitzbank Platz ist, kommt es nicht in Frage, sie neben uns Platz nehmen zu lassen. Einmal im Jahr, zum kleinen Id-Fest, bekommen sie einen Sari und ein Paar Sandalen. Papa kauft ihnen im Bazar die billigsten Saris. Sie waschen sich nur mit der billigsten Seife. Um sich die Haare zu glätten, bekommen sie nur gewöhnliches Sojaöl, während wir Kokosöl verwenden. Abends, wenn ich an meinem Schreibtisch sitze und Hausaufgaben mache, fächeln sie mir die Beine, um die Mücken zu vertreiben. Wenn ich sage, dass ich Durst habe, laufen sie, um mir ein Glas Wasser zu holen. Keiner von uns käme auf die Idee, sich selbst zu bedienen, da sie doch dafür da sind, es uns zu ersparen, auch nur die Hand auszustrecken! Da sie doch darauf abgerichtet sind, jedem unserer Wünsche zuvorzukommen! Da sie doch dafür geboren sind, sich im Dienst an ihrer Herrschaft aufzuopfern, bis sie mit den Füßen voran das Haus verlassen. Wenn sie einmal krank werden, wird ihnen das zum Vorwurf gemacht, und wenn sie sterben, dann schiebt man es auf ihren Mangel an Glück. Sie sind schmutzig, und wir sind sauber. Sie sind am unteren Ende der Stufenleiter, und wir sind oben. Sie gehören zur Kategorie der kleinen Leute und wir zu der der anständigen Leute.

In der Schule und in Büchern habe ich Prosa und Lyrik studiert, auf Englisch wie auf Bengali. Ich habe die Grammatik gelernt. Die Geographie, die Geschichte. Mathematik und Naturwissenschaften. Die Welt um mich herum hat mich die soziale Stufenleiter gelehrt, unten die kleinen Leute und die anständigen Leute oben. Die Gesellschaft hat die hehren Prinzipien meines Ethik-Buches – *Hochmut ist ein hässlicher Charakterfehler. Du sollst die Armen nicht verachten. Der höchste Wert ist der Mensch* etc. – schonungslos über den Haufen geworfen, indem sie mir die alte Regel von der Ausbeutung der Armen durch die Reichen vor Augen führte. Ohne mir dessen bewusst zu sein, werde nun auch ich von diesen unsichtbaren Ketten gefangen gehalten, die einen jeden auf seinen Rang in der Welt festlegen.

Ich bin mit meinen morgendlichen Waschungen fertig. Moni bringt mir eine Tasse Tee. Der Morgentee ist eine alte Gewohnheit, die ich bei Großmutter angenommen habe, wo es üblich war, zweimal zu frühstücken. Zuerst ein sehr leichtes Frühstück um sieben Uhr, dann ein üppigeres gegen zehn. Das erste bestand aus einer Tasse Tee und Puffreis, den wir im Tee einweichten und dann mit dem Löffel aßen. Zu dem zweiten gab es dünne Fladen aus Vollkornmehl, dazu einen Fleischrest vom Vortag oder gebratenes Gemüse oder auch Spiegeleier.

Ich führe meine Tasse zum Mund. Aber was ist das für ein Lärm in der Küche? Es ist Mama, die Moni mit Faustschlägen und Fußtritten traktiert. Und ihr die alte Bluse von mir vom Leibe reißt, die sie anhat. Was hat Moni denn getan, um eine solche Behandlung zu verdienen? Sie hat ein Stück Fleisch aus dem Kochtopf stibitzt. Und obwohl Mama sich des Sachverhalts ganz sicher ist, hat das Mädchen gewagt zu behaupten: «Es war die Katze, die es gestohlen hat!»

«Die Katze hat einen breiten Rücken!», ruft Mama aus, das Gesicht wutverzerrt. «Du hast es gegessen, das Fleisch! Du elende Diebin! All das, was wir dir zu essen geben, genügt dir wohl nicht, wie, Dreckstück? Und erzähl mir bloß nicht, dass du nie Fleisch bekommst! So eine Unverfrorenheit, dass du es wagst, dich aus unserem Kochtopf zu bedienen, ohne einen Ton zu sagen!»

Aber alle Schläge der Welt werden Moni nicht zu dem Geständnis bringen, dass sie gestohlen hat. Mama geht den Besen holen, schlägt damit mit voller Wucht auf ihren Rücken ein und setzt ihr Verhör fort: «Wirst du wohl endlich zugeben, dass du die Diebin bist?»

Mama tobt derart, dass ihr der Sari vom Kopf und von der

Brust herunterrutscht. Aber in diesem Moment pfeift sie auf jedes Schamgefühl. Sie hat nur eines im Sinn: Moni zum Geständnis zu bringen.

Diese nimmt die Schläge entgegen, ohne sich zu rühren. Ihr einziger Protest besteht in den Tränen, die ihr über die Wangen rollen. Diesen Augenblick suche ich mir aus, um meinen Senf dazuzugeben: «Versprich doch, dass du es nicht wieder tun wirst», rate ich ihr.

«Ich werde es nicht mehr tun!», sagt sie sofort.

Außer sich hält Mama inne und befiehlt mir, mich davonzuscheren.

Solche Szenen gehören für Moni zum Alltag wie das tägliche Brot. Sie nimmt es Mama nicht einmal übel. Gleich am nächsten Tag höre ich, wie sie sich ihr anvertraut: «Ich war noch nicht entwöhnt, und meine Schwestern, Nuni und Chini, waren ganz klein, als unser Vater abgehauen ist und uns alle vier hat sitzen lassen. Er sagte, er wolle nach Jamalpur gehen, um als Schreiner zu arbeiten, aber wir haben ihn nie wieder gesehen. Mama hat später erfahren, dass er sich dort eine neue Frau genommen hat. Um einen Sohn zu bekommen. Das war seine fixe Idee, ein Sohn!»

Mama hört ihr halb vor sich hin dämmernd zu. Moni sucht an ihren Haarwurzeln nach Nissen; sie mustert die Kopfhaut und hält nach Läusen Ausschau, ob erwachsen oder neugeboren. Wenn sie eine findet, nimmt sie sie mit einem Nagel der linken Hand auf und zerquetscht sie mit einem Nageldruck der rechten.

«Papa ist wohl fortgegangen, weil er auf Mama sauer war, die ihm schon drei Töchter geboren hatte», fährt sie fort. «Wenn wenigstens ein Sohn dabei gewesen wäre, hätte er sie nicht verlassen. Aber nach drei Mädchen war es hoffnungslos. Gott hat kein Erbarmen mit ihr gehabt. Aber es geht nicht darum, Gott Vorwürfe zu machen! Mein Vater hatte kein Herz, das war das Unglück. Er muss doch herzlos gewesen sein, uns so sitzen zu lassen! Wenn er uns nicht verlassen hätte, wäre ich jetzt nicht gezwungen, bei anderen zu arbeiten … Er verdiente genug, um uns anständig zu ernähren und anzuziehen.»

Moni unterbricht sich einen Moment, um sich mit dem Handrücken die Augen abzuwischen, ehe sie fortfährt: «Danach hat meine Mutter bei unseren Onkeln die Runde gemacht, bei denen mütterlicherseits und denen väterlicherseits – vergeblich. Kein einziger hat uns aufnehmen wollen. Dabei nagten sie nicht gerade am Hungertuch! Ich erinnere mich noch, was für ein leckerer Duft nach gekochtem Reis aus ihren Küchen strömte. Da läuft mir noch immer das Wasser im Mund zusammen. Kein einziger hat uns auch nur eine Mahlzeit angeboten! Ich brüllte vor lauter Hunger, und Nuni und Chini, meine Schwestern, genauso. Mama ging an die Teiche und riss Pflanzen aus, um sie uns zu essen zu geben. Sie servierte sie uns gekocht. Wir hatten nicht einmal eine Hand voll Reis, um ihn darunterzumischen. Mama ging von Tür zu Tür und bettelte um das Reiskochwasser. Vor lauter Durchfall waren wir bald nur noch Haut und Knochen. Nuni ist am Ende krank geworden. Unaufhörlich fragte sie nach einem Teller voll Reis mit Fisch. Aber woher nehmen? Mama mochte noch so viel zu Gott beten, nichts half. Er stellte sich taub. Und Nuni ist gestorben. Ich weiß noch, wie Mama geweint hat, als sie zum Friedhof getragen wurde … Schließlich hat Mama sich entschlossen, bei anderen Arbeit zu suchen. Tja, aber welche Hausherrin würde ein Dienstmädchen mit zwei Kindern einstellen? Deshalb hat Mama schließlich uns in Stellung gegeben, Chini und mich. Das war unser Schicksal! Chini hat das Pech gehabt, in eine Familie zu geraten, in der der Mann hinter den Dienstmädchen her war. Ständig befummelte er sie. Die Frau hat ihn dabei überrascht und Chini sofort aus dem Haus gejagt. Mama hat zahllose Häuser abgeklappert, in der Hoffnung, sie wieder unterzubringen. Aber alle Hausherrinnen sagten das Gleiche: Wir wollen kein Mädchen, das schon Brüste hat!

Schließlich wurde sie von einer Familie genommen, deren Vater im Ausland arbeitet. Die Frau ist mit ihren Kindern allein.»

«Rechts, Moni, da juckt es!», befiehlt Mama. «Los, such! Da muss eine Laus sein.»

Während sie die rechte Seite von Mamas Kopf absucht, empfiehlt Moni: «Mama kämmte uns immer mit einem feinen Kamm. Sie sollten auch einen kaufen; damit wäre es einfacher, die Läuse loszuwerden!»

Moni ist mit einem schäbigen Hemd bekleidet, unter dem sie einen halb zerrissenen Payjama trägt. Sie geht immer barfuß, außer an den Festtagen, da zieht sie Sandalen an. Am Id-Fest, nachdem sie geduscht und neue Kleider angezogen hat, streckt sie die Hand aus, damit wir ihr etwas Talkpuder geben. Ganz glücklich läuft sie damit in die Küche, wo sie eine Spiegelscherbe aufbewahrt. Sie betrachtet sich ausgiebig darin und schminkt sich mehr schlecht als recht das Gesicht weiß. Es scheint, als wäre das für sie das größte Glück des ganzen Jahres. Als würde ihr das bis zum nächsten Id-Fest reichen. Wenn sie dann, ganz verlegen wegen ihrer weißen Wangen, den Erwachsenen der Familie ihre Aufwartung gemacht und sich ihnen ordnungsgemäß zu Füßen geworfen hat, ist es schon wieder Zeit für sie, in die Küche zurückzukehren. Ausgeschlossen, das Festmahl zu vernachlässigen; den ganzen Tag lang wird sie Topf um Topf voll Pulao kochen müssen. Für sie wird der Festtag damit vergehen, in die Glut des Herdes zu blasen und das schmutzige Geschirr zu spülen, damit immer alles bereit ist, um neue Gäste zu bewirten. Am Ende des Id-Tages sind Monis neue Kleider schon ganz verfleckt von Gewürzen, Asche und Matsch.

«Viele Leute sagten zu meiner Mutter, sie solle wieder heiraten», fährt Moni fort, während sie eine Laus zwischen den Nägeln zerquetscht. «Aber sie hatte keine Lust dazu, aus Angst, wieder verlassen oder davongejagt zu werden. Sie hat sich nie wieder verheiratet. Wenn ich einmal ein paar Ersparnisse zusammenhabe, dann werde ich mit Mama und Chini in unser

Dorf zurückkehren, und dort werde ich uns ein Haus bauen lassen. Wir werden Hühner halten. Wir werden Eier haben, und Küken ... Die können wir dann auf dem Markt verkaufen, das wird zu unserem Lebensunterhalt genügen!»

Diese Träume lassen Monis Augen wunderbar aufleuchten. Ihr monatlicher Lohn bei uns ist auf fünf Taka festgelegt. Aber von dem Geld hat sie nie etwas zu Gesicht bekommen. Die Summe bleibt bei Mama, die ihr für den Tag, an dem sie heiraten würde, ein Paar goldene Ohrringe versprochen hat, und sogar einen Nasenschmuck.

«Ich brauche keinen Goldschmuck», hat Moni protestiert. «Ich habe sowieso keine Lust zu heiraten ... Wenn mein Mann mich fallen lässt ... oder wenn er mich davonjagt! Ich möchte lieber, dass Sie mir die gesamte Summe meines Verdienstes geben, wenn ich von hier weggehe ...»

In Monis Augen sehe ich einen majestätischen Schwan vorüberziehen. Im Land von Monis Träumen schlafen ihre Mutter, Chini und sie zwischen bestickten Decken, unter einem blauen Moskitonetz, nach einer üppigen Mahlzeit aus warmem Reis mit einer riesigen Platte voll Fleischcurry! Wie sollte sie von etwas Besserem träumen können?

Etwa vierzehn Tage später finde ich eines Nachmittags, als ich aus der Schule komme, Moni allein im Hof vor, als sie gerade mit Kokosfasern und Asche das Geschirr scheuert. Weder Papa noch Mama sind zu Hause. Keine meiner Spielkameradinnen wartet auf mich. Plötzlich habe ich Lust, ebenfalls zu versuchen, die Aluminiumtöpfe auf Hochglanz zu bringen. Ich reiße Moni ein paar davon aus den Händen und mache mich ans Werk. Durch meine Initiative sehr beunruhigt und bereits ganz grün vor Angst, schluckt sie schließlich und sagt zu mir: «Apa, wenn Ihre Mama das erfährt, wird sie mich schlagen. Bitte, lassen Sie mich in Ruhe meine Arbeit machen ...»

«Niemand wird etwas davon erfahren», entgegne ich. «Du

brauchst es ja nicht zu erzählen. Auf! Machen wir schnell das Geschirr fertig, und dann gehen wir zusammen Himmel und Hölle spielen!»

Mein Vorschlag lässt Monis Augen vor Vorfreude funkeln. Wenn sie jemals Himmel und Hölle gespielt hat, dann jedenfalls nicht bei uns. Bei uns ist es den Dienstmädchen nicht erlaubt, sich zu vergnügen.

«Wirklich, Sie wollen mit mir spielen?», fragt sie mich ungläubig und schaut sich verstohlen um, obwohl wir ganz allein sind. «Aber wenn Ihre Mutter das erfährt, wird sie mich verprügeln!»

«Aber wenn ich dir doch sage, dass niemand davon erfahren wird! Wenn wir das Tor quietschen hören, machen wir sofort Schluss.»

Und bald haben wir die Spielkästchen in den gestampften Boden des Hofes gezeichnet und spielen. Die Tochter von *anständigen Leuten* und die Tochter von *kleinen Leuten*. Ich habe Moni noch nie so begeistert gesehen. Zum ersten Mal vergisst sie, dass ich die Tochter ihrer Herrschaft bin. Es ist, als wären wir alte Freundinnen, als wären wir beide *kleine Leute* – oder alle beide Töchter von *anständigen Leuten*. Wir haben schon ganz staubige Hände und Füße, vor lauter Hüpfen von Kästchen zu Kästchen, mal auf einem Bein, mal auf beiden, hin und zurück ... Wir sind mitten im Spiel, als wir die Angeln des schwarzen Tores quietschen hören. Schnell laufen wir beide in getrennte Richtungen davon: Moni in die Küche und ich in mein Zimmer, geradewegs an meinen Schreibtisch, nachdem ich noch die Himmel-und-Hölle-Kästchen mit dem Fuß halbwegs verwischt habe. Moni beeilt sich, das Geschirr, mit dem sie schon lange hätte fertig sein sollen, zur Pumpe zu tragen. Aber in ihrer Hast stolpert die Unglückliche und lässt unter großem Getöse alles fallen, was sie in den Händen hielt: Gläser, Teller, Schälchen, die auf dem Boden in tausend Stücke zerschellen.

Mama kommt herbeigerannt und entdeckt die Katastrophe.

Sofort packt sie Moni an den Haaren und schleudert sie mit dem Kopf gegen den Griff der Pumpe. Aus Monis aufgeplatzter Stirn beginnt reichlich Blut zu fließen. Inzwischen bin ich herbeigelaufen und sehe ihren verzweifelten Blick, der an dem meinen hängt. Sie wird auf der Stelle davongejagt. Nachdem sie ihr ärmliches Bündel geschnürt hat, mit zwei zerlöcherten Blusen und den Sandalen vom letzten Id-Fest darin, trocknet sich Moni die Augen und wendet sich an Mama: «*Khala*, bitte, ich möchte meine Ersparnisse haben!»

«Du bist ja ganz schön unverfroren, dass du es wagst, deine *Ersparnisse* von mir zu verlangen! Seht euch das an! Kauf du mir erst mal neues Geschirr! Danach können wir über deine *Ersparnisse* reden! Los! Hau ab, ich will dich hier nicht mehr sehen!»

Und Moni geht, mit ihrem Bündel unterm Arm. Alles, was sie aus diesem Haus mitnimmt, in dem sie zwei Jahre gearbeitet hat, sind zwei Blusen voller Risse und ein Paar Sandalen von der billigsten Sorte. Moni kehrt zu ihrer Mutter zurück, die sie bald wieder bei anständigen Leuten unterbringen wird, für fünf Taka im Monat. Moni wird ihre Träume wieder finden. Gegen eine Säule der Veranda gelehnt, schaue ich ihr nach, wie sie davongeht. Wie sie in der Dunkelheit verschwindet. Sie dreht sich kein einziges Mal um. Diese Szene erinnert mich an Fulbaharis Weggang, wie sie davongehinkt war und sich ebenso wenig umgeschaut hatte. Die Grillen zirpen. Die Feuchtigkeit des Abends senkt sich auf die Erde, auf das Gras. Ich stehe weiter da, allein im Schatten, und lasse mich nass werden. Der Tau perlt auf meinen Lidern. Ein Duft nach Shiuli-Blüten, der von unseren Nachbarn Profullo herüberzieht, erfüllt unseren Hof.

Mama will sich von allen irdischen, materiellen Fesseln freimachen, und dabei beobachte ich immer wieder, wie sie von egoistischen Interessen, von den kleinlichen Gedanken des Lebens eingeholt wird. Sie lässt sich den Verlust ihres schönen

Geschirrs aus Glas und Porzellan so zu Herzen gehen, dass sie sich nicht einmal auf das Abendgebet konzentrieren kann!

Unser Hund Rocket winselt auf der Veranda. «Jag doch den Hund da weg», befiehlt sie mir, obwohl sie bereits auf ihrem Gebetsteppich sitzt. «Hunde schlagen die Engel in die Flucht!»

Ein Missionar hatte, als er das Land verließ, seinen Hund Chotda anvertraut. Er hatte Chotda kennen gelernt, weil dessen Gitarrenstunden in der Nähe der Missionsstation stattfanden. Chotda sah dort oft einen riesigen Hund gefügig hinter dem Missionar hertrotten – ein Schauspiel, das ihn jedes Mal faszinierte. Der Hund hatte immer einen Ball im Maul, und wenn der Pater ihm die Hand hinhielt, dann setzte er sich hin und reichte ihm beide Vorderpfoten.

Die Aufnahme dieses Hundes bei uns brachte für eine Weile einige Unruhe ins Haus. Sobald man ihn rief, kam Rocket angeschossen wie eine Rakete, und wenn man ihm die Hand hinhielt, reichte er einem unfehlbar die Pfote. Papa hatte die Idee, einen Hund zu halten, wohlwollend aufgenommen. «Es wäre wirklich gut, einen Hund im Haus zu haben; er würde den Dieben Angst machen!»

Papa brachte vom Metzger Schlachtabfälle mit, Knochen mit etwas Fleisch daran, die für unseren neuen Hausgenossen gekocht wurden. Der hatte allerdings eine schlechte Angewohnheit: Bei jeder Gelegenheit rannte er ins Wohnzimmer und sprang aufs Sofa. Mit seinen Pfoten voll Schlamm! Ich hatte bei Großmutter immer Hunde gesehen, streunende Köter, die von Haus zu Haus liefen und mit gesenktem Kopf um etwas Essbares bettelten; wenn man ihnen ein paar Essensreste zuwarf, wedelten sie freudig mit dem Schwanz, und nach einem solchen Festmahl legten sie sich in voller Länge zum Schlafen in den Schatten eines Baumes. Aber meistens bekamen sie vor allem Fußtritte, Steinwürfe und Beschimpfungen ab.

Ich staunte also nicht schlecht darüber, einen Hund mit ganz und gar menschlichen Komfortansprüchen zu sehen. Ständig wollte er gestreichelt werden! Aber schon bald warnte Mama: «Hunde sind unrein, man muss sie auf Distanz halten!» Also wurde der arme Rocket nicht mehr ins Haus gelassen. Tagsüber wurde er an die Kette gelegt; nachts wurde er im Hof laufen gelassen, damit er die Einbrecher verjagen konnte. Von da an lebte Rocket allein in seiner Ecke, unter dem Vordach einer Blechhütte ganz hinten im Garten, die als Gerümpelschuppen diente. Einen Großteil der Nächte winselte er kläglich, wahrscheinlich verängstigt, weil er sich im Dunkeln losgebunden wieder fand.

Wenn ich aus der Schule kam, fragte ich jeden Tag: «Hat Rocket zu fressen bekommen?»

Mama antwortete mir immer: «Ja, das ist erledigt.»

«Wann hast du es ihm gegeben?», fragte ich nach. «Ich habe den Eindruck, dass er Hunger hat. Geben wir ihm doch noch etwas!»

Ich fand tatsächlich, dass er wirkte, als hätte er nichts bekommen. Hinter Mamas Rücken ging ich zu ihm und schüttete die Hälfte meiner Portion Reis in seinen Napf. Dann steckte Rocket ganz glücklich die Schnauze ins Futter und wedelte mit dem Schwanz. Und wenn er alles verschlungen hatte, wedelte er weiter, in der Hoffnung auf einen Nachschlag.

Auch Papa sorgte sich von Zeit zu Zeit: «Mir scheint, der Hund hat abgenommen. Vergisst du nicht vielleicht, ihn zu füttern?», sagte er zu Mama.

Die wurde böse. «Natürlich füttere ich ihn», erwiderte sie. «Wenn er weiter so viel frisst, wird diesem Köter noch das Fell ausgehen! Aber wenn du dir solche Sorgen um ihn machst, kannst du ihm ja selber sein Futter machen!»

Und Rocket magerte weiter ab, bis er nur noch Haut und Knochen war. Er hatte gelernt, sich selbst von seiner Kette zu befreien; dann ging er auf die Straße, um in den Müllhaufen zu wühlen. Das brachte ihm jede Menge Bisse seitens der streunenden Hunde ein. Was konnte selbst ein Deutscher Schäferhund wie er schon gegen eine ganze Bande von Straßenkötern ausrichten? Er kehrte voller Wunden von seinen Expeditionen zurück. «Dieser Hund ist krank», bemerkte Mama. «Er erbricht alles, was ich ihm zu fressen gebe. Und dafür gebe ich mir solche Mühe!»

Chotda seinerseits dachte an nichts, als auf seiner Gitarre herumzuklimpern und pfeifend vor dem Haus unserer Nachbarn Pal auf und ab zu gehen, deren Tochter Dolly ans Fenster kam, wenn sie ihn hörte. Oft kamen auch seine Freunde nach Hause, um stundenlang zu schwatzen. Dann kämmte er sich die Haare glatt nach hinten und ging mit ihnen ein Stück spazieren. Wie hätte er da noch daran denken sollen, sich um Rocket zu kümmern?

Mama mag sich ruhig heiser schreien mit ihrem *Hunde schlagen die Engel in die Flucht*, mich beeindruckt das nicht. Ich rühre mich nicht vom Fleck. Als hätte ich nicht gehört, was sie gesagt hat. Als wäre es mir herzlich egal, ob Engel in dieses Haus kommen oder nicht. Als konzentrierte ich mich darauf, dem Gezirpe der Grillen in der Nacht zu lauschen. Als achtete ich nicht mehr auf Mamas Stimme, die zum tausendsten Mal wiederholt: «Dieses Mädchen denkt an nichts anderes, als Bücher zu verschlingen!» Ja, ich fühle mich von allem losgelöst, allem gegenüber gleichgültig. In meinem tiefsten Inneren denke ich nur an eines, warte ich nur auf eines, schon ganz nass vom Tau der Dämmerung: Und wenn Moni zurückkäme? Wenn sie den Weg in ihr Dorf nicht hatte finden können und zu uns zurückkäme?

Nachdem sie Moni entlassen hat, muss Mama sich allein um die Küche kümmern. Nach zwei Tagen ist sie völlig entnervt und explodiert, als Papa nach Hause kommt: «Du mit deiner Manie, nicht zuzulassen, dass die Mädchen einen Fuß in die Küche setzen! Werden sie nicht auch heiraten? Werden sie nicht eines Tages ihrem Mann zu essen machen müssen? Bei mir zu Hause, da haben wir alle von klein auf kochen gelernt!

Und unsere eigenen Töchter verbringen ihre Zeit damit, herumzubummeln wie die Jungen!»

«Aber sie gehen doch zur Schule und lernen», antwortet Papa, nachdem er sich geräuspert hat. «Warum sollten sie ihre Zeit in der Küche verschwenden? Und hat man nicht normalerweise eine Hilfe, die sich darum kümmert? Ich will nicht, dass meine Töchter irgendetwas anrühren, hörst du? Ich habe keine Lust, dass sie durch ihre Prüfungen fallen!»

«Ihre Prüfungen! Darauf pfeifen sie doch, das kannst du mir getrost glauben. Mit einem Vater, der nie da ist, tun sie doch nichts anderes, als von morgens bis abends zu spielen!... Und deswegen brauche ich ein Dienstmädchen! Wir müssen wieder eines finden. Ich schaffe das nicht allein. Aber das Problem mit diesen Mädchen ist doch immer: Kaum haben sie die Arbeit gelernt, finden sie einen Grund, um wieder zu gehen ...»

Mama streikt in der Küche. Der Herd bleibt kalt. Wer soll sich darum kümmern, das Holz klein zu machen? Wer soll die Gewürze mahlen? Das Geschirr spülen? Das Essen machen? Die Wäsche waschen? Das Haus fegen? Durch ihren Streik will Mama Papa zu verstehen geben, dass der Haushalt ohne Dienstboten nicht mehr funktionieren kann. Wenn Papa nach seinem Abendessen verlangt, bekommt er zu hören: «Solange wir kein neues Mädchen haben ...» Natürlich macht Mama für uns, die Kinder, heimlich etwas zu essen. Sie lässt sich von einer Bettlerin aus der Nachbarschaft die Gewürze mahlen, das Geschirr spülen, den Reis kochen und das Gemüse putzen, gegen eine Mahlzeit am Tag.

Bis zu dem Tag, an dem Papa eine arme Obdachlose mit nach Hause bringt, die er auf einem Gehweg von Notun Bazar aufgelesen hat. «Sie wird es tun, bis wir etwas Besseres finden», sagt Papa, als er sie Mama vorstellt.

In einem Sessel auf der Veranda sitzend, mustert Mama das Findelmädchen aufmerksam. Sie steht vor ihr, an das Holzgeländer gelehnt. Sie muss etwa acht Jahre alt sein, höchstens neun; sie hat eine rotztriefende Nase, ihre Haut sieht aus, als wäre sie voller fauliger Stellen, ihre Haare sind von der Sonne rötlich ausgebleicht, weil sie nie mit Öl gepflegt wurden; unter ihren dreckstarrenden kurzen Hosen, die einmal weiß gewesen sein müssen und jetzt staubfarben sind, ragen Beine hervor, die über und über mit angetrocknetem Matsch bedeckt sind. An den wenigen Stellen, wo man ihre Haut sieht, ist sie voller Risse, wie die Erde eines von der Dürre ausgetrockneten Feldes.

«Wie heißt du?», fragt Mama schroff.

«Renu», antwortet das kleine Mädchen und zieht den Rotz hoch, der ihr bei jedem Ausatmen wieder aus der Nase quillt.

«Was kannst du machen?»

Renu antwortet nicht. Sie schaut die Bäume an, die Enten und Hühner im Hof.

«Hast du schon einmal bei jemandem gearbeitet?», erkundigt sich Mama und mustert sie mit inquisitorischem Blick von Kopf bis Fuß.

«Nein», antwortet Renu und schüttelt den Kopf.

«Hast du keine Eltern?», fragt Mama erstaunt, mit grollender Stimme, als würde sie sie schimpfen.

«Ich habe meine Mama. Keinen Papa», erwidert Renu gleichgültig, als wäre es völlig bedeutungslos, ob man Eltern hat oder nicht.

«Und hast du Geschwister?», fährt Mama etwas sanfter fort.

«Nein», sagt die Kleine mit derselben Gleichgültigkeit wie zuvor.

«Wirst du Gewürze mahlen können? Und Wäsche waschen?»

Renu nickt kaum merklich mit dem Kopf.

«Und Reis, kannst du den kochen?», fragt Mama weiter, wobei sie wegen des Geruchs, den Renu verströmt, die Nase rümpft.

Renu nickt wieder.

Geschafft, sie hat die Prüfung bestanden. Sie ist eingestellt.

Mama schickt sie an die Pumpe, damit sie sich energisch einseift und abduscht. Als sie sauber ist, gießt Mama ihr etwas Öl in die hohle Hand, damit sie sich die Haare damit glättet. Und schließlich gibt sie ihr ein paar alte Kleider von mir und einen großen Teller voll Pantabhat mit einem Rest Linsenbrühe, den wir mit Sicherheit nicht mehr angerührt hätten. Sobald Renu sich den Bauch gefüllt hat, befiehlt Mama ihr, das ganze Haus auszufegen. Dann lässt sie sie Gewürze mahlen und Reis kochen. Und bei alldem schaut sie ihr über die Schulter, um ihre Arbeitsweise zu kontrollieren.

So folgt zu Hause ein Dienstmädchen aufs andere. Kaum ist Moni fort, ist Renu schon da. Eine Tochter kleiner Leute ersetzt die andere. Denn die Stadt ist voll von ihnen, kleine Leute gibt es im Überfluss. Genug, dass wir nie Mangel an ihnen haben, dass unsere Bequemlichkeit nie zu sehr leiden muss.

Nachdem Renu einmal angelernt ist, kann Mama ihre Gänge nach Naomahal wieder aufnehmen. Wieder mit ganz verquollenen Augen nach Hause kommen, weil sie bei den donnerstagabendlichen Versammlungen so viel geweint hat. Sie kann weiter heftig Kritik üben an ihrem Materialisten von Mann, der nichts als irdische Interessen im Kopf hat. Und gleichzeitig Renu eine denkwürdige Tracht Prügel verpassen, weil sie einen vollen Topf Reis hat anbrennen lassen.

Mama ist sehr launenhaft. Die Dienstboten bei uns leben immer in der Furcht vor ihren jähen Stimmungsumschwüngen. Wehe ihnen, wenn irgendetwas schief läuft! Aber wenn alles gut geht, dann strömt sie über vor Zuneigungsbekundungen. Abends versucht sie, Renu das arabische Alphabet beizubringen, die mit dem Finger auf der Zeile buchstabiert: *«Alif …»* Renu hat heute gut gelesen; dafür schenkt ihr Mama ein weiteres meiner alten Hemden.

Ist der Herr freundlich, so hüte dich!
Bald holt er dir den Mond vom Himmel,
Bald den Strick, um dich zu hängen!

Kurz bevor Renu in unseren Dienst trat, ist Rocket gestorben. Mama hat Papa aufgetragen, den Abdecker kommen zu lassen, um den Kadaver zu entsorgen. Papa hat uns einen Angestellten der Apotheke geschickt, in der er seine Praxis hat. Der hat einen Strick um Rockets Hals gebunden und ihn aus unserem Hof hinausgezogen. Von unserem Gefährten blieb nichts als eine Schleifspur auf dem Boden übrig. Ich habe mich auf der Toilette versteckt, um mich auszuweinen. Das war der einzige Ort des Hauses, wo man seine Ruhe hatte. Vorbei, nie wieder würde Rocket um uns herumspringen. Nie mehr würde er Männchen machen und vorsichtig nach dem Keks schnappen, den man zwischen den Lippen hielt. Rocket hatte uns immer auf unseren Spaziergängen begleitet und die Neugier der Leute des Viertels erregt, denen ein Deutscher Schäferhund kein gewohnter Anblick war. Rocket war vor Hunger und Krankheit gestorben, still und leise, uns aus seinen tränenerfüllten Augen anblickend. Ohne dass sich jemand auch nur einmal die Mühe gemacht hätte, ihn zum Tierarzt zu bringen. Und ich war so daran gewöhnt, zum Teufel geschickt zu werden, wenn ich meine Meinung äußern wollte, dass ich nicht den Mut aufbrachte, darauf zu dringen.

Kurz nach Rockets Tod hat Mama von Großmutter einen kleinen Welpen mitgebracht. Von einheimischer Rasse. Ich hätte ihn gerne auch Rocket gerufen, aber Mama wollte ihn unbedingt Poppy nennen. Also hieß er Poppy. Ihre Vorliebe für diesen Namen stammte aus unserer Zeit in Pabna, wo einer der Gefängniswärter einen Hund hatte, der so hieß. Mama besitzt bereits Ziegen, Tauben, Hühner, Enten … und jetzt auch ihren eigenen Hund, den sie niemals zu füttern vergisst. Man hört sie überhaupt nicht mehr darüber klagen, dass Hunde die Engel in die Flucht schlagen! Kurzum, sehr bald folgt Poppy seinem Frauchen auf Schritt und Tritt. Ich versuche, dem neuen Hund das Spielen beizubringen und einen Ball apportieren zu lassen – ohne jeden Erfolg. Poppy ist zu nichts anderem gut, als Einbrecher abzuschrecken. Das ist genau das, was Mama braucht: ein braver, gehorsamer Hund – das ist die Bedingung, dass sie ihn streichelt, wie Renu. Renu, die Mama abends vor dem Einschlafen massiert. Die ihr die Kopfhaut einreibt. Mama ist so zufrieden mit ihr, dass sie es in Angriff nimmt, ihr nach dem arabischen auch das bengalische Alphabet beizubringen. Und trotz allem weint Renu oft. Sie weint, weil sie ihre Mutter vermisst, weil ihr deswegen, wie sie sagt, *das Herz blutet.*

«Nach allem, was ich für dich tue, findest du noch einen Grund zum Weinen», empört sich Mama. «Eine wahre Sklavenmentalität! Ohne jede Dankbarkeit! Wenn du dich so aufführst, wirst du es in deinem Leben sicher zu nichts bringen!»

Als Papa von Renus *Launen* erfährt, bringt er, nach einigen Recherchen, ihre Mutter mit nach Hause. «Du kannst doch die Mutter auch einstellen», schlägt er Mama vor. «Sie kann die schwere Arbeit tun! Dann kannst du die Tochter für die leichteren Aufgaben nehmen!»

Am nächsten Tag bringt Papa für Renus Mutter einen Sari aus bedruckter Baumwolle mit. Nachdem sie die Webart des Stoffes sorgfältig untersucht hat, ruft Mama aus: «Das ist eine sehr gute Qualität! Dafür hast du sicher viel Geld bezahlt! Ich bekomme keine zwei solchen Saris im Jahr!»

Während ihrer ganzen Arbeitszeit ist Mama ununterbrochen hinter dem neuen Dienstmädchen her, sie überwacht sie und macht ihr ständig Vorhaltungen. Als Papa nach Hause kommt, sagt sie zu ihm: «Diese Frau erscheint mir nicht vertrauenswürdig ...!»

«Warum? Was hat sie getan?», fragt Papa nach.

«Ich habe sie heute Nachmittag mit einem Angestellten des Lebensmittelladens, der etwas abliefern kam, flüstern sehen ... Und ich habe ihr eine Bluse gegeben, um sie unter den Sari zu ziehen. Sie trägt sie nicht! Und so spaziert sie vor den Männern herum!»

Papa sagt nichts mehr.

Und das bringt Mama unfehlbar auf die Palme.

Die Monate vergehen mit Renu und ihrer Mutter mehr schlecht als recht. Wie früher kommt Mama zu ungehörigen Zeiten von ihrem Pir zurück und bringt ganze Tage auf ihrem Gebetsteppich damit zu, den Namen Gottes zu rezitieren und den Kopf abwechselnd nach rechts und links zu werfen. Selbst wenn sie zu Hause ist, hat man den Eindruck, dass sie weit weg ist. Nach und nach verlagert sich die ganze Last der Haushaltsführung auf die Schultern von Renus Mutter. Papa fragt nunmehr sie danach, was er vom Markt mitbringen soll – Öl, Salz, Kreuzkümmel oder Kardamom ... Wenn sie mit ihrer Arbeit fertig ist, schlingt Renus Mutter ihr Haar zu einem Knoten und summt dabei vor sich hin, was dazu angetan ist, Mama auf die Nerven zu gehen. «Sing nicht so vor dich hin. Dienstboten sind zum Arbeiten da, nicht zum Singen!», wirft sie ihr hin.

Und Renus Mutter hört auf zu singen.

Einige Zeit später, mitten in der Nacht, als das ganze Haus in Schlaf liegt und auch ich gerade eingeschlummert bin, werde ich plötzlich von einem grässlichen Lärm geweckt. Ich brauche eine Weile, bis ich begreife, woher der Radau kommt. Man hört Mama schreien und Türen knallen. Auch eine Tür, gegen die heftig geklopft wird. Als wollte man sie einschlagen.

Auch Yasmin ist aufgewacht. Sie fragt mich flüsternd: «Was ist da los, *Bubu*?»

«Ich habe keine Ahnung», antworte ich leise.

Mein Herz klopft zum Zerspringen. Meine Glieder sind starr vor Schreck. Kurz nachdem die Aufregung auf der Veranda nachgelassen hat, kommt Mama und informiert Dada und Chotda darüber, was vorgefallen ist. Es waren keine Räuber. Es war Papa. Papa, den sie um halb drei Uhr morgens mit Renus Mutter im Bett überrascht hat, in der Küche.

Mama hat schon immer einen sehr leichten Schlaf gehabt.

Wie es ihre Gewohnheit war, hatte sie, als sie aufwachte, eine Runde durchs Haus gemacht, um zu überprüfen, ob auch alle Türen und Fenster fest verschlossen waren, aus Angst vor Einbrechern. Dabei hatte sie bemerkt, dass die Tür von Papas Zimmer, die auf die Veranda hinausging, halb offen stand. Sie hatte hineingeschaut und festgestellt, dass Papa nicht unter dem Moskitonetz lag. Niemand auf der Toilette, auch nicht auf der Veranda. Dann hatte sie von der Küche her ein Geräusch gehört. Sie hatte die Ohren gespitzt und Papas Stimme erkannt und dazu ein Quietschen vernommen, das von dem Bettgestell stammte, auf dem Renus Mutter ihre Nächte verbrachte.

Papa war mit dem Dienstmädchen schlafen gegangen! Ich hob die Augen zum höchsten Punkt des Moskitonetzes, unfähig, das geringste Lebenszeichen von mir zu geben. Yasmin neben mir rührte sich ebenso wenig, die Augen weit offen, ohne ein Wort.

Unsere Mama, die so losgelöst war von den Interessen dieser Welt, weinte die ganze übrige Nacht lang. Und nur die Seufzer von Dada, Chotda, Yasmin und mir leisteten ihr Gesellschaft …

UND WIEDER DIE RELIGION …

Jedes Mal, wenn ich das Haus des Pirs betrete, bekomme ich eine Gänsehaut. Was mir Angst macht, ist vor allem die Zwangsvorstellung, dass alle Bäume um sein Haus herum von Dschinns, Menschen verschlingenden Dämonen und anderen Geistern bewohnt sind. Bei unseren Besuchen halte ich Mamas Hand immer ganz fest, wenn ich unter einem Baum durchgehe, und frage mich, ob nicht ein Dschinn auf mich herabspringen wird …

In Wirklichkeit betrete ich das Haus gar nicht; es ist Mama, die Jüngerin des heiligen Mannes, die es betritt, und ich folge nur. Mama, die ihre Saris aufgegeben hat, um nur noch den Shalwar-kamiz zu tragen. Mama, die ich nicht mehr wieder erkenne, inmitten des halben Dutzends Frauen, die im Zimmer des Pirs Amirullah sitzen, vom Hals bis zu den Zehen unter einer langen Tunika verborgen, die Haare mit einem großen Schal bedeckt. Eine einzige von ihnen trägt einen Sari. Sie hat vier Amulette um den Hals hängen. Sie hat das Ende ihres Saris über den Kopf gezogen und erscheint äußerst verwirrt. Sie hat beide Hände auf Amirullahs Füße gelegt und vertraut ihm an: «Meister, wenn ich keinen Sohn bekomme, wird mein Mann mich verstoßen!»

Der Pir Amirullah spricht sehr sanft und kämmt sich dabei mit den fünf Fingern einer Hand den Bart. Den Blick zu den Deckenbalken erhoben – einen von Mitleid überströmenden Blick –, sagt er: «Lege dein Schicksal in Gottes Hand! Gott ist der Einzige, der etwas gewähren kann; ich bin nur sein Mittelsmann. Du solltest um Mitternacht Gottes Namen rezitieren und dabei den Kopf nach rechts und links werfen. Vertraue

Ihm, dem Allmächtigen, dem Herrn beider Welten, deine Not an! Weine vor Ihm! Wie soll Er dich hören, wenn du nicht weinst, Aleya? Aber Gott in Seiner unendlichen Barmherzigkeit stößt niemals Seine Diener zurück, die Ihm die Hände entgegenstrecken.»

Auf diese Worte wirft sich Aleya dem Pir laut schluchzend zu Füßen. Amirullah lässt seinen Bart los und streicht mit der Hand über ihren Rücken, wobei er seinen Blick auf ihr entblößtes Haar senkt, denn der Sari der jungen Frau ist ihr auf die Schultern gerutscht.

In meiner Verlegenheit, dieser Szene beizuwohnen, verstecke ich mich, so gut ich kann, hinter Mama und versuche, meine Gedanken auf diesen unsichtbaren Gott zu konzentrieren. Er lässt mich an den Zauberer denken, der an unsere Schule gekommen ist, um uns seine Kunststücke vorzuführen: Man hat ihn mit einem schwarzen Tuch bedeckt, und als man es wenig später wieder wegnahm, war niemand mehr darunter, als hätte sich unser Zauberer in Luft aufgelöst. Ach! Wenn ich nur auch unsichtbar wäre! Ich könnte in der ganzen Stadt herumlaufen, allein an den Ufern des Brahmaputra entlangspazieren, ohne dass mich jemand finden und zurück nach Hause bringen könnte!

Die junge Humayra, meine Kusine, kommt herbei, um Aleya aufzuheben, die noch immer über den Beinen des Pirs liegt, und nimmt sie mit hinaus in den Hof. Als sie unter dem Hibiskus angelangt sind, knotet Aleya einen Zipfel ihres Saris auf und nimmt einen Geldschein heraus, den sie Humayra übergibt. Diese kommt zurück ins Haus, um den Schein Amirullah zuzustecken, der ein Experte ist in der Kunst des Einkassierens. Die Scheine strömen ihm zu, sie gehen von Hand zu Hand, wie der Stab in einem Staffellauf. Der Pir lässt die Scheine rasch in die Tasche seines langen Gewandes wandern, die ihm als Kassenschublade dient. Ich kann meine Augen nicht von diesen geschickten Fingern lösen, die einen Schein nach dem anderen verschwinden lassen.

«Hamima, wer ist da hinter dir? Ist das deine Tochter?», fragt der Pir plötzlich und bohrt seinen Blick in den meinen.

«Ja, Meister», antwortet Mama und zieht mich hinter sich hervor. «Sie ist am Geburtstag des Propheten geboren. Sie betet immer mit mir. Sie beherrscht die arabische Schrift gut und hat schon einen guten Teil des Korans gelesen. Ich bitte Sie, Meister, segnen Sie sie, damit sie in ihrem Glauben bestärkt wird … Auf! Geh und wirf dich dem Meister zu Füßen!», befiehlt sie mir und schubst mich auf ihn zu.

Aber ich mache mich ganz steif und rühre mich nicht weiter vom Fleck. Die bloße Vorstellung, mich vor dem Pir niederzuwerfen, lässt mich erstarren. Mama kann machen, was sie will, ich gehe keinen einzigen Schritt vorwärts. Im Gegenteil, ich weiche zurück. Aber genau in dem Augenblick streckt der Pir die Hände vor, und als pflückte er eine Frucht von einem Baum, zieht er mich zu sich, ganz dicht an seinen langen weißen Bart, an sein weites Gewand, in das sein Körper gehüllt ist. Meine Augen befinden sich auf einer Höhe mit der mit Allahs Namen bestickten Kappe, die seinen Kopf bedeckt. Er drückt mich so fest an sich, dass ich das Gefühl habe, in den Falten des weiten Gewandes zu versinken. Mir stockt der Atem. Er hält die Augen geschlossen und rezitiert irgendetwas zwischen den Zähnen, und dann lässt er seinen Atem langsam über mein ganzes Gesicht strömen, wobei er mich reichlich mit Speicheltröpfchen besprüht.

Als er mich endlich loslässt, verstecke ich mich schleunigst wieder hinter Mamas Rücken, die ihrerseits völlig selig ist. Während ich mir das Gesicht abwische, höre ich, wie der Pir Mama fragt: «Besucht deine Tochter die Schule und lernt all jene Dinge, die einen an die Interessen dieser Welt ketten …?»

«Ja, Meister», antwortet sie seufzend. «Ich habe keinerlei Kontrolle über das, was meine Kinder tun, leider! Ihr Vater ist schuld daran! Dabei hat sie große Sehnsucht danach, die Wahrheit über Gott und Seinen Propheten zu erfahren. Daher bringe ich sie auch mit hierher. Damit sie sich Gott jeden Tag etwas mehr zuwendet.»

Während Mama diese Erklärungen abgibt, schnalzt der Meister mit der Zunge, um ihr zu verstehen zu geben, wie sehr er sie bedauert, einen so gottlosen Mann zu haben. Dann streckt er sich auf sein Lager aus und fügt noch hinzu: «Das Problem ist, verstehst du, dass diese Art von Schulbildung dem Teufel die Tore des Gehirns öffnet. Und das macht es in der Folge äußerst schwierig, auf den Pfad Gottes zurückzufinden. Schau dir Naziya, Nafisa, Munazebba, Motiya an ... sie alle gingen früher zur Schule, und dann haben sie es aufgegeben. Um sich auf ihre religiöse Bildung zu konzentrieren. Um zu lernen, dem Pfad Gottes zu folgen. Um sich auf das Jüngste Gericht vorzubereiten. Sie haben nun begriffen, dass alles, was man in der Schule beigebracht bekommt, nichts als Lüge ist. Dass sie auf dem Weg waren, in schrecklicher Finsternis zu versinken. Dass sie mit dieser Art von Bildung keinerlei Aussichten hatten, den Weg des Lichts und der Wahren Erkenntnis zu finden.»

Nachdem sie mir mit einem Handzeichen bedeutet hat, in den Hof hinauszugehen, beginnt Mama, den Meister mit einem Fächer aus Palmblättern zu erfrischen. Kaum habe ich die Nase hinausgestreckt, stürzt sich Humayra auf mich wie ein Raubvogel und schleppt mich mit in ein anderes Zimmer, in dem nur ein paar mit Leintüchern bespannte Bettgestelle stehen, deren Decken und Matratzen tagsüber in einer Ecke aufgestapelt sind. Hier sitzen Tante Fozlis Töchter im Schneidersitz zusammen, lassen die Gebetsketten klappern und verrichten ihre täglichen Gebete. Keine von ihnen geht zur Schule; ihren gesamten Unterricht, der ihnen nichts als den Pfad Gottes zeigt, bekommen sie zu Hause.

Humayra muss etwa fünf Jahre älter sein als ich. Sie hat ein Gesicht so rund wie eine Pampelmuse.

«Du bist die Tochter der ältesten unserer Tanten mütterlicherseits», sagt sie zu mir und gibt mir einen Klaps auf die

Schulter. «Du bist also unsere Kusine. Warum gehst du zur Schule, wo du nur Dinge lernst, die dich an die materiellen Interessen dieser Welt fesseln? Weißt du denn nicht, dass das Gott verstimmt, denn in Seinen Augen ist es eine Sünde! Er wird es dir übel nehmen, pass nur auf», fährt sie fort, während sie mich mit Entschiedenheit auf eines der Betten platziert. «Dein Vater ist ein Ungläubiger. An deiner Stelle hätte ich Angst, dass Gott mich seinetwegen in die Hölle schickt!»

Die bloße Erwähnung der Hölle genügt, um sie vor Furcht erzittern zu lassen. Sie greift heftig nach meinen Händen, ohne dass ich begreife, was ihr geschieht. Mir wird eiskalt ums Herz. Ich sehe ein Flammenmeer in einem Loch lodern, über dem ein Kessel voll Wasser kocht, und auf seiner Oberfläche schwimmen menschliche Leiber. Plötzlich sehe ich mich selbst unter ihnen ... Nacheinander kommen sieben junge Mädchen auf mich zu, und ihre mitfühlenden Blicke dringen bis in mein Innerstes vor. Als wäre ich das sonderbarste Geschöpf auf Erden, weil ich darauf beharre, zur Schule zu gehen. Es müssen Engel sein, die mich vom himmlischen Paradies aus in der Hölle besuchen kommen, um mich zu bedauern, dass ich in so entsetzlichen Flammen brate.

Plötzlich reißt eine Stimme mich aus meinem Albtraum heraus. «Humayra, ist das hier eine neue Weggefährtin auf dem Pfad Gottes?», fragt ein großes Mädchen.

«Ja, schon», erklärt Humayra und stößt einen Seufzer aus – einen umso tieferen Seufzer, wahrscheinlich, als ich eine nahe Verwandte bin, ihre Kusine mütterlicherseits –, «aber ihr Vater hindert sie daran!»

Ihre Freundinnen schnalzen mit der Zunge, um ihr Mitleid kundzutun. Dieses Geräusch erinnert mich an Katzen, die Milch schlabbern.

Aber mit einem Stoß in die Rippen holt mich Humayra in die Realität zurück. «Siehst du», erklärt sie mir und deutet mit dem Kinn nacheinander auf jedes der anderen Mädchen, «ihre

Väter haben sie selber auf den Pfad Gottes gebracht. Sie wohnen ständig hier. Sie verbringen ihre Zeit damit, den Koran und die Tradition zu studieren.»

Und mit einem weiteren Seufzer fügt sie hinzu: «Wenn jemand unserem Onkel mit weisem Rat zur Seite gestanden hätte, würde er sicher nicht so gottlos handeln! Dann hätte er seine Kinder selber auf den Pfad Gottes geführt.»

Ich bin nicht recht davon überzeugt, dass Papa uns auf den Weg Gottes geführt hätte, selbst wenn ihm jemand mit frommen Ratschlägen zur Seite gestanden hätte. Aber Humayra führt das Beispiel eines Richters an, dem genau das passiert sei. Er sei von einem Strenggläubigen aufgeklärt worden und dann persönlich hergekommen, um seine sechzehnjährige Tochter Gott anzuvertrauen, Munazebba, die nun in unserer Mitte sitzt. Ihr Vater ist Richter in Dhaka. Durch die Art, wie Humayra das Wort Dhaka ausspricht, will sie zu verstehen geben, dass besagter Richter nicht von gewöhnlichem Rang ist. Tatsächlich war es so, dass diese Munazebba, die bisher eine gute Schülerin gewesen war, plötzlich nur noch schlechte Noten nach Hause gebracht hatte, nachdem sie sich in einen Taugenichts ihres Alters verliebt hatte. Man hatte dem Herrn Richter hinterbracht, dass seine Tochter nach Anbruch der Dunkelheit in einem nahen Park überrascht worden sei, wie sie mit diesem Jungen auf dem Rasen lag. Schon zerriss man sich in der Nachbarschaft munter das Maul. Der Richter sah sich gezwungen, seine Tochter von der Schule zu nehmen und sie ins Haus zu verbannen. Da hatte er vom Pir Amirullah reden hören, der junge Mädchen unter seinem Dach aufnehme, um sie den Koran und die Tradition zu lehren und in perfekte Gläubige zu verwandeln. Es sei ihnen streng untersagt, sich außerhalb des den Frauen vorbehaltenen Bereichs des Hauses zu bewegen und sich jeglichen Männern zu zeigen, mit Ausnahme des Pirs selbst. Der Richter aus Dhaka war hochinteressiert angereist, um einer Versammlung bei Amirullah beizuwohnen, die einen starken Eindruck auf ihn gemacht hatte. Er war vollkommen eingenommen wieder abgereist, mit dem festen Entschluss, seine Tochter diesem heiligen Mann anzuvertrauen. Was er ein paar Tage später auch getan hatte.

Der Pir hatte der Tochter des Richters, die Rubina hieß, alsbald den Namen Munazebba gegeben. Er hatte sie auch sehr schnell in eine perfekte Frömmlerin verwandelt, die, von Kopf bis Fuß verschleiert, nie einen Fuß nach draußen setzte, sich ständig in den Koran und die Tradition vertiefte und immer die Erste war, die bei den Beschreibungen der Hölle, welche der Meister im Verlauf der religiösen Zusammenkünfte gab, in Tränen ausbrach und die schließlich auch allzeit bereit war, ihn stundenlang zu massieren.

Es war Munazebbas Eintritt ins Haus des Pirs, der in wohlhabenden Kreisen – hohe Beamte, Anwälte, oberste Staatsgefilde – die Mode lancierte, Amirullah die Erziehung der Mädchen anzuvertrauen. Hatte nicht Abraham seinerzeit Gott gehorcht, als Er forderte, er solle seinen Sohn opfern? Da konnten doch die Väter unserer Zeit wenigstens ihre Töchter auf den Pfad Gottes bringen! Diesen Pfad Gottes einzuschlagen, das bedeutete bei Amirullah im Grunde, sich unsterblich in Gott zu verlieben. Und genau das ist es, was mit allen Mädchen passiert, die in diesem Haus leben – zur größten Befriedigung des Pirs, der von diesem Moment an keine menschlichen Wesen mehr in ihnen sieht, sondern wahre Blumen, die direkt aus dem himmlischen Paradies stammen.

Amirullah hatte ein Stück Land roden lassen, auf dem Unterkünfte für diese Hausgäste erbaut wurden. Manche Zimmer haben ein einfaches Blechdach, andere ein Flachdach aus Zement. Aber alle sind sie fensterlos, sodass die Mädchen entsetzlich unter der Hitze leiden. Der Pir hatte in seiner unendlichen Weisheit jedoch verkündet: «In Arabien zur Zeit unseres Propheten waren die Häuser so beschaffen. In diesen Verhältnissen zu leben ist also eine Art, Verdienste zu erwerben. Wenn ihr die Qualen, die der Prophet erlitten hat, ertragen könnt, wird er selbst am Tag des Jüngsten Gerichts für euch eintreten.»

Diese Worte ließen die Mädchen schier in Ohnmacht fallen. Wozu sollten sie Fenster brauchen, da der Prophet keine hatte? Sie würden nötigenfalls sogar auf Türen verzichten!

Nachdem sie ihre Töchter zwei oder drei Jahre in der Obhut des Pirs gelassen haben, kommen die Väter wieder, um sie abzuholen. Sie sind so fromm geworden, dass sie sich weigern, ihnen zu folgen. Im Falle Munazebbas ist es ihre Mutter gewesen, die gekommen ist, da ihr Vater schwer krank war. Munazebba hat sich geweigert, den Meister zu verlassen, mit der Erklärung, sie habe keinerlei Lust, in die von Sünden besudelte Welt zurückzukehren, und sie sei sich sicher, wenn sie das Haus des Pirs verlasse, werde der Teufel sofort wieder von ihr Besitz ergreifen.

Die Mädchen sind überzeugt, dass der Pir höchstpersönlich sie über die Brücke geleiten wird, die zum Paradies führt. Er hat tatsächlich immer gepredigt, er werde, wenn er in den Himmel einginge, seine eifrigsten Jünger an der Hand mitnehmen, er werde die Pforten des Paradieses nicht ohne sie durchschreiten. Daher wollen die Mädchen, in diesen apokalyptischen Zeiten, keinen Augenblick fern von ihrem Meister weilen. Zumal er auch gesagt hat, dass er bald mit seinen Jüngern nach Mekka ziehen werde, aufgrund seines lebhaften Wunsches, das Ende der Zeiten im Land des Propheten zu erleben.

Munazebba zufolge wird Gott selbst einen Wagen schicken, um sie alle nach Mekka zu befördern.

Obwohl Humayra und ihre Gefährtinnen voller Wonne davon träumen, es werde vielleicht das geflügelte Pferd des Propheten selbst sein, wissen sie noch nicht, wie sie an ihr heiliges Ziel gelangen werden. Aber sie sind sich ganz sicher, dass sie bald abgeholt werden. Es ist sogar eine Rangordnung festgelegt worden. Munazebba hat Nachforschungen angestellt und herausgefunden, dass sie selbst bei der ersten Reise dabei sein wird, da sie ganz oben auf der Liste stehe – eine Liste, die der Pir unter seinem Kopfkissen aufbewahrt.

Alle Mädchen im Haus des Pirs leben in der Furcht vor der unmittelbar bevorstehenden Apokalypse. Diese Furcht ist ansteckend: Auch ich beginne mich zu fragen, ob ich nicht von einem Tag auf den anderen das Ende der Welt erleben werde. Warum beharrt Papa stur darauf, dass ich zur Schule gehe, wenn doch die Erde zerstört sein wird, noch bevor ich groß geworden bin? Wenn doch diese Welt von Staub wieder zu Staub werden wird. Wenn doch alle Geschöpfe gerichtet werden von Gott, der auf Seinem Thron sitzend die Schalen der Waage halten wird, um die Verdienste eines jeden abzuwiegen. Beim bloßen Gedanken daran beginnt mein Herz wild zu klopfen.

Wenn ich mir das Feld des Jüngsten Gerichts vorstelle, muss ich, ich weiß nicht warum, immer an das riesige Feld von roter Erde denken, in der Nähe des Hauses meines Onkels in Dhaka. Der Zauberer, der sich in der Schule unter dem schwarzen Tuch selbst hat verschwinden lassen, wird gewiss keinerlei Mühe haben, die Brücke zum Paradies zu überqueren. Ich bin völlig fasziniert von dieser Vision des Zauberers, der über die himmlische Brücke geht, ohne gesehen zu werden. Dieser Zauberer muss im Übrigen ein Hindu gewesen sein, da er Samir Chandra hieß. Bedeutet das, dass ein Hindu die Brücke überqueren könnte? Aber was würde Gott dann mit ihm machen? Würde Er ihn zurück in die Hölle schicken, weil er ein Ungläubiger ist, oder würde Er ihn ins Paradies aufnehmen, da er ja die Brücke überquert hat? Wenn ich in dieser Angelegenheit zu richten hätte, würde ich ihn ins Paradies aufnehmen. Dabei habe ich so manches Mal sagen hören, dass jeder Hindu, welches auch seine Verdienste sein mögen, durch Gottes ausdrücklichen Willen dazu verdammt sei, in der Hölle zu enden. Aber wie hat Gott so etwas im Voraus festschreiben können? Und wenn alles schon im Voraus geschrieben steht, wozu dann ein

Jüngstes Gericht? Sollte es sich dabei nur um eine gigantische Komödie handeln? Warum rackern sich die Menschen dann so ab, um dazuzugehören?

Während mir all diese Überlegungen durch den Kopf schwirren, habe ich nicht bemerkt, wie die Mädchen nacheinander den Raum verlassen haben und ins Zimmer des Pirs gegangen sind. Sogar Humayra. Und ich bin allein zurückgeblieben und kann nichts tun, als abzuwarten, bis Mama mich abholt. Unmöglich vorherzusagen, wann sie alles erledigt haben wird, was sie in diesem Haus zu tun hat. Die früheren Male, bei denen ich sie begleitet habe, sind wir selten vor der Nacht nach Hause gegangen. Manchmal ist es aber auch vorgekommen, dass Mama, obwohl wir erst sehr spät heimzukehren vorhatten, plötzlich ihren Burqa überzog und zu mir sagte, es sei Zeit zu gehen.

Heute jedenfalls scheint Mama es nicht eilig zu haben, und es kümmert sie auch nicht, dass ich stundenlang in diesem Zimmer sitze. Ich sehe sie im Zimmer des Pirs, wie sie von einer ihrer Gefährtinnen zur nächsten geht, um ihnen ein paar Worte ins Ohr zu flüstern. Es gibt nichts, was die Neugier mehr anstachelt als Flüstereien. Wenn ich nur hören könnte, was sie ihnen sagt! Ich erahne immerhin, dass es darum geht, die Aufgaben zu verteilen: wer dem Meister Luft zufächeln, wer ihm die Beine massieren, wer seinen Sirup und seine Betelbissen zubereiten, wer ihm den Spucknapf hinhalten darf. Ich weiß, dass Mama dieses Haus heute nicht verlassen wird, bevor sie nicht etwas von der Ambrosia auf den Kopf bekommen oder geschluckt hat, die dem Freund Gottes aus dem Mund tropft.

Ich versuche das Gesicht der Frau zu erkennen, der Mama gerade etwas ins Ohr flüstert. Aber nichts zu machen! Alles was ich sehe, ist die Form eines riesigen Hinterteils, rund wie der Boden eines Kochtopfes. Als ich gerade diesen Vergleich anstelle, kommen zwei Mädchen ins Zimmer gelaufen und stürzen zum Fenster, wie eine Sturmböe über mich hinwegfegend, als würden sie mich überhaupt nicht wahrnehmen. Eine von ihnen ruft aus: «He! Schau, da ist er! Muhammad, der Sohn von Fatema-apa!»

Und die andere fügt hinzu: «Und der neben ihm, der ihm die Hand auf die Schulter legt, das ist Tante Hazeras Sohn, Muhammad!»

Ich begreife bald, dass dieses Fenster, an das sich inzwischen noch andere junge Mädchen gestürzt haben, auf den äußeren Hof des Hauses hinausgeht. Dort, am Rande des Wasserbeckens, halten sich die Männer auf, bevor die Versammlung der Jünger beginnt. Den inneren Hof des Hauses, wo die Frauen sind, dürfen allein die Männer betreten, die sehr nah mit dem Pir verwandt sind. Der äußere Hof hingegen steht allen offen.

Ständig kommen neue Mädchen hinzu und hängen sich zu den anderen ans Fenster. Um den Trupp der Muhammads zu sehen. Wie kommt es, dass sie alle den gleichen Namen tragen? Eine Frage, die mich im Hals kitzelt wie ein Tamarindenkern. Das Gedränge vor dem einzigen Fenster des Raumes wird immer größer – dieser hier ist noch gebaut worden, bevor der Pir die Fenster verbot. Von ihren Zimmern aus haben die Mädchen ja keine Gelegenheit, die unzähligen Muhammads zu sehen, die im Haus Amirullahs ein und aus gehen.

Auch Tante Fozli hat einen Sohn, der Muhammad heißt – ihr ältester Sohn, den sie nach Humayra, Sufayra und Mubashera bekommen hat. Die arme Tante Fozli hat anlässlich der Geburten ihrer drei Töchter viel unter den Dschinns zu leiden gehabt. Nach der Geburt Muhammads haben sie sie deutlich weniger heimgesucht. Aber dann hat sie Schlag auf Schlag wieder drei Mädchen zur Welt gebracht, und die Angriffe der Dschinns begannen aufs neue. Ihre älteste Tochter Humayra, habe ich sagen hören, ist selbst gerade von einem Dschinn besessen gewesen, vor ein paar Tagen erst. Drei Tage und drei Nächte lang. Aber das ist beim Pir gang und gäbe; die jungen Frauen des Hauses fallen reihum den Dschinns zum Opfer, und der Meister muss eingreifen, indem er sich allein mit ihnen in einem stockdunklen Raum einschließt, um sie von ihren Qualen zu erlösen.

Ich bin es satt, in diesem Zimmer zu sitzen und auf Mama zu warten. Ich habe Angst, dass auch ich irgendeinem Dschinn zum Opfer fallen könnte. Dass auch ich in ein dunkles Zimmer eingesperrt würde, mit dem Pir Amirullah, der mich schlagen würde, bis mein Körper erlöst wäre …

Ich habe mich vor Angst zusammengekauert, und die Gruppe der Mädchen hat den Raum schon eine ganze Weile wieder verlassen, als Mama endlich angelaufen kommt, um mir zu sagen, dass sie sich nicht vor dem Ende der Versammlung auf den Heimweg machen würde. Da ich schon einige Erfahrung mit derartigen Situationen habe, ist diese Nachricht alles andere als erfreulich für mich. Die Versammlung findet in einem großen Saal statt, mit einer durch einen Vorhang abgetrennten Ecke, die von dem den Frauen vorbehaltenen Teil des Hauses aus direkt zugänglich ist. Der Boden ist mit Teppichen bedeckt, auf denen man sich auf die Fersen setzen muss, wie zum Gebet. Der Pir Amirullah wird sich auf einer Art Thron niederlassen, der auf einer Art Podest steht. Als er mit erhobener rechter Hand und mit tiefernster Miene den Saal betritt, in dem ein starker Geruch nach Weihrauch schwebt, stehen alle Anwesenden auf und grüßen: «*As-Salam alaikum iya rahamatullah!*» Die Stimmen lassen des gesamten Raum erzittern. Der Pir antwortet mit feierlicher Stimme: «*Wa alaikum as-Salam*», wobei er mit der Hand wedelt, um den Jüngern zu bedeuten, sich zu setzen. Auf der Frauenseite, über der Puderduft in der Luft liegt, spähen all die mit Khol umrandeten Augen gierig nach dem Meister, durch die Spalten des Vorhangs hindurch. Manche Blicke verharren auch auf den Männern, die die Gemeinschaft der Gläubigen bilden …

Der Pir, mit den Fingern im Bart, richtet das Wort an einen seiner Jünger: «Verstehen Sie, Abu Bakar, diese Welt ist eine

Welt der Lüge! Was bringt es, sich auf dieser Erde zu bereichern? Hat je ein Mensch die Reichtümer dieser Welt mitnehmen können, wenn er in die andere Welt ging? Sagen Sie!»

Abu Bakar ist ein kleiner Mann mit dunklem Teint und schwarzem Bart, der in der ersten Reihe sitzt. Er antwortet: «Nein, Meister, natürlich nehmen wir nichts von den Reichtümern dieser Welt mit.»

«Wenn das so ist, was würden Sie wählen, die Liebe zu Gott oder die Liebe zu den materiellen Dingen?», will der Meister wissen, wobei er den Blick über die zu seinen Füßen versammelten Köpfe schweifen lässt.

«Die Liebe zu Gott natürlich, Meister», antwortet Abu Bakar feierlich.

Die Frauen hinter ihrem Vorhang haben die Augen alle fest auf diesen Abu Bakar gerichtet. Der Name desjenigen, der heute die Ehre hat, des Meisters bevorzugter Gesprächspartner zu sein, ist in aller Munde. Eine ganz besondere Ehre! Einhellig herrscht die Meinung, dieser Abu Bakar sei doch ein Glückspilz; der Meister werde sich gewiss bei Gott für ihn verwenden, am Tag des Jüngsten Gerichts. Normalerweise dauert die Versammlung ungefähr eine Stunde. Aber nun hat sich der Pir in eine Beschreibung der Armut des Propheten gestürzt, der nichts besaß als eine alte Decke. Dieses Thema lässt das gesamte Publikum in Tränen ausbrechen. Wer am lautesten weint, wird am meisten an Ansehen gewinnen, das wissen alle sehr wohl.

Ein anderes Mittel, sein Ansehen beim Pir zu vergrößern, sind die Träume. So hat sich etwa Tante Fozli selbst im Traum gesehen, wie sie am Rand eines herrlichen Springbrunnens saß und sich angeregt mit dem Propheten persönlich unterhielt. Dieses Ereignis hat einiges zu Tante Fozlis Ansehen in diesem Hause beigetragen. Alle fragten sie aus, um zu erfahren, wie der Prophet denn sei, wie er aussehe. Bereitwillig erzählte sie ihren Traum wieder und wieder, und ihr Gesicht leuchtete auf, wenn sie von dem intensiven Licht sprach, das der Körper des Propheten ausstrahlte, von seiner sagenhaften Schönheit, von der unglaublichen Sanftheit seiner Hände … In der Folge begannen zahlreiche Jüngerinnen vom Propheten zu träumen, was sie aus der Anonymität heraustreten ließ. Mama war untröstlich darüber, nie mit einem solchen Traum beglückt worden zu sein. Beim Einschlafen strengte sie sich an, ihre Gedanken auf den Propheten zu konzentrieren, um sicherer von Ihm zu träumen. Vergeblich. Dann bildete sie sich ein, dass es ihre Sünden seien, die die Sache unmöglich machten.

Wenn die Versammlung zu Ende geht, treten die männlichen Jünger nacheinander vor, um sich vor Amirullah niederzuwerfen und ihm ein paar Scheine zuzustecken. Es gibt keinen festgelegten Betrag für die Hadiya, jeder gibt gemäß seinen Möglichkeiten; so hat der Meister selbst es verfügt.

Nachdem er die Hadiya und die Ehrerbietungen der Männer entgegengenommen hat, betritt der Meister das Frauengemach. Nun sind die Jüngerinnen an der Reihe, sich ihm zu Füßen zu werfen und ihm ihre Hadiya zu übergeben. Anschließend wird sich der Meister auf sein Lager ausstrecken, und die Mädchen des Hauses werden sich darum drängen, ihn zu massieren.

In der Rikscha, die uns nach Hause bringt, frage ich Mama: «Musste Gott denn wirklich so viele Jahre lang den Engel Israfil in Bereitschaft halten, in seine Trompete zu blasen? Gott wusste doch wohl, wann die Stunde des Jüngsten Gerichts kommen würde. Er hätte warten können, um Israfil seine Befehle zu geben. Der Arme! All diese Zeit dazu verdammt zu sein, regungslos zu verharren …»

«Gott hat diese Welt und die andere geschaffen», antwortet Mama unter ihrem Burqa. «Israfil ist nur ein Engel. Die Engel sind ausschließlich dazu da, dem Willen Gottes zu gehorchen. Und du, du sollst keine Fragen stellen über Gottes Handlungen und Absichten. Du sollst nur Seine Macht fürchten.»

«Aber dein Pir sagt doch, dass man sich in Gott verlieben muss, Mama? Ich verstehe nicht mehr: Was soll man denn nun – ihn fürchten oder lieben?»

Es ist mir immer schwer gefallen, Wörter wie *lieben, Liebe, verliebt* klar und ohne Zögern auszusprechen. Als wären sie mit einem geheimen Tabu belegt. Ein Tabu freilich nur in Bezug auf Männer und Frauen. Denn ich habe oft sagen hören, dass nur wenig vertrauenswürdige Leute sich verliebten. Ich habe Tante Jhunu heimlich lieben sehen. Ich weiß, dass Dada unauffällig Gedichte an eine gewisse Anita schreibt. Dada zufolge ist da *etwas* zwischen Tante Jhunu und Onkel Rasou. Meine Schulkameradinnen schämen sich auch, das Verb lieben auszusprechen, sie sagen lieber, dass zwischen diesem und jener *etwas* sei. Ich hatte am Anfang Schwierigkeiten zu verstehen, was sich hinter diesem Etwas verbarg. Dann, als ich es endlich begriffen hatte, habe ich angefangen, wie die anderen von *etwas* zu sprechen. Ich habe festgestellt, dass das ein universell gültiger Ausdruck ist, wohin ich auch komme.

Aber beim Pir habe ich nie gehört, dass da *etwas* zwischen Amirullah und Gott sei. Hier scheut man sich nicht, das Wort Liebe auszusprechen, in Bezug auf deren Verhältnis. Wohingegen man sich wohlweislich hütet, über Humayra und ihren Vetter Atik zu sagen, sie seien verliebt, und stattdessen sagt, oder vielmehr heimlich flüstert, da sei *etwas* zwischen den beiden. Gleichzeitig geniert man sich nicht, laut und vernehmlich zu verkünden, Humayra liebe Gott leidenschaftlich.

Wenn ich dieses Problem anspreche, entgegnet mir Mama unweigerlich: «Es gibt eben gewisse Dinge, die man nur über Gott sagen kann!»

Aber ich verfolge meine Argumentation weiter: «Du hast selbst gesagt, Mama, dass Gott alles in Sein Heft geschrieben hat, von der Geburt bis zum Tod jedes Menschen, sogar wer wen heiraten wird. Und auch, wer ins Paradies kommen wird und wer in die Hölle. Wenn dem so ist, und es steht zum Beispiel über Abu Bakar geschrieben, dass er ins Paradies kommt, ist es dann nicht möglich, dass er in die Hölle kommt, wenn er einen Haufen Sünden begeht? Und ich, wenn Gott geschrieben hat, dass ich in die Hölle komme, wozu brauche ich dann um Seine Barmherzigkeit zu bitten? Heißt das, dass Gott gelegentlich abändert, was Er geschrieben hat?»

Als ich atemlos abbreche, erwidert Mama entnervt: «Vor anderen Leuten bleibst du immer stumm, aber wenn du mit mir zusammen bist, dann holst du alles nach!»

«Aber», dränge ich weiter, «wenn Gott wirklich allmächtig ist, ist das doch möglich, oder?»

«Ja, es ist möglich», antwortet Mama endlich. «Gott kann alles tun, was Ihm gefällt. Es genügt, dass Er Seinen Willen kundtut, und er wird Wirklichkeit. Ohne Ihn kann nichts auf der Welt geschehen. Ohne Gottes Befehl regt sich kein Blatt an einem Baum!»

Mama hat den oberen Teil des schwarzen Burqa, der sie von Kopf bis Fuß verhüllt, hinabgleiten lassen, wie um die Straße vor sich zu mustern und mögliche Löcher zu orten, in die sie fallen könnte. Ich fixiere ihre Augen, die ich im Dunkeln glänzen sehe, und frage: «Stell dir vor, kann Gott zum Beispiel … aus dem Nichts eine Blume erschaffen?»

«Ja», antwortet Mama.

«Nimm an, Gott hat ein Taschentuch in der Hand: Kann Er da zum Beispiel eine Taube herauskommen lassen?»

«Ja, natürlich!»

«Aber der Zauberer, der einmal in unsere Schule gekommen ist, der kann das auch. Und er kann sich auch, wie Gott, in Luft auflösen!», sage ich mit triumphierender Miene.

«Aber was erzählst du denn da?», braust Mama auf. «Du musst wirklich den Glauben verloren haben, um derartige Abscheulichkeiten von dir zu geben! Du wagst es, einen Zauberer mit Gott zu vergleichen! Was für eine Unverfrorenheit! Du schlechtes Mädchen! Und ich bin immer so voller Hoffnungen, wenn ich dich mit zum Meister nehme! Es ist sicher dein Vater, der dir all das beibringt! Ich werde dir die Lippen zunähen, wenn du noch eine Minute so weitermachst!»

Mamas Zorn setzt mir einen Dämpfer auf. Ich erwidere nichts mehr.

Aber eine weitere Frage lässt mir keine Ruhe, und nach einer Weile bricht sie aus mir heraus: «Warum quälen die Dschinns die Vertrauten des Pirs so sehr? Uns ist das nie passiert! Dabei sagst du doch, dass Gott selbst in Amirullahs Haus ein und aus geht ... Wie kommt es denn, dass die Dschinns sich dort hintrauen, ohne Gottes Zorn zu fürchten?»

«Diesmal reicht es endgültig!», antwortet meine Mutter und versetzt mir einen wohlgezielten Ellenbogenstoß in den Bauch. «Sobald wir zu Hause sind, wirst du Buße tun, und beim Gebet wirst du Gott um Verzeihung bitten! Du hast ja nicht einmal Angst vor Ihm! Deshalb hast du all diese Flausen im Kopf!»

Ich habe also noch immer keine Antworten auf meine Fragen.

Ich komme mit dem Naturkundebuch, das wir in der Schule durchnehmen, zu Mama: «Es ist doch Gott, der Adam und Eva gemacht hat, oder, Mama?»

«Erschaffen – Gott erschafft», korrigiert sie mich.

«Aber schau doch mal», sage ich und zeige ihr mein Lehrbuch mit der Zeichnung, die die ersten Menschen darstellt. «Lief unser von Gott selbst erschaffener Vorfahre Adam ganz nackt im Paradies herum und war am ganzen Körper behaart, wie ein Affe?»

«Geh mir aus den Augen, marsch!», fährt sie mich an, wobei sie die Nase rümpft, als röche sie einen widerlichen Gestank. «Verschwinde! In diesem Buch stehen nichts als Lügen. Es gibt keine Wahrheit außer von Gott. Er allein lehrt uns, was wahr ist.»

Angesichts dieses Zorns bleibt mir nichts anderes übrig, als mich zu trollen. Die Frage Papa zu stellen kann ich nicht einmal ins Auge fassen. Sobald ich in seiner Nähe bin, bleiben mir die Worte im Hals stecken. Wo liegt die Wahrheit? Bei Gott oder in der Wissenschaft? Wer wird mir eine Antwort geben? In Gottes Lehre kann ich wenig Logik erkennen. Logik – das ist ein Wort, das ich vor kurzem gelernt habe, als ich Papa sagen hörte: «Du darfst nichts tun, ohne dass es eine Logik hat! Bevor du irgendetwas in Angriff nimmst, musst du zuerst deine Vernunft befragen; wenn sie dir sagt, dass es berechtigt ist, dieses oder jenes zu tun, dann tu es. Jeder Mensch ist mit einer Fähigkeit begabt, die den Namen Vernunft trägt. Der Mensch ist ein Tier, aber ein vernunftbegabtes Tier. Der Mensch unterscheidet sich vom Tier nur dann, wenn er seinen Kopf gebraucht.»

Ich sehe gewiss mehr Logik in den Lehren der Wissenschaft. Wenn ich lese, dass Gott Adam und Eva aus dem Paradies gejagt hat, habe ich wirklich das Gefühl, eine Geschichte zu lesen. Wie ein Märchen. Wenn ich Mama von diesem Eindruck erzähle, bekomme ich zu hören: «Wenn du weiter solchen Unsinn über Gott von dir gibst, wird dir eines schönen Tages noch die Zunge abfallen, du wirst schon sehen!»

Diese Drohung weckt meine Neugier, und ich schließe mich in mein Zimmer ein, um einen Test durchzuführen. Er besteht darin, mehrmals zu wiederholen: «Gott, Du bist Satan! Gott, Du bist böse! Gott, Du bist hässlich! Gott, Du bist ein Dreckskerl!» Ich führe dieses Experiment mehrmals durch, aber es passiert nichts. Meine Zunge bleibt fest an ihrem Platz. Da habe ich den Beweis, dass man Gott ohne jede Gefahr für seine Zunge beschimpfen kann: Mama irrt sich!

Ich habe auch den Beweis erlangt, dass Gott uns nicht gibt, was wir von Ihm erbitten. Wie oft habe ich Ihn nicht mit zum Himmel erhobenen Handflächen gebeten, mir Bonbons und andere Leckereien zu geben, wie die, die meine Onkel sich im Laden um die Ecke kauften! Oder ein Holzschaukelpferd, so schön wie das in der Schule in Rajbari. Aber niemand hat mir je etwas Derartiges gegeben. Und wie oft habe ich Ihn angefleht, Onkel Aman und Onkel Shoraf an Lepra sterben zu lassen. Und trotzdem sind sie noch immer am Leben und erfreuen sich sogar bester Gesundheit.

Mama bittet Gott in ihren Gebeten oft darum, dass Papa unter fürchterlichen Qualen sterben möge. Das hindert Papa keineswegs daran, sich pudelwohl zu fühlen. Man sieht ihn nie im Bett liegen, nicht einmal wegen eines Fieberanfalls. Mir hingegen passiert es öfters, dass mich das eine oder andere Zipperlein ans Bett fesselt – aber das ist mir immer eine große Freude, denn es erlöst mich für eine Weile vom Lernen. Papa redet dann freundlicher mit mir, streichelt mir die Haare ... Endlich ein paar Augenblicke, in denen Papas Zuneigung nicht mehr unerreichbar ist. Er bringt mir Weintrauben und Orangen, die ich genüsslich im Liegen verspeise, unter den Augen meiner Geschwister. Ich warte, bis sie die Hand ausstrecken, um ihnen eine Beere oder einen Schnitz abzugeben. Mama gibt mir Stücke gesalzenen Ingwers. Wenn man sich allerdings behandeln lassen und Medikamente nehmen muss, dann ist das Fest zu Ende! Wenn Papa mich mit Pillen, Tabletten und Kapseln voll stopft, habe ich überhaupt keine Lust mehr, krank zu sein. Nachdem ich ihm geschworen habe, sie zu nehmen, werfe ich sie schnurstracks aus dem Fenster, sobald er mir den Rücken gekehrt hat. Freilich beginnt Papa, wenn ich nach einer Woche noch immer fiebrig bin, Verdacht zu schöpfen. Dann übernimmt er es persönlich, mir die Tabletten zu verabreichen, die mir aber quer im Hals stecken bleiben, sodass ich sie umgehend wieder ausspucke. Aber Papa lässt sich nicht entmutigen – er lässt nicht von mir ab, bis die Medikamente in meinem Magen gelandet sind.

In Papas Abwesenheit behandelt mich Mama, indem sie Koranverse rezitiert und mir dann auf die Brust bläst. Ich genieße es, ihren warmen Atem auf mir zu spüren. Das ist viel besser als diese schrecklich bitteren Tabletten. Aber sie lässt mich auch ein großes Glas einer trüb aussehenden Flüssigkeit austrinken – vom Koran geheiligtes Wasser. Wenn ich endlich wieder gesund bin, behauptet Mama, es sei wegen ihres Atems und des Wassers, das sie vom Pir mitgebracht hat – und Papa freut sich, dass seine Medikamente gewirkt haben.

Abgesehen von solchen Fiebertagen fühle ich mich Papa immer noch genauso fremd. Wenn er sich mir nähert, ist es, als fände ich mich mit einer fremdartigen Gottheit konfrontiert, deren Anblick mir das Blut in den Adern gefrieren lässt. Zum Glück gibt es diese Zeiten der Krankheit, in denen er mir am Bettrand sitzend erklärt: «Das Fieber ist ein Symptom der Krankheit; das bedeutet, es sind Bakterien in deinen Körper eingedrungen, die dich krank machen; die Medikamente, die ich dir gebe, enthalten Stoffe, die die Bakterien vernichten; wenn diese Stoffe im Körper sind, töten sie die Bakterien und heilen so die Krankheit, verstehst du?» Die Logik von Papas Erklärungen gefällt mir, und dann erscheint er mir weniger fern.

Mama zufolge ist also alles, was in meinen Schulbüchern steht, falsch. Aber das kann ich nicht glauben. Bevor sie begann, zum Pir zu gehen, hatte Mama an meinen Schulbüchern nie etwas auszusetzen gehabt; im Gegenteil, sie beklagte sich oft, dass sie selbst ihre Schulbildung nicht hatte weiterführen können. Das tut ihr noch immer manchmal Leid, aber was sie beklagt, ist nicht ihr fehlendes Wissen, sondern dass sie wegen ihrer mangelnden Bildung keine Arbeit finden kann, die sie unabhängig genug machen würde, um die Haustür hinter sich zuzuknallen und Papa zu verlassen.

Wenn ich an die Veränderungen denke, die ich bei Mama feststelle, kann ich nicht umhin, mich zu fragen, ob sie Recht hat oder ob sie einen schweren Fehler begeht. Ich verstehe nicht, warum sie jetzt der Schule alle Schuld gibt, das erscheint mir vollkommen irrational. Schließlich gibt es viele gebildete Leute, sogar Akademiker, die sich nicht so leidenschaftlich wie ich für die Fragen nach dem Ursprung der Welt und des Menschen interessieren; die meisten stellen Gottes Wort nicht in Frage, sie nehmen es als gegeben hin – warum würden sie sonst weiterhin ihre Gebete verrichten und im Monat Ramadan fasten?

Hinter Großmutters Haus erstreckt sich der Bustee, das Viertel der kleinen Leute. Davor stehen die Häuser der gebildeten Leute. Sie sind deswegen nicht weniger religiös als die anderen, sie sind gegen Gott nicht minder respektvoll. Selbst Papa fastet während des Ramadan. Als ich kleiner war, wollte ich das übrigens auch sehr gerne. Zur Mittagszeit sagte Papa dann zu mir: «Du musst jetzt etwas essen!»

«Nein!», erwiderte ich und schüttelte den Kopf. «Ich faste.»

«Einverstanden! Aber jetzt kannst du das Fasten brechen. Das hindert dich nicht daran, heute Abend noch einmal das Fasten zu brechen, mit uns Erwachsenen. So hast du dann an ein und demselben Tag zweimal gefastet!»

Es war mir durchaus klar, dass diese Argumentation nur darauf abzielte, mich zum Essen zu bewegen. Wenn ich so viel Wert darauf legte, das Fasten einzuhalten, dann nicht etwa, um Gott zu erfreuen, sondern weil ich bemerkt hatte, dass die Kinder von den Erwachsenen viel mehr verwöhnt wurden, wenn sie fasteten. Außerdem hatte es große Ähnlichkeit mit einem Spiel – Fasten spielen! Und wenn die Partie zu Ende war, setzte man sich vor große Platten voller Puffreis, Kichererbsenkeime, Linsenbällchen, Auberginenkrapfen, warmen Jalebis – bis die Sirene das Signal zum Essen gab.

Wenn der Monat Ramadan vorüber ist, verteilt Papa die neuen Kleider, die er für uns alle gekauft hat, die Saris für Mama; und er kauft das Rind oder die Zicklein für das Opfer des großen Id-Festes. Darauf beschränken sich seine religiösen Betätigungen. Gewiss, er hat auch einmal eine Zeit lang einen *Maula-*

wi engagiert, der ins Haus kam, um ihn in der arabischen Schrift zu unterrichten. Diese Marotte ist ihm freilich schnell wieder vergangen. Nachdem er sich ernsthaft bemüht hatte, die ersten beiden Lektionen zu entziffern, schlug Papa seinem Lehrer schon in der dritten Sitzung vor, lieber einen Tee zu trinken, mit der Begründung, er sei an diesem Tag nicht in Studierlaune. Am nächsten Tag werde man weitersehen. Nachdem er dem angebotenen Imbiss zugesprochen hatte, im äußeren Zimmer des Hauses, verabschiedete sich der Maulawi. Am nächsten Tag, am übernächsten und ein paar Tage so fort kam er wieder, ohne seinen Schüler anzutreffen. Fünf Tage später entledigte sich Papa seines Lehrers, indem er ihm einen gesamten Monatslohn auszahlte.

Darauf beschränkte sich meines Wissens der Zugriff der Religion auf meinen Vater – auf zwei Tage! Länger brauchte er nicht, um wieder genauso zu werden wie zuvor: von sich selbst eingenommen, sehr streng, ein unermüdlicher Arbeiter, eitel, auf seine Eleganz bedacht, mit seinen Krawatten und Jacketts im westlichen Stil, seinem Mantel im Winter und den geschlossenen, immer tadellos gewichsten Schuhen das ganze Jahr über.

Boro-mama schickt jeden Monat eine Ausgabe der Zeitschrift *Der Fortschritt* nach Sans-Souci, die wir vor allem dazu verwenden, Umschläge für unsere Schulbücher zu basteln. Allerhöchstens schauen wir uns die Fotos an. Diese Zeitschrift ist eine Veröffentlichung der sowjetischen Botschaft, in deren Kulturzentrum mein Onkel als stellvertretender Herausgeber arbeitet.

Jedes Mal, wenn er zu Besuch nach Mymensingh kommt, bringt er eine Menge Bücher mit, von denen er immer einige bei uns zurücklässt. Wahrscheinlich in der Hoffnung, dass meine Brüder sie lesen. Aber weder Dada noch Chotda schlagen sie je auf. Nur ich blättere an gemächlichen Nachmittagen manchmal darin herum. So ziehen vor meinen Augen vorüber:

Lenin für Kinder, Die Geschichte des Zweiten Weltkrieges, Ursprung und Sinn des Sozialismus und *Die Mutter, Meine Kindheit, Meine Universitäten* von Maxim Gorki etc.

Wenn Boro-mama uns besuchen kommt, überschlägt sich Mama schier für ihn; nach seiner Abreise klagt sie dann: «Wie Miahbai sich verändert hat! Ein ehemaliger Koranschüler, der Kommunist wird! So eine Schande!» Mamas Reaktion weckt meine Neugier. «Was heißt das, Kommunist, Mama?»

«Dass man nicht an Gott glaubt, das heißt es», antwortet sie mit gebrochener Stimme.

Das ist wirklich das erste Mal, dass ich sagen höre, dass es Menschen gibt, die nicht an Gott glauben! Ich hatte Boro-mama zwar schon sehr selbstsicher verkünden hören, dass Neil Armstrong auf den Mond gepisst habe, dass Arabisch eine Sprache wie jede andere sei, in der man auch Grobheiten ausdrücken könne, aber niemand hatte mir je gesagt, dass er nicht an Gott glaubt. Ich wüsste sehr gerne, warum er nicht gläubig ist. Aber wie soll ich das herausfinden? Boro-mama wohnt weit weg in der Stadt, und wenn er uns besuchen kommt, dann schaut er seine kleine Prinzessin an, als wäre sie noch ein Baby. Er bemerkt nicht, dass sie herangewachsen ist, still und leise, und dass sich tausend Fragen in ihrem Kopf drängen. Das Einzige, was er gegenüber diesem kleinen, viel zu schüchternen Fräulein Naseweis für angemessen hält, ist, ihr zwei, drei Bonbons in die Hand zu drücken.

Jedenfalls bin ich, trotz meines jungen Alters, dank der von meinem Onkel zurückgelassenen Bücher zu der Auffassung gelangt, dass unsere Welt nicht bloß aus Aberglauben besteht. Zumindest erahne ich jenseits davon eine andere, weitere Welt – eine Welt der Vernunft. Es gibt auf Erden Menschen, die im Ramadan nicht fasten und sich weder für den Koran noch für die Tradition interessieren. Menschen, die nicht eine einzige Puja im Jahr feiern. Die sich nicht vor Lehmstatuen verneigen. Die keine religiösen Versammlungen besuchen und nicht zusammenkommen, um Loblieder auf eine Gottheit zu singen. Die auch keine Mönche oder Nonnen von der Mission sind, in ihren schwarzen Gewändern. Ja, es existiert auf unserer Erde noch anderes als all das.

EINE SCHÜCHTERNE FAVORITIN

Die Vidyamoyi-Schule war die angesehenste Mädchenschule von Mymensingh. Ihren Namen verdankte sie der Schwester eines Maharadschas, eines gewissen Shashikanto oder Suryakanto, die sie hatte errichten lassen. Es war ein riesiges, zweistöckiges Gebäude aus rotem Backstein, das mitten auf einem leuchtend grünen, von Mauern umgebenen Rasen stand. Der Rasen war mit Banyan- und Ficusbäumen bepflanzt. Auf einer Seite erstreckte sich ein mit Lotusblumen bedeckter Teich. Da Tante Jhunu in diese Schule gegangen war, hatte sie sie mir, als ich die Aufnahmeprüfung bestanden hatte, sofort in allen Einzelheiten beschrieben. Ich wusste bereits alles darüber, wer welches Fach unterrichtete, wo welche Klassenräume lagen, wo man sich zum Appell versammelte, bevor ich mich in der ersten Reihe der vierten Klasse wieder fand – auch dafür hatte sie gesorgt. Als sie mich am ersten Tag zur Schule begleitete, hatte sie mir mit einem unterdrückten Lachen ins Ohr geflüstert: «Du wirst sehen, wahrscheinlich wird eine der größeren Schülerinnen zu dir kommen, um dir zu sagen …»

«Um mir was zu sagen, Tante Jhunu?»

Aber meine Tante begnügte sich damit, sich an meiner erschreckten Miene zu erfreuen, ohne mir das Geheimnis zu enthüllen.

Ich musste bis zum zweiten Tag warten, bis etwas passierte. Am frühen Nachmittag hatten wir eine Stunde Pause. Nachdem ich meinen Pausenproviant allein, in der Nähe der Treppe stehend verzehrt hatte, schaute ich den anderen Schülerinnen zu, von denen die meisten Fangen spielten. Da bemerkte ich auf einmal ein Mädchen, das offensichtlich in einer viel höheren Klasse war als ich; ich kannte sie nicht, und doch musterte sie mich, ans Treppengeländer gelehnt, und lächelte. Verlegen wandte ich den Blick ab, aber ich war kaum zwei Schritte in Richtung Klassenzimmer gegangen, als sie mich anrief: «He! Du da drüben, hör mir mal zu!» Ich fuhr zusammen.

Schon stand sie neben mir und fragte mich: «Wie heißt du?»

«Warum fragen Sie mich das?», antwortete ich.

«Na, weil du sehr hübsch bist, darum!», rief dieses große Mädchen mit ihrem honigfarbenen Teint und ihrem langen Zopf im Rücken aus. Dann nahm sie meine Hand zwischen ihre Hände und drückte sie leicht. Ich machte mich sofort wieder los, steif wie ein Pflock.

«Hab keine Angst», versuchte mich die Unbekannte zu beruhigen. «Ich werde dir nichts Böses tun.»

Ich wagte es nicht, den Blick zu heben. Mein Herz klopfte zum Zerspringen. Sie drängte sich noch etwas dichter an mich und flüsterte, damit niemand sonst sie hörte: «Möchtest du meine *Favoritin* sein?»

Ich hatte nicht die geringste Ahnung, was das heißen sollte. Zu Tode erschrocken, spürte ich, wie mir die Tränen in die Augen schossen und dann über meine Wangen liefen. Das Mädchen wischte sie mir mit den Fingern ab und rief aus: «Bist du aber dumm! Warum weinst du denn?» Dann rückte sie, als sie eine ganze Gruppe von Schülerinnen die Treppe heraufkommen sah, schnell von mir ab.

Die Decken der Klassenzimmer waren jeweils mit einem großen Tuch in lebhaften Farben bespannt, das von außen mit Hilfe eines Seiles von einer *Aya* bewegt wurde, um uns Luft zuzufächeln. Trotzdem war ich schweißgebadet beim bloßen Gedanken, dass eine ältere Schülerin versucht hatte, mich zu entführen, um irgendwo irgendetwas mit mir zu machen.

Am nächsten Tag suchte mich dasselbe Mädchen an derselben Stelle auf und legte mir eine reife Guave in die Hand: «Sag mal, du bist aber ganz schön schüchtern! Bist du nicht einverstanden damit, meine Favoritin zu sein? Komm …! Sag doch ja! Ich werde sehr, sehr nett zu dir sein, du wirst sehen!»

«Nein», brachte ich mit Müh und Not heraus.

Immer noch lächelnd versuchte sie erneut, meine Hand zu nehmen, aber ich hielt meine Faust fest geschlossen.

Am Ausgang der Schule kamen mehrere Mädchen, die ich nicht kannte, in höchster Aufregung auf mich zu, um mich zu fragen: «Und, wer ist deine Favoritin? Das große Mädchen da drüben, nicht wahr?»

All das kam mir immer merkwürdiger vor. Meine Mitschülerinnen tuschelten ununterbrochen über das Thema *Wer ist wessen Favoritin*, aber keine wollte den Namen der ihren preisgeben, als handele es sich um das größte Geheimnis der Welt.

Ich musste mich also an Tante Jhunu wenden, um des Rätsels Lösung zu erfahren. Es war ein sehr alter Brauch der Vidyamoyi-Schule, dass die Schülerinnen der höheren Klassen Herzensbeziehungen mit den Hübschesten unter den Kleinen knüpften. Sie machten sie zu ihren Vertrauten. Aber diese Freundschaften mussten geheim bleiben. Niemand durfte merken, dass sich das große Mädchen und ihre Favoritin bei Schulschluss oder in der Pause diskret trafen, unter einem Baum, am Ufer des Teiches oder hinter einer Mauer, um einander Händchen haltend ihre Geschichtchen zu erzählen, oder damit die Größere der Jüngeren ihre kleinen Geschenke geben konnte.

Aber ich war wahrscheinlich zu dumm, zu schüchtern, um mich auf eine solche Beziehung einzulassen. Ich schaffte es nicht einmal, in meiner Klasse Freundinnen zu finden. Niemand wollte mit mir spielen. Und wenn ich an der Reihe war, an die Tafel zu kommen, stand ich mit offenem Mund da. Keine andere war eine solche Null wie ich. Sogar in den Tanz- und Gesangsstunden oder bei den Pausenaktivitäten glänzte ich durch meine Unfähigkeit. Eines Tages im Bengaliunterricht forderte mich der Lehrer auf: «Nenne mir einen Blumennamen!» Da ich diejenige mit dem besten Duft nennen wollte, stand ich ratlos da, denn ich konnte mich nicht entscheiden zwischen Rose, Jasmin, Shiuli- oder Bel-Blüte oder dieser Blume, die nachts so gut riecht ... Ich schwieg so lange, bis der Lehrer entnervt ausrief: «Dieses Mädchen ist ja strohdumm!»

Tatsächlich war ich stumm. Folglich brachte ich auch jenen berühmten Satz nicht heraus, den wir im Stehen aufsagen mussten – *«May I go to the bathroom?»* –, denn es war üblich, diese Frage auf Englisch an die Lehrer zu richten, welche dann je nach Laune mit Ja oder Nein antworten konnten. Im Fall einer abschlägigen Antwort blieb einem nichts übrig, als sich wieder zu setzen und ausdrucksvoll den Atem anzuhalten.

Eines Tages befand ich mich in einer solchen Notsituation. Nach dem Ende der Stunde ging ich sogar noch in normalem Tempo in Richtung Toiletten, die sich in einer Ecke des Hofes befanden, damit niemand meinen Zustand erriet. Ich reihte mich am Ende der Schlange ein, die sich dort schon gebildet hatte, und hielt mich krampfhaft zurück. Aber dusselig wie ich war, traute ich mich nicht, etwas gegen die nach mir gekommenen Mädchen zu unternehmen, die sich vordrängelten. Ich spürte, dass ich in diesem Kampf nicht mehr lange standhalten würde. Schließlich konnte ich dem feindlichen Angriff nicht länger standhalten. Von jetzt auf gleich hatte sich mein weißer Payjama peinlich verfärbt. Ich wusste nicht mehr, wo ich hinschauen sollte, und versuchte, in der Wand zu verschwinden – als mich plötzlich jemand aus meiner heiklen Lage rettete. Es war jenes großes Mädchen, das zu mir trat und mich fragte: «Was ist mit dir? Warum bleibst du ganz allein hier zurück?» Das Mädchen hatte meine Not erkannt und war, nachdem sie sich mit der Schulvorsteherin beratschlagt hatte, in mein Klassenzimmer gegangen, um meine Sachen zu holen. Sie gab sie mir und betraute dann Ramratiya, die in der Schule die Toiletten sauber machte, damit, mich nach Hause zu begleiten.

Nichts hätte mich mehr demütigen können, als in einer solchen Situation von dem einzigen Mädchen der Schule gesehen zu werden, das sich je für mich interessiert hatte!

Ich bemühte mich, zu verhindern, dass mein Missgeschick sich zu Hause herumsprach. Vergeblich. Wie hätte ich verheimlichen sollen, dass ich vorzeitig aus der Schule zurückkehrte, in einem verdächtig verfärbten Payjama und dazu noch in Begleitung der Toilettenfrau. Die Erwachsenen der Familie kicherten und hielten sich die Nase zu, und die Kinder lachten laut heraus.

Nun würde ich sicher niemandes Favoritin mehr werden! Kaum erblickte ich das große Mädchen von weitem, schlug ich die entgegengesetzte Richtung ein. Sobald man mich anschaute, war ich überzeugt, dass man an die Farbe meines Payjamas dachte. Und wurde sofort rot bis über beide Ohren.

Am Ende des Krieges, als die Schule ihre Tore wieder öffnete, versetzte man uns ohne Prüfungen in die nächsthöhere Klasse. Die bengalische Hymne – *Mein goldenes Bengalen, ich liebe dich* … – hatte beim Fahnenappell die pakistanische Hymne abgelöst. Wir waren alle herangewachsen, unsere Art zu reden und zu denken hatte sich verändert, an Sicherheit gewonnen, an Schwung, an Lebenserfahrung. Als wären wir in jenen neun Monaten um neun Jahre älter geworden. Als wären wir keine Kinder mehr, sondern bereits junge Mädchen. Manche hatten ihr Haus brennen sehen, andere hatten einen Bruder, einen Vater verloren, wieder andere hatten eine Schwester, die vergewaltigt und geschwängert worden war und nun ängstlich auf die Geburt des unerwünschten Kindes wartete. Solcherart waren die Erfahrungen, durch die wir alle, die eine mehr, die andere weniger, gegangen waren, inmitten einer Landschaft voller Leichen, inmitten von Schmerzensschreien. Nach all diesen Ereignissen war von jener kläglichen Episode mit dem befleckten Payjama nicht mehr die Rede.

Schluss mit dem Rotwerden bis über beide Ohren, wenn der

Abzählvers in einem Spiel auf mich fiel. Schluss damit, mit herabhängenden Armen dazustehen, wenn die Glocke erklang und man in die Turnhalle oder in der Pause auf den Spielplatz rennen musste. Nun spielte auch ich Fangen, wie die anderen. Bei den jährlichen Sportwettbewerben holte ich mir freilich weiterhin jedes Mal eine glatte Sechs – hier glänzten besonders Shahana und ihre vier Schwestern Hira, Panna, Mukta und Jhorna, die indessen in allen anderen Fächern versagten. Sie liefen wie die Hasen und waren in allen Disziplinen gleich gut: vom Hundert- und Zweihundertmeterlauf bis zu jenen Rennen im Froschhüpfstil heimsten sie alle Medaillen ein. Ich hörte nicht auf, diese Shahana mit den Augen zu verschlingen, so sehr faszinierten mich ihre Glanzleistungen. Und schließlich freundete ich mich mit diesem quirligen Mädchen sogar an.

Aber inmitten all dieser Fortschritte in Sachen Geselligkeit passierte es mir doch noch einmal, dass ich mein Herz zum Zerspringen klopfen hörte, dass ich die Augen niederschlagen musste, dass ich meine Nasenspitze erröten fühlte: *Sie* hatte mich am Arm berührt, und ich hatte begonnen am ganzen Leibe zu zittern, ich wachte nachts auf, nachdem ich von *ihr* geträumt hatte, ganze Tage lang lag ein seliges Lächeln auf meinem Gesicht, weil ich ständig an *sie* dachte. Wenn ich einschlief, hatte ich *ihr* Gesicht vor Augen, *ihr* Lachen klang mir in den Ohren. Wenn ich *sie* anschaute, vergaß ich alles andere. Ich wurde von einem seltsamen Schauder ergriffen.

So hatte alles angefangen: Auf dem Schulweg hatten mich Chotda und einer seiner Freunde, Milu, angehalten, um mir einen Brief anzuvertrauen, den ich persönlich einer gewissen Runi übergeben sollte, einer Schülerin der Abschlussklasse, die im Internat der Schule wohnte. Milu hatte den Brief geschrieben. Man legte mir ans Herz, so vorzugehen, dass niemand von der Sache Wind bekam, weder die Eltern dieser Runi noch ihre Klassenkameradinnen. Ich machte das Mädchen also ausfindig und übergab ihr diskret den Brief. Sie las ihn nicht in meinem

Beisein, sondern schob ihn sofort in ihre Bluse. Während des kurzen Moments unserer Unterredung konnte ich meine Augen nicht von ihr abwenden. Sie hatte unglaublich schöne Augen. Nachdem sie in ihr Zimmer hinaufgegangen war, blieb ich noch eine lange Weile gegen die Mauer des Internatsgebäudes gelehnt, noch unter dem Eindruck von so viel Schönheit. Von da an hörte ich nicht mehr auf, sie unter den tausend Schülerinnen von Vidyamoyi mit den Augen zu suchen. Von meinem Fensterplatz im Klassenzimmer aus behielt ich ständig den Rasen im Blick, für den Fall, dass sie plötzlich auftauchte und ich sie wieder sähe, und sei es bloß für eine Sekunde.

Zwei Tage später kam Runi kurz nach Schulschluss zu mir ans Ufer des Lotusteiches und gab mir ihrerseits einen an Milu adressierten Brief. Da ich mit dem Brief in der Hand dastand, ohne mich zu rühren, fragte Runi mich schließlich: «Wolltest du mir etwas sagen?»

Ich schüttelte den Kopf. Was hätte ich sagen können?

«Du bist aber wirklich schüchtern! Du redest so wenig! Komm doch mit, wenn du willst. Wir gehen ins Internat hinauf und schwatzen ein bisschen», schlug sie vor.

Und darauf zog sie mich zu sich. Ihr Körper verströmte einen Duft nach Blumen! Sollte sie jene Blume aus dem Märchen sein, die sich in ein junges Mädchen verwandelt hat? Ich zitterte vor Glück. Ich hörte mein Herz klopfen. Irgendwo in mir war ein See, und auf diesem See öffneten sich hundert Lotusblüten auf einmal. Wenn Milu ihr nur weiter schrieb, wenn sie ihm nur jeden Tag antwortete und mir damit Gelegenheit gab, sie wieder zu sehen, mich mit ihr anzufreunden, sie mit ihrer leicht heiseren Stimme sprechen zu hören, mit ihren duftigen Haarlöckchen auf der Stirn …

Es gelang mir nicht mehr, mich für die Schule zu interessieren. Dauernd schrieb ich ganze Heftseiten mit Runis Namen voll. Wenn ich über meinen Mathematikaufgaben saß, fand ich mich unweigerlich dabei wieder, wie ich Runis große schwarze

Augen an den Rand zeichnete. Es begann schlechte Noten zu hageln. Mein ganzes Leben – mein so begrenztes Leben – drehte sich nur noch um Runi. Ich ließ in den Pausen den Spielplatz links liegen und setzte mich lieber allein an den Teich, völlig versunken in meine Gedanken an Runi, deren Bild mir sogar von der Wasseroberfläche widergespiegelt wurde. Ohne Ende durchlebte ich immer wieder den Moment, da Runis Arm mich in einer zärtlichen Geste leicht berührt hatte. Ich interessierte mich nicht mehr im Geringsten für meine Puppen oder meine Himmel-und-Hölle-Spiele, ignorierte den Ruf der Abzählverse und blieb abseits unter meinem Baum sitzen, wobei ich tief in meinem Herzen nur auf eines wartete: Runis zärtliche Berührung noch einmal auf meinem Arm zu spüren.

Letzten Endes bekam ich nie die Gelegenheit, lange vertraute Momente mit Runi zu verbringen. Und während der allzu seltenen Momente, die wir zusammen verbrachten und die aufgrund ihrer Kürze recht unbefriedigend blieben, war sie es, die redete. Ich war wahrscheinlich zu betört, um ein Wort zu sagen, wenn wir Seite an Seite auf den Stufen zum Internat oder auf ihrem Bett saßen. Als wäre die Prinzessin gewordene Blume dem Märchenbuch entstiegen … Ich hatte nur einen einzigen Wunsch: sie aus tiefstem Herzen zu lieben, in aller Heimlichkeit, in vollkommener Hingabe. Ich wünschte, ich hätte ihr in einem einzigen Blick meine ganze Geschichte erzählen können. Eine einzige Berührung unserer Hände hätte mir genügt, um alles Glück der Welt zu besitzen.

Aber wenn ich ganz dicht neben ihr saß, berauscht von ihrem Blumenduft, trunken vor Zärtlichkeit, ließ mich die Schüchternheit die Augen niederschlagen. Bevor ich zurück nach Hause ging, musste ich natürlich meine Armreife und Ketten abnehmen, kleine Geschenke von Runi. Papa erlaubte keinerlei Schmuck. Mama hatte mir die Ohren durchstechen lassen, in der Hoffnung, mich mit Ohrringen schmücken zu können; aber als Papa davon erfahren hatte, hat er ihr ordentlich den Kopf gewaschen. Es kam nicht in Frage, dass wir das geringste Schmuckstück trugen. Eines Tages auf dem Heimweg von der Schule hatte ich einem Straßenhändler ein paar gläserne Armreife abgekauft; als er sie sah, hatte Papa sie mir sofort abgenommen und sie voller Zorn auf den Boden geworfen, wo sie in tausend Stücke zersprangen.

Aber sei's drum! Ich brauchte Runis kleine Geschenke nicht am Körper zu tragen, da ich ja ihre Liebe im Herzen trug, die so viel kostbarer war. In der Zeit, als ich von solcher Leidenschaft für Runi ergriffen war, wachte ich eines Nachts in einem seltsamen Zustand auf. Mein Bett leuchtete, vom Mondlicht überflutet. Eine unbekannte Macht zog mich aus meinem Bett, lenkte meine Schritte zu dem auf dem bloßen Küchenboden ausgebreiteten elenden Lager eines armen Mädchens und ließ mich im Halbdunkeln unter ihre Decke schlüpfen.

Moni war vor einiger Zeit wieder bei uns eingestellt worden, aber sie war inzwischen gewachsen und ein richtiges junges Mädchen geworden. Nach dem bedauerlichen Zwischenfall mit Papa und Renus Mutter hatte Mama Letztere sofort davongejagt, und nachdem sie verschiedene Mädchen aus dem Bustee ausprobiert hatte, war sie auf Moni zurückgekommen, die man eines Tages halb verhungert am Ufer des Teiches an der lichtlosen Gasse wieder gefunden hatte.

Der schlaftrunkene Körper ebendieser Moni war es, mit dem ich in jener Nacht spielte, nachdem ich sie ausgezogen hatte. Ich drückte die beiden Guaven in meinen Händen, die plötzlich auf ihrer Brust gewachsen waren. Es hatte wohl noch niemand zuvor die hübschen Brüste berührt, die sich unter Monis Hemd verbargen. Ich war gewiss die Erste, die sie streichelte, sie küsste, sie mit der Nase kitzelte. War es eine alte Freundin, die ich da an mein Herz drückte, nach einer allzu langen Trennung? Oder war Moni eine vom Wagenfest mitgebrachte Puppe – meine lebendige Puppe?

Niemand erfuhr je von unseren heimlichen Spielen in jener Nacht, über die ich die Himmel-und-Hölle-Spiele, die Puppenküche und die Puppenhochzeiten vergaß. Staunend entdeckte ich die Wunder des Körpers – ich hatte bis dahin nicht geahnt, was er für verborgene Schätze bereithielt! –, im Rhythmus des drängenden Galopps des Lebens.

Ich konnte es nicht fassen, dass ein so wenig aufgewecktes Mädchen wie ich in aller Heimlichkeit ein solches Abenteuer hatte bestehen können. Nun war aber Schluss damit, für Runi und Milu den Boten zu spielen! Jetzt war ich an der Reihe, Briefe zu schreiben, auf mit Blumen und Blättern und flatternden Vögeln verzierten Briefbögen, die ich aus Dadas Schublade stibitzte. Briefe, auf die Runi antworten würde. Mit Briefen, die den Duft der Blume verströmen würden, die sie vorher im Märchen war.

Meine verwirrenden Gefühle hielt ich zu Hause natürlich geheim. Ich begann, ein Doppelleben zu führen. Ein offizielles Leben, in dem ich die Ohrfeigen und Klapse von Papa und Mama entgegennahm, und ein anderes, ganz intimes, in dem ich mich von den Vergnügungen der Kindheit verabschiedete und kopfüber in den See der Liebe eintauchte.

Aber: «*Chatranam adhyayanam tapah** – das Lernen ist die Askese der Schüler», betet Papa mir vor. «Es gibt nichts Kostbareres als das Wissen. Alle großen Geister sind sich darin einig. Was haben sie zu diesem Thema gesagt?»

Überflüssig, darauf zu antworten, denn Papa wiederholt es gar zu gern selbst: «Sie haben gesagt: Anstrengung wird immer belohnt. Du musst dich also ins Zeug legen, nicht wahr? Schluss mit dem Spielen und Faulenzen! Denke an nichts anderes, als dich zu bilden. Als daran, gelehrt zu werden. Du wirst sehen, wie man dich später dafür respektieren wird! Wie stolz

* Sanskrit-Maxime.

du dich fühlen wirst! Du sollst nicht lernen, um mir eine Freude zu machen, sondern für dich selbst. Sogar die Verrückten kennen ihr eigenes Interesse wohl. Und wenn du nicht ernsthaft lernst, wenn du dir einbildest, dass du dich nicht anzustrengen brauchst, weil du bei deinem Vater ja Kost und Logis bekommst und dir weiterhin alles gebraten vom Himmel fallen wird, dann weißt du ja, wie du enden wirst, nicht wahr? Als Bettlerin auf der Straße. Deshalb musst du all deine Kräfte darauf konzentrieren, zu lernen. Wissen anzuhäufen. Dich zu erheben und dich der Menschheit würdig zu erweisen. Du wirst sehen, all deine Anstrengungen werden sich eines Tages auszahlen. Sparen die Bauern etwa an ihrem Schweiß, um eine gute Ernte zu erzielen? Wenn du deine Zeit damit verplemperst, dich zu zerstreuen, zu schwatzen und Unsinn zu machen, wirst du nichts Gutes erreichen. Wie wird man denn Arzt oder Ingenieur, Anwalt oder Richter? Indem man Tag und Nacht unermüdlich arbeitet! Du sollst nicht vor zehn Uhr abends schlafen gehen. Kommen deine Hauslehrer regelmäßig?»

Hier muss ich antworten: «Ja.»

«Wenn du bei den nächsten Prüfungen keine guten Zeugnisse bekommst, prügle ich dir die Haut vom Rücken, verstanden?», droht Papa. «Nun bist du gewarnt!»

Am Quietschen seiner Schuhe kann ich hören, dass Papa sich entfernt hat. Es gehört zu seinen Gewohnheiten, an meine Tür zu kommen und mich mit Ratschlägen zu überhäufen. Er hat sich geschworen, aus seinen Kindern etwas zu machen, er will unbedingt, dass sie es zu etwas Großem bringen. Dada hat nach seinen Abschlussprüfungen an der Oberschule, bei denen er sehr mittelmäßig, gerade noch ausreichend, abgeschnitten hatte, eine solche Angst gehabt, dass er sich drei Tage lang zu Hause nicht blicken ließ. Und tatsächlich wartete Papa mit einem stabilen Schilfrohr in der Hand auf ihn (nachdem er vorsorglich eine ausgiebige kalte Dusche genommen hatte, wegen seines Blutdrucks). Dadas Schulkameraden, die ähnliche Noten nach Hause brachten, waren alle mit Süßigkeiten beschenkt worden von ihren Vätern, die hocherfreut darüber waren, dass ihre Söhne es irgendwie geschafft hatten, und sei es mit knapper Not.

Drei Tage später fand Papa Dada schließlich und schleifte ihn am Ohr nach Hause. Er erklärte klipp und klar, wenn Dada beim naturwissenschaftlichen Abitur keine guten Ergebnisse erzielte, werde er aus der Familie verstoßen. Papa engagierte drei Privatlehrer, die ihm helfen sollten. Trotzdem schaffte mein Bruder es nicht, über die Note befriedigend hinauszugelangen. Und mit seiner Behauptung, er habe die nächstbessere Note nur mit knapper Not verfehlt, konnte er Papa auch nicht beruhigen. Zudem nahm er gleich anschließend noch zweimal an der Aufnahmeprüfung für die medizinische Fakultät teil, ohne dass sein Name auch nur auf die Warteliste kam. Damals begann Papa ernstliche Probleme mit seinem Blutdruck zu bekommen, derentwegen er sich mit Medikamenten voll stopfte. Nach seinem so unverzeihlichen Vergehen merkte Dada bald, dass Papa ihm fast schon seine bloße Anwesenheit im Hause übel nahm. Wenngleich er so tat, als wäre es ihm völlig gleichgültig, muss er recht gelitten haben, wenn er vor seinem Teller Reis mit etwas Sauce und ein paar Knochen saß, während Papa die besten Stücke Chotda zuteilte.

Auch Chotda hatte vier Privatlehrer: einen für Mathematik, einen für Physik, einen für Chemie und einen für Englisch. Er ging jeden Nachmittag zu ihnen zum Unterricht. Der meine hingegen kam zu uns ins Haus, ebenso der von Yasmin. Sie kamen am späten Nachmittag, nach der Schule. Je älter ich wurde, desto mehr Privatlehrer bekam ich. Während Dada und Chotda gemäß Papas Befehlen bis Mitternacht an ihren Schreibtischen sitzen mussten, war die mir auferlegte Grenze zehn Uhr und acht Uhr für Yasmin. Angesichts ihres Alters verlangte Papa von meinen Brüdern nicht mehr, dass sie lernten, indem sie laut lasen; aber Yasmin und ich mussten das tun, damit Papa von seinem Zimmer aus hören konnte, ob wir arbeiteten oder schliefen. Oft begannen meine Augenlider schon um acht Uhr zu flattern; dann dauerte es nicht lange, bis Papa zu mir kam, mich am Arm schüttelte und sagte: «Los, steh auf und träufle dir einen Tropfen Senföl in jedes Auge! Das wird dich am Einschlafen hindern!» Und ich musste dran glauben.

Wenn Papa zu Hause war, sprachen alle leise. Es herrschte eine Friedhofsruhe, als bereiteten sich alle vier Kinder des Hauses darauf vor, große Philosophen oder Gelehrte zu werden.

Nachdem er vom frühen Morgen an einen Schwall von Ratschlägen von Zimmer zu Zimmer ausgeschüttet hat, bricht Papa zur Arbeit auf. Wenn er durch das schwarze Tor hinaustritt, antwortet vom Inneren des Hauses her das Geräusch von vier Stühlen, die über den Boden rutschen. Einer der zukünftigen Philosophen rennt auf den Spielplatz. Ein anderer dreht geschäftig an den Knöpfen des Radios. Ein dritter beginnt aus vollem Halse zu singen, während der letzte sich faul auf sein Bett wirft. Dieses schwarze Tor rettet uns wirklich das Leben, so scheint es, mit seinen laut quietschenden Angeln, die uns über Papas Kommen und Gehen auf dem Laufenden halten – ein charakteristisches Geräusch, das wir eindeutig identifizieren können. Selbst mit geschlossenen Augen wissen wir, ob es Papa oder jemand anders ist, der hereinkommt.

Freilich kennt Papa, wie der menschenfressende Riese aus den Märchen, auch alle möglichen Listen. Zum Beispiel erklärt er morgens beim Verlassen des Hauses, er käme erst am Abend zurück, und taucht dann schon mittags auf, oder umgekehrt. Daher verlassen wir uns nur bedingt auf seine Worte. Vorsichtshalber bleiben wir vierundzwanzig Stunden am Tag auf der Hut. Manchmal versucht er sogar, das Tor lautlos zu öffnen, um uns alle vier zu ertappen. Und er begnügt sich nicht damit, uns nur hochfahren zu lassen, indem er sich anschleicht und plötzlich hinter uns steht: Die Strafe folgt stets auf dem

Fuß. Ich erinnere mich, dass er mich eines Tages dabei überraschte, wie ich auf der Küchenveranda Gemüse putzte: Sofort hatte er mir ein paar Mal kräftig auf den Rücken geschlagen und mich mit eiserner Hand zurück an meinen Schreibtisch geführt. Wie oft hat er mich nicht beim Spielen mit anderen Mädchen im Hof erwischt? Nachdem er mich ausgiebig geohrfeigt und meine Spielkameradinnen aus dem Hof gejagt hatte, setzte er mich gewaltsam wieder vor meine Bücher und Hefte.

Wie oft habe ich, wenn ich wieder einmal solche Prügel bezog, Papa den Tod gewünscht, dass er von einer tödlichen Krankheit dahingerafft werde ...

Wir hatten jedes Jahr drei Prüfungen, eine am Ende jedes Trimesters, wobei die des letzten Trimesters für die Versetzung in die nächsthöhere Klasse zählte. Bei der Englischprüfung nach dem ersten Trimester erreichte ich nicht ganz den Durchschnitt. Alle Noten, die unter dem Schnitt lagen, wurden mit roter Tinte geschrieben – Katastrophensignal! – statt mit der schwarzen Tinte, die den darüber liegenden Noten vorbehalten blieb.

Dieses erbärmliche Ergebnis betrübte mich für den Rest des Tages. Und vor Angst bekam ich bald einen ganz ausgetrockneten Mund, woran alle Gläser Wasser der Welt nichts ändern konnten. Ich drängte mich dicht an Mama, in der Hoffnung, sie würde sich von meinem Los rühren lassen und mich zu gegebener Zeit unterstützen. Ich machte ihr sogar Avancen, indem ich ihr sagte, dass sie letztlich Recht habe: Die Schulbildung, die einen an die Interessen dieser Welt kette, sei das schlimmste aller Übel. Aber eigentlich dachte ich nur an den Moment, da ich mein Zeugnis Papa würde zeigen müssen, und an die Schläge, die sodann auf meinen Rücken herabprasseln würden.

«Zieh ein dickes Hemd an! Das wird dich schützen», riet Mama. Gesagt, getan, und ich begann zu schwitzen ... Aber zu meiner großen Überraschung verkündete Papa, statt mich zu schlagen, in aller Ruhe, er würde mir fortan selbst Englischstunden geben. Es wäre mir hundertmal lieber gewesen, wenn er mich windelweich geprügelt hätte!

Abends, wenn Papa gegen acht Uhr nach Hause kommt, zieht er sein Hemd und seine Hose aus und macht es sich im Lungi bequem. Dann setzt sich der neue pädagogische Experte die Brille auf die Nase, nimmt beiläufig das Schilfrohr mit, das immer unter seiner Matratze liegt, und setzt sich neben mich an meinen Schreibtisch. Ich behalte ein Auge auf mein Buch und das andere auf den Rohrstock zwischen seinen Händen.

Papa hat beschlossen, den Schwerpunkt auf die Grammatik zu legen. Ich zittere fast die ganze Zeit, denn sobald mir ein Gähnen entschlüpft, geht das Schilfrohr auf meinen Rücken nieder. Vergangenheit, Gegenwart, Zukunft ... all ihre Formen und Nebenformen versucht Papa mir einzutrichtern: Es ist, als würde er mir den Schädel öffnen und ihn mit Kenntnissen voll stopfen, um ihn dann mit heftigen Schilfrohrschlägen wieder zu verschließen, um auch ganz sicherzugehen, dass sie nie wieder herauskommen. Ohne großen Erfolg, denn gleich am nächsten Tag mache ich wieder Fehler, wenn ich wie gewohnt mit einem Auge auf dem glänzenden Rohrstock, dem anderen auf meinem Buch dasitze und versuche, mich gerade zu halten, gemäß der väterlichen Anweisung: «Man muss sich immer schön gerade halten, nur faule Leute lassen sich hängen!»

Und bei der geringsten Unaufmerksamkeit geht es los! Je mehr mein Rücken abkriegt, desto weniger funktioniert mein Kopf; die Fehler häufen sich. Die Tränen schießen mir in die Augen, was mir eine weitere Tracht Prügel einbringt. Ich würde gerne ein Glas Wasser trinken, Papa verweigert es mir. Ich darf nicht das geringste natürliche Bedürfnis befriedigen. «Das sind nichts als Vorwände, um nicht zu lernen!», schreit er bei jeder Gelegenheit.

Um den Schlägen zu entgehen, kümmere ich mich um nichts anderes mehr als darum, meine englische Grammatik auswendig zu lernen, von morgens bis abends, auf Kosten aller anderen Fächer. Es hagelt Sechser für meine Arbeiten. Der Furcht erregende Mathematiklehrer lässt mich in der Ecke knien. Die ganze Naturkundestunde lang muss ich auf einer Schulbank stehen und mir die eigenen Ohren lang ziehen. Andere Lehrer lassen mich auf einem Bein stehen wie ein Reiher, vor der Tafel, damit die ganze Klasse etwas von dem Schauspiel hat. Langsam erwerbe ich mir einen soliden Ruf als Königin der Nieten.

Man kann nicht sagen, dass das, was ich in dieser Hinsicht verliere, mir in anderer Hinsicht zum Vorteil gereichen würde. Papas Gebrüll versetzt mich jedes Mal in Panik, und dann antworte ich ihm irgendetwas aufs Geratewohl, sodass es umso mehr Schläge setzt. In der Prüfung nach dem zweiten Trimester erziele ich in Englisch ein absolut katastrophales Ergebnis, etwas wie zwei Punkte von zwanzig.

Beim Anblick dieser Englischnote ist Papas Blutdruck so in die Höhe geschossen, dass er ins Krankenhaus eingeliefert werden muss. Papa im Krankenhaus, das bedeutet zu Hause Jahrmarktstimmung! Wenn die Katze aus dem Haus ist, tanzen die Mäuse auf dem Tisch. Unsere Schreibtische sind bald mit einer Staubschicht bedeckt. Von morgens bis abends wird nach Herzenslust geschwatzt, lebhaft diskutiert, gesungen und musiziert ... Am späten Nachmittag versammeln sich alle auf der Terrasse, die sonst um diese Zeit Sperrgebiet ist. Ich verbringe ganze Nächte damit, Romane und Erzählungen zu lesen, ohne wie sonst das Licht in meinem Zimmer abschirmen zu müssen – was für ein Luxus! Was für eine Freiheit!

Meine Bücherlieferantin ist eine Schulkameradin, Mamata. Eine echte Leseratte. Ich habe mich mit ihr angefreundet. Sie sitzt immer in der letzten Reihe und verbringt die Unterrichtsstunden damit zu lesen, ohne dass die Lehrer es sehen. Eines Tages hat sie sogar vergessen, nach dem Klingelzeichen das Klassenzimmer zu verlassen, und ist ganz allein mit ihrem Buch sitzen geblieben. Mit der Folge, dass der Hauswart, dessen allabendliche Aufgabe es war, die Klassenzimmer mit Vorhängeschlössern zu sichern, sie tatsächlich eingeschlossen hat, ohne dass er oder sie es bemerkten. Sie musste also eine ganze Nacht in Gefangenschaft verbringen. Da ich am anderen Morgen viel zu früh dran war, entdeckte ich sie als Erste. Sie schlief tief und fest auf einer Schulbank. Sie erklärte mir dann, dass sie am vorigen Abend, als sie das Klassenzimmer verlassen wollte, festgestellt hatte, dass die Tür von außen abgeschlossen war. Trotz all ihrer Rufe war niemand gekommen, um sie zu befreien, da kein Mensch mehr in der Schule war. Beim bloßen Gedanken daran, dass sie die ganze Nacht allein eingeschlossen gewesen war, erschauerte ich vor Angst.

Nach diesem Zwischenfall behielt ihre Mutter sie zwei Tage zu Hause. Als ich sie danach wieder sah, gab ich ihr das Buch zurück, das sie verloren geglaubt hatte. Seitdem gibt sie mir regelmäßig alles weiter, was sie liest. Ich bin die einzige unter ihren Freundinnen, die diesen Vorzug genießt.

Papas Krankenhausaufenthalt zieht sich hin. Mama geht jeden Nachmittag zu ihm, um ihm sein Essen zu bringen. Eines Tages teilt er Mama mit, er wolle seine beiden Töchter sehen. Also finden wir uns anderentags in dem kleinen Krankenhauszimmer ein, das nach Desinfektionsmittel stinkt. Papas Gesicht ist mit einem bereits recht langen Bart bedeckt. Er, den ich immer nur glatt rasiert gekannt habe! Er sieht plötzlich um Jahre gealtert aus. Er winkt mich zu sich, ganz nah an sein Bett, und flüstert mir mit geschwächter Stimme zu: «Ihr denkt euch zur Zeit bestimmt: ‹*Yama hat sich zurückgezogen in seine Gruft, nun sind wir frei wie die Luft!*›»*

* Yama ist bei den Hindus der Gott des Todes; «*in Yamas Haus einkehren*» ist ein euphemistischer Ausdruck für das Sterben. Außerdem entscheidet dieser Gott über die Strafen und Belohnungen, die die Menschen nach ihrem Tod erwarten. Er wird üblicherweise mit einem großen Stock dargestellt, als Symbol seiner strafenden Macht. Yamas Abwesenheit bedeutet also die Abwesenheit von Strafe.

Papa weiß also, dass ich ihm den Spitznamen Yama gegeben habe! Es ist schon Jahre her, dass ich ihn nicht mehr Papa nenne – genau genommen nenne ich ihn überhaupt nie beim Namen. Endgültig hatte sich dieser Spitzname Yama bei uns Kindern an dem Tag durchgesetzt, als Papa Chotda das nötige Geld für ein Paar Schuhe verweigert hatte.

Ich befürchte schon, dass Papa aus seinem schneeweißen Bett springen könnte, um mir die Knochen zu brechen und die Lust daran vergehen zu lassen, ihm Spitznamen zu geben. Aber zu meiner großen Überraschung höre ich ihn fragen: «Mein Liebling, erzähl mir doch mal, was du heute gegessen hast!»

«Eier», antworte ich, vom Ton seiner Stimme ermutigt.

«Wenn ich nach Hause komme, werde ich euch eure Lieblingsfische kaufen, große *Ruis*. Und auch Hähnchen. Die Mangos beginnen um diese Jahreszeit schön süß zu werden, ich werde euch volle Körbe davon mitbringen!»

Da verschlägt es mir doch den Atem! Und Papa fügt noch hinzu, wobei er seine stachelige Wange gegen meine reibt: «Ich weiß, dass du sehr intelligent bist, mein kleines Mädchen! Das habe ich genau bemerkt, als ich dir Stunden gegeben habe. Sag mir doch mal, was ist das für eine Zeit: *‹My father has been crying for more than two hours›*?»

«Present perfect continuous!», antworte ich kleinlaut.

«Wie niedlich sie ist! Sie hat alles behalten, was ich ihr beigebracht habe, meine Süße!», ruft er aus und streicht mir über den Rücken, der noch empfindlich ist wegen der Rohrstockschläge, die ich während jener Englischstunden abbekommen habe. Mit einem Mal spüre ich eine große Welle der Zärtlichkeit für meinen Vater in mir aufsteigen. Aber ich bleibe unfähig, irgendetwas davon zu zeigen.

Papas Rückkehr nach Hause setzte dem Ringelreihen der Mäuse ein Ende. Zumindest abends. Und seine Heimkehr markierte auch einen großen Einschnitt in meinem Leben, denn es wurde beschlossen, dass ich die Schule wechseln sollte. Nicht, dass Papa Zweifel an dem Unterricht der Vidyamoyi-Schule gehabt hätte, aber in Mymensingh war gerade eine neue Schule eröffnet worden – die Residential Model School –, die versprach, die beste der ganzen Stadt zu werden. Als ich von diesem geplanten Wechsel erfuhr, war das ein harter Schlag für mich, denn ich hatte in Vidyamoyi inzwischen viele Freundschaften geschlossen, unter anderem mit Mamata, der Leseratte. Es war, als fiele mir der Himmel auf den Kopf.

Bei der Aufnahmeprüfung für die Model School bestand eine der Aufgaben darin, einen Aufsatz zum Thema *Mein Ziel im Leben* zu schreiben. Während ich darüber nachdachte, stellte ich fest, dass sich die englische Sprache wunderbar für den Ausdruck von Zorn und Groll eignete. Das Bengali vermag zwar die Heftigkeit eines Sturmes anzunehmen, aber es verfällt allzu leicht ins Sentimentale. Daher zog ich es vor, mich zumindest zu diesem Anlass des Englischen zu bedienen.

Ich schrieb ohne Umschweife, dass mein Ziel im Leben alles andere sei, als diese Schule zu besuchen. Die Gebäude seien scheußlich. Die Schule, die ich bisher besuchte, sei ausgezeichnet, und ich verspürte keinerlei Lust, sie zu verlassen. Ich sei überhaupt nicht einverstanden mit der Art, in der mein Vater mir immer seinen Willen aufzwingen wolle. Sollte ich mich im Brahmaputra ertränken lassen, wenn mein Vater das eines Tages beschließen würde? Nie berücksichtige er meine Meinung. Aber wem gehöre denn mein Leben? Ihm oder mir? Wenn ich ein Wort mitzureden hätte, was ich durchaus für angebracht hielte, wollte ich die Schulleitung anflehen, mich doch bitte nicht aufzunehmen. Ich sei mir sicher, man würde mein Ansuchen berücksichtigen und davon absehen, mir eine solche Qual aufzuerlegen.

Ich verzichtete darauf, die anderen Aufgaben zu bearbeiten. Bei der Vorstellung, auf diese Weise über meinen Vater zu siegen, fühlte ich mich plötzlich sehr glücklich. Nachdem ich die restliche Prüfungszeit mit verschränkten Armen dagesessen hatte, ging ich auf den Gang hinaus, und Papa stürzte auf mich zu: «Und, wie ist es gelaufen?»

«Gut», antwortete ich mit unbewegter Miene.

Und ausnahmsweise einmal gelang es mir, die ich es nicht gewöhnt war zu lügen, mich nicht zu verraten – ich hatte genug Zeit gehabt, mich darauf vorzubereiten, während ich mit verschränkten Armen im Prüfungsraum saß.

Einige Zeit später kam Papa mit der guten Nachricht nach Hause, dass ich die Aufnahmeprüfung für die neue Schule bestanden hatte. Mir wurde ganz schwindelig! Wie war das möglich? Sollte Papa die Macht besitzen, alle seine Wünsche wahr werden zu lassen? Zumindest, soweit sie mich betrafen.

Als er mich zu Trimesterbeginn in diese Schule begleitete, die mitten in einer Wüste hochgezogen worden war, sagte er zu mir: «Ich habe keinerlei Absichten, dich im Brahmaputra zu ertränken, weißt du. Du bist meine Tochter. Blut von meinem Blut. Ich werde immer der Letzte sein, der dir Böses will. Wenn du jemals in den Fluss fallen würdest, wäre ich der Erste, der hinterherspränge, um dich zu retten. Da kannst du dir sicher sein!»

Die neue Schule hatte noch sehr wenige Schülerinnen. Es gab kaum mehr als fünf oder sechs Lehrer. Als ich mich ins Klassenzimmer setzte, musste ich mir die Tränen von den Lidern wischen. Unmöglich, mich damit abzufinden! Ich dachte unaufhörlich an meine Freundinnen, die ich in Vidyamoyi zurückgelassen hatte.

Eines Tages, während der Nachmittagspause, nachdem ich gerade das Stück Früchtecake auf der Schulhofmauer liegen gelassen hatte, das Papa mir beharrlich jeden Tag kaufte – das gehaltvollste Lebensmittel überhaupt, seiner Ansicht nach – und das ich meinerseits beharrlich verschmähte, spürte ich eine

Hand auf meiner Schulter und erblickte zu meiner größten Überraschung Runi. «Kennst du Rebecca-apa? Die Schulärztin. Sie ist meine älteste Schwester. Und ich werde ab sofort bei ihr wohnen, hier in ihrer Dienstwohnung. Das ist doch eine gute Neuigkeit, nicht wahr?»

Ich war um einen Schritt zurückgewichen, als wäre vor meinen Augen eine Sternschnuppe in den Hof gefallen, mir direkt zu Füßen. Ich vergaß ihr zu antworten und dachte plötzlich, dass die Liebe, wenn sie sehr stark ist, die Macht hat, die geliebte Person herbeizuzaubern. Runi kam einen Schritt näher zu mir heran. Ich wich bis zur Mauer zurück …

«Aber was hast du denn?», wunderte sie sich und legte mir die Hand auf den Arm. Wieder spürte ich diesen Schauder aus tiefster Seele, für den ich keinen Namen hatte. Mein Herz schlug zu schnell, ich geriet außer Atem … Ich schlug die Hände vors Gesicht.

«Willst du nicht mit uns auf ein Picknick kommen? Wir machen alle einen Ausflug mit der Schule, in den Park des Zamindar von Dhanbari. Ich freue mich schon so auf die Reise!», sagte Runi weiter.

Nach und nach hob ich meine Augen zu den ihren. Sie waren wie ein Himmel, und ich war darin ein Vogel mit ausgebreiteten Schwingen. Ich betrachtete ihr unnachahmliches Lächeln. Wie konnte man diesem Lächeln widerstehen, wie es nicht lieben?

Nachdem Runi gegangen war, verharrte ich eine lange Weile reglos. Es war, als hätten sich die ganze Umgebung und sogar die neuen Schulgebäude, die mir kurz zuvor noch wüstenhaft erschienen waren, plötzlich mit übersprudelndem Leben gefüllt.

Für das Picknick müssen zehn Taka Unkostenbeteiligung gezahlt werden. Auf meine Bitte antwortet Papa mit der größten Ruhe: «Du brauchst auf kein Picknick zu gehen.»

«Aber ich muss unbedingt mit!», schreie ich auf.

«Seit wann ist das obligatorisch?», erwidert er in schneidendem Ton. «Seit wann gehört ein Picknick zum Lehrplan? Wird es dich daran hindern, in die nächste Klasse versetzt zu werden, wenn du nicht hingehst?»

Das ist sein letztes Wort.

Während alle meine Schulkameradinnen in der Vorfreude des Picknicks schwelgen, bin ich die Einzige, die sich in Schmerzen windet wie ein verletzter Vogel. Es ist eine gewisse Aisha, die mir zu Hilfe kommt, indem sie mir vorschlägt: «Du kannst dir doch die zehn Taka von mir leihen.» Ich nehme sofort an und kann endlich meinen Namen auf die Liste setzen.

In aller Frühe werden wir auf einem Lastwagen nach Dhanbari gefahren. Runi fährt mit dem Bus, in dem die Lehrer und die älteren Schülerinnen Platz genommen haben. Als wir am Ziel angekommen sind, bleibe ich für mich, in angemessener Entfernung zu Runi; ich gehe ihr aus dem Weg, aber ohne sie eine Sekunde aus den Augen zu lassen.

Am Abend, als ich nach Hause komme, erwartet mich Papa, der auf der Veranda auf und ab geht.

«Darf ich erfahren, warum du heute so spät aus der Schule kommst?», fragt er mich sofort, als er mich abfängt.

«Wir waren auf einem Picknick», sage ich und schaue auf meine Fußspitzen.

Papa schleift mich sofort in den Hof zum Jackfruchtbaum, von dem er einen Ast abbricht, um mich zu schlagen. Ich bin es seit langem gewöhnt, meinen Rücken für Prügel hinzuhalten. Es tut weh, aber das macht mir keinen Eindruck mehr. Nachdem er seinen Zorn abreagiert hat, will Papa wissen: «Und wer hat dir das Geld gegeben, um mitzufahren?»

Mit der größten Mühe, auch nur einen Ton herauszubringen, antworte ich – denn man darf die Fragen seiner Eltern nicht unbeantwortet lassen: «Ein Mädchen aus meiner Klasse hat es mir geliehen.» Das bringt mir noch ein paar schallende Ohrfeigen ein. «Du wagst es, mit geliehenem Geld auf ein Picknick zu gehen!», brüllt Papa außer sich. «Na warte, die Lust auf Picknicks werde ich dir austreiben!»

Am nächsten Morgen wirft mir Papa, zusätzlich zu dem Rikschageld für den Schulweg, einen Zehn-Taka-Schein hin, um meine Schulden zu begleichen, mit der Warnung: «Und wenn du vom heutigen Tage an nicht auf mich hörst, wenn du nicht tust, was ich dir sage, dann werde ich alle Äste, die ich im Garten nur finden kann, auf deinem Rücken zerbrechen!»

Einige Zeit nach dem Picknick breitete sich in der Schule eine neue Welle der Begeisterung aus – es sollte ein bunter Abend organisiert werden. Alle sollten auf die Bühne steigen, um je nach Begabung etwas aus den Bereichen Tanz, Gesang oder Rezitation darzubieten.

Hinter Chotdas Rücken hatte ich Gelegenheit gefunden, ein paar Lieder aus seinen Heften zu lernen und ein bisschen auf seiner Gitarre herumzuklimpern. Als meine Kameradinnen mich bei den Proben diese Lieder singen hörten, bedrängten sie mich so lange, bis ich versprach, dieselben am großen Tag zum Besten zu geben. Wenngleich mir vor Lampenfieber Arme und Beine zitterten, zog ich mich nicht allzu schlecht aus der Affäre, nach den Kommentaren zu schließen, die mir nach meinem Auftritt zu Ohren kamen. Tatsächlich hatte ich mir in der neuen Schule inzwischen einen Namen gemacht, aufgrund meiner guten Leistungen. Meinem Englischlehrer zufolge war ich eine hervorragende Schülerin, und der Bengalilehrer hatte mir mehrfach gesagt: «Du bist eine wahre Dichterin!»

Aber was ich auch tat und leistete, meine Schüchternheit wurde ich nicht los. Mein Kopf blieb weiterhin gesenkt, mein Blick fliehend. Als der Tanzlehrer mir eine Rolle in einem Drama von Tagore, *Chitrangada*, geben wollte, ergriff ich schnurstracks die Flucht. Aber nachdem ich den Proben beigewohnt hatte, ruhte ich nicht, bis ich das Stück zu Hause selbst aufgeführt hatte, mit Yasmin als Komplizin und Mama, Moni, Dada, Chotda und Poppy als Zuschauern.

LIEBSCHAFTEN

Chotda sollte in Kürze sein naturwissenschaftliches Abitur ablegen, das es ihm erlauben würde, sich an der medizinischen Fakultät einzuschreiben – gemäß Papas altem Traum, dass einer seiner Söhne Arzt werden sollte wie er selbst. Da war Chotda plötzlich weg. Er kam einen Tag nicht nach Hause, zwei Tage, eine ganze Woche lang: spurlos verschwunden! Verrückt vor Sorge nahm sich Papa Urlaub und begann, die ganze Stadt abzusuchen. Er arbeitete zu jener Zeit in Tangail als Chefarzt; er brach sehr früh morgens zur Arbeit auf, mit dem Bus, und kam erst spätabends heim.

Da Mymensingh eine kleine Stadt ist, dauerte es nicht lange, bis Papa seinen Sohn wieder fand. Und der war ein anderer geworden, denn er hatte inzwischen geheiratet! Jawohl, er hatte es mit der Beihilfe eines Freundes gewagt, heimlich ein Hindu-Mädchen, in das er sich verliebt hatte, zu heiraten. Und er hatte sich mit ihr bei jenem segensreichen Freund eingerichtet.

«Was für eine Katastrophe!», rief Papa aus und schlug die Hände über dem Kopf zusammen. «Alle meine Hoffnungen sind dahin. Wie hat mein Sohn nur so etwas tun können? Ein paar Monate vor seinen Prüfungen! Und ich wollte so gerne, dass er Medizin studiert! Dass er es im Leben zu etwas Großem bringt! Er ist verrückt geworden, wirklich und wahrhaftig! Er hat seine Zukunft geopfert! Dabei habe ich ihm so oft gesagt, nicht mit seinen Freunden auszugehen! Seine Studien über alles andere zu stellen!»

Mama goss kübelweise kaltes Wasser über Papas Kopf, denn er spürte, wie sein Blutdruck wieder in die Höhe schoss. Aber ohne Rücksicht auf seinen Zustand – sein Herz zeigte seit einigen Monaten Anzeichen von Schwäche – jammerte Mama laut: «Mein Sohn! Mein lieber, angebeteter Sohn! Wer weiß, wo er ist, was er isst? Diese gemeine Bande hat ihn sicher verhext! War er nicht viel zu jung zum Heiraten? Mein Gott, ich flehe Sie an, geben Sie mir meinen Sohn wieder!» Dann trocknete sie sich die Augen und riss Papa aus seiner Niedergeschlagenheit heraus: «Habe ich nicht Recht?»

Papa konnte nur zustimmend mit dem Kopf nicken. Mama hatte gewiss Grund zum Jammern. Nun hatten sie eine Hindu-Schwiegertochter, einen gewisse Geeta Mitra.

Mama hörte vollständig auf, sich in der Küche zu betätigen. Und ich, ich blieb den ganzen Tag im Bett liegen und zählte die Balken an der Decke. Dada war in Dhaka, wo er an der Universität studierte. Ich fühlte mich sehr einsam. Ohne meine Brüder wirkte das Haus völlig ausgestorben. Moni döste auf der Veranda, während die Sonnenstrahlen immer flacher in den Hof fielen, in dem sich niemand mehr aufhielt.

An Papas Bett sitzend, seufzte Mama: «Ein Hindu-Mädchen! Wie hat Kamal nur ein Hindu-Mädchen heiraten können? Die scharwenzeln doch ständig um die Jungen herum! Kamal kam mir schon seit einer Weile etwas komisch vor. Wenn ich nur den Grund dafür geahnt hätte! Ich hätte ihn warnen können ... Nun kann nur noch Gott mir meinen Sohn zurückbringen! Mein Gott, ich flehe Sie an! Es kann nicht sein, dass mein Sohn ein Hindu-Mädchen heiratet. Es gab so viele Mädchen aus guten muslimischen Familien, um die er hätte werben können. Wir hätten eine großartige Hochzeit ausgerichtet. Nachdem er sein Studium beendet hätte ... Aber er wird zu uns zurückkommen. Irren ist menschlich.»

Geeta Mitra, die wie ich Schülerin in Vidyamoyi gewesen war, hatte ein ganz rundes Gesicht, wie ein Tamarindenkern, mit wunderschönen Rehaugen, die ihren dunklen Teint leuchten ließen. Sie tanzte auf allen Festen, die von der Schule organisiert wurden. Sie war sogar mehrmals zu uns nach Hause gekommen, mit ihrer Tante, die uns Stunden gab. Yasmin und ich waren damals hingerissen gewesen von diesem schelmischen Mädchen, das immer eine Menge lustiger Geschichten auf Lager hatte, auf Bäume kletterte und davon redete, uns heimlich mit ins Kino zu nehmen, uns Tanzunterricht zu geben ... Wir, die wir von unseren Eltern, vor allem von unserem Vater, so streng behütet aufwuchsen, waren von dieser tollkühnen Geeta im Nu erobert worden. Allerdings war zumindest ich zu jener Zeit derartig arglos, dass es nicht sehr schwer war, die Türen zu meinem Herzen aufzubrechen.

In einem Jahr – dem Jahr, in dem sie mir unbedingt eigenhändig eine Tunika schneidern wollte, die einigermaßen misslang –, am Tag des Id-Festes, hatte Geeta mich zu Hause abgeholt, mit den Worten: «Komm! Ich nehme dich mit an einen unglaublichen Ort!»

Ich nahm sofort begeistert an, und schon saßen wir in einer Rikscha. Wir fuhren zuerst bei einem sehr reichen Richter vorbei, dessen Tochter Ruhi eine Freundin von Geeta war. Es dauerte nicht weniger als zwei Stunden voller Geflüster und Getuschel, die ich wie eine Puppe auf dem Sofa sitzend verbrachte, um Ruhis Mutter davon zu überzeugen, sie mit uns kommen zu lassen. Dann beeilte sich Ruhi, sich ausgiebig zu pudern und zu schminken, bevor wir uns weiter auf den Weg zu diesem *unglaublichen Ort* machten, von dem ich nicht die leiseste Ahnung hatte. Schließlich hielt unsere Rikscha vor einem Haus im Viertel Gulkibari an. Ein Unbekannter mit einem Gesicht wie ein Schakal ließ uns ein und verriegelte hinter uns die Tür.

Es war ein sehr ruhiges Haus, rings umgeben von einem weitläufigen Grundstück. Als wir eingetreten waren, stellte ich verwundert fest, dass sich im Inneren außer dem Schakalgesicht, das uns die Tür aufgemacht hatte, niemand sonst befand. Ruhi ging mit diesem Furcht einflößenden Mann sofort weiter in den nächsten Raum. Auf dem Sofa des ersten Raumes sitzend, konnte ich erkennen, wie sie auf einem Bett saßen, dicht nebeneinander. Ich traute meinen Augen nicht. Nach einer Weile legte sich Schakalgesicht hin und zog Ruhi an seine Brust. Im nächsten Augenblick sprang er auf und drückte Geeta eine Flasche Fanta in die Hand, wobei er sagte: «Geeta, macht es euch doch auf dem Rasen gemütlich.» Und nachdem er uns hinausgeschoben hatte, verschwand er schnell wieder, ohne zu vergessen, die Zimmertür hinter sich zuzuziehen.

«Wer ist dieser Mann?», fragte ich Geeta mit zitternder Stimme, als wir auf dem Rasen saßen.

«Es ist Khurrambhai ... Er ist sehr reich, weißt du! Er hat sogar ein Auto», antwortete sie mir mit einem geheimnisvollen Lächeln.

«Aber er hat sich mit Ruhi im Zimmer eingeschlossen!», sagte ich, schwer schluckend. «Was wird er mit ihr tun? Ich habe Angst! Komm, lass uns von hier weggehen!»

«Hör doch auf! Du bist ja verrückt! Was ist denn in dich gefahren?», rief sie aus, und der Glanz ihrer Zähne ließ ihr dunkelhäutiges Gesicht aufleuchten.

Die Zeit verging. Es ging schon auf den Abend zu. Mit zunehmendem Unbehagen wiederholte ich immer öfter, dass ich gehen wolle. Schakalgesicht kam von Zeit zu Zeit heraus, um uns eine neue Flasche Fanta zu bringen. Aber das konnte mich nicht beruhigen. Außerdem hatte ich langsam ein Loch im Bauch. Einmal ging ich zum Tor und jammerte: «Mach mir auf! Ich will gehen. Ich habe es satt!»

Geeta war es inzwischen auch nicht mehr wohl bei der Sache. Schließlich klopfte sie an die Schlafzimmertür und rief: «Khurrambhai, sie will gehen! Wir werden aufbrechen müssen ...»

Kurz darauf kam er heraus, eine Zigarette in der Hand, mit nacktem Oberkörper und barfuß. «Geeta, könntest du ein paar Fotos von uns machen?», fragte er sie und zog sie dabei ins Zimmer, sodass ich allein auf der Schwelle stehen blieb.

Ich sah Ruhi mitten auf dem Bett sitzen. Sie hatte sich einen Pferdeschwanz gemacht, um auszugehen, aber jetzt waren ihre Haare offen und ganz zerzaust. Sie hatte keinen Lippenstift mehr auf den Lippen und die Schminke um ihre Augen war zerlaufen. Ich machte mir Sorgen um sie. Hatte Schakalgesicht versucht, sie auszuziehen? Hatte sie freiwillig bei diesem Spiel mitgemacht, oder hatte sie sich dagegen gewehrt? Hatte dieser Mann sie mit Gewalt in dem Zimmer zurückgehalten? Ich hätte gern gewusst, was die Wahrheit war.

Nachdem er Geeta den Fotoapparat in die Hand gedrückt hatte, kehrte der Mann auf sein Bett zurück, wo er Ruhi in die Arme nahm, während ihre Freundin auf den Auslöser drückte, mit einem verlegenen Lächeln. Dann kippte der Mann Ruhi hintenüber und legte sich auf sie. Geeta drückte erneut ab. Und sie machte noch ein Foto, als der Mann seine Wange an Ruhis Wange drückte ...

Es war schon lange dunkel, als Geeta zuerst ihre Freundin und dann mich nach Hause begleitete, wobei sie mir dringend ans Herz legte, niemandem zu sagen, woher ich kam. Meinen Eltern war das Id-Fest verdorben worden durch mein Verschwinden, das sie in tiefe Sorge versetzt hatte. Und ich war bereit, ihre Schläge entgegenzunehmen. Totenbleich ging ich auf sie zu, um ihnen meinen Rücken darzubieten ...

Und diese Geeta, die mir jenen *unglaublichen Tag* beschert hatte, war nun die Frau meines Bruders!

«Ich verstoße ihn», brüllte Papa. «Es ist, als würde er mir, der ich so viele Opfer für ihn gebracht habe, die Kehle durchschneiden!»

«Er hat eine echte Paria geheiratet», bestärkte ihn Mama, die einen Moment lang aufhörte zu schluchzen. «Eine Holzfällerstochter! Diese Hindus der niedersten Sorte sollen Schwiegereltern eines Arztes werden! Wo die Mutter und die Tanten gezwungen sind, an der Pumpe auf der Straße zu duschen, solche

Habenichtse sind sie ... Echte Schildkrötenfresser!* Die schlimmste Kategorie von Ungläubigen! Unser guter Ruf ist dahin. Niemand wird uns mehr respektieren. Unser Sohn hat die ganze Familie entehrt! Sich mit so einer Tänzerin zu verheiraten! So etwas Furchtbares! Warum musste ich nur ein solches Kind zur Welt bringen?»

So klagte meine Mutter. Endlos. Das war sicherlich die schlimmste der Krisen, die unsere Familie durchmachte. Papa schickte nach Großmutter, Großvater, Tante Runu und Onkel Hashem. Boro-mama, Tante Jhunu und Dada kamen notfallmäßig aus Dhaka angereist. Alle waren bestürzt. Der Familienrat, dem Yasmin und ich nicht einmal von weitem beiwohnen durften, tagte ununterbrochen. Die Erwachsenen sprachen dabei mit so gedämpfter Stimme, dass es mir trotz angestrengten Lauschens nicht gelang, auch nur ein einziges Wort aufzuschnappen.

An dem Tag, der auf den Familienrat folgte, geschah etwas Schreckliches. Papa und Onkel Hashem brachten Chotda nach Hause und ketteten ihn im Wohnzimmer an. Nachdem sie seine Arme und Beine mit Ketten gefesselt hatten, verschlossen sie diese mit Vorhängeschlössern, und Papa steckte sich die Schlüssel in die Hemdtasche. Er brüllte so wütend, dass Mauern und Bäume erzitterten. Als ich Chotda in dieser erbärmlichen Lage durch einen Vorhangspalt erspähte, bekam ich Gänsehaut und Ausbrüche von kaltem Schweiß. Yasmin blieb im Bett liegen und weinte unaufhörlich in ihr Kopfkissen. Mama ging auf der Veranda auf und ab und betete dabei in Höchsttempo murmelnd ihre Gebetskette ab.

«Sag uns, ob du bereit bist, dich dieser Geeta zu entledigen, ja oder nein!», hörte man Papa in regelmäßigen Abständen brüllen. «Ich warne dich, wenn du nicht auf sie verzichtest,

* Gängiges Schimpfwort der Muslime für die Hindus, von denen in Bengalen tatsächlich viele das Fleisch von Wasserschildkröten essen.

werde ich dich verstoßen! Dann bist du nicht mehr mein Sohn!»

«Verstoßt mich, wenn ihr wollt, aber ich werde Geeta nicht aufgeben», antwortete Chotda ruhig.

Papa stand keuchend da, beide Hände in die Hüften gestemmt, seine Augen traten hervor, sein Hemd klebte ihm schweißnass am Körper. Sein Blutdruck musste Höchstwerte erreichen.

«Ich werde dich im Haus gefangen halten. Du wirst nirgendwohin gehen können. Außer in die Schule. Denn du musst unbedingt deine Prüfungen machen.»

«Ich habe nicht in dieses Haus zurückkehren wollen!», erwiderte Chotda großartig. «Ihr habt mich hierher zurückgelockt, indem ihr mir Lügen erzählt habt. Ich habe Geeta geheiratet. Ich bitte euch, mich gehen zu lassen. Ich möchte zurück zu ihr. Ich verlange nichts anderes von euch. Nur mich gehen zu lassen!»

«Sage dich zuerst von diesem Mädchen los!», grollte Papa mit Flammen in den Augen. «Ich bin in der Lage, dich umzubringen, weißt du! Ich werde dich zu Tode peitschen, hörst du mich?»

Papa hat Chotda zwei Stunden zum Nachdenken gegeben. Der hat die Zeit mit dem Rücken gegen die Wand gelehnt verbracht, mit zusammengebissenen Zähnen. Reihum sind Großmutter, Tante Runu, Mama zu ihm gegangen, um ihn umzustimmen: «Du bist doch ein guter Junge! Du wirst deinem Vater gehorchen! Alle Welt weiß, dass Jungen in deinem Alter Fehler machen; dein Vater wird dir verzeihen, wenn du zurück nach Hause kommst, weiter zur Schule gehst und deine Prüfungen machst. Du musst unbedingt hart arbeiten, um ein großer Arzt zu werden. Du hast geheiratet, einverstanden! Das Mädchen soll doch auch zu ihrem Vater zurückkehren. Ihr müsst alle beide eure Schulabschlüsse machen. Später wird dein Vater eure

Hochzeit feiern, mit vielen Gästen. Du hast keinerlei Ausbildung. Wie willst du es alleine schaffen, dich und deine Frau durchzubringen? Mit deinem gegenwärtigen Bildungsstand wirst du sicher keine gute Stellung finden. Du willst doch wohl nicht als Lastenträger enden? Oder als Rikschafahrer? Dein Vater ist ein großer Arzt, den in der Stadt jeder kennt und schätzt. Du musst ihm gehorchen. Wenn er dich verstößt, verlierst du auch deinen Anspruch auf dein Erbteil. Du bist doch intelligent. Also, geh zu dieser Geeta und sage ihr, sie soll zu ihren Eltern zurückkehren. Erkläre ihr, dass dein Vater dir verspricht, dich mit dem Mädchen deiner Wahl zu verheiraten, wenn du erst alt genug bist.»

Aber sie können machen, was sie wollen, Chotda beißt weiter die Zähne zusammen. Das Einzige, was er fordert, ist, dass man ihn von seinen Ketten befreit. Es ist aber nicht Papas Art, aufzugeben. Als guter Bauernsohn weiß er, wie man die Ochsen nach seiner Pfeife tanzen lässt. Er kann nicht dulden, dass sein Sohn wegen einer Kurzschlusshandlung seine Zukunft verspielt. Er wird ihn wieder zur Vernunft bringen, koste es, was es wolle. Als die zwei Stunden abgelaufen sind, kommt er mit der Peitsche in der Hand zu seinem Sohn mit den zusammengebissenen Zähnen zurück.

«Wie lautet deine Entscheidung? Wirst du mir gehorchen, ja oder nein?», fragt er erneut, in sachlichem Ton.

«Lasst mich gehen!», wiederholt Chotda wild entschlossen.

«Einverstanden. Ich lasse dich frei. Aber unter der Bedingung, dass du keinen Schritt ohne meine Erlaubnis tust. Ich verbiete dir, zu dieser Geeta zurückzugehen!»

«Ich habe gesagt, was ich zu sagen hatte, und davon werde ich nicht abrücken», stößt Chotda zwischen den Zähnen hervor. «Ich will nicht in diesem Haus bleiben. Ich will zu Geeta zurückkehren, Punkt, aus.»

«Und wie willst du für euren Lebensunterhalt sorgen?», fragt Papa und wedelt mit der Peitsche herum.

«Das ist nicht eure Sache», antwortet Chotda unerschütterlich.

Ich an seiner Stelle hätte mich bestimmt ergeben. Ist es nicht dumm, den Tiger zu reizen, wenn man sein Revier durchquert?

Diesmal ist Papa an der Reihe, die Zähne zusammenzubeißen, während er mit weit ausholenden Peitschenhieben auf den Rücken seines Sohnes einschlägt, der in die Fänge des Raubtiers geraten ist. Bei jedem Schlag habe ich das Gefühl, dass das Leder mich trifft. Dass mein Blut bald fließen wird. Ich schließe die Augen. Ich warte darauf, dass die Schläge aufhören, aber ich höre sie immer weiter. Mama, Großmutter, Boro-mama, Tante Runu verlassen das Wohnzimmer. Die Blicke sind leer, der Boden scheint unter den Füßen nachzugeben … Sie wirken wie ein Trupp von lebendigen Toten, die ihren Gräbern entstiegen sind, um verzweifelt in der Finsternis der Nacht umherzuirren.

Dann kehrt Mama plötzlich um und rennt zurück ins Zimmer. Es sind Schreie zu hören: «Mama! Mama!», die sich mit den knallenden Peitschenhieben vermischen. Dann hört man auch Mamas Stimme, die fleht: «Hör auf! Hör auf! Du wirst ihn umbringen! Das ist es doch nicht, was du willst! Du willst doch meinen Sohn nicht töten!»

Ohne mit dem Schlagen aufzuhören, erwidert Papa: «Doch, natürlich will ich ihn umbringen! Wozu sollte ich einen solchen Sohn am Leben behalten?»

«Lass ihn! Er soll gehen, wohin er will!», fleht Mama weiter, zwischen zwei Schluchzern. «Es bringt doch nichts, ihn zu töten! Er ist nicht ganz richtig im Kopf, von Kindheit an … Deswegen zieht er heute eine Paria seiner eigenen Familie vor. Soll er doch gehen! Lass ihn ziehen!»

Chotda wird nicht freigelassen. Er wird in seinem eigenen Zimmer gefangen gehalten, das mit einem weiteren Vorhängeschloss gesichert wird, dessen Schlüssel Papa immer bei sich trägt. Es ist verboten, dem Gefangenen zu essen zu geben und sogar ihn zur Toilette gehen zu lassen, solange er seine Meinung nicht ändert. Chotda versucht wutentbrannt, Tür und Fenster aufzubrechen, ohne Erfolg. Aus Angst vor Einbrechern hat Papa unser Haus in eine wahre Festung verwandelt.

Die ganze Nacht höre ich ihn stöhnen. Wie ich lauschen ihm auch alle anderen im Haus, ohne ein Auge zuzubekommen. Sehr spät ruft Yasmin zu mir herüber: «Bubu, ich kann nicht schlafen!»

«Ich auch nicht», antworte ich und drehe mich zu ihr um ...

Nachdem Chotda vier Tage lang nichts gegessen hatte, ging Mama heimlich an sein Fenster und reichte ihm etwas durch die Gitter hinein. Sie hatte selbst nichts zu sich genommen, solange ihr Sohn hungern musste. Papa horchte ständig in die Richtung von Chotdas Zimmer, in der Hoffnung, endlich Worte der Unterwerfung von ihm zu hören. Aber es kam nichts.

Papa hatte verboten, den Küchenherd anzuzünden. Als Mama ihn gefragt hatte, wovon denn die anderen Mitglieder der Familie leben sollten, hatte er geantwortet, wir könnten uns ja mit einer Hand voll Puffreis und etwas Wasser stärken. Jede Person, die beim Kochen erwischt würde, werde gezüchtigt. Aber er rechnete nicht mit dem Einfallsreichtum einer Mutter, um ihr Kind zu ernähren. Im Übrigen habe ich Papa immer im Verdacht gehabt, dass er die Listen, die Mama anwandte, sehr wohl durchschaute, aber so tat, als merkte er nichts.

Papa verlängerte seinen Urlaub, um auf Chotdas Kapitulation zu warten. Aber die kam und kam nicht, und wir mussten weiterhin diesem schrecklichen Kampf zwischen zwei Raubtieren zusehen.

Am Ende musste Papa Chotda den Sieg abtreten und ihn freilassen. Als er das Haus verlassen hatte, drückte Papa mich und Yasmin ganz fest an sich. Ich glaubte, er würde uns ersticken. «Versprecht mir, dass ihr in Schule und Studium glänzen werdet. Los, versprecht es!», sagte er mit bebender Stimme zu uns. Und unfähig, auch nur ein Wort herauszubringen, versprachen wir es mit einem Kopfnicken.

«Nun ruhen all meine Träume auf meinen beiden Töchtern», fuhr er fort. «Ihr müsst mir schwören, dass ihr nicht dem Beispiel eurer Brüder folgen werdet! Versprecht es!»

Wir nickten wieder mit dem Kopf, immer noch unfähig, einen Ton zu sagen.

«Ich habe keine Mühen gescheut, meine Kinder so gut wie möglich zu erziehen. Ich hatte so viele Hoffnungen in Kamal gesetzt. Er war ein brillanter Schüler … Die Mittelschule hat er mit Auszeichnung abgeschlossen. Ihr wisst, wie stolz ich auf ihn war. Und nun sind all meine Träume, all mein Stolz dahin! Ihr seid die letzte Hoffnung, die mir noch bleibt. Mein letzter Daseinsgrund. Deshalb müsst ihr mir versprechen, dass ihr mir nicht die Lust am Leben rauben werdet. Dass ihr euch voll und ganz dem Lernen widmet.»

Papa versagte die Stimme, er hielt inne. Wir erneuerten unser Versprechen auf dieselbe stumme Weise.

Dicke Tränen liefen ihm über die Wangen. Er war das erste Mal, dass wir ihn weinen sahen.

Aber es war nicht Papas Art, sich mit vagen, mit einem bloßen Kopfnicken abgelegten Versprechungen zufrieden zu geben. Also sagte er zu Mama: «Ich halte es nicht für gut für unsere Kinder, wenn sie hier bleiben. Ich hatte dieses große Haus für sie gekauft, damit sie sich in der bestmöglichen Umgebung auf ihre Schulbildung konzentrieren können. Ich wollte, dass ein jedes sein eigenes Zimmer hat, dass sie nicht zu dicht aufeinander sitzen, um Streitereien zu vermeiden. Ich habe sie nicht mit den anderen Kindern des Viertels herumstreunen lassen, damit sie all ihre Zeit, all ihre Aufmerksamkeit dem Lernen widmen. Aber es ist nichts Gutes dabei herausgekommen …»

Und während er sich auf seinem Bett ausstreckte, fügte er hinzu: «Wozu nützt mir dieses Haus jetzt noch? Ich werde es verkaufen. Da Noman trotz all meiner Bemühungen in der Schule versagt hat, vor lauter Herumbummelei mit seinen Freunden. Da Kamal dabei ist, mit diesem Mädchen sein Leben zu verpfuschen ... Jetzt denke ich mir, dass meine Töchter auch nicht besser geraten werden, wenn sie hier bleiben.»

Zwei Tage nach Chotdas Fortgang brachte Papa zwei Koffer mit nach Hause, die er mit unseren Büchern, Heften und Kleidern voll packte. Dann lieferte er mich im Internat der Model School ab und Yasmin in dem von Bharateshwari in Mirzapur. Wir trauten uns nicht, aufzubegehren. Mama ließ uns gehen, sie stand vor dem schwarzen Tor wie eine steinerne Statue. Ich wagte keine Bewegung, kein Wort zu ihr – ich wusste, wenn ich sie auch nur mit dem Finger berührte, würde der Stein zerfallen, wie eine alte verwelkte Rose, deren Blätter bei der geringsten Erschütterung abfallen.

Ich war noch keine dreizehn Jahre alt. Ich war es nicht gewöhnt, ohne meine Mutter irgendwo hinzugehen oder zu sein. Es war immer noch sie, die mich kämmte, die mir beim Essen half*, die nächtelang an meinem Bett saß und mir kalte Umschläge auf die Stirn legte, wenn ich Fieber hatte. Sie war es, die mir die schönsten Guaven, Mangos oder Kokosnüsse von unseren Bäumen aufhob, die mir meine Kleider nähte. Und sie war es auch, die an Abenden, an denen ich nicht einschlafen konnte, zu mir kam, mir Wiegenlieder sang und im Takt den Rücken tätschelte.

Ohne sie, ohne meine ganze vertraute Umgebung, fand ich mich auf einem armseligen Bett wieder, das aus einem Holzbrett auf vier Füßen bestand – gemäß dem höchsten Willen un-

* In Bengalen, wo man mit den Fingern isst, ist es nicht selten, dass Mütter ihre Kinder sehr lange füttern, indem sie mit den Fingern Bällchen aus Reis und anderen Zutaten formen und ihnen in den Mund stecken.

seres Vaters. «Wie kommt es denn, dass deine Eltern dich hier unterbringen? Ihr wohnt doch um die Ecke!», wunderten sich die Mädchen im Internat, als sie mich einziehen sahen. Ich schaute sie an, ohne zu antworten, immer noch wie betäubt. Ich kam mir vor wie ein sonderbares Tier, das in einen Käfig im Zoo eingesperrt wird.

Wie sollte ich mit ihnen über die einzige Sache reden, die mich beschäftigte? Nur ein Gedanke ging mir unentwegt im Kopf herum. Chotda hatte, als er noch jünger war, ein Lieblingsspiel gehabt, das darin bestand, rote Ameisen zu zerquetschen, wobei er sagte: «Das sind Hindu-Ameisen!» Eines Tages, als ich versehentlich eine schwarze Ameise zerdrückt hatte, hatte er mich heftig verprügelt und mir vorgehalten: «Warum zerquetschst du schwarze Ameisen? Das sind die muslimischen Ameisen! Du darfst nur die roten töten, die Hindus!» Wie hatte derselbe Chotda ein Hindu-Mädchen heiraten können? Ihr sein Studium opfern, sein bequemes Leben zu Hause, seine Geschwister, seine Eltern? Wie hatte er für sie das Leben einer ganzen Familie zerstören können?

Eine Woche später bekam ich Besuch von Mama. Sie war gekommen, um die Schulvorsteherin anzuflehen, mich nach Hause zurückkehren zu lassen. Diese konnte ihrer Bitte nicht nachgeben, da im Schulregister nur Papas Name verzeichnet war. Weinend ging Mama wieder fort.

Papa besuchte mich nachmittags oft. Er brachte mir immer Kekse, Chanachur und andere Leckereien mit. Er gab sie mir nie, ohne zu fragen: «Wie läuft es in der Schule, mein Liebling?»

Ich wagte es nicht, die Augen zu heben. Nur mit größter Mühe brachte ich ein «Gut!» heraus, begleitet von einem Kopfnicken.

«Sind noch andere Mädchen deines Alters im Internat?», erkundigte er sich mit teilnahmsvoller Stimme.

Ich nickte wieder.

«Du wirst sehen, du wirst dich hier wohl fühlen. Gleich nach dem Unterricht musst du, ohne zu trödeln, ins Internat zurückgehen, duschen, essen und dich an deine Hausaufgaben oder die Wiederholung des Stoffs machen. Du hast hier nichts anderes zu tun. Es ist nur zu deinem Wohl, dass ich dich ins Internat gebracht habe. Wenn du das jetzt nicht verstehst, wirst du es später verstehen, wenn du einmal groß bist. Ein Vater sorgt sich nur um das Wohl seiner Kinder, nicht wahr, mein Liebling?»

Mir stiegen die Tränen in die Augen. Ich zwang mich, in die Sonne zu schauen, damit Papa nicht etwa dachte, diese Tränen rührten daher, dass mir zum Weinen zumute war. Ich hütete mich wohl, ihm gegenüber irgendetwas von meinem verzweifelten Wunsch zu zeigen, nach Hause zurückzukehren. Ich durfte keinen anderen Besuch außer dem seinen empfangen. Nicht einmal von Mama. Ich wäre so gerne davongelaufen, so schnell ich nur konnte. Aber die Pforte wurde von einem riesigen Wächter mit Schnurrbart bewacht. Sowohl Runi als auch ihre Schwester Rebecca, deren Gegenwart meine Not vielleicht etwas gelindert hätte, wohnten inzwischen nicht mehr in der Schule.

Nachmittags, wenn der Unterricht zu Ende war und die Internatsschülerinnen gegessen und ihre Siesta gehalten hatten, gingen manche von ihnen Badminton spielen, während andere es vorzogen, sich an einer Klatschsitzung über das Privatleben der Lehrer zu beteiligen, das eine unerschöpfliche Quelle der Neugier darstellte: Wer mit wem verheiratet war, wer geschieden, wer ledig, wer sich in wen verliebt hatte … Ich verstand nicht viel von diesem Gerede, und vor allem fragte ich mich, wie sie es anstellten, sich über all die häuslichen Angelegenheiten und die Gedanken unserer Lehrer auf dem Laufenden zu halten – ich war dazu vollkommen unfähig. Zumindest vertrieben mir diese Badminton- und Klatschpartien, bei denen ich mich mit der Zuschauerinnen- bzw. Zuhörerinnenrolle begnügte, die Zeit.

Wenn der Abend kam, mussten wir uns zum Arbeiten an unsere Tische setzen, unter dem wachsamen Auge der Vorsteherin, die die Runde machte, um zu sehen, ob wir auch ernsthaft lernten. Oft tränkte ich in diesen Stunden, in denen meine Sehnsucht nach zu Hause besonders groß war, die Buchseiten mit meinen Tränen. Besonders traurig war ich über das Nahen jenes Augenblicks, da ich allein ins Bett würde gehen müssen, ohne dass irgendjemand den Sandmann zu mir rief.

Was hatte ich nur falsch gemacht, um zu diesem nicht enden wollenden Exil verdammt zu werden? Es war doch Chotda, der sich verliebt hatte, der ohne elterliche Erlaubnis geheiratet hatte ... Warum musste ich für ihn bezahlen? Es gab für mich nicht die Spur eines Zweifels, dass ich das Opfer einer großen Ungerechtigkeit von Papa war.

Ich hatte auch die Liebschaften meines ältesten Bruders von weitem verfolgt. Wir waren kaum drei Tage in Sans-Souci, da hatte er sich schon in ein Mädchen aus der Nachbarschaft verliebt, eine gewisse Anita, die er mit ihren langen schwarzen Haaren im Wind auf einer Dachterrasse erblickt hatte. Mehr war nicht nötig gewesen. Aber zu seinem Unglück waren Anita und ihre Familie schon ein halbes Jahr später nach Kalkutta umgezogen. Und Dada fühlte sich dazu getrieben, Gedichte zu schreiben.

Freilich begann der Strom von Gedichten an Anita bald zu versiegen, als er Shila kennen lernte. Dada hatte zwei Freunde, die Farhad hießen. Um sie auseinander zu halten, wurde einer der beiden der dicke Farhad genannt, der andere der kleine Farhad. Shila, ein großes Mädchen mit pausbäckigem Gesicht, war die Schwester des dicken Farhad. Dada sagte dauernd, dass sie ihn an Olivia erinnere, eine Filmheldin; die Wände seines Zimmer waren mit Bildern von ihr gepflastert, die er aus

Zeitschriften ausgeschnitten hatte. Zwischen den Seiten seiner Bücher, seiner Hefte, unter seiner Tischdecke, seinem Kopfkissen, seiner Matratze, überall hatte er Fotos der schönen Olivia. Yasmin und ich gaben unserem Bruder alle Porträts von ihr weiter, die uns in die Hände fielen. Er verbrachte Stunden damit, sie zu betrachten, und wenn jemand ins Zimmer trat, bemerkte er: «Shilas Kinn sieht ganz genau so aus. Und die Nase, hundertprozentig wie Shilas! Und die Augen ... Und wenn sie lacht, hat Shila auch so ein Grübchen in der linken Wange!»

Und schon war Dadas Geist wieder damit beschäftigt, Gedichte zu ersinnen, wobei er den lieben langen Tag Liebeslieder von Hemanto Mukhopadhyay hörte. Er hatte sich schließlich eine Geige gekauft, nachdem er sich genug von dem Geld abgespart hatte, das Papa ihm für seine Rikschafahrten und Imbisse gab. Er hatte sogar bei einem Lehrer Stunden genommen. Und nun verbrachte er viel Zeit damit, in verliebten Gedanken an seine Shila zu schwelgen und seinem Instrument schmerzerfüllte Töne zu entlocken. Shila ließ das kalt. Letztendlich waren es nicht die Geigenmelodien, die sie verführten, sondern die Gedichte.

Die Erste, der Dada von Shilas Schönheit, von ihren Kochkünsten, von ihrer Begabung fürs Nähen erzählt, ist Mama. Kurzum, sie ist die ideale Schwiegertochter. Er will Shila heiraten, und Mama kümmert sich darum, Dadas Wunsch Papa zu übermitteln, sanft und vorsichtig. Mit dem Erfolg, dass dieser beschließt, das betreffende Mädchen in Augenschein zu nehmen.

Shila kommt also in unser Haus. Man lässt sie Papa gegenüber Platz nehmen, im Wohnzimmer, während Dada nervös in seinem Zimmer bleibt. Er wagt es nicht, im Wohnzimmer aufzutauchen, während Mama die süßen Milchnudeln und den Tee serviert, auf einem mit allen möglichen Leckereien beladenen Tablett, das sie auf das Tischchen vor dem Sofa stellt, wo Shila sitzt. Mit einem undurchschaubaren Lächeln unterhält sich Papa mit Shila, während sie essen.

Als es für sie Zeit wird, begleitet Papa Shila persönlich bis zur Rikscha. Vor dem schwarzen Tor stehend, winkt er ihr nach.

Ganz glücklich in ihrem neuen Sari, die Lippen vom Betelkauen gerötet, sich bereits im Traum wiegend, eine Schwiegertochter zu haben, kommt Mama zu Papa gelaufen: «Sie ist schön, nicht wahr? Sie sieht aus wie Madhubala»*, schwärmt sie begeistert.

«Das ist wahr», gibt Papa zu.

«Und sie ist wirklich nett», fährt Mama fort.

«Gewiss», stimmt Papa zu.

«Unser Sohn ist wirklich in dem Alter, wo man ans Heiraten denken muss. Am besten feiert er so bald wie möglich Hochzeit!»

«Es kommt nicht in Frage, dass mein Sohn dieses Mädchen heiratet», verkündet Papa.

Das Urteil ist unwiderruflich.

Zwei Monate später wird Shila mit einem dickbäuchigen, schnurrbärtigen Mann verheiratet, kaum größer als ein Meter fünfzig, dreiundzwanzig Jahre älter als sie, dem es gelungen ist, das Reh einzufangen.

* Kinoschauspielerin, die in den fünfziger Jahren sehr populär war.

[illegible] und schreiben [illegible] sich [illegible]

[illegible]

[illegible] zu haben [illegible]

[illegible]

[illegible] Sohn [illegible]

[illegible]

[illegible]

[illegible]

[illegible]

RÜCKKEHR NACH HAUSE

Ich war seit vier Monaten im Internat, als Mama mich zurück nach Hause holte. Nicht ohne Mühe. Denn es war ihr theoretisch verboten, mich zu besuchen. Aber sie fand den richtigen Weg, um mich wiederzubekommen, indem sie ständig angelaufen kam und der Schulvorsteherin etwas vorweinte: «Ihr Vater hat beschlossen, sich wieder zu verheiraten», erklärte sie. «Das Ganze ist ein Komplott, verstehen Sie? Eines Tages wird er das Haus verkaufen und sich mit seiner neuen Frau anderswo niederlassen. Ich bitte Sie, lassen Sie mich meine Tochter wieder mitnehmen ... Meine beiden Söhne sind von zu Hause weggegangen ... Ich habe sonst niemanden mehr! Wenn sie bei mir ist, wird ihr Vater es vielleicht nicht wagen, das Haus zu verkaufen ... oder noch einmal zu heiraten!»

Schließlich ließ sich die Vorsteherin erweichen und übergab mich meiner Mutter. Die wandte dieselbe List an, um Yasmin aus ihrem Internat in Mirzapur herauszuholen. Am Abend des Tages, an dem sie uns aus unseren jeweiligen Gefängnissen befreit hatte, wartete Mama voller Schrecken auf Papas Heimkehr.

Als er uns sah, schreckte er tatsächlich zusammen, als sehe er Gespenster. Schon verkrochen Yasmin und ich uns hinter Mamas Rücken, um uns so gut wie möglich vor Schlägen zu schützen. «Ich habe sie zur Welt gebracht! Ich habe doch wohl das Recht, sie an meiner Seite zu haben», stieß sie hervor, ehe Papa ein Wort sagen konnte.

Papa enthielt sich jeglichen Kommentars, aber vom nächsten Tag an hörte er auf, das Haus mit Nahrungsmitteln zu versorgen. Um uns zu ernähren, blieb Mama bald nichts anderes übrig, als in Großvaters Restaurant Essen zu holen.

Papa gab uns auch kein Geld mehr für die Rikschafahrten zur Schule. Da die Entfernung zu groß war, um sie zu Fuß zurückzulegen, hörten wir auf, zur Schule zu gehen. «Wir werden ja sehen, wie lange er das durchhält», sagte Mama.

Und tatsächlich: Als er bemerkte, dass wir seit drei Tagen nicht mehr zur Schule gingen, brach Papa sein Schweigen. Am Morgen des vierten Tages, nachdem er kalt geduscht und sich angezogen hatte, rief er mich zu sich: «Du denkst also, du brauchst nichts mehr zu lernen, ist das so …?», fragte er, nachdem er sich geräuspert hatte.

Ich wusste darauf nichts zu antworten.

Ich war es nicht gewöhnt, dass Papa mich nach meiner Meinung fragte. Oder für mich selbst zu entscheiden.

«Wenn du es nicht mehr brauchst», fuhr er fort, ohne mich anzusehen, «dann sag es frei heraus. Dann brauche ich mir keine Gedanken mehr darüber zu machen. Deine Brüder haben es mir ja auch gesagt, alle beide, dass sie nicht weiterstudieren wollten. Noman, dem ich jeden Monat Geld schicke, hat mir gerade geschrieben, dass er sich diesmal nicht zu den Prüfungen melden werde, dass er lieber bis zum nächsten Termin warten wolle. Von deinem anderen Bruder gar nicht zu reden: Sein Leben ist zu Ende! Wenn ihr denselben Weg einschlagen wollt, dann sagt es gleich! Denn in diesem Fall ist es sinnlos, dass ich mich weiter in Unkosten stürze, um euch zur Schule zu schicken … Warum gehst du nicht zur Schule?», brüllte er so plötzlich los, dass ich anfing zu zittern. Diesmal musste ich wirklich etwas antworten. Nicht, dass er nicht schon gewusst hätte, was ich sagen würde, aber er wollte es aus meinem Mund hören.

Um ihm zu verstehen zu geben, dass ich ihn für den Verursacher der Situation hielt und dass ich mir deshalb nichts vorzuwerfen hatte, nahm ich allen Mut zusammen und sagte: «Ich habe kein Geld, um die Rikscha zu bezahlen …»

«Und warum nicht?», tobte er. «Du bist wirklich die Tochter deiner Mutter! Sie findet das Nötige, um dich zu ernähren, kann sie dann nicht auch genug auftreiben, um dich zur Schule zu schicken?»

Woraufhin er mir zwei Ein-Taka-Scheine ins Gesicht warf, die zu meinen Füßen herabfielen. Nachdem ich eine Sekunde lang daran gedacht hatte, sie dort liegen zu lassen, hob ich sie angesichts von Papas wütender Miene eilends auf. Ich war nicht Chotda, der es wagen würde, ihm die Stirn zu bieten. Freilich war die bloße Tatsache, dass er unsere Rückkehr nach Hause hinnahm, in gewisser Weise eine Niederlage für ihn, aber es war offenkundig, dass er davon nichts merken lassen wollte.

Er hatte es zwar aufgeben müssen, uns im Internat zu halten, aber nun setzte er alles daran, das Haus in ein regelrechtes Gefängnis zu verwandeln. Es war strengstens verboten, die Fenster, die zur Straße hinausgingen, zu öffnen. Einige Tage später sahen wir, dass im Hof ganze Karrenladungen von Backsteinen, Sand und Zement abgeliefert wurden, und bald begannen die Arbeiter, die Mauer rings um das Anwesen zu erhöhen, sodass jeder Kontakt zur Außenwelt unmöglich wurde. Selbstverständlich war es uns auch streng verboten, auf die Dachterrasse zu steigen, die unser Lieblingsaufenthaltsort in der Freizeit, unser einziger Ausguck in das Leben um uns herum war.

Dass die Dachterrasse zum Sperrgebiet erklärt wurde, hatte vor allem den Effekt, dass es mich noch mehr dorthin zog. Kaum war Papa aus dem Haus, stürzte ich hinauf. Die quietschenden Angeln des schwarzen Tors ließen mich abends wie der Wind zu meinem Schreibtisch zurückflitzen, ganz die fleißige Schülerin. Je mehr ich mich in meinen Bewegungen eingeschränkt fühlte, desto heftiger wurde in mir den Drang, alles zu zerbrechen, was mich gefangen hielt. Je größer ich wurde, desto tiefer wurde die Kluft zwischen meinem inneren und meinem äußeren Ich – das eine kühn und rührig, das andere formlos und träge.

Ich brauchte einige Zeit, um zu begreifen, dass Papa diese

übertriebenen Vorsichtsmaßnahmen traf, weil er befürchtete, dass ich irgendeinem Jungen verfallen könnte, mit dem ich dann eines Tages davonlaufen würde.

In diesen Monaten der Einkerkerung hinter den Mauern der Schule und unseres Hauses wurde meine Einsamkeit nur von Ratans Aufenthalt bei uns durchbrochen und in einem Strom von Freude und Leben davongerissen. Ratan war ein Junge, der aus dem Dorf Elenga im Distrikt Tangail stammte. Er wurde in Dadas Zimmer einquartiert.

Er hatte viel Spaß daran, nachmittags, wenn wir aus der Schule kamen, eine Art Räuber-und-Gendarm-Spiel mit uns zu spielen. Zuerst notierte man auf verschiedene Zettel: Dieb, Polizist, Bandit ... Dann faltete man sie zusammen, warf sie in die Luft und hob aufs Geratewohl einen auf. Wenn ich den Polizisten-Zettel erwischte, musste ich zum Beispiel erraten, wer von den beiden anderen der Dieb und wer der Bandit war. Wenn ich mich irrte, brüllte Ratan so laut, dass das ganze Haus erzitterte: «Falsch!»

Er war der Sohn eines Freundes von Papa, der ebenfalls Arzt war. Es war selbstverständlich, dass ihm unser Haus offen stand, denn sein Vater hatte Papa in seiner Jugend sehr geholfen, als es ihm an Geld fehlte, lange vor meiner Geburt. Ratan muss um die zwei Jahre älter als ich gewesen sein. Er rannte dauernd wie ein Lausebengel durchs ganze Haus, mit flatternden Haaren und Hemd. Er hatte sich von Anfang an wie ein Sohn des Hauses benommen. Sobald er aus der Schule kam, warf er sich ein Handtuch über die Schulter und ging duschen. Von Natur aus schon hellhäutig, kam er weiß wie ein Sahib zurück. Dann verbrachte er einen lange Weile damit, sich zu kämmen. Sobald er fertig war, ging er in Richtung Küche, um Mama zu fragen: «Khala, was gibt es zum Essen? Ich habe einen solchen Hunger!»

Mama mochte Ratans Mutter sehr gerne, die mit Spitznamen

Bulbul, Nachtigall, hieß. Während sie Ratan sein Essen servierte, sprach sie immer von ihr: «Ist deine Mutter noch immer so schön?», fragte sie ihn jedes Mal. Tatsächlich habe ich Mama sonst nie ein derartiges Loblied auf irgendjemandes Schönheit singen hören.

Aber nachdem Ratan mir einige Monate lang mit seinen Räuber-und-Gendarm-Spielen und seinen Domino-Partien geholfen hatte, das Dachterrassenverbot besser zu ertragen, kam der Tag seiner Abreise. Bevor er uns verließ, legte er mir ein sorgfältig zusammengefaltetes Blatt Papier auf den Schreibtisch, mit den Worten, ich solle es erst aufmachen, wenn er aus dem Haus sei. Dann sagte er mir auf Wiedersehen, indem er mir freundschaftlich auf den Rücken klopfte, wie es seine Gewohnheit war.

Als ich etwas später an meinem Tisch das Blatt Papier entfaltete, sah ich, dass es sich um einen Brief handelte. Ratan schrieb darin, dass er mich sehr liebe. Dass er, wenn ich seine Liebe nicht annehme, die Lust am Leben verlieren würde. Sein Brief war eigenartig, verspielt wie er selbst. Zum Beispiel hieß es am Ende: «Ach, die Liebe Leiden schafft, ein sehnliches ‹Auf Wiedersehn› …»

Beim Lesen dieser Zeilen bekam ich sofort Herzklopfen. Vor Angst, hauptsächlich. Ich knüllte den Brief in meiner Faust zusammen und schloss mich auf der Toilette ein, um ihn noch einmal zu lesen. Ich starrte unaufhörlich auf die Worte *ich liebe dich*, wie ein Hungernder auf einen Teller voll Reis. Der bloße Gedanke, dass dieser Brief an mich gerichtet war, ließ mich erschauern. Ich hatte Angst, dass jemand gesehen haben könnte, wie Ratan ihn mir gab. Das wäre eine Katastrophe! Vor allem durfte er niemandem in die Hände fallen. Ich hatte das Gefühl, in einen Abgrund zu stürzen. Gewiss, den Brief zu zerreißen wäre das beste Mittel gewesen, sich aller Sorgen zu entledigen, aber ich hatte keinerlei Lust zu dieser Notlösung. Ich wollte ihn behalten. Ich würde ihn zwischen den Seiten meines Geschichtsbuches verstecken, unter meinem Kopfkissen ... Wenn ich diesen zerknitterten, vom Schweiß meiner Hände durchtränkten Brief sorgsam aufbewahrte, dann nicht, weil ich Liebe für seinen Verfasser empfunden hätte. Nein, es war der Brief selbst, in den ich verliebt war, und nur in ihn.

Zu meinem Unglück stieß Papa ein paar Tage später darauf, als er meine Schulsachen untersuchte, um zu prüfen, wie weit ich mit meinem Stoff war. Er sagte nichts Besonderes zu mir, griff jedoch sofort zu seiner besten Feder, um seinem Arztfreund aus Tangail zu schreiben, er solle dafür sorgen, dass sein Sohn Ratan bloß nicht auf die Idee käme, je wieder bei uns aufzutauchen.

Ich sagte mir selbst immer wieder vor, dass mir das ganz egal sei. Aber ich bedauerte diesen Freund meines Vaters, den ich nie gesehen hatte, weil er einen so wenig liebenswürdigen Brief bekam. Ich machte mir deswegen sogar Vorwürfe, als wäre ich der Grund für das Ende ihrer alten Freundschaft. Als wäre es meine Schuld, dass Ratan mir geschrieben hatte. Als wäre ich der Grund allen Übels.

In jener Zeit, als Papa alles tat, um mich von der Welt abzuschotten, beschloss er angesichts der steigenden Lebenshaltungskosten eines Tages, uns nur noch einmal täglich Reis essen zu lassen. Abends sollten wir Weizenfladen bekommen.

«Jetzt ist es so weit! Diesmal muss er sich wieder verheiratet haben. Deswegen muss er bei uns sparen, um seine neue Frau ernähren zu können», war Mamas Reaktion.

Bald begriff ich jedoch, dass Mama sich täuschte, denn auf meinem Weg zur Schule sah ich jeden Tag mehr Bettler, die vom Land herbeiströmten. Eines Tages hörte ich den Rikschamann sagen: «Die Leute aus den Dörfern ergießen sich in die Stadt wie die Fluten eines Hochwassers. Auf dem Land bleibt niemand mehr ... Nichts mehr zu essen. Nicht die geringste Ernte!»

Von meiner Rikscha herab schaute ich bestürzt auf die Menge der Flüchtlinge, die durch die Stadt irrten, jeder mit einer Schüssel oder einem Teller in der Hand. Der Hunger ließ ihnen die Augen aus den Höhlen treten, ihre Knochen schienen aus dem Brustkorb herausstechen zu wollen; ihre Bäuche waren so eingefallen, dass sie mit dem Rücken eins zu werden schienen. Es war wie eine Karawane von Skeletten. Ein paar davon wurden von der langen Prozession ausgespuckt, nach Atem ringend, am Rand eines Rinnsteins wankend. Einige versammelten sich vor reich aussehenden Häusern, auch vor unserem schwarzen Tor, und schrien: «Reis! Reis! Etwas Pantabhat, etwas vergorenen Reis, und wenn es nur eine Hand voll ist!» Von so viel Elend gerührt, wollte ich, mit meinem vollen Bauch, ihnen etwas zu essen bringen, als ich nach Hause kam. Aber ich musste entdecken, dass das Fass, in dem wir unseren Reisvorrat aufbewahrten, mit einem Vorhängeschloss gesichert war. Ein riesiges Vorhängeschloss, von der stabilsten Sorte.

«Mama, gib mir Reis, damit ich den Bettlern vor unserem Haus etwas bringen kann. Sie sehen aus, als hätten sie seit Tagen nichts mehr gegessen», bat ich Mama, die gerade betete.

Ich musste warten, bis sie das Ritual vollständig beendet und ihren Teppich wieder zusammengerollt hatte, nur um von ihr zu erfahren, dass es keinen Reis mehr gab. Ich verstand nicht. Es war das erste Mal, dass ich meine Mutter ein Almosen verweigern sah. Kein Bettler hatte unser Haus je verlassen, ohne zumindest zwei Hand voll Reis bekommen zu haben. War es möglich, dass wir nicht einmal eine Schüssel voll Pantabhat zu vergeben hatten?

Nun fiel mir wieder ein, dass ich Mama tags zuvor beim Abendessen gebeten hatte, mir noch etwas Reis auf meinen bis aufs letzte Körnchen leer gegessenen Teller nachzugeben, und sie mir geantwortet hatte, das sei nicht möglich, es gebe keinen mehr.

Da wollte ich, die man immer zum Essen zwingen musste, die immer heikel tat, einmal einen Nachschlag, und Mama konnte mir nichts geben. Bis zu diesem Tag im Jahr 1974, an dem Mama mir keine Kelle voll Reis nachgeben konnte, hatte ich wahrscheinlich noch nie in meinem Leben einen Teller völlig leer gegessen. Ich schaute sie ungläubig an. Waren wir plötzlich arm geworden?

Bald bemerkte ich, dass Papa und Mama nur noch Weizenfladen aßen, morgens wie abends. Ebenso unsere Dienstmädchen. Nur Yasmin und ich bekamen jeden Tag noch zwei kleine Teller Reis. Das Fass war so gut wie leer.

«Im ganzen Land herrscht Hungersnot!», hörte ich Papa in höchst besorgtem Ton sagen.

Die Bettler in den Straßen wurden immer zahlreicher. An den Türen der Häuser baten sie nicht einmal mehr um eine Hand voll Reis, sondern nur noch um eine Kelle voll Kochwasser, etwas Schaum. Eines Tages kam ein Skelett an unser schwarzes Tor. Es war ein kleiner Junge, der nicht älter als acht, neun Jahre sein mochte. Ich konnte seinen Anblick nicht ertragen. Er hatte nicht einmal mehr die Kraft, um irgendetwas zu bitten. Er hatte keine Stimme mehr. Ich rief Mama, damit man ihm sofort etwas zu essen gab. Egal was. Meine Tagesration, wenn es sein musste. Ich wollte sie ihm gern überlassen.

Ebenfalls erschüttert, setzte Mama ihm einen Teller Reis vor. Ich werde nie vergessen, wie er mit dieser Hand, die nur noch aus Knochen bestand, die Nahrung zum Mund führte. Nach all den Tagen, an denen er nichts gegessen hatte, konnte er nur mit der größten Mühe etwas schlucken. Ich hatte gewiss schon viele Arme gesehen, aber das war das erste Mal, dass ich Leute vor Hunger sterben sah. Normalerweise warfen wir so viele Reste den Katzen, den Hunden, den Raben vor … Und jetzt verhungerten die Leute vor unserer Tür!

Am Abend erzählte Mama, während sie an ihren Fladen herumkaute: «Als ich klein war, hat es eine ähnliche Hungersnot gegeben. Da kamen Flugzeuge und warfen Säcke voll Linsenmehl über der Stadt ab. Wir rannten los, um sie aufzusammeln und nach Hause zu tragen. Reis war nicht mehr aufzutreiben!»

«Wie hätte man auch welchen auftreiben können?», mischte sich Papa ein, sein Schweigen brechend. «Es gab keinen mehr! Die Leute hatten Geld, aber es war kein Reis mehr da, den man hätte verkaufen können. Hunderttausende von Menschen sind deswegen gestorben. Man hat mir erzählt, dass die Straßen von Kalkutta voller Leichen waren. Die Menschen aßen sogar das Mark aus dem Inneren von Bananenstämmen. Wie viele Leute aus unserem Dorf haben damals nicht für etwas Reis ihre Töchter verkauft! Wer weiß? Ob wir wieder eine Hungersnot wie die von 1943 erleben werden?»

Ich begann mich zu fragen, was mit uns geschehen würde, wenn wir überhaupt keinen Reis mehr hätten. Würden wir zu Skeletten werden wie dieser Junge, der an unser Tor gekommen war? Bei diesem Gedanken wollte ich nur noch in mein Bett und mich zusammenkauern, um auf den Tod zu warten.

Zu diesem Zeitpunkt erreichte uns vom Haus des Pirs die Neuigkeit, dass Gott ein fürchterliches Ungeheuer auf die Erde geschickt habe, um den Glauben seiner Geschöpfe auf die Probe zu stellen. Ich stellte mir schon vor, wie ich mit einem Hieb seiner scharfen Waffe geköpft wurde, vergeblich meine Eltern zu Hilfe rufend, während das dröhnende Lachen meines Henkers widerhallte. Um diesen Albtraum zu verscheuchen, versuchte ich mit aller Kraft, fest an Gott zu glauben, gemäß Mamas Anweisungen im Geiste wiederholend: *«Gott ist Eins und Einzig, und Muhammad ist Sein Prophet.»* Aber trotzdem, was für ein Rätsel war dieser Glaube, der darin bestand zu glauben, ohne zu sehen und zu verstehen! Wesentlich weniger rätselhaft erschien es mir dagegen, dass mein Körper bald nur noch ein vom Hunger gezeichnetes Skelett sein würde.

«Du, die du immer so viel Nahrung verschwendet hast, wisse nun, dass es eine Sünde gegen Gott ist, auch nur ein einziges Reiskorn zu Boden fallen zu lassen», sagte Mama zu mir, ehe sie besorgt hinzufügte: «Und ich weiß nicht einmal, ob mein Sohn etwas zum Beißen hat. Bei den Reispreisen heutzutage.»

«Mach dir keine Sorgen. Ich schicke Noman regelmäßig Geld», versuchte Papa sie zu beruhigen.

Aber in Wirklichkeit war es Chotda, um den Mama sich ängstigte. Ihm schickte niemand Geld. Niemand wusste, wie es ihm erging. Mama konnte ihre Tränen nicht zurückhalten. Papa riet ihr entnervt, schlafen zu gehen, und zog sich selbst in sein Zimmer zurück.

Vom Morgengrauen an wartet eine Menschenmenge vor unserem Tor. Mama verteilt das Reiskochwasser, auf dessen Grund noch ein paar Körnchen liegen. Nachmittags kommt der Skelett-Junge, der Israil heißt, um bei uns zu essen. Man hört Demonstrationen durch die Straße ziehen, mit den Parolen: «Wir wollen zu essen! Wir wollen anständig leben!» Es sind die kommunistischen Aktivisten, die an jedem bürgerlichen Haus Halt machen und vor der Tür ein großes rotes Stoffquadrat ausbreiten, um Reisspenden zu sammeln, die sie dann an die Hungernden verteilen.

Sie kommen auch zu uns, mit ihren roten Stirnbändern. Am schwarzen Tor fordert einer von ihnen mich auf: «Geh jemanden von deinen Eltern holen. Sag ihnen, dass wir Reis für die Armen sammeln.» Ganz aufgeregt laufe ich zu Mama: «Mama! Mama! Gib mir Reis! Da ist ein ganzer Trupp vor unserem Haus ... Sie verlangen Reis!»

«Muss man ihnen deswegen unbedingt etwas geben? Wie soll ich euch denn dann ernähren?»

«Viele Leute geben ihnen etwas. Sie haben schon eine große Menge Reis gesammelt. Geh hin und sieh selbst! Sie rufen nach dir», sage ich zu Mama und ziehe sie am Arm.

Hinter dem Tor hervor fragt Mama: «Was wollt ihr?»

Einer der jungen Leute der Gruppe tritt vor, um zu antworten: «Wir wollen Reis, gnädige Frau. Viele Leute sterben vor

Hunger. Deshalb gehen wir Studenten von Haus zu Haus, um Reis zu sammeln, den wir dann an die Armen verteilen. Geben auch Sie etwas! Selbst wenn es nur wenig ist!»

Hinter ihm setzen die Studenten im Chor ein: «Dass die einen essen, die anderen nicht, das dulden wir nicht!» Ihre Leidenschaft erfüllt mich mit Begeisterung. Ich schubse Mama mit dem Ellenbogen und flüstere ihr zu: «Komm, gib ihnen Reis. Wir brauchen nur das Schloss des Fasses aufzubrechen.»

«Aber dein Vater wird mich umbringen», antwortet sie mir leise.

«Denk nicht dran. Wichtig ist nur, Reis zu geben. Komm, lass uns das Schloss aufbrechen!»

Etwas erschreckt von der Menge der Demonstranten, raunt Mama mir schließlich zu: «Ach! Wenn wir nur deinem Vater Bescheid geben könnten ... Ich weiß nicht, wie ich mich ihnen gegenüber verhalten soll ...»

Die jungen Leute beginnen, sich gegen das spaltweit geöffnete Tor zu drängen. Mama kommt noch immer zu keiner Entscheidung. Da halte ich es nicht länger aus. Und schon habe ich im Hof einen Backstein aufgelesen, schon bin ich in der Vorratskammer und versuche, das Vorhängeschloss unseres Reisfasses zu zerschlagen. Drei, vier Schläge – und das stabile Schloss gibt nach.

Ich sehe, dass das Fass halb voll ist. Ich fülle ein Gamcha mit Reis und laufe zum Tor, um ihn den Studenten zu übergeben. Mama schaut mir sprachlos zu.

Der Trupp macht sich mit seinen Parolen wieder auf den Weg. Während ich ihnen fasziniert nachschaue, spüre ich, wie mich eine unermessliche Freude überkommt. Diesmal ist mein starkes, kühnes Draufgänger-Ich durchgebrochen. Ich fürchte mich nicht, es bei hellem Tageslicht zu zeigen. Meine Träume auszuleben. Ich bin über mich selbst erstaunt – bin das wirklich ich?

Mama schließt das Tor wieder und seufzt: «Dein Vater wird dich in Stücke reißen, du wirst sehen.»

«Oh! Das bin ich gewöhnt. Ich werde doch fast jeden Tag geschlagen», entgegne ich ihr, noch ganz meinem Glück hingegeben.

Mama hat mir die Kommunisten immer wie Ungeheuer beschrieben. Wenn sie wirklich so ungeheuerlich sind, wie sie sagt, warum machen sie sich dann die Mühe, Reis für die Armen zu sammeln? Was ist schlecht daran, die Notleidenden vor dem Hunger zu retten? Gewiss, die Kommunisten glauben nicht an Gott, aber sie helfen den Unglücklichen – ist das nicht das Gegenteil eines Verbrechens?

Gleich bei seiner Heimkehr geht Papa wie zu erwarten zum Reisfass, um einen Blick darauf zu werfen. Er sieht das aufgebrochene Schloss lose am Deckel hängen. Und wie ich es vorhergesehen habe, hallt sofort das ganze Haus von seinem Gebrüll wider. Ich sitze in meinem Zimmer und halte den Atem an. Ich sehe ihn schon sein Folterinstrument unter der Matratze hervorholen, ich sehe mich schon blutüberströmt daliegen. In Vorwegnahme des Schmerzes brennt mir bereits der Rücken, der gespannt ist wie ein Bogen. Ich sehe nichts mehr vor mir, als wäre ich blind geworden. Abgesehen von meinem zerschundenen Rücken spüre ich meinen Körper nicht mehr, leicht wie eine Feder im Wind. Ich bin nackt, wie die Statue von Mirabai im Hof der Schule von Rajbari. Ich habe mich selbst entblößt, mich allem entledigt, ich, die ich weder Angehörige noch Freunde habe, in vollkommener Einsamkeit. Diese Welt ist nicht für mich geschaffen. Ich möchte lieber erlöschen, als so zu leben …*

Im ganzen Haus scheint sich nichts zu rühren, als wäre es unbewohnt. Wahrscheinlich haben sich beim Gebrüll des Tigers all seine Bewohner in ihre Löcher verkrochen! Ich allein warte auf meinem Platz darauf, dass man mich aufruft, die

* Die Autorin verwendet hier den buddhistischen Begriff des *Nirwana*, der wörtlich *Erlöschen* bedeutet.

Brücke des Jüngsten Gerichts zu überqueren, dass die Stunde schlägt, all meine Sünden zu bekennen. Aber immer mehr festigt sich in mir der Glaube, dass ich nicht gesündigt habe. Das ist die erste Gewissheit, die ich je aus mir selbst heraus erlangt habe. Ich habe den Glauben gefunden, den Glauben an mich selbst, indem ich es gewagt habe, den Kopf zu erheben. Ich wiederhole die Antwort, die mir dieser Glaube eingibt: «Es steht in unseren Büchern geschrieben, dass man die Hungernden nähren soll; nichts anderes habe ich getan!»

Da reißt mich Mamas Stimme aus meiner Ekstase: «Du brauchst gar nicht so herumzuschreien», ruft sie aus. «Ich habe das Schloss aufgebrochen. Meine Töchter weinten vor lauter Hunger. Was konnte ich da anderes tun?»

«Was ist das für ein Märchen? Vor Hunger weinen? Hatten sie denn nicht zu Mittag gegessen?», schimpft Papa.

«Mit den Rationen, die du ausgibst, können sie sich jedenfalls nicht den Bauch voll schlagen», erwidert Mama. «Und außerdem habe ich mich nicht mehr beherrschen können, ich hatte auch Lust auf etwas Reis. Ich hatte genug von den Weizenfladen. Deshalb haben sie nicht genug abbekommen.»

«So eine Unverfrorenheit!», brüllt Papa. «Du hättest mich doch fragen können, bevor du das Schloss zerschlägst!»

«Und wie hätte ich das tun sollen? Ist denn noch jemand zu Hause, den ich nach dir schicken könnte?», antwortet Mama mit erhobener Stimme.

Papa hört auf zu brüllen. Nach und nach scheint das Haus sich zu recken und zu strecken, als erwache es aus langem Schlaf. Seine Bewohner können wieder aus ihren Löchern hervorkommen. Aus der Küche hört man das Klappern von Geschirr. Und auf der Veranda Mamas Schritte.

Ich sehe Mama jeden Tag über die Schwelle des schwarzen Tores hinausgehen, in ihrem Burqa, der auf Bauchhöhe seltsam ausgebeult ist. Eines Tages entschließe ich mich, ihr wie ein

Schatten bis zur Straße zu folgen, wo ich sie in eine Rikscha steigen sehe, welche dann an der nächsten Kreuzung nach links abbiegt. Sie fährt also weder zu Großmutter noch nach Naomahal, denn beides liegt in der entgegengesetzten Richtung.

«Mama, wohin gehst du denn? Die Rikscha, die du genommen hast, ist nach links abgebogen. Zu wem bist du gefahren?», frage ich sie bei ihrer Heimkehr.

«Kümmere dich um deine eigenen Angelegenheiten», antwortet sie mir mit einer ungehaltenen Geste. «Du bist viel zu vorlaut!»

Mama ist schon immer leicht ungehalten geworden, wenn man ihr Fragen stellte. Ich erinnere mich, dass sie mich einmal so heftig geohrfeigt hat, dass ich mit dem Kopf gegen die Fensterbeschläge geschleudert wurde, bloß weil ich sie gefragt hatte, was sie am Vorabend vom Pir mitgebracht hatte in ihrem verschnürten Bündel.

Nachdem sie meine Frage mehrere Tage unbeantwortet gelassen hat, fragt Mama mich plötzlich: «Willst du mich dahin begleiten, wohin ich gehe?»

«Ja», antworte ich eifrig und springe vor Freude in die Luft.

Und schon sind wir unterwegs. Nachdem wir Golpukur durchquert haben, biegen wir gegenüber der Mritunjay-Schule in eine schmale Gasse ein. Diese Gasse führt in ein Bustee, und dort lässt mich Mama in eine fünf oder sechs Quadratmeter große Hütte treten, in der ich mich plötzlich Aug in Aug mit Chotda und Geeta Mitra wieder finde. Mama holt sogleich ein paar Dosen unter ihrem Burqa hervor. Die große ist mit Reis gefüllt. Ich traue meinen Augen nicht.

«Pass auf! Du musst über das, was du heute siehst, völliges Stillschweigen bewahren», sagt Mama und schaut mich streng an.

«Ich werde niemandem etwas sagen», verspreche ich, nachdem ich erst einmal geschluckt habe.

«So, damit kannst du kochen, Afroza. Ihr habt doch Linsen,

nicht wahr?», höre ich Mama sagen, während sie die Dosen wegräumt, die sie mitgebracht hat.

«Wer ist denn Afroza?»

«Die Frau deines Bruders ist Muslimin geworden. Sie hat diesen neuen Namen angenommen», erklärt mir Mama in höchst zufriedenem Ton.

Afroza sitzt auf dem niedrigen Bett, das Ende ihres Saris über den Kopf geschlagen. Chotda, der neben ihr sitzt, sieht traurig aus. Außer dem Bett befindet sich in dem Zimmer nichts als ein kleiner Herd und etwas Küchengerät.

Was ist aus dem munteren jungen Mann geworden, der immer modisch frisiert, in Schlaghosen und vor sich hin pfeifend herumspazierte? Seine traurige Erscheinung erschüttert mich. Nun ist er dazu verdammt, in dieser elenden Hütte zu leben. Auf einmal mache ich mir Vorwürfe, keinen Finger gerührt zu haben, als er von unserem Vater so misshandelt wurde. Kein Wort gesagt zu haben.

«Chotda, zu Hause sind viele Briefe für dich angekommen», sage ich mühsam.

«Ach ja?», sagt er, während er im Herd Feuer macht.

«Kürzlich habe ich Katan-da, deinen Gitarrenlehrer, vor unserem Haus vorbeigehen sehen. Er hat mich gefragt, wo du bist. Ich konnte ihm nichts sagen.»

Ohne darauf zu antworten, legt Chotda Holz nach. Bald kocht das Wasser im Topf. Es gelingt ihm nur mit Mühe, das Feuer in Gang zu halten. Ich reibe mir die Augen, um herauszufinden, ob ich träume, so unwahrscheinlich kommt mir die Szene vor. Chotda zeigt keinerlei Interesse für seinen Lehrer und seine Post. Mir scheint, dass er sich in diesen wenigen Monaten unglaublich verändert hat. Seine einzige Sorge, als gäbe es nichts Dringenderes auf der Welt, ist, das Feuer für das Essen zu unterhalten, und seine einzige Freude ist, anzuschauen, was Mama in ihren Dosen mitgebracht hat: Reis, Gewürze, fertig zubereitetes Hühnchen. Er wirkt ausgehungert. Er hatte früher oft plötzliche Anfälle von Heißhunger, ernährte sich jedoch höchst unregelmäßig. Sogar wenn er nach seinen langen Diskussionsrunden unter Freunden nach Hause kam, vergaß er, seinen Teller leer zu essen, weil er immer zu beschäftigt damit war, uns alle möglichen Geschichten zu erzählen.

Ich kann meinen Blick nicht von Chotda losreißen, den das verlegen zu machen scheint. Ich habe ihn so lange nicht gesehen! Ich muss an die Geschichte von König Eduard VIII. denken, der aus Liebe auf den Thron verzichtete. Über die Liebe hinaus scheint mir die Hütte meines Bruders ein Ort des Heroismus zu sein, der weit über allen gewöhnlichen Sorgen steht. Nicht jeder ist fähig, auf alle materiellen Güter zu verzichten. Eine solche Loslösung ist einigen wenigen vorbehalten. Chotda hatte einst an Dolly Pal geschrieben, er wünsche nichts anderes, als mit ihr am Fuße eines Baumes zu leben. Wahrscheinlich hatte er Geeta Mitra in seinem berühmten zweiunddreißigseitigen Brief dasselbe geschrieben. Was für einen Unterschied macht es, ob man unter einem Baum oder in dieser elenden Hütte lebt? Chotda hat etwas gewagt, ohne Rücksicht auf Reichtum und Ruhm! Er ist jetzt ein freier Mann, den niemand ausbeutet oder beherrscht, dem niemand sagt, wann er nach Hause zu kommen, wann er sich an seinen Schreibtisch zu setzen hat. Wie gerne würde auch ich meine Ketten sprengen und mich befreien! Denn ich spüre unsichtbare Ketten um meinen Körper liegen, so fest wie die, mit denen Papa seinen gefangenen Sohn gefesselt hatte.

Mit der Zeit machte es sich Chotda zur Gewohnheit, jeden Nachmittag nach Hause zu kommen, wenn Papa bei seiner Arbeit war. Geeta Mitra folgte ihm auf Zehenspitzen, unter dem Ende ihres Saris verschleiert. Nachdem Mama die Tür hinter ihnen sorgfältig verriegelt hatte, servierte sie ihnen zu essen. Und wenn sie wieder gingen, versäumte sie es nicht, ihnen eine Tasche mit Vorräten zu packen. Yasmin und ich hatten den Auftrag, Wache zu halten, für den Fall einer unvermuteten

Rückkehr Papas. Die Zeit, die er bei uns war, verbrachte Chotda damit, von Zimmer zu Zimmer zu irren. Er blieb vor dem Radio, der Wanduhr, dem Tonbandgerät stehen und sagte immer wieder: «Ach! Wenn ich das nur mitnehmen könnte ...»

Wenn ich ihn so im Haus herumwandern sah, wünschte ich mir sehnlichst, dass er eines Tages zurückkäme, um darin zu leben. Ich hoffte, ihn bald wieder hier zu sehen, wie er an seinem Schreibtisch über den Schulbüchern schlief. Wie er im Hof duschte und sich kräftig mit dem Rosshaarhandschuh abrieb. Wie er spätabends nach Hause kam, pfeifend, die Haare im Wind, seine Gitarre über der Schulter.

Aber nach und nach schaffte Chotda seine Sachen eine nach der anderen aus dem Haus. Er hatte schon seine Gitarre mitgenommen, seine Kleider, alles, was in seiner Truhe war. Dann kam das Radio an die Reihe, die Wanduhr ... Yasmin und ich taten so, als würden wir nichts merken. Ich füllte die Lücke aus, die das Radio hinterlassen hatte, indem ich an der Stelle alte Bücher und Zeitschriften aufstapelte. An die Wand hängte ich einen hübschen bunten Kalender.

Wir taten alle drei so, als wären wir blind, als würden wir nicht merken, dass vertraute Gegenstände verschwanden, und wir hofften vor allem, dass Papa nicht auf die Idee käme, die Radionachrichten hören oder die Zeit an der Wanduhr ablesen zu wollen. Ich war bereit, in jedem Verhör über das Verschwinden dieser Sachen zu antworten, dass sich wohl ein Einbrecher ins Haus geschlichen haben müsse. Bestimmt hatten sich Mama und Yasmin ähnliche Antworten zurechtgelegt.

Als ich eines Tages aus der Schule kam und sah, wie Chotda das Tonbandgerät in den Sofaschonbezug einpackte, tat ich wieder so, als merkte ich nichts. Als jedoch Mama es bemerkte, sagte sie zu ihm: «Nein, nimm das nicht mit! Dein Vater wird fuchsteufelswild!»

«Aber es funktioniert nicht richtig!», rief Chotda aus, in unwiderruflichem Ton. «Ich werde es zur Reparatur bringen.»

Die Mischung aus Reue und Mitgefühl, die wir alle drei gegenüber Chotda empfanden, bewirkte, dass wir zwar beim Gedanken an Papas Reaktion etwas zauderten, es uns jedoch unmöglich war, uns den Wünschen des Verstoßenen zu widersetzen. An jenem Abend ging Chotda mit dem prächtigen Gerät, made in Germany, aus dem Haus. Wahrscheinlich mussten wir eben ein paar Opfer bringen, um unsere Schuld zu sühnen.

Einige Zeit später kam es zu dem allseits gefürchteten Vorfall: Papa kreuzte mitten am Nachmittag zu Hause auf. Ich spürte, wie mir das Blut in den Adern gefror. Chotda und Geeta Mitra versteckten sich im erstbesten Raum. Das Geräusch der Tür, die überstürzt geschlossen und verriegelt wurde, dröhnte durchs ganze Haus, wie eine Bombe. Papa konnte es nicht nicht gehört haben. Mama stand vor dieser Tür, als wäre sie es gewesen, die sie gerade aus zwingenden Gründen geschlossen hatte. Sie wusste nicht, wie sie sich verhalten sollte, und begann Sätze von sich zu geben, die in Anbetracht der Tageszeit völlig sinnlos waren, etwa: *«Du hast dir noch nicht die Hände gewaschen zum Essen!»* Oder: *«Ich habe das Abendgebet versäumt»*, obwohl noch helllichter Tag war.

Normalerweise wollte Papa, wenn er so unerwartet heimkehrte, kontrollieren, wie wir unsere Hausaufgaben machten, ob auch niemand auf die Dachterrasse gestiegen war, ob alle Türen und Fenster geschlossen waren. Wenn er sich vergewissert hatte, dass alles seinem Willen entsprechend und in Ordnung war, kam er an meinen Tisch, um mir eine Weile von großen Männern und ihrem Arbeitseifer, dem Grund ihres Erfolges, vorzubeten, bevor er wieder ging, um seine Patienten zu untersuchen.

Aber an diesem Tag schien er ewig bleiben zu wollen, ging in den Zimmern auf und ab. Jede von seinen schweren Schritten gegliederte Minute schien ein Jahrhundert zu dauern. Als er vor Mama und der verschlossenen Tür stehen blieb, fragte sie ihn, ob er etwas essen oder trinken wolle. Ohne zu antworten, drückte Papa gegen die Flügel der Tür, die sich nicht rührte, da sie von innen verriegelt war. Papa stellte fest, dass außerhalb dieses Raumes niemand von den Hausbewohnern fehlte, und fragte, wer sich darin befinde. Ich hätte Papa am liebsten entgegengeschrien, ich sei es, die sich einen Augenblick zuvor darin eingeschlossen habe und durch Zauberei wieder herausgekommen sei, so wie P. C. Sarkar, der große Zauberer.

«Wer ist da?», brüllte Papa und rüttelte an der Tür.

Mama ging zur Seite, ihre Rolle als Wächterin war beendet. Aus der Küche zog ein Geruch nach Verbranntem herüber. Yasmin saß über ihre Bücher gebeugt, reglos wie eine steinerne Statue. Vor Angst verspürte ich den Drang, zur Toilette zu gehen.

Wenn Papa etwas anfing, war es nicht seine Art, vor dem bitteren Ende aufzugeben. Ich hörte ihn seine Frage immer lauter wiederholen. Bis ich es nicht mehr aushielt, das Geometriebuch, in das ich mich zu vertiefen vorgab, liegen ließ, und losrannte, um mich auf der Toilette einzuschließen. Ich wollte bei der schrecklichen Szene, die sich zweifellos gleich abspielen würde, nicht zugegen sein, zumindest nichts davon sehen. Aber meine List war Papa nicht entgangen, und er klopfte heftig gegen die Tür: «Komm da heraus! Wirst du wohl herauskommen?»

Sobald ich die Tür einen Spaltbreit öffnete, sprang er auf mich los wie ein Raubtier und brüllte mir in die Ohren: «Wirst du mir wohl sagen, wer in diesem Zimmer ist?»

In einem Augenblick war ich zum Mörder geworden, den man auf frischer Tag ertappt. Ich war die Schuldige. Papa schüttelte mich, während er mich über die ganze Veranda bis vor die Tür des verschlossenen Zimmers schleifte. Diesmal hatte meine letzte Stunde geschlagen.

Zum Glück war Mama da, um mich zu retten, wie so oft. Sie

zog mich aus dem Maul des Tigers, indem sie mechanisch artikulierte: «Es sind Kamal und seine Frau ... Sie ist zum Islam übergetreten.»

«Was? Was sagst du? Wer?», fragte Papa grob, als habe er nicht verstanden.

«Kamal. Es sind Kamal und seine Frau», wiederholte Mama.

«Wer ist das, Kamal? Ich kenne keinen Kamal!», erwiderte Papa, bevor er losbrüllte: «Wirf sie auf der Stelle aus meinem Haus! Auf der Stelle!»

Ich blieb auf der Veranda, reglos, völlig bewegungsunfähig, die Augen starr auf Papas Zeigefinger gerichtet, der auf das schwarze Tor wies.

Und schon hatte Chotda das Haus durch die Hintertür verlassen, seine Frau an der Hand hinter sich herziehend, und lief seinem Heil entgegen.

ERSTE REGEL

Eines Nachmittags, als ich mich nach meiner Rückkehr aus der Schule umziehen wollte, bemerkte ich, dass mein Payjama mit Blut befleckt war. Ich erschrak – was war mir passiert? Hatte ich mich geschnitten? Aber wo? Und wie? Ich spürte keinerlei Schmerz, und das versetzte mich noch mehr in Panik. Ich begann zu zittern vor Angst, dass ich dem Tod nahe sein könnte.

Schnell lief ich auf die Suche nach Mama, die ich im Gemüsegarten fand, wo sie Blumenkohl erntete. Ich warf mich ihr in die Arme und ließ meinen Tränen freien Lauf.

«Mama, ich habe mich geschnitten! Ich höre nicht auf zu bluten!», stieß ich mühsam zwischen zwei Schluchzern hervor.

«Wo hast du dich geschnitten?», fragte sie mich, wobei sie mich sanft zurückschob.

Ich zeigte zwischen meine Beine.

«Weine nicht!», tröstete mich Mama und streichelte mir die Haare.

«Tu mir schnell Dettol drauf!», sagte ich zu ihr, indem ich mir die Tränen von den Wangen wischte.

«Mach dir keine Sorgen! Das vergeht wieder!», antwortete sie mir nur, mit einem kleinen Lächeln.

Ich verstand das nicht. Ich blutete, und Mama schien sich nicht das Geringste daraus zu machen. Sie hob seelenruhig ihr Gemüse auf und ging in Richtung Küche. Warum ging sie nicht Desinfektionsmittel und Verbandszeug holen? Warum hatte sie dieses leicht spöttische Lächeln auf den Lippen?

«Du bist jetzt groß. Diese Sache passiert allen Mädchen, wenn sie heranwachsen!», sagte sie, während sie die Erde aus ihren Blumenkohlköpfen schüttelte.

«Diese Sache? Was für eine Sache?», fragte ich, aufgebracht von diesem Grinsen, das sie nicht mehr ablegte.

«Auf diese Weise zu bluten! Das nennt man die Regel. Die Menstruation. Die bekommen alle große Mädchen und Frauen jeden Monat. Ich auch», erklärte sie mir amüsiert.

«Und Yasmin auch?», rief ich besorgt aus.

«Noch nicht. Aber sie wird sie auch bekommen, wenn sie in deinem Alter ist.»

Auf diese Weise erfuhr ich eines schönen Nachmittags, dass ich eine Frau geworden war. «Du bist kein kleines Mädchen mehr. Du darfst jetzt nicht mehr spielen und draußen herumlungern wie die Kinder, verstehst du? Du musst zu Hause bleiben, wie die großen Mädchen. Du sollst nicht mehr rennen, sondern stillhalten. Und dich keinem Jungen nähern!», warnte mich Mama.

Dann holte sie einen ihrer alten Saris, von dem sie ein paar Streifen abriss; die faltete sie, bevor sie sie mir zusammen mit einer Payjama-Kordel gab und mit wieder ernst gewordener Miene empfahl: «Diese Binden musst du dir zwischen die Beine legen und mit der Kordel befestigen, die du an deinem Gürtel festbindest. Denn du wirst jetzt drei Tage lang Blut verlieren, vielleicht auch vier oder fünf. Du brauchst keine Angst zu haben. Das haben alle Frauen. Es ist völlig normal. Wenn eine Stoffbinde mit Blut befleckt ist, musst du sie auswaschen und trocknen lassen, nachdem du eine neue eingelegt hast. Aber Vorsicht! Das alles musst du diskret tun, ohne dass dich jemand dabei sieht. Das ist eine Frage des Schamgefühls. Und du darfst mit niemandem darüber reden.»

Die Ausführungen meiner Mutter beruhigten mich keineswegs. Was für eine scheußliche Sache! Ich würde also jeden Monat derart bluten! Und warum traf das nur die Mädchen? Warum konnte ich nicht davon ausgenommen bleiben? War die Natur parteiisch, nach dem Bild Gottes?

Ich musste mich also mit dem Gedanken abfinden, dass ich

herangewachsen war, dass ich wie meine Mutter und meine Tanten geworden, dass ich aus dem Alter der Kinderspiele heraus war. Vorbei die Zeit der kindlichen Launen! Ich würde den Sari tragen und Mama in der Küche helfen, langsam gehen, leise sprechen müssen – da ich ja nun groß war. Es war, als hätte man mich gewaltsam von dem weitläufigen Spielplatz unserer Kindheit, von unseren Himmel-und-Hölle-Kästchen fortgerissen. Ich war nicht mehr dieselbe wie zuvor. Ich war eine andere geworden, abscheulich, Ekel erregend. Mir schien, als würde das bisschen Freiheit, das ich hatte, von jetzt auf gleich davonfliegen, weit weg von mir, wie ein vom Wind davongetragener Baumwollbausch. Ich fragte mich, ob ich in einem Albtraum gefangen war. Ob das, was ich soeben durchlebt hatte, ob alles, was Mama zu mir gesagt hatte, wirklich wahr war. Wäre es doch nur ein böser Traum gewesen, wäre ich doch aufgewacht und wieder dieselbe gewesen wie vorher! Warum konnte ich diesen Albtraum nicht auslöschen? Ich wünschte mit aller Kraft, dass dieses Blut zwischen meinen Schenkeln bloße Einbildung sei. Oder einfach ein Unfall, eine innere Verletzung, etwas, das nie wieder passieren würde. Dass ich Mama ihre Sarifetzen zurückgeben und ihr sagen könnte, ich bräuchte sie nicht mehr, ich sei geheilt.

Ich schloss mich im Badezimmer ein und schlug mit dem Kopf gegen die Wand, gleichgültig gegen die Schmerzen des Körpers, als wäre der bloß ein Gefäß für mein verletztes Herz, aus dem sich aller Kummer der Welt ergießen wollte. Ich hatte die Saristreifen von Mama noch immer in der Hand. Mir war, als wäre es mein Schicksal, das ich da mit spitzen Fingern hielt. Ein schreckliches, so ungerechtes Schicksal!

Ich hörte es an die Tür klopfen und Mamas Stimme flüstern: «Was machst du? Beeil dich. Tu, was ich dir gesagt habe, und komm da raus!»

Mama ließ mich also nicht einmal ausweinen, das Gesicht zwischen den Händen vergraben vor Scham, vor wütender

Auflehnung gegen mein Los, vor Angst … Ich nahm Mama das alles schrecklich übel. Der ganzen Familie, als hätte sie sich plötzlich gegen mich verschworen. Als hätte sie mich ausgesondert, um mich in den Müll zu werfen. Ich musste wohl sehr schlecht riechen. Ich Arme, wie bedauernswert war ich doch!

Ich fragte mich, wie ich das schreckliche Unglück geheim halten konnte, das mich ereilt hatte. Wie sollte ich fortan gehen, rennen, in der ständigen Angst, dass die Leute entdecken könnten, dass ich dieses Stoffpaket zwischen den Beinen, unter meinem Payjama hatte? Dieses Stoffpaket voller Blut! Ich verabscheute mich. Ich hätte mich anspucken können vor lauter Ekel. Ich kam mir vor wie eine Jahrmarktsattraktion, ein Ungeheuer, ein einzigartiges Wesen, das nur Übelkeit erregen konnte. Ich glaubte mich von einem geheimen, unheilbaren Übel befallen.

Das bedeutete es also, heranzuwachsen? Aber im Verlauf der folgenden Tage bemerkte ich keine besonderen Veränderungen an mir. Letztendlich war ich gar nicht so viel anders als vorher. Ich hatte immer noch Lust, Himmel und Hölle oder Bäumchen wechsel dich zu spielen, obwohl Mama mir geraten hatte, jede körperliche Anstrengung zu vermeiden und nicht aus dem Haus zu gehen, aus Angst, dass mich von der Nachbarterrasse aus irgendwelche Jungen erspähen könnten.

Verdrossen sagte ich zu ihr: «Aber was ist denn schon dabei, Mama?» Doch sie erwiderte unabänderlich: «Du bist jetzt groß. Das schickt sich nicht.»

Was war nun das wieder für eine Geschichte, mit der Schicklichkeit? Darauf bekam ich nie eine klare Antwort. Ich konnte nur beobachten, dass Mama mich unermüdlich vor den Blicken aller Männer abschirmte, die nicht zur Familie gehörten. Als wäre sie wahrhaftig davon besessen, mich zu verstecken, mich eingesperrt zu halten. Wenn meine Onkel uns mit ihren Freunden besuchen kamen, schickte sie mich sofort in mein Zimmer.

Vor lauter Angst, diese Jungen könnten mich ansehen. War ich denn so ungeheuerlich?

Während jener Tage meiner ersten Regel berührte ich einmal versehentlich den Koran, der auf einem Regalbrett in Mamas Schrank stand. Sofort sagte sie zu mir: «Du darfst deine Hand nicht auf den heiligen Koran legen, solange du unrein bist.»

«Unrein? Was soll das heißen?», rief ich ganz erstaunt aus.

«Das heißt, dass eine Frau unrein ist, wenn sie ihre Regel hat. In dieser Zeit ist es ihr verboten, das Wort Gottes zu berühren, zu beten und zu fasten.»

Wie oft hatte ich dieses Wort *unrein* aus Mamas Mund gehört – in Bezug auf Hunde. Wie diese waren Mädchen also unrein, zumindest einmal im Monat. Von einer solchen Unreinheit, dass selbst die rituellen Waschungen sie nicht abspülen konnten. So war ich also in einen stinkenden Tümpel gefallen, von den Zehen bis zu den Haarspitzen beschmutzt! Wenn ich mein blutiges Stoffpaket auswaschen musste, hätte ich mich übergeben mögen. Ich hasste mich. Tausendmal lieber wäre ich das Opfer eines Dschinns geworden. Warum konnte ich diese hässliche Sache nicht in eine Schachtel stecken, um sie irgendwo zu begraben, in einem Winkel des Gartens, wo niemand je einen Fuß hinsetzte?

Ich hatte sowohl Angst zu gehen als auch reglos zu bleiben. Ich war von der ständigen Furcht besessen, dass dieses Stoffpaket zwischen meinen Beinen hervorrutschen und vor aller Augen zu Boden fallen könnte. Ich würde zum Gegenstand allgemeinen Ekels oder Spotts werden, wegen dieses Körpers, für den ich mich schämte.

Nach Mamas Anweisungen durfte ich nun mein Hemd nicht mehr ausziehen, selbst an einem glutheißen Tag, obwohl meine Brüste erst die Größe von zwei kleinen Cashewnüssen hatten. Und dieser Blutstrom, der zwischen meinen Schenkeln floss! Verstört blieb ich im Bett liegen und brütete über mein Unglück.

Diese drei Tage des Blutens hatten mich erschöpft und niedergeschlagen zurückgelassen. Papa kam an mein Bett und schimpfte mich aus, wobei er mit den Augen rollte wie ein wütender Stier: «Was liegst du die ganze Zeit herum? Wirst du dich wohl an die Arbeit machen?»

Als er sah, dass ich mich nur mühsam bis an meinen Schreibtisch schleppte, wurde er noch zorniger: «Und beweg dich ein bisschen! So etwas Saft- und Kraftloses, also wirklich! Du musst mehr essen!»

Da griff Mama ein, einmal mehr in der Rolle der Retterin in der Not. Sie rief Papa ins Nebenzimmer, wo ich sie flüstern hörte. Ihr Getuschel, dessen Inhalt ich erriet, brannte mir in den Ohren. Ich versuchte zu lesen, aber die Buchstaben verschwammen mir vor den Augen. Ich spürte, wie mir die Röte in die Wangen stieg, bis über beide Ohren. Ich hörte Papa neben mich treten und spürte seine Hand sich auf meine Schulter legen – seine Hand oder seine Peitsche? «Wenn du dich ausruhen willst, kannst du das tun ... Es ist vielleicht besser, wenn du dich eine Weile hinlegst. Du kannst ja später am Nachmittag noch arbeiten. Komm, geh wieder ins Bett. Der Körper braucht in gewissen Zeiten Ruhe. Das ist normal. Man sollte freilich nicht den Kumbhakarna* spielen und die ganze Zeit schlafen. Es genügt, dass einer von euch so faul ist, dein ältester Bruder Noman. Deswegen hat er in seinen Studien versagt. Mach es nicht wie er, ja? Das wäre eine entsetzliche Katastrophe. Du wirst sehen, wenn du in der Schule gut bist, wirst du einmal jemand werden.»

Daraufhin nahm er mich in seine Arme und trug mich zu meinem Bett. Dann setzte er sich auf die Kante, strich mir über die Stirn und flüsterte mir zu: «Weißt du, ich habe jetzt nur noch zwei Kinder. Meine zwei Töchter. Ihr seid mein Stolz.

* Eines der Ungeheuer des indischen Epos *Ramayana*, das die Eigenart besitzt, fast ununterbrochen zu schlafen.

Alle meine Hoffnungen, mein Daseinsgrund. Ich werde das Ziel meines Lebens erreicht haben, wenn ihr so weit seid, euch selbst durchzuschlagen. Wenn du mich enttäuschst, bleibt mir nichts mehr, als mich umzubringen, weißt du. Also, ruh dich jetzt aus. Und sobald du dich wieder besser fühlst, mach dich wieder ans Lernen. Heißt es nicht: *Der Körper scheut die Arbeit nicht*? Ich bin da, um dafür zu sorgen, dass es euch an nichts fehlt. Damit ihr die besten Bedingungen habt, euch ganz euren Studien zu widmen, denn das ist in eurem Alter eure Pflicht. Nach der Zeit des Studierens wird die Zeit kommen, einen Beruf auszuüben, du wirst sehen! Und dann die Zeit des Ruhestandes. Jedem Lebensalter entspricht ein anderer Stand. Nicht wahr?»

Während Papa mir seinen üblichen Vortrag hielt, strich er mir mit seinen rauen Fingern die Haare bis in den Nacken zurück. Er, der immer sorgfältig frisiert war, konnte es nicht ertragen, wenn uns die Haare vor die Augen fielen. Uns so die Haare zurückzustreichen war seine übliche Zärtlichkeitsgeste. Aber wie rau seine Hand war! Wie Schmirgelpapier auf der Haut.

Ich hatte mich so danach gesehnt, endlich groß zu sein, groß genug, um den Türriegel zu erreichen.

Jetzt bin ich zwar groß genug, um ihn zurückzuschieben, wenn ich mich auf die Zehenspitzen stelle. Aber diese Blutungen haben mich plötzlich so schnell heranwachsen lassen, dass es mir Angst macht. Angst davor, eingesperrt, gefangen gehalten, vor allen Blicken abgeschottet zu werden. Ständig gibt mir Mama neue Kleidungsstücke, um meinen Körper zu verstecken. Ich bin aus dem Alter heraus, kurze Hosen zu tragen, ich muss meine Beine mit einem Payjama verhüllen, sogar zu Hause. Ich muss meine Brust mit einem Schal bedecken, über dem Hemd. Kurz, ich muss alles verstecken, was darauf hinweist, dass ich heranwachse. Um zu vermeiden, dass mich die Leute der Schamlosigkeit, der Unschicklichkeit bezichtigen. Denn das sind die Fehler, die die Gesellschaft bei Mädchen am meisten verabscheut. Für sittsame, bescheidene, zurückhaltende Mädchen ist es überhaupt nicht schwierig, einen Mann zu finden. Und das ist Mamas Hoffnung, dass man ohne Schwierigkeiten eine gute Partie für mich finden wird. Mamata, die Leseratte, hat ja auch schon geheiratet.

Als ich sie gefragt hatte, ob sie ihren zukünftigen Ehemann kenne, hatte sie mit Nein geantwortet. Ihr Mann war auf einem Elefanten angeritten gekommen, um sie abzuholen, unter den bewundernden Blicken der ganzen Stadt. Mit ihr holte er zudem eine beträchtliche Mitgift ab: kiloweise Goldschmuck, dreißigtausend Taka in bar, ein Radio, eine Armbanduhr ... Und Mamata fand sich im Dienst ihrer Schwiegereltern wieder. Schluss mit der Schule! Und den Geschmack am Lesen wird er ihr auch bald ausgetrieben haben, ihr Elefantenführer. Darauf kann man sich verlassen!

Die Unannehmlichkeiten meiner ersten Regel waren kaum vorbei, als ein Mann, ein Polizeioffizier aus einem entlegenen Nest, mit einem dicken Fisch in der Hand bei uns vorstellig wurde*, um Papa zu sagen, dass er seinen Sohn mit mir zu verheiraten wünsche. Als er den Grund des Besuches hörte, wies Papa ihm und seinem Fisch alsbald den Weg zum schwarzen Tor, ohne ein einziges Wort. Zum großen Missfallen meiner Mutter, die Papa vorhielt: «Was ist denn nur in dich gefahren? Ist es nicht an der Zeit, an die Verheiratung deiner Tochter zu denken? Sie ist jetzt alt genug. Wozu länger warten?»

«Ich bin groß genug, um selbst zu entscheiden, wann es an der Zeit ist, meine Tochter zu verheiraten», schnitt Papa ihr das Wort ab. «Niemand hat dich gebeten, hier den Chef zu spielen.

* Es ist Brauch, vor allem im ländlichen Bengalen, dass mit einem Heiratsantrag ein schöner Fisch als Geschenk überbracht wird – die Bengalen sind große Fischesser.

Meine Tochter ist noch lange nicht fertig mit ihren Studien. Ich will, dass sie Ärztin wird. Und zwar nicht ein einfacher Doktor der Medizin wie ich, sondern Fachärztin. Ich will kein einziges Wort mehr über eine Heirat hören, verstanden?»

Diese Worte versöhnten mich mit Papa. Ich hatte plötzlich Lust, ihm eigenhändig ein gutes Zitronenwasser zuzubereiten. Er musste großen Durst haben. Aber ich war es nicht gewöhnt, mich ihm zu nähern, ohne dass er mich rief. Ich brachte nicht den Mut auf, die Fesseln meiner alten Gewohnheiten zu sprengen.

Ich beobachtete, dass Mama über meinen kürzlichen Eintritt in die Welt der Erwachsenen sehr aufgeregt war. Eines Tages kam sie mit einem schwarzen Burqa vom Markt zurück, den sie mir mit folgenden Worten hinhielt: «Probier den mal an, meine Große, den habe ich für dich gekauft. Schau, ob er dir passt.»

«Was sagst du da?», schrie ich auf, rot vor Zorn. «Du willst mich dieses Ding da tragen lassen!»

«Aber natürlich. Du bist jetzt groß. Alle Frauen tragen den Burqa, wenn sie ausgehen, das weißt du doch», erklärte sie und hielt mir das Kleidungsstück schon an, um die Größe zu überprüfen.

«Es kommt nicht in Frage, dass ich den Burqa trage», wiederholte ich fest.

«Du bist doch Muslimin! Gott selbst hat für die muslimischen Frauen das Gebot aufgestellt, sich zu verschleiern», erklärte Mama mir in einschmeichelndem Ton.

«Schon möglich, aber ich jedenfalls weigere mich!»

«Aber du hast doch deine Kusinen gesehen, Tante Fozlis Töchter …? Sie alle tragen den Burqa, und das steht ihnen sehr gut, glaub mir. Sie sind wirklich sehr gut erzogene Mädchen. Und du bist das auch. Du wirst sehen, wenn du den Burqa anziehst, werden die Leute nichts als Komplimente über dich im Munde führen.»

Bei diesen letzten Worten streichelte Mama mir zärtlich den Rücken. Normalerweise brauchte es nicht mehr, um mich dahinschmelzen zu lassen wie Wachs in der Flamme. Aber heute würde das nicht funktionieren. Es war an der Zeit, dass ich lernte, mit aller Festigkeit nein zu sagen. Ich wiederholte innerlich, um mich selbst zu bestärken: Nein! Nein! Nein!

«Nein, ich will nicht!», sagte ich laut, nach einem kurzen Moment des Zögerns.

«Wie denn, nein?», brauste Mama auf.

«Ich sage dir, dass ich den Burqa nicht tragen werde», wiederholte ich, wobei ich mich vorsichtshalber rasch aus Mamas Reichweite zurückzog.

Allerdings nicht schnell genug, um dem Schlag vollständig zu entgehen, den Mama mir mit der gleichen Hand verabreichte, die mich im Augenblick zuvor noch gestreichelt hatte. «Du kommst in die Hölle!», drohte sie mir. «Ich warne dich, du wirst nicht davonkommen. Dein Verhalten gefällt mir überhaupt nicht. Ich habe dich so oft mit nach Naomahal genommen, und es hat dir nicht die Augen geöffnet! Hast du nicht gesehen, dass dort alle Mädchen in deinem Alter, und sogar noch jüngere, den Burqa tragen? Und wie hübsch sie damit aussehen! Und sie verrichten alle jeden Tag ihre Gebete, und im Ramadan fasten sie. Du dagegen, je größer du wirst, desto mehr fühlst du dich über all das erhaben, nicht wahr? Wart's ab, du wirst in den Flammen der Hölle dafür bestraft werden, da kannst du dir sicher sein!»

Ich ließ Mama reden, innerlich fest entschlossen, den Burqa nicht zu tragen, und wenn sie mir die Haut vom Rücken prügelte. Ich setzte mich an meinen Schreibtisch, den Kopf zwischen meinen Schultern. Ich konnte nichts in dem Buch lesen, das aufgeschlagen vor meinen Augen lag, die Buchstaben erschienen verfinstert wie von den Schwingen eines Geiers, der über mir durch die Lüfte kreiste, bereit, sich auf seine Beute zu stürzen.

Mama ging auf der Veranda auf und ab. Laut genug, damit ich es von meinem Zimmer aus hörte, schimpfte sie vor sich hin: «Dieses Mädchen ist ein wahrer Dämon! Wenn man sie so sieht, möchte man es nicht glauben. Aber sie widerspricht wahrhaftig allem, was ich sage. So etwas habe ich noch nie gesehen. Ich frage mich, wo sie so viel Unverfrorenheit hernimmt. Wahrscheinlich hätte ich sie so prügeln müssen, wie ihr Vater es tut, damit sie mir gehorcht! Der Zweck heiligt die Mittel …»

Wenn Mama «die Mittel» anwendet, verwandelt sie sich in eine wahre Furie. Nicht wieder zu erkennen! Sie ist dann nicht mehr die zärtliche Mutter, die mich mit so viel Geduld und Einfallsreichtum zum Essen brachte, die mir Abzählreime und Lieder beibrachte, die nächtelang an meinem Bett wachte, wenn ich Fieber hatte. Also mache ich mich ganz klein, versuche, mit dem Staub zu verschmelzen, und unterdrücke den in allen Fasern meines Körpers verborgenen Zorn, wie ein Diamant im Fels.

Manchmal würde ich am liebsten Gift nehmen, um zu sterben. Lieber sterben, als weiter als Frau in dieser Welt zu leben. Kürzlich habe ich in der Zeitung gelesen, dass ein Mädchen plötzlich das Geschlecht gewechselt habe. Wie gerne möchte ich eines schönen Morgens aufwachen und feststellen, dass ich ein Junge geworden bin! Dass ich diese scheußlichen Fleischklumpen los bin, die mir auf der Brust wachsen. Dass ich nach Belieben spazieren gehen kann, den Oberkörper nur mit einem dünnen Baumwollhemd bedeckt. Abends spät nach Hause kommen, nachdem ich den ganzen Tag damit zugebracht habe, herumzubummeln, ins Kino zu gehen, zu rauchen. Mama würde mir das schönste Fischstück auf den Teller legen, weil ich ein Junge wäre – derjenige, der die Flamme der Familie weiterbrennen lässt. Jungen wissen, dass sie immer auf das Wohlwollen ihrer Mutter zählen können. Niemand würde mir vorleiern, meine Brust mit einem Schal zu bedecken, meinen Körper unter einem Burqa zu verhüllen; niemand würde mir verbieten, auf die Dachterrasse zu steigen, aus dem Fenster zu schauen, Freunde mit nach Hause zu bringen, auszugehen, wann es mir gefällt.

Aber wer könnte mich in einen Jungen verwandeln? Selbst kann ich es nicht tun. Wen außer Gott kann ich darum bitten, mir diesen Dienst zu erweisen? Wenn es nur noch andere gäbe, an die man Gebete richten könnte! Natürlich sind da die dreiunddreißig Millionen Götter und Göttinnen der Hindus ... Aber warum sollten die mich erhören, wo ich doch einer anderen Religion angehöre? Und unser eigener Gott, diese Erfahrung habe ich oft gemacht, vermag einem nicht zu geben, worum man ihn bittet. Gott ist eine schöne Attrappe! Es ist besser, seine Wünsche nur sich selbst anzuvertrauen. Darum sage ich mir unablässig vor: «Eins von beidem – entweder du stirbst, oder du wirst ein Junge!»

Einer von Papas Lieblingssätzen lautet: *«Wer will, der kann ...»* Also strenge ich mich an, meine ganze Willenskraft zu versammeln. Mit all meinen Kräften zu wollen ...

FULBAHARI

Mein Wunsch, in einen Jungen verwandelt zu werden, verflüchtigte sich an dem Tag, als ich Fulbaharis Mutter in Sans-Souci ankommen sah. Sie war zu einem wahren Skelett abgemagert. Sie habe Gelbsucht gehabt und sei nur durch die Gebete eines Fakirs gerettet worden, erzählte sie. Aber angesichts ihres Zustandes wollte sie niemand mehr im Haushalt beschäftigen. So blieb ihr nichts anderes übrig, als von Haus zu Haus zu ziehen und um etwas Nahrung zu betteln. Als sie sich auf die Veranda unserer Küche fallen ließ, einen Moment sitzen blieb, um sich dann mühsam an einer Säule wieder hochzuziehen, bot sie ein Bild solcher Müdigkeit, als könnte sie das Gewicht des Lebens kaum mehr tragen. Es schien, als würde sie von dessen ganzer Elendslast erdrückt.

Sie war die Mutter jener Fulbahari, die früher bei uns gearbeitet hatte. Ich sehe sie noch vor mir, wie sie sich durch den Hof in Richtung Teich schleppte, nachdem sie so fürchterlich geprügelt worden war. Fulbaharis Mutter arbeitete damals in Großmutters Haushalt. Ich erinnere mich, wie ich auf einem niedrigen Schemel saß und dieser Frau, die nun eine Bettlerin ist, zusah, wie sie, über den Mahlstein gebeugt, Gewürze zerkleinerte, in einer Geruchswolke aus Kurkuma, Pfefferschote, Koriander, Kreuzkümmel, Zwiebel, Knoblauch und Ingwer. Sie hatte einen großen Teil des Vormittags damit zu tun, all diese Zutaten zu mahlen, die anschließend von einem Laufburschen aus Großvaters Restaurant abgeholt wurden. Nach der Mittagspause machte sie sich wieder an dieselbe Arbeit. Ihre Bewegungen faszinierten mich so sehr, dass ich sie eines Tages fragte: «Lässt du mich auch mal ein bisschen mahlen?»

Sie schaute mich lächelnd an, wobei ihre vom Betelkauen schwärzlich verfärbten Zähne sichtbar wurden, und sagte zu mir: «Das würden Sie nicht schaffen, Apa. Das ist eine sehr schwere Arbeit, wissen Sie.»

Fulbaharis Mutter und Mama sind im gleichen Alter. Aber sie nennt mich Apa und siezt mich, weil ich die Tochter ihrer Herrschaft bin. Es schickt sich also nicht, dass ich eigenhändig Gewürze mahle; das ist eine Arbeit für kleine Leute. Die kleinen Leute machen sich bei den schwersten und niedersten Arbeiten die Hände schmutzig. Und von frühester Jugend an habe ich ja gelernt, zwischen kleinen und anständigen Leuten zu unterscheiden. Wenngleich Fulbaharis Mutter älter ist als ich, ist sie es, die mir Respekt schuldet, da ich zur Kategorie der anständigen Leute gehöre. Ich weiß, dass man kleinen Leuten wie ihr nicht auf den Schoß springt, dass man es vermeidet, sie zu berühren, dass man nichts essen soll, was sie mit ihren Händen zubereitet haben. Dass sie sich nicht auf die Sessel oder das Sofa setzen dürfen, dass sie entweder stehen bleiben oder aber sich auf den Boden setzen oder legen müssen. Dass sie herbeieilen müssen, sobald man sie ruft, und ohne Widerrede jedem Befehl zu gehorchen haben, den man ihnen erteilt.

Ohne den Blick von ihrem schwarzen Mund abzuwenden, frage ich sie geradeheraus: «Wie heißt du, Fulbaharis Mutter?»

Da sie nichts antwortet, denke ich, dass meine Frage wohl in dem schabenden Geräusch von Stein auf Stein untergegangen sein muss. Ich wiederhole sie später, als am Nachmittag das ganze Haus Siesta hält, bis hin zur diebischsten Katze der Nachbarschaft: «Wie heißt du?»

Fulbaharis Mutter unterbricht ihre Arbeit und schaut mich an. Schweißtropfen perlen ihr von der Stirn, der Nasenspitze, dem Kinn. *«Frauen, die an der Nase schwitzen, sind die zärtlichsten Gattinnen»*, das habe ich Tante Jhunu oft wiederholen hören. Das hat Fulbaharis Mann aber nicht daran gehindert, jung zu sterben … Da, wo er jetzt war, brauchte er gewiss keine Zärtlichkeiten mehr! Deshalb brachte Tante Jhunus Merkspruch Fulbaharis Mutter herzlich zum Lachen, wobei sie nicht nur ihre schwarzen Zähne, sondern auch ihr gesamtes Zahnfleisch zeigte, während ihre Wangen die Form zweier schön runder Arekanüsse annahmen.

Sie schaut mir ruhig in die neugierigen Augen und antwortet: «Ich habe keinen anderen Namen als den, den Sie kennen, Apa – alle nennen mich Fulbaharis Mutter.»

Schon im Voraus triumphierend über meine Entlarvung der vermeintlichen Dummheit dieser Antwort, halte ich ihr entgegen: «Aber vor Fulbaharis Geburt, wie nannte man dich da?»

«Ich habe nie einen anderen Namen gehabt als den, den Sie kennen, sage ich Ihnen», wiederholt sie und wischt sich mit dem Ende ihres Saris das schwitzende Gesicht ab.

«Aber wie haben dich die Leute denn damals gerufen? Deine Eltern, zum Beispiel?»

«Oh! Die sind schon so lange nicht mehr da … Wie sollte ich mich daran erinnern?», seufzt sie.

«Na gut, aber trotzdem, als sie noch auf dieser Welt waren, da haben sie dir doch wohl einen Namen gegeben? So wie meine Eltern mich Nasrin nennen, zum Beispiel.»

«Nein, wenn ich's Ihnen doch sage. Ich habe nie einen Namen gehabt. Sie werden mich wohl *meine Tochter! Mädchen! Affe!* genannt haben … Oder sonst irgendwie.»

Ich schaue sie ungläubig an, den Kopf ganz erfüllt vom Geräusch des Schabens von Stein auf Stein.

Mama sagt immer, dass Fulbaharis Mutter jähzornig sei. Sie spreche wie die Männer, mit derselben dröhnenden Stimme. Wie auch immer, was sie mir gerade gesagt hat, stürzt mich in die größte Ratlosigkeit. Warum sollten arme Leute keinen Namen brauchen? Aber wenn ich es mir recht überlege, muss Fulbaharis Mutter wohl Recht haben: Arme Leute gehen nicht zur

Schule, wo man sich unter einem Namen einschreiben muss. Da arme Leute keine Häuser besitzen, brauchen sie auch auf keine Besitzurkunde ihren Namen zu setzen. Man kann also ohne Namen leben, zumindest wenn man arm ist. Im Übrigen ist es nicht nur der Name, der den Armen fehlt – sie haben auch keine Matratze, keine Decke, nicht Fleisch oder Fisch auf ihrem Teller, keine Schuhe oder Sandalen an den Füßen, keine Kleider, Seife, Puder, um sich schön zu machen ...

Wie kommen sie zurecht? Ich empfinde Mitgefühl für Fulbahari und ihre namenlose Mutter. Ich beobachte Fulbahari, die auf den Knien liegt und mit nassen Lumpen den Fußboden aufwischt. Sie hat sich ein Bidi hinters Ohr geklemmt; sie wird es rauchen, wenn sie mit der Arbeit fertig ist. Ich habe schon bemerkt, dass sie in diesen Momenten, wenn sie ihr Bidi raucht, am glücklichsten scheint. Niemand hindert sie daran, zu Hause zu rauchen. Die armen Frauen dürfen ruhig rauchen, aber es kommt nicht in Frage, dass sich ein Mädchen aus gutem Hause eine Zigarette zwischen die Lippen klemmt. Was die Männer angeht, ob sie nun zur Kategorie der kleinen oder der anständigen Leute gehören, die können tun und lassen, was sie wollen, ohne jede Einschränkung.

«Kannst du lesen?», frage ich plötzlich Fulbahari, die noch immer den Boden schrubbt.

«Nein», antwortet sie mir und schüttelt den Kopf.

Ich kritzle ein O* auf ein Blatt Papier und zeige es Fulbahari: «Das ist ein O. Los, lies: O!»

«O», spricht sie mir nach, ihre Arbeit unterbrechend, mit vor Neugier glänzenden Augen.

Dann schreibe ich ihren Namen auf das Blatt und halte es ihr hin: «Und hier, schau, das ist dein Name: Fulbahari!»

Aufmerksam mustert sie die Zeichen auf dem Blatt, als handle es sich um ein Foto aus einer anderen Welt. Da Mama

* Erster Buchstabe des bengalischen Alphabets.

noch immer nicht wieder auftaucht, nutzt Fulbahari die Gelegenheit, sich auf den Boden zu setzen, und fragt mich mit einem verzückten Kinderlächeln: «So, das ist also mein Name, Khala?»

Ich habe Lust, ihr das ganze Alphabet, Lesen und Schreiben beizubringen, damit sie selbst die Buchstaben ihres Namens malen lernt: «Sag mir, Fulbahari, warum nennst du mich Khala? Ich bin doch viel jünger als du.»

Auf diese Frage schaut sie mich mit einem Ausdruck an, als wisse sie nicht, worauf ich hinauswolle.

«Aber wie sollte ich Sie denn sonst nennen?», sagt sie zu mir. «Sie gehören zu den anständigen Leuten. Was bedeutet es, dass Sie jünger sind? Anständige Leute wie Sie, sogar die Babys, darf unsereins nie mit dem Namen anreden. Wir sind arm geboren, wir müssen dem folgen, was uns hier geschrieben steht», fügt sie hinzu und zeigt auf ihre Stirn.

«Aber deine Stirn ist doch nicht anders als meine», sage ich und fahre mir mit der Hand darüber. «Haben die Armen eine schiefe Stirn?»

«Sie sehen doch, dass das eine Redensart ist», antwortet sie mir lächelnd. «Wenn ich von der Stirn rede, meine ich das Schicksal, das Los.»*

Dann fährt sie fort, das Zimmer zu putzen, und fügt hinzu: «Nach dem Tod meines Vaters hat sich unser Schicksal wirklich zum Bösen gewendet. Alles lief schief, wir mussten bei anderen Leuten arbeiten gehen, als Dienstboten. Schule und Lernen, das ist wirklich nichts für unsereins!»

«Du hast keinen Vater mehr? Wann ist er gestorben? Und wie?»

«Der Wind hat ihn umgebracht», antwortet sie, ohne mich anzusehen.

* Das Wortspiel ist auf Bengali einfach, da «Schicksal» die zweite Bedeutung des Wortes für «Stirn» ist.

«Der Wind? Was ist denn das für eine Geschichte? Seit wann bringt der Wind denn Leute um?»

«Der Wind der Dschinns, Khala! Der hat ihm den Gebrauch seiner Gliedmaßen geraubt. Er hat sich hingelegt und ist nie wieder aufgestanden …»

Sie ist mit ihrer Arbeit fertig. Noch ganz erschüttert von dem, was ich gerade gehört habe, schaue ich ihr nach, wie sie ins Zimmer nebenan geht – der Wind der Dschinns kann jemanden umbringen! Mama, die ich bei der nächsten Gelegenheit darüber ausfrage, bestätigt es mir: Jedes Geschöpf, das vom Wind der Dschinns erfasst wird, wird von Lähmungen befallen.

So etwas Seltsames, diese Gespenster. Niemand außer meinem Onkel Shoraf hat je welche gesehen. Mir ist das nie passiert, wo ich doch so gerne zumindest einmal das strahlend helle Lachen einer Dämonin gehört hätte! Aber obwohl ich oft lange Zeit damit zugebracht habe, durch ein Loch in den Fensterläden hinauszuschauen, zum Bambuswäldchen hinüber, ist mir nie etwas Derartiges erschienen.

Nicht einmal eine Woche später erwischte der Wind der Dschinns den jungen Getu, der infolgedessen den Gebrauch seines rechten Beines verlor. Seine Mutter kam wie eine Verrückte bei Großmutter an und weinte sich die Augen aus, denn ihr Exmann erlaubte es ihr nicht, ihren Sohn zu besuchen. Als sie es trotzdem versuchte, hatte Getus Vater sie mit dem Besen davongejagt. Seit ihrer Verstoßung hat sie ihren Sohn nie wieder zu Gesicht bekommen.

Bei Großmutter wurden ihre Klagen von allen mit verschränkten Armen aufgenommen. Tante Jhunu ging kurz zu ihr, um ihr ein paar mitfühlende Seufzer zuteil werden zu lassen, während sie sich zugleich den Zopf neu flocht, und verschwand dann in ihr Zimmer. Großmutter ließ sich bei der Zubereitung ihrer Betelbissen nicht stören. Dann kam Onkel Tutu herbei, von den Wehklagen von Getus Mutter höchst gereizt, und schrie ihr ins Ohr, sie solle abhauen, das Weibergejammere sei ihm unerträglich.

Da blieb Getus Mutter nichts übrig, als aufzustehen und zu gehen, ganz allein. Oder doch nicht ganz, da ich ihr, von allen unbemerkt, folgte. Bis durch das Bambuswäldchen hindurch, von dem mich sonst ein heiliger Schrecken fern hielt. Ich dachte nicht mehr an den Wind der Dschinns, der mich für immer hätte lähmen können! Ich verhielt mich wie ein tollkühnes, mutwilliges, respektloses, zügelloses Mädchen ... Ich folgte ihr bis zur Eisenbahnlinie, als wäre ich ihr Schatten. Immer noch weinend, setzte sie sich auf die Schienen. Ich blieb hinter ihr stehen. In ihrer Verzweiflung hatte sie meine Anwesenheit gar nicht bemerkt. Daher zuckte sie zusammen, als ich zu ihr sagte: «Weine nicht, Getus Mutter. Und bleib nicht auf den Schienen sitzen, es kann jeden Moment ein Zug kommen. Du wirst sehen, eines Tages, wenn Getu einmal groß ist, wird er seinen Vater töten, um dich zu rächen, und wieder bei dir leben.»

Getus Mutter hörte auf zu weinen, drehte sich um und sah mich hinter sich stehen, ganz zerzaust und die Beine grau vor Staub. Ich sah es vor mir, wie der Hof des Hauses von Getus Vater voller Blut war, nachdem sein Sohn ihn mit dem Beil umgebracht hatte, wie in Mamas Drohungen, sie würde Raziya Begum kurz und klein hacken oder Fulbahari, weil sie in der Küche eingeschlafen war und das Fischcurry hatte anbrennen lassen. Und diese Vision ließ mich nicht im Geringsten erzittern.

Nicht einmal eine Woche nach Getus Tod war es Thandas Vater, der Süßwarenhändler, der den Dschinns zum Opfer fiel. Er musste seinen Laden schließen und das Bett hüten, weil er Blut spuckte. Man ließ zwar den Pir kommen, damit er auf ihn blase, man gab ihm durch Koranrezitationen geheiligtes Wasser zu trinken, aber es deutete sich keinerlei Besserung an. Wohl wissend, dass man beim Wind der Dschinns nicht auf Heilung hoffen durfte, fand sich seine ganze Familie schon damit ab, ihn sterben zu sehen.

Eines Tages jedoch machte Papa einen Besuch bei dem Sterbenden und untersuchte ihn. Nachdem er ihn ausführlich abgehorcht hatte, verordnete er ihm Medikamente gegen Tuberkulose, die ihn rasch wieder auf die Beine brachten. Niemand wollte seinen Augen trauen – ein Mann, der vom Wind der Dschinns erfasst worden war, hatte es geschafft davonzukommen! Das war noch nie da gewesen! Eine knappe Woche später machte der Süßwarenladen wieder auf. Dieses Ereignis heilte mich von meiner panischen Angst vor dem Wind der Dschinns, umso mehr, als es Papa überhaupt nicht zu verwundern schien, dass Thandas Vater schließlich überlebt hatte. Ich war mir sicher, dass Papa auch Getu hätte retten können.

Thandas Vater war, um irgendwelche Ecken, ein Onkel mütterlicherseits von Fulbahari. Wenn man ihn auf diese Verwandtschaft ansprach, schwor er natürlich Stein und Bein, dass dem nicht so sei. Aber Fulbahari vertraute mir eines Tages an, während sie ihr Bidi rauchte: «Er hat einen Laden, er verdient nicht schlecht. Deshalb will er nicht zugeben, dass wir zu seiner Familie gehören. Weil wir als Dienstboten arbeiten. Auch bei den Armen gibt es oben und unten.»

Thandas Mutter verbreitete im ganzen Viertel das Gerücht, es sei das Wasser des Pirs von Sharshina, das ihren Mann geheilt habe. Fulbahari war anderer Ansicht, sie wiederholte unablässig: «Es sind die Medikamente Ihres Vaters, die meinen Onkel gerettet haben. Alle Welt sagt, dass man den Wind der Dschinns nicht überlebt ... Dabei ist er doch sehr wohl davongekommen!» Fulbahari schenkte der allgemeinen Gerüchteküche wenig Glauben. Und wenn sie sagte, was sie zu sagen hatte, dann tat sie es laut und deutlich, erhobenen Hauptes.

Nach Onkel Hashems Geburt, zur Zeit der Hungersnot von 1943, hatte Großmutter kurz nacheinander zwei kleine Jungen zur Welt gebracht, die beide noch als Babys dem Wind der Dschinns zum Opfer gefallen und gestorben waren – so erzählte mir Mama, die durch die Krankheit von Thandas Vater an diese Geschehnisse erinnert worden war. Die Säuglinge hatten ständig Durchfall und tranken nicht mehr an der Brust. Der traditionelle Arzt kam und blies auf sie, nachdem er verkündet hatte, die Ursache allen Übels sei der Dschinn im Jujubenbaum der Sahabuddins. Er gab Großmutter den Rat, immer Leder und Eisen bei sich zu tragen, da diese Stoffe die Dschinns abschreckten. Von diesem Tag an trennte sie sich, wohin sie auch ging, nie mehr von einem Fetzen Leder und einem Stückchen Alteisen. Bevor sie ins Haus trat, achtete sie stets darauf, sich mit dem Besen abzuklopfen, um die Dschinns zu vertreiben, die sich unter ihren Armen oder an jeder anderen Stelle ihres Körpers hätten verstecken können. Auch der frühe Tod ihrer zwei Söhne entmutigte Großmutter nicht, und als Mama ihrerseits Kinder bekam, ließ sie sie die gleichen Methoden zur Bekämpfung der Dschinns anwenden: das Abklopfen mit dem Besen und das Feuer, über das man jedes Mal springen musste, wenn man das Haus betrat.

Als Papa nach meiner Geburt bemerkte, wie Mama über ein Feuer sprang, das vor der Haustür angezündet worden war, hatte er ausgerufen: «Was soll denn das nun wieder?»

«Das soll verhindern, dass der Wind der Dschinns die Kinder austrocknet, indem er sie nicht trinken lässt und ihnen Durchfall macht …», hatte sie zu Papas größtem Ärger geantwortet.

Aus welchem Grund auch immer, die vier Kinder, die Mama zur Welt brachte, überlebten ohne besondere Probleme. Der schreckliche Wind der Dschinns ließ keines von uns die Mutterbrust verweigern. Mama behauptet freilich, sogar Papa gegenüber, das sei den Gebeten zu verdanken, die sie wieder und wieder gesprochen habe, um uns vor Krankheiten zu bewahren und sich selbst davor zu retten. Wenn Mama solche Reden schwingt, tut Papa so, als ob er nichts höre.

Nach der Genesung von Thandas Vaters schien es, als würden die Dschinns die Bewohner des Bustees weniger angreifen. Papa rettete noch einige von ihnen mit seinen Medikamenten oder indem er sie ins Krankenhaus einwies.

Kurz nachdem sie aus unserem Haus gejagt worden war, hatte Fulbahari schwere Fieberanfälle bekommen. Diesmal sprach niemand vom Wind der Dschinns. «Gott hat ihr gegeben, was sie verdiente. Eine schamlose Frau, so etwas Unverfrorenes. Und dazu noch hochmütig. Möge sie an ihrem Fieber sterben!», sagte der Imam der Moschee an der Ecke, während er am Arm von Thandas Vater ein Amulett befestigte.

Als ich meine Absicht kundtat, Fulbahari besuchen zu gehen, zog Mama mir die Ohren lang und rief aus: «Deine Beine können wohl nicht stillhalten, wie, ständig musst du dich herumtreiben ...»

Etwas später erfuhr ich, dass Fulbahari verheiratet werden sollte, mit einem alten Mann aus dem Bustee, völlig zahnlos und mindestens siebzig Jahre alt, der schon drei Ehefrauen zu Hause hatte. Fulbaharis Mutter war zu Großmutter gekommen und hatte sie um Geld für die Hochzeit ihrer Tochter gebeten. Ich sah Großmutter einen Fünf-Taka-Schein aus dem Zipfel ihres Saris nehmen, den sie ihr zusteckte. Nachdem sie in ein paar Häusern die Runde gemacht hatte, konnte sie Fulbahari einen roten Sari für die Zeremonie kaufen und dem Alten die geforderte Mitgift von zweihundert Taka geben.

Plötzlich erschien mir Fulbahari sehr weit weg. Ich würde sie nie mehr auf unserer Veranda sehen, nie mehr an müßigen Nachmittagen mit ihr schwatzen. Nicht nur dass sie aus unserem Haus gejagt worden war, sie würde nun, da sie verheiratet war, überhaupt nicht mehr als Dienstmädchen bei Fremden arbeiten ... Sie würde für ihren Mann und ihre Schwiegerfamilie arbeiten. Es gelang mir nicht, sie mir in der Situation vorzustellen, dass sie einem Ehemann gehorchen musste – das passte ganz und gar nicht zu ihr. Ich habe noch die Ohrfeige vor Augen, die sie einmal einem jungen Mann verpasste, der es gewagt hatte, ihr in unserer Gasse eine anzügliche Bemerkung nachzurufen. Mir war vor Schreck der Ball aus den Händen gefallen.

Ebenso deutlich steht mir noch vor Augen, wie Fulbaharis Mutter Großmutters Haus wieder verließ, nachdem sie uns mitgeteilt hatte: «Ihr Mann hat sie umgebracht! Er hat sie erwürgt. Ich habe nicht einmal mehr die Kraft zum Weinen. Was würde das bringen? Würde es mir meine Fulbahari zurückbringen? Gott wird richten ...»

Mir war, als würde eine riesige Python ihr Maul aufreißen, um mich zu verschlingen. Als würde mich ein riesiger Mahlstein unter seinem Gewicht zerquetschen, mit dem Geräusch, das Fulbaharis Mutter beim täglichen Mahlen ihrer Gewürze immer machte.

TRAUM UND ZORN

I

Der völlig unerwartete Tod meiner Kusine Mubashera, Tante Fozlis Tochter, versetzte die ganze Familie in einen Schockzustand. Ich hatte ziemlich oft Gelegenheit gehabt, sie zu sehen, wenn sie zu uns kam oder wenn Mama mich zum Pir nach Naomahal mitnahm. Als wir klein waren, hatten wir sogar zusammen mit meiner Puppenküche gespielt, in Großmutters Hof. Solche Spiele wurden bei ihr zu Hause nicht gern gesehen, daher vergnügten wir uns, wenn wir dort waren, damit, die Schlacht von Karbala nachzuspielen: Mubashera übernahm die Rolle des Hassan und ihr Bruder Muhammad die des Hussein. Sie schlugen beide wild in die Luft, mit Händen und Füßen, gegen Eyazid und Mabiya, die Bösen, deren Rollen niemand spielen wollte. Und ich, ich musste mich damit begnügen, die einzige Zuschauerin ihrer Kriegsparodie zu sein.

Ich hatte mich Tante Fozlis Kindern nie nahe gefühlt. War das so, weil sie nicht wie wir sprachen, sondern mit einer Art Urdu-Akzent? Oder weil sie von ihrem fünften Lebensjahr an die fünf täglichen Gebete verrichten und im Ramadan fasten mussten? Oder weil die Mädchen schon mit neun Jahren begannen, den Burqa zu tragen? Weil sie nicht zur Schule gingen und nicht einen Fuß vor die Haustür setzen durften, da dies, so hatte man sie gelehrt, Gott erzürne? Wie auch immer, ich verstand mich jedenfalls nicht besonders gut mit ihnen.

Mubashera muss um die fünfzehn Jahre alt gewesen sein, als ein gewisser Abu Bakar, um Gott zu gefallen, Amirullah seine Stahlhütte schenkte. Fortan war es für den Pir ein Leichtes, seinen Lieblingsjüngern Arbeit zu verschaffen. Damals nahmen auch meine Onkel Tutu und Shoraf den Weg nach Naomahal, nachdem sie ihre alles andere als brillanten Schullaufbahnen abgebrochen hatten, wahrscheinlich in der Hoffnung, dort Arbeit zu finden. Tante Fozli war außer sich vor Freude bei der Aussicht, dass sie nun ihre Brüder auf den Weg Gottes würde führen können. Alle beide gaben sie Hemd und Hose auf, um nur noch das lange Hemd und den Payjama zu tragen, und auf dem Kopf die muslimische Kappe. Um das Bild zu vervollständigen, ließen sie sich auch noch einen Vollbart wachsen. Und als eifrige Jünger hörten sie sich stundenlang die frommen Ratschläge ihrer Nichten Humayra, Sufayra und Mubashera an, die sie im Namen Gottes ermahnten, sich von ihren letzten Fesseln an die Interessen dieser Welt zu befreien.

Ich erinnere mich, dass ich eines Tages in ein Zimmer hereingeplatzt war, in dem Onkel Tutu gerade derartigen Ermahnungen von Humayra lauschte, woraufhin er mich sehr verärgert wieder hinausgeschickt hatte. Wahrscheinlich war mein Fehler gewesen, dass ich gesehen hatte, wie er auf dem Bett lag und sich von Humayra die Brust massieren ließ, um für die göttlichen Lehren empfänglicher zu werden. Dabei hatte ich von Mama schon von diesen Einzelsitzungen gehört, die mit unterstützenden Massagen in dunklen Zimmern stattfanden und die übliche Form der Weitergabe von Kenntnissen dieser Art darzustellen schienen.

Mubashera war beauftragt worden, Onkel Shoraf in Sachen Frömmigkeit zu unterweisen. Was könnte es Rührenderes geben als das Bild einer unter den strengsten Regeln der Religion erzogenen Nichte, die ihren Onkel berät, welcher denselben Weg einzuschlagen gewillt ist? Aber da geschah es, dass während einer dieser Sitzungen ein Dschinn von Mubashera Besitz ergriff. Ein Dschinn von etwas eigentümlicher Art – ein klagender Dschinn, der sein Opfer andauernd schluchzen ließ, der ihr allen Appetit raubte, ihr ständige Übelkeit verursachte, sie sogar von den Pflichten der Religion abhielt und sie dauernd dazu verlockte, sich allein unter einen Baum zurückzuziehen.

Schluss mit den Unterweisungen in göttlicher Lehre! Mubashera, die normalerweise so lebhaft war, verließ ihr Bett nicht mehr, wo sie sich von Tag zu Tag verzehrte. Sie glühte bereits vor Fieber, als man sie der Behandlung unterzog, die den sie quälenden Dschinn austreiben sollte. Man gab ihr durch Gebete geheiligtes Wasser zu trinken, man blies auf sie, nach der Rezitation vieler Suren. Das Fieber ließ noch immer nicht nach. Tante Fozli wachte Tag und Nacht an ihrem Bett und legte ihr kalte Umschläge auf die Stirn. Als Mubashera das Atmen schwer wurde, hielt es Tante Fozli nicht mehr aus: «Diesmal sollten wir sie besser von einem Doktor untersuchen lassen», sagte sie.

«Ein Doktor! Was sollte ein Doktor tun, wo die Gebete versagt haben?», rief ihr Mann aus.

«Selbst wenn er scheitern sollte, es schadet doch nichts, es zu versuchen. In Wahrheit liegt die Heilung in Gottes Händen. Medikamente sind nichts als Hilfsmittel», fügte Tante Fozli hinzu, um ihren Mann zu besänftigen.

Es war schon nach Mitternacht, als Doktor Rojob Ali seinen Arztkoffer nahm und sich nach Naomahal aufmachte. Er untersuchte die Kranke, die er totenbleich auf einem weißen Bett liegend und ganz abgemagert von sieben Tagen ununterbrochenen Fiebers vorfand. Er horchte und tastete sie sorgfältig ab, maß ihren Blutdruck, fühlte ihren Puls und bat dann darum, zehn Minuten mit ihr allein gelassen zu werden. Am Ende gab er ihr eine Spritze und rief dann Tante Fozli und die anderen wieder herein. Mit besorgter Miene sagte er zu ihnen: «Man muss abwarten, wie sie auf die Behandlung anspricht …»

Und er ging wieder, ohne ein Honorar zu nehmen, wie immer, wenn er Familienangehörige untersuchte.

Mubashera starb noch in derselben Nacht. Mit unterdrückten Schluchzern weinte Tante Fozli am Bett der Toten, denn im Haus des Pirs galt es als unanständig, Verstorbene allzu laut zu beweinen. Denn der Tod war eine Entscheidung Gottes und Sterben bedeutete, zu Gott zurückzukehren. Wenn man einen Toten beweinte, riskierte man also, Gottes Missfallen zu erregen, und ebenso, wenn man Seine Entscheidung beklagte. Es wurde im Gegenteil erwartet, dass man den Tod als ein freudiges Ereignis begrüßte. Als Tante Fozli sich nicht mehr zurückhalten konnte und begann, ihren Schmerz hinauszuschreien, stürzte sich daher Zohra, die älteste Tochter des Pirs, auf sie, um ihr den Mund zuzuhalten.

«Aber! Aber! Was ist denn in dich gefahren?», kanzelte sie sie ab. «Deine Tochter ist zu Gott gegangen. Du solltest dich freuen. Schau, wie strahlend ihr Gesicht ist ... Sie ist schon auf dem Weg ins Paradies! Gott hat nur zurückgenommen, was ihm gehört. Es wäre eine Sünde, jetzt zu weinen. Wenn du dich nicht daran hindern kannst, dann vergieße deine Tränen wenigstens leise!»

Entsetzt beim Gedanken, eine fürchterliche Sünde zu begehen, konnte Tante Fozli sich nur noch ihren Schal gegen den Mund pressen und ihr Schluchzen unterdrücken.

Mama kam in Tränen aufgelöst aus Naomahal zurück. «Mubashera ist tot», teilte sie Papa am Abend mit.

«Man hätte sie wahrscheinlich retten können, wenn sie früher behandelt worden wäre», rief Papa aus. «Als ich sie heute Nacht gesehen habe, war es bereits zu spät.»

«Es war nichts zu machen, wenn ihre Stunde gekommen war», seufzte Mama und trocknete sich die Augen. «Die Zeit, die Gott ihr zugeteilt hatte, war erschöpft. Sie kommt sicher ins Paradies. Bis zum letzten Atemzug hat sie Gott angerufen!»

Papa hörte Mama zu, während er sich auszog.

«Sie war schwanger», sagte er schroff.

«Schwanger!», hörte ich Mama vom Nebenzimmer aus wiederholen, wo ich mich bemühte, mir nichts von dem Gespräch entgehen zu lassen.

«Ja, genau, schwanger! Die Tochter deiner Schwester! Mubashera!», wiederholte Papa, der seine Kleider auf einen Bügel hängte.

«Aber wie ist das möglich? Sie war noch nicht verheiratet. Wie kannst du so etwas von einem Mädchen behaupten, das ein Vorbild an Reinheit war?», erregte sich Mama. «Du wirst sehen, eines Tages wird dir noch die Zunge verdorren, wenn du weiter solche Abscheulichkeiten von dir gibst.»

Papa hörte zu, ohne zu reagieren, während er sich den Lungi umband. Mama ging im Zimmer auf und ab. Unter dem Vorhang der Tür hindurch konnte ich nur ihre Füße sehen: Mamas dunkelhäutige und Papas bestrumpfte Füße.

«Sie hat wahrscheinlich versucht, das Kind loszuwerden. Es hat eine Infektion gegeben, eine Blutvergiftung», sagte er schließlich in sachlichem Ton.

«Nein, du lügst! Und dir wird die Zunge verdorren, du wirst sehen!», entgegnete Mama verbittert. «Gott wird dich richten.»

Dann hörte ich nur noch eine Tür heftig zuknallen.

Nach Mubasheras Tod wandte sich Onkel Shoraf vom Pfad Gottes ab. Wahrscheinlich, weil er niemanden mehr hatte, der ihn darauf führte. Er trug wieder Hemd und Hose und begann sich von neuem für die Dinge dieser Welt zu interessieren. Vielleicht hob er noch eine Zeit lang einen blutbefleckten Stofffetzen auf, ganz unten in einer Truhe, als Erinnerung?

II

Dada gab sein Studium an der Universität von Dhaka auf und kam nach Mymensingh zurück, wo er in einem ausländischen Pharmaunternehmen Arbeit gefunden hatte. «Ich habe wegen Mama beschlossen, arbeiten zu gehen», erklärte er. «Niemand kümmert sich um sie. Sie bekommt keinen Groschen. Ich möchte, dass sie ein etwas glücklicheres Leben führt.»

Von seinem ersten Gehalt kaufte er ihr vier schöne Saris. Und er bestellte beim Schmuckmacher Goldarmbänder für sie. Als er Mama die Saris gab, brach sie in Tränen aus. Sie, die diese Art von Kleidung vor so langer Zeit aufgegeben hatte, begann sie wieder zu tragen, um die Geschenke ihres ältesten Sohnes zu ehren. Im Sari wirkte sie plötzlich viel schöner. Sie nahm Dada in die Arme, drückte ihn und sagte mit tränenerstickter Stimme: «Kauf mir nichts mehr, hörst du, mein Kleiner? Ich brauche nichts. Spare lieber etwas für später. Du musst an deine Zukunft denken.»

Dadas Rückkehr und seine Fürsorge ihr gegenüber waren Balsam für Mamas Herz, und sie fand etwas Stolz und Freude wieder. Sie würde nicht mehr vor ihrem Schürzenjäger von Mann die Hand ausstrecken müssen. Ihr Sohn würde für ihre bescheidenen Bedürfnisse aufkommen. Ich habe Mama selten so strahlend, so selbstsicher gesehen.

Weil es eine Sünde war, unter dem Dach eines Ungläubigen zu leben, war Tante Fozli so weit gegangen, Mama zum Gericht zu begleiten, damit diese die für eine Scheidung notwendigen Schritte unternahm. Mama hatte alle Formulare ausgefüllt und unterschrieben. Aber als diese in Papas Hände gelangt waren, hatte er sie unverzüglich zerrissen und dabei geknurrt: «Was sind denn das wieder für Dummheiten?»

Obwohl Mama vorgab, es nicht länger zu ertragen, mit einem so gottlosen Mann das Haus zu teilen, ging sie nie irgendwohin. Ihre Anwandlungen, fortgehen zu wollen, gelangten nie über das Stadium der bloßen Drohung hinaus. Ich weiß nicht, warum sie ihren Wunsch nie bis zum Ende verfolgte – vielleicht, weil es keinen Ort gab, wo sie Zuflucht gefunden hätte? Oder blieb sie wegen des Hauses, wegen der Bäume, die sie selbst in unserem Garten gepflanzt hatte? Oder weil sie an uns allen hing?

«Mein Sohn ist aus Dhaka zurückgekommen, nachdem er an der Universität studiert hat. Wirklich ein Grund, stolz zu sein!», höhnte Papa nach Dadas Rückkehr bitter.

Er hatte seinen Sohn in der Hoffnung nach Dhaka geschickt, dass er mit einem Universitätsabschluss zurückkäme und nicht mit einer bloßen Bescheinigung, dass er zwei Jahre lang die Bänke der naturwissenschaftlichen Fakultät gedrückt hatte. «Du solltest vor Scham im Boden versinken», hielt er ihm bei jeder Gelegenheit vor. Dada hörte sich die sarkastischen Bemerkungen seines Vaters mit halb zerknirschter, halb gleichgültiger Miene an.

Gleich bei seiner Rückkehr richtete er sich wieder in seinem Zimmer ein, wobei er Chotdas Bett hinausschaffte und gegen die Wand auf die Veranda stellte. Wir alle waren verblüfft von dem Wutanfall, den Papa bekam, als er Dadas eigenmächtige Tat bemerkte. Er brüllte, dass das ganze Haus zitterte: «Lass dieses Bett, wo es war! Wo soll er denn schlafen, wenn er zurückkommt? Du wirst mir den Gefallen tun, es sofort zurück an seinen Platz zu stellen!»

«Als würde Kamal jemals zurückkommen», seufzte Mama. «Ich habe sagen hören, dass er die Stadt verlassen hat. Er soll sich in Islampur niedergelassen haben. Wer weiß, ob er sich satt essen kann?»

«Was geht es mich an, ob er zu essen hat oder nicht», schrie Papa, der auf Mamas Worte reagierte wie Öl auf Feuer. «Soll er doch krepieren! Das ist mir vollkommen egal! Du bist es, die ihn verdorben hat, weil du ihm jede Laune hast durchgehen lassen! Ah! Man kann sagen, dass du es verstehst, Kinder zu verderben!»

«Das geht zu weit! Bilde dir nicht ein, dass ich mir das einfach so anhören werde», brauste Mama auf. «Ich bin dir nichts schuldig, weißt du. Dass ich zu essen und etwas zum Anziehen habe, das verdanke ich jetzt meinem Sohn. Ich bin nicht mehr von dir abhängig. Wenn ich daran denke, dass du deinen anderen Sohn aus dem Haus gejagt hast, ohne jede Spur von Bedauern. Da brauchst du dich jetzt nicht so aufzuführen, weil man sein Bett aus dem Zimmer geräumt hat!»

Aber da kann Mama lange reden! Papa hat immer gedacht,

denkt und wird weiterhin denken, dass in diesem Haus nur er und niemand sonst weiß, was zu tun ist und was nicht.

Dada hat Tagores Gesammelte Dichtungen gekauft und verbringt viel Zeit damit, daraus vorzulesen oder sie mich laut lesen zu lassen. Sobald ich beginne, verbessert Dada meine Aussprache und gibt mir Ratschläge für die Betonung – wo man mehr Feuer, mehr Kraft, mehr Leidenschaft hineinlegen, wo man sich im Gegenteil sanft und diskret zurücknehmen, wo man schneller oder langsamer werden muss. «Wenn du nicht mit dem Herzen bei der Lektüre sein kannst, dann lies keine Poesie», sagt er immer wieder.

Dada veranstaltet Poesieabende, deren einzige Teilnehmerinnen Yasmin und ich sind. Wir sind die beiden Zuhörerinnen und die beiden Vortragenden. Dada ist der Juror.

Dadas Rückkehr nach Hause bedeutete für mich den Beginn eines neuen Lebensabschnitts, in dem er einen prägenden Einfluss auf mich ausübte. Er schenkte mir einen rot eingebundenen Taschenkalender des Pharmaunternehmens, für das er arbeitete – mit der Auflage, ich müsse jeden Tag zwei oder drei Gedichte hineinschreiben und sie ihm abends zeigen. Und jeden Abend erwartete ich ängstlich seinen Urteilsspruch. Es gab davon drei Sorten: Bei der Lektüre mancher Gedichte rief er aus: «Gut!», bei anderen «Sehr gut!» und bei wieder anderen: «Das ist keine Poesie, sondern Mist!»

Mein Gedichtheft machte bei meinen Schulkameradinnen die Runde. Sobald die eine es fertig gelesen hatte, gab sie es an die nächste weiter, die es über Nacht mit nach Hause nahm. Es kam vor, dass es einen Monat dauerte, bis sie meine Werke reihum gelesen hatten und ich sie wiederbekam. Ich erinnere mich, dass Dada nach der Lektüre eines meiner Gedichte, das den Titel «Der freie Vogel» trug, ausgerufen hatte: «Ach! Wenn ich doch nur Beziehungen zu einer Zeitschrift hätte, dann würde ich das hier veröffentlichen.»

Aber es ging nicht nur um Poesie. Dada veranstaltete auch «Kurzgeschichtenabende». Erst las er eine Erzählung vor, dann war ich an der Reihe. Es kam vor, dass er einen bestimmten Satz mehrmals hintereinander las und dabei in Lobeshymnen ausbrach. Ich machte es ihm nach, wenn die Reihe an mich kam. Wir dehnten die Sitzung aus, bis Papa nach Hause kam.

Die «Gesangsabende» waren deutlich weniger gelungen. Ich konnte kaum zwei Verse singen und krächzte dabei wie eine Krähe. Dann gab ich entmutigt auf. Und Dada sang falsch; er klang wie eine Kuh. Die Beste in dieser Disziplin war ohne jeden Zweifel Yasmin.

In der Schule hatte ich mir dank meiner hervorragenden Leistungen inzwischen einen Namen gemacht. Tatsächlich war ich unter den drei besten Schülerinnen. Jeder wusste das, außer Papa, der es nicht glauben wollte – für ihn bestand kein Zweifel daran, dass ich eine Blenderin erster Güte war. Sonst wäre ich in allen Fächern und bei jeder Prüfung die Beste gewesen. Aus diesem Grund gab er sein Misstrauen in Bezug auf meine schulische Laufbahn niemals auf.

Mama sorgte sich vor allem darum, Dada glücklich zu machen. Sie kochte ihm alle Gerichte, die er mochte. Sie hatte so viel zu tun mit ihrem ältesten Sohn, dass sie darüber sogar vergaß, so oft wie sonst zum Pir zu gehen.

Seit Dada Geld verdiente, hatte seine Stimme im Haus an Gewicht gewonnen. Er unternahm etwas mit uns, führte uns alle zum Beispiel in das benachbarte Fotoatelier, um ein Familienporträt aufnehmen zu lassen. Er sammelte Bilder von allen, um ein Album anzulegen. Er ließ sogar einzelne Aufnahmen vergrößern, um sie hinter Glas einzurahmen und aufzuhängen. «Hast du das gesehen? Ich sehe aus wie ein echter Filmheld!» Ich stimmte zu, um ihm eine Freude zu machen. Aber es war auch wahr, dass ich ihn schön fand, dass ich stolz darauf war, einen großen Bruder wie ihn zu haben.

Er ließ auch zwei Porträts, die ich gezeichnet hatte, einrahmen und hängte sie im Wohnzimmer an die Wand: eins von Tagore und eins von Nazrul Islam. Er ließ sie von allen Besuchern bewundern und sagte dazu: «Die sind von meiner Schwester!» Er kaufte mir sogar Farben und Pinsel, um mich zum Malen zu ermutigen. Und ich dachte darüber nach, an der Kunstakademie zu studieren, wenn ich einmal groß wäre.

Dada kümmerte sich nicht nur um Mama. Es kam öfter vor, dass er auch für uns Kleider kaufte oder uns mit ins Kino nahm. Ich wurde darüber sehr schnell zum Kinofan und bedrängte Dada, mich in diesen oder jenen Film mitzunehmen. Mit dem Erfolg, dass er schließlich eines Tages zu mir sagte: «Einverstanden, aber du musst erst in aller Form einen schriftlichen Antrag stellen. Dann wird dein Antrag geprüft, und wir werden sehen, ob ihm stattgegeben werden kann ...»

Ich schrieb den Antrag, wobei ich auf Englisch begann: *«Dear Sir ...»*, und mit folgender Schlussformel aufhörte: *«Your obedient servant»*, die ich in einem Ratgeber über Korrespondenz gefunden hatte.

Ebenso sehr, wie ich Dada liebte, beneidete ich ihn auch. Darum, dass er jederzeit gehen konnte, wohin er wollte, dass er tun konnte, was immer ihm beliebte. Er fuhr mit dem Motorrad, das er sich gekauft hatte, durch die Stadt spazieren. Er reiste viel. Ich wäre für mein Leben gern mit ihm gefahren. Und aus den engen Grenzen ausgebrochen, in denen mein Leben wie ein Pferd mit den Hufen scharrte.

Ein paar Monate nach Dadas Rückkehr nach Mymensingh wurde Papa ans Mitford Hospital in Dhaka berufen. Die Nachricht seines Stellenwechsels versetzte ihn in übelste Laune. Er musste sich schließlich dazu durchringen, für die Zeit seiner Abwesenheit seinem ältesten Sohn die Verantwortung für das

Haus zu übertragen. Er kam jeden zweiten Tag sehr spät abends mit dem Zug aus Dhaka zurück, um gleich am nächsten Morgen in der Dämmerung wieder hinzufahren. Er hatte dort eine Stelle als Professor für Gerichtsmedizin erhalten. Er musste vor Studenten Leichen obduzieren.

Ohne jeden Zweifel war ich in der Familie am glücklichsten über diese Veränderung. Papas Fernsein fiel genau in die Zeit meines Lebens, da mich das Bedürfnis überkam, meine Flügel auszubreiten. So bekam ich eines Nachmittags plötzlich Lust, einen langen Spaziergang am Ufer des Brahmaputra zu machen. Obwohl der Fluss ganz in der Nähe unseres Hauses lag, hatte man uns nie erlaubt, uns an seinen Ufern aufzuhalten. Als ich klein war, erzählte man mir, dass ich dort Gefahr liefe, entführt zu werden, dass der Foting-ting am Flussufer wohne, der mich ganz bestimmt auffressen würde, wenn er mich in der Gegend sähe. Und seit ich heranzuwachsen begann, sagte man mir, es sei nicht schicklich, wenn Mädchen meines Alters sich aus dem Haus wagten.

Ohne irgendjemandem Bescheid zu sagen, ging ich mit Yasmin hinaus. Mama hielt Siesta, Dada war ausgegangen, Papa in Dhaka, jetzt oder nie! Vor dem Foting-ting hatte ich schon lange keine Angst mehr. Was hätte mich daran hindern können, am Fluss spazieren zu gehen? Davon träumte ich schon so lange! Eine lange Weile an seinem Ufer zu sitzen und die Füße in seinen mächtigen Strom einzutauchen.

Nun waren wir zwei also am Fluss, Haare und Hemd flatterten im Wind, der uns um die Ohren pfiff. Der Sand glitzerte in der Nachmittagssonne. Und diesen Moment, diesen Moment reinen Glücks, suchte sich ein Junge aus, um mir einen vergifteten Pfeil ins Herz zu bohren. Er kam uns entgegen … Ohne dass ich irgendetwas Unhöfliches oder Unschickliches gesagt oder getan hätte, ehe ich begriff, was geschah, fuhr er mit seinen Händen über meine Brüste und meinen Hintern, es waren kaum ein paar Sekunden, und ging dann laut lachend weiter, während seine Gefährten seiner Heldentat lebhaften Beifall zollten.

Ich wurde von dem Gefühl überwältigt, dass mein Körper mir nicht mehr gehörte, dass er zu einem Spielzeug geworden war, über das sie verfügten. Der Fluss gehörte allen; auch ich hatte wie jeder andere das Recht, an seinen Ufern spazieren zu gehen. Was gab diesem Unbekannten und seinen Gefährten das Recht, mich derart anzugreifen, mich so zu demütigen? Ich ballte die Fäuste. Ich verspürte ein wütendes Bedürfnis, sie zu schlagen. Ihnen die Haut vom Rücken zu reißen. Aber was konnte ich gegen eine ganze Bande von viel älteren Jungen ausrichten?

«Bubu, komm, lass uns nach Hause gehen», sagte Yasmin mit zitternder Stimme zu mir. «Ich habe Angst!»

Zurück zu Hause, fand ich Mama im Gespräch mit Onkel Aman vor.

«Wie geht's, meine Süße?», fragte er mich gleich, als er mich sah.

Nachdem ich ihm einen hasserfüllten Blick zugeworfen hatte, machte ich ohne ein Wort auf dem Absatz kehrt, lief in mein Zimmer und schloss mich ein. Ich brach auf meinem Kopfkissen in Tränen aus, Tränen des Zorns und der Ohnmacht. Ich hütete mich wohlweislich, meine Tränen irgendjemandem zu zeigen und auch nur das Geringste sehen zu lassen von dem Strudel von Schmerz, der mich in einen Abgrund der Verzweiflung stürzte.

«Warum ist Onkel Aman gekommen?», fragte ich Mama.

«Er will sich auf den Pfad Gottes begeben. Ich berate ihn», antwortete sie mir mit einem gerührten Lächeln.

«Gib ihm nicht zu viele Ratschläge. Du weißt, dass Mubashera daran gestorben ist, Ratschläge zu erteilen.»

Meine Stimme muss so schwach gewesen sein, als ich diese Worte aussprach, dass Mama mich nicht hörte. Es sei denn, sie wollte nichts hören, was sie gestört hätte.

Ich stellte bald fest, dass kein Abend mehr verging, ohne dass Onkel Aman ins Haus kam und bis spät in die Nacht hinein mit Mama flüsterte, in ihrem Zimmer, deren Tür sie gegen ihre Gewohnheit schloss. Als ich eines Tages unvermittelt eintrat, sah ich Onkel Aman mit einem Satz vom Bett springen, auf dem Mama unter ihrem Moskitonetz lag.

Ich ging wieder hinaus. Auf der Veranda atmete ich in vollen Zügen den frischen Wind ein. Ich fühlte mich unbehaglich beim Gedanken, dass dieser Mann, der mich mit kaum sieben Jahren ausgezogen hatte, vielleicht gerade dasselbe mit Mama gemacht hatte. Ich hatte Angst.

Onkel Amans Gebaren war auch Dada nicht entgangen, und er begann, dessen Kommen und Gehen argwöhnisch zu beobachten.

III

Mama zufolge können diejenigen, die die Lehren des Korans und der Tradition nicht wortwörtlich befolgen, in keinem Fall als Muslime betrachtet werden. Bei ihrem Tod warten allein die Flammen der Hölle auf sie. Ohne Hoffnung auf Erbarmen. So einfach ist das. Gottes Urteile sind nicht kompliziert. Nicht gebetet oder gefastet? In die Hölle! Eine Frau ohne Burqa? In die Hölle! Ehebruch? In die Hölle! Wer sich nach dem Urinieren nicht wäscht? In die Hölle! Wer zu laut lacht? In die Hölle! Dasselbe für denjenigen, der zu laut weint. Die Flammen der Hölle sind dazu da, alles zu reinigen!

Einfache Gauner fügen anderen gern körperliche Schmerzen zu, während durchtriebenere Naturen Gefallen daran finden, ihnen seelische Qualen zu bereiten. Und diese sind viel schmerzhafter als Schläge. Gott findet also eher Geschmack an der Gewalt als an der Arglist. Wie Getus Vater. Oder wie Papa, der oft verlangt, dass ich ihm aufs Wort gehorche. Und der mich, wenn ich das nicht tue, windelweich prügelt. Der Unterschied zwischen Gott und Papa ist, dass Letzterer Wert darauf legt, dass ich etwas lerne, um ein voll entfalteter Mensch zu werden, während Gott mich nur die Tradition studieren sehen will. Aber ich empfinde dieselbe unüberwindliche Distanz zwischen Papa und mir wie zwischen Gott und mir. Ich bin viel glücklicher, wenn Papa nicht zu Hause ist; und was Gott angeht, fühle ich mich immer unbehaglich, da Er ja keine Gestalt besitzt und überall sein kann. Beide ziehen sie mich in so völlig entgegengesetzte Richtungen, dass mir darüber jedes Gefühl eines eigenen Lebens verloren geht, dass ich mich ständig entzweigerissen fühle. Wenn er mit mir zufrieden ist, kauft mir Papa alle meine Lieblingsspeisen. Und Gott verwöhnt die frömmsten Gläubigen angeblich auf dieselbe Art, mit Taubenfleisch, Trauben, Wein, der von erlesenen jungen Mädchen ausgeschenkt wird.

Meine besten Freunde waren die Bücher. Ich verschlang nacheinander alles, was in der Bibliothek stand. Bankim Chatterji, Sharat Chandra Chatterji, Bibhuti Bhushan Banerji, Tagore ...* Ich las alles, was mir in die Hände fiel. Ich las überall, wo ich etwas Ruhe finden konnte: auf der Dachterrasse, auf der Treppe zur Terrasse, an meinem Schreibtisch, in meinem Bett ... Sobald Papa in der Nähe war, versteckte ich diese Bücher, die nicht zum Lehrplan gehörten, unter meinen Schulbüchern. Spät in der Nacht, wenn ich neben der tief und fest schlafenden Yasmin unter dem Moskitonetz lag, holte ich sie beim Licht einer kleinen Lampe wieder hervor.

«Du bringst deine Tage damit zu, Däumchen zu drehen und Zeit zu verplempern», hielt mir Mama oft vor. «Der Tod deiner Kusine Mubashera hätte dich wenigstens auf den rechten Weg bringen können. Und dich zu Gott beten lassen. Weißt du

* Diese Autoren gehören zu den Klassikern der bengalischen Literatur von der Mitte des 19. bis zur Mitte des 20. Jahrhunderts.

nicht, dass wir alle eines Tages sterben werden?» Ich antwortete nie auf diese Tiraden. Ich beschränkte mich darauf, das Gewitter vorüberziehen zu lassen.

Ich sah nicht ein, worin der Zusammenhang zwischen dem Tod meiner Kusine und meiner Verpflichtung zum Gebet bestehen sollte, wozu ich keinerlei Neigung verspürte. Das waren doch alles nichts als Hirngespinste. Der Koran war nichts als das Werk eines unwissenden und missgünstigen Mannes, wie mein Onkel Shoraf einer war. Oder der Junge, der mich am Ufer des Brahmaputra angegrapscht hatte. Wenn die Tradition, die es den Männern erlaubt, ihre Frauen zu schlagen, tatsächlich dem Propheten zuzuschreiben war, dann musste er sein wie Getus Vater, abscheulich, böse, grausam. Und Gott und Sein Prophet standen für mich auf einer Stufe.

Eines Nachmittags sehen wir Getus Mutter bei uns ankommen. Ich hätte Mühe gehabt, sie wieder zu erkennen, wenn sie nicht noch immer dieselbe raue Stimme hätte. Mama sitzt in einem Sessel auf der Veranda. Obwohl sie gerade mit ihrer Gebetskette beschäftigt ist, hört sie aufmerksam zu, als Getus Mutter ihr Leid klagt. Ich habe mich immer gefragt, wie Mama gleichzeitig die zu jeder Perle gehörigen Gebete murmeln und sich jemandes Geschichte anhören konnte. Sollte sie zwei getrennte Geister haben? Einen für Gott und einen für diese Welt? Mamas Welt ist freilich sehr klein …

Getus Mutter hat aufgehört zu reden. Nun hebt sie ihren Sari an, während die Perlen der Gebetskette in beschleunigtem Tempo durch Mamas Finger gleiten. Sie hebt ihren Sari an, um ihre Füße, ihre Beine bis hoch zu den Schenkeln zu zeigen: Diese Region ihres Körpers weist entsetzliche Brandwunden auf. Diesmal ist das nicht das Werk von Getus Vater, sondern des Mannes, mit dem sie sich vor etwa zwei Jahren wieder verheiratet hat, eines gewissen Safar Ali. Dieser Mann hat sie mit glühenden Holzscheiten aus dem Küchenherd verbrannt.

Ich habe große Lust, Mama zu sagen, dass Safar Ali seine Frau gemäß den Lehren der Tradition behandelt hat. Die Worte tanzen auf meinen Lippen, aber ich schlucke sie herunter.

Getus Mutter ist gekommen, Mama um eine Stelle als Dienerin anzubetteln. Mit diesen Verbrennungsnarben kommt es für sie nicht mehr in Frage, noch einmal zu heiraten. Welcher Mann würde sie noch wollen? Mama, die den Lauf der Perlen zwischen ihren Fingern verlangsamt hat, antwortet ihr: «Ich habe schon jemanden für die Küche. Ich brauche dich nicht.»

Der Abend hat sich über das Haus gesenkt. Ich kann die Gesichter nicht mehr unterscheiden. Das Einzige, was ich noch sehe, sind die blauen Perlen von Mamas Gebetskette, die wie Katzenaugen im Halbdunkel leuchten.

Mama gibt Getus Mutter keine Arbeit, aber sie sagt zu ihr: «Du wirst nicht mit leerem Bauch wieder gehen. Iss einen Teller Reis mit Linsen, bevor du weiterziehst.»

«Würde es denn der Reinheit des *Mahabharata* schaden*, Getus Mutter zum Arbeiten bei uns zu behalten?», bricht es plötzlich aus mir heraus, in meiner Bestürzung darüber, dass Mama sich in keiner Weise bemüht, der armen Frau zu helfen.

«Das *Mahabharata* ist doch von Natur aus unrein», erwidert Mama in vollem Ernst und stopft mir damit den Mund.

Getus Mutter bleibt auf der Veranda stehen, ohne eine Bewegung. Ein Schwarm von Mücken schwirrt um sie herum. Aber wahrscheinlich ist die verbrannte Haut unempfindlich geworden gegen die Stiche. Das einzige Gefühl, das Getus Mutter geblieben sein muss, ist der Hunger. Was bleibt ihnen sonst, den Armen wie ihr?

* Das *Mahabharata* ist ein berühmtes Epos der Hindus, das von ihnen als heiliges Buch angesehen wird. *Der Reinheit des Mahabharata nicht schaden* ist ein geläufiger Ausdruck, um zu sagen, dass etwas keinerlei Schaden anrichten, niemanden stören würde. Die Antwort der Mutter, die diese übertragene Bedeutung ignoriert, ist in ihrer Ablehnung alles Nichtislamischen begründet.

An der Stelle dieser Frau wäre ich nicht dort stehen geblieben, in der Hoffnung auf eine Hand voll Reis mit Linsen. Ich hätte dieses Haus verlassen und wäre sehr schnell durch die Straßen gelaufen. Die Klagen über den Schmerz, den ich in meinem Leben angehäuft hätte, würden mir genügen. Aber dieser Schmerz würde sich in flammenden Zorn verwandeln, der wie Funken aus meinem ganzen Körper hervorschösse. Ich würde bei Safar Ali ankommen. Er würde bei meinem Anblick zusammenzucken, würde aufspringen, um glühende Holzscheite zu holen. Aber bevor er mich schlagen könnte, würde ich durch meinen bloßen Blick seinen Körper entzünden, und ein unbezwingbares Feuer würde ihn in seinen tanzenden Flammen verzehren. Ich würde zuschauen, wie er brennt, bis er nur noch Asche ist. Dann erst wäre mein Hunger gestillt.

Im Feuer dieses Zorns habe ich oft geträumt, Onkel Shoraf und Onkel Aman zu verbrennen, wie heute Safar Ali. Da ich mich ja damit begnügen muss zu träumen!

Ich gehe weiter zur Schule und lerne. Ich verstecke weiterhin die nicht zum Lehrplan gehörigen Bücher unter meinen Schulbüchern. Papa träumt nach wie vor von einer glänzenden Zukunft für seine Töchter, aufgrund ihrer schulischen Erfolge. Ich steige weiterhin heimlich auf die Dachterrasse, von wo aus ich einen Teil des Lebens im Viertel verfolgen kann, die Jungen beobachten, ihre Frisuren, die Grübchen in ihren Wangen, die Blitze in ihren Augen, die Gefühle auf ihren Gesichtern.

Mama setzt ihre Besuche beim Pir von Naomahal fort, Onkel Aman seine Besuche bei Mama, im Schutz der einbrechenden Nacht. Mama erteilt ihm weiterhin fromme Ratschläge. Sie hat ihren Koffer gepackt und bewahrt ihn unter dem Bett auf. Sie ist bereit, jederzeit fortzugehen.

Sie bemüht sich unermüdlich darum, dass ihr Name in die Liste der Ersten aufgenommen wird, die nach Mekka aufbrechen werden, wenn der Tag des Jüngsten Gerichts naht. Und ich meinerseits denke nicht mehr, dass ich, wenn Mama stürbe, nicht mehr leben könnte.

Papa ist erneut nach Mymensingh versetzt worden, wo er nun an der medizinischen Fakultät lehrt. Er ist ein von seinen Studenten gefürchteter Professor. In seiner Praxis untersucht er weiterhin jeden Nachmittag die Kranken. Von Raziya Begum geschickt, die sich am Ende tatsächlich von ihrem Chakladar hat scheiden lassen, drängen sich immer mehr Patienten in seinem Wartezimmer.

Niemand von uns weiß, was aus Chotda geworden ist. Papa hat sein Bett zurück an seinen Platz stellen lassen, in der heimlichen Hoffnung, dass er eines Tages zurückkommen wird, um unter uns zu leben.

Dada kümmert sich weiterhin um das Haus und irrt durch die ganze Stadt, auf der Suche nach einem Mädchen zum Heiraten, mit einem schönen Gesicht, glänzend wie ein Betelblatt.

Und ich, in meiner Ecke, wachse weiter heran.

GLOSSAR

Aqiqa: Muslimische Zeremonie, bei der ein Kind offiziell seinen Namen erhält und ein Dankopfer gebracht wird.

Amma: «Mutter»; kann als Anrede für jede Frau benutzt werden, der gegenüber man seinen Respekt und möglicherweise eine gewisse Zuneigung ausdrücken will.

Apa: Anrede für eine ältere Schwester oder jede Frau, die älter ist als man selbst oder der gegenüber man sich ehrerbietig zeigen will, im muslimischen Kontext. Der bengalische Verhaltenskodex verbietet im Umgang mit älteren oder sozial höher gestellten Personen den Gebrauch des Namens. Apa kann unter Umständen dem Namen beigefügt werden, wenn es sich um ein zugleich familiäres und respektvolles Verhältnis handelt.

Aya: Kinderfrau.

Bhaijan: Respektvolle Anrede für einen älteren Bruder oder jeden Mann, der etwas älter ist oder eine gewisse soziale Stellung innehat.

Bhaisab: Respektvolle Anrede für einen älteren Mann.

Bidi: Aus einem Tabakblatt gerollte kleine Zigarette.

Bihari: Damit sind, im Sprachgebrauch der Bengalen, die indischen Muslime gemeint, mehrheitlich aus der Provinz Bihar stammend, die sich 1947 bei der Teilung des indischen Subkontinents für Pakistan entschieden und in Ostbengalen Zuflucht gesucht haben, das näher an ihrer Heimat lag als Westpakistan. Sie sprechen nicht Bengali, sondern eine dem Urdu verwandte Sprache. Während der Ereignisse von 1971 unterstützten sie die pakistanische Armee, welche sie im Gegenzug die Häuser der bengalischen Hindus besetzen ließ, die nach Indien geflohen waren oder sich auf dem Land versteckten.

Bilva: Baum, dessen Früchte unter ihrer sehr harten Schale ein bitteres und adstringierendes Fruchtfleisch enthalten, das verdauungsfördernd wirkt; die Blätter spielen eine Rolle im hinduistischen Kult, vor allem des Gottes Shiva.

Borobu: Respektvolle Bezeichnung für die älteste Schwiegertochter in einem bengalischen Haus.

Boro-mama: Bezeichnet den ältesten *(Boro)* der Onkel mütterlicherseits *(Mama).*

Bubu: Vertrauliche Anrede für eine ältere Schwester.

Burqa: Von muslimischen Frauen über der Kleidung getragener Überwurf, der Kopf und Körper vollständig verdeckt.

Bustee: Viertel aus provisorisch erbauten kleinen Häusern oder Hütten ohne jeglichen Komfort, eventuell mit Gemeinschaftsbrunnen und -toiletten, in dem arme Leute oder Flüchtlinge leben.

Chanachur: Pikant gewürzte Knabbermischung aus Kichererbsen, Erdnüssen, Linsenmehlgebäck u. a.

Chotda: Bezeichnet den jüngsten unter den älteren Brüdern; so nennt also Taslima ihren zweiten Bruder, der Kamal heißt, da es in Bengalen nicht üblich ist, ältere Personen mit ihrem Namen anzureden.

Dada: Ältester Bruder; so nennt Taslima ihren großen Bruder, dessen Name Noman ist. Wird auch verwendet, um einen Mann in respektvollem und familiärem Ton anzureden, der älter oder höheren Ranges ist als man selbst.

Dak Bungalow: Spezielle Residenz für Beamte, die durch die Provinzstädte reisen.

Dal: Oberbegriff für alle möglichen Hülsenfrüchte, z. B. Linsen, und Bezeichnung für verschiedene Zubereitungsformen dieser Gemüsearten.

Dhoti: Traditionelles Beinkleid der bengalischen Hindu-Männer; um die Hüften und zwischen die Beine geschlungenes weißes Baumwolltuch.

Dulabhai: Respektvolle Bezeichnung für einen Schwager.

Gamcha: Locker gewebtes viereckiges Stück Baumwollstoff, meist in lebhaften Farben, das vor allem in ländlichen Gegenden zu vielerlei Zwecken gebraucht wird: als Handtuch, um sich nach dem Bad abzutrocknen oder sich den Schweiß abzuwischen, als Turban, um sich vor der Sonne zu schützen, als Hüfttuch oder als Bündel … und oft auch als Fischnetz, um in den Weihern kleine Fische und Krebse zu fangen.

Id: «Fest», Kurzbezeichnung zweier islamischer Feste: Id-ul-Fitr, zum Ende des Fastenmonats Ramadan, und Id-ul-Adha, zum Andenken an Abrahams Opfer.

Jalebi: frittierte Teigkringel, die in dicken Sirup getaucht werden.

Kadi: Richter, Spezialist für islamisches Recht; er ist für Eheschließungen und alle rechtlich relevanten Familienangelegenheiten zuständig.

Kaku: Vertrauliche Anrede für einen Onkel väterlicherseits, der jünger ist als der Vater; wird ebenfalls als sowohl vertrauliche wie auch respektvolle Bezeichnung für einen älteren Mann gebraucht.

Kaliya: Gericht mit einer dicken, scharf gewürzten Sauce.

Khala: Bezeichnet eine Tante mütterlicherseits oder eine ältere Frau, der gegenüber man Respekt oder auch eine gewisse Zuneigung zum Ausdruck bringen will.

Korma: Fleischgericht mit vielen Gewürzen.

Lungi: Knöchellanges Baumwolltuch, das um die Hüfte geknotet wird. Es stellt für mittellose Männer die einzige Beinkleidung dar; der Oberkörper wird manchmal mit einem T-Shirt bedeckt. Männer aus den mittleren und wohlhabenden Klassen tragen den Lungi zu Hause als Freizeitkleidung.

Mama: Onkel mütterlicherseits

Mashi: Tante mütterlicherseits, eher im hinduistischen Kontext gebräuchlich. Kann auch eine respektvolle Form der Anrede sein.

Maulawi: Lehrer und Spezialist für islamische Tradition und Koranstudien.

Miahbhai: Eine der Möglichkeiten, einen älteren Bruder oder jeden anderen Mann sehr respektvoll anzureden.

Muktibahini: «Befreiungsarmee»; so werden gemeinhin die Guerillakämpfer für die Unabhängigkeit Bangladeschs genannt.

Neem: Baum, dessen Zweige mit ihren bitteren und adstringierenden Fasern in den Dörfern zum Zähneputzen verwendet werden. Die Blätter, die ebenfalls sehr bitter schmecken, werden als Arznei verwendet.

Paes: Bei den Hindus: süßer, mit Kardamom und Zimt gewürzter Milchreis. Die Muslime verwenden für die gleiche Zubereitung statt des Basmati-Reises eher hauchdünne Nudeln.

Paisa: Bangladeschs Währung, der Taka, ist unterteilt in hundert Paisa.

Payjama: Hose aus dünnem Baumwollstoff, weiß für die Männer, farbig für die Frauen; wird in regional verschiedenen Weiten getragen.

Pandschabi: So nannten die Bengalen meist die Pakistani, weil die Mehrzahl der Soldaten der pakistanischen Armee aus dieser Region Westpakistans stammten.

Pantabhat: Reisrest vom Vortag, der durch die Hitze des Klimas über Nacht leicht fermentiert ist. Bei einfachen Leuten verbreitetes Frühstück.

Pir: Heiliger Mann, religiöse Autorität, im muslimischen Kontext.

Puja: Hinduistischer Gottesdienst, bei dem einer Gottheit Opfergaben dargebracht werden, begleitet von Gebeten und rituellen Gesten.

Pulao: Traditionelles muslimisches Reisgericht mit Fleisch und vielen Gewürzen.

Rosogollas: Beliebteste Süßigkeit der Bengalen; in Zuckerrohrsirup getränkte Kaseinkügelchen in schwammartiger Konsistenz.

Rui: Süßwasserfisch, der von den Bengalen sehr geschätzt wird.

Shalwar-kamiz: Frauenkleidung, ursprünglich aus dem Pandschab und anderen Gegenden des indischen Nordwestens und Pakistans, die traditionell von den muslimischen Frauen getragen wird, im Gegensatz zu den Hindu-Frauen, die den Sari tragen. Es handelt sich um ein Ensemble aus einem weiten Payjama und einer langen Tunika.

Shiuli: Strauch mit stark duftenden Blüten.

Taka: Währung Bangladeschs.

Zamindar: Großgrundbesitzer.

ZEITTAFEL BANGLADESCH

1947: Das britische Parlament beschließt die Entlassung des indischen Subkontinents in die Unabhängigkeit, woraufhin es zur Teilung in zwei unabhängige, religiös begründete Staaten kommt: die Indische Union mit Hindu-Mehrheit und das mehrheitlich muslimische Pakistan. Geographisch setzt sich Pakistan aus zwei Gebieten zusammen, die mehr als zweitausend Kilometer voneinander entfernt liegen: Westpakistan und Ostpakistan – das heutige Bangladesch. Sprachlich wie kulturell besteht eine große Distanz zwischen den beiden Landesteilen.

1952: In Ostpakistan entsteht eine Volksbewegung für die Anerkennung des Bengali als offizielle Landessprache neben dem von der Zentralregierung verlangten Urdu: Die zunehmenden Forderungen nach Unabhängigkeit von Pakistan führen zu heftigen Unruhen.

1971: Unabhängigkeitserklärung Bangladeschs am 26. März. Beginn des Bürgerkriegs zwischen der pakistanischen Armee und der Guerilla der Muktibahini. Erst durch die militärische Intervention Indiens werden im Dezember die pakistanischen Truppen vertrieben und das Land befreit.

1972: Sheik Mujibur Rahman wird Präsident des neuen Staates.

1975: Bei einem blutigen Militärputsch am 15. August werden Mujibur Rahman und ein großer Teil seiner Familie ermordet.

ZEITTAFEL BANGLADESCH

1947 Die britische Kolonialmacht beschließt die Entlassung des indischen Subkontinents in die Unabhängigkeit; es kommt zur Teilung in zwei unabhängige, religiös begründete Staaten, nämlich die indische Union mit Hindu-Mehrheit und das mehrheitlich muslimische Pakistan. Geographisch setzt sich Pakistan aus zwei Gebieten zusammen, die mehr als zweitausend Kilometer voneinander entfernt liegen. West- und Ostpakistan – das heutige Bangladesch – unterscheiden sich kulturell, sprachlich; es gibt eine große Distanz zwischen den beiden Landesteilen.

1952 In Ostpakistan entsteht eine Volksbewegung für die Anerkennung des Bengali als offizielle Landessprache neben dem von der Zentralregierung verfügten Urdu. Die zunehmenden Forderungen nach Unabhängigkeit von Pakistan führen zu heftigen Unruhen.

1971 Die Unabhängigkeitserklärung Bangladeschs am 26. März. Beginn eines Bürgerkriegs zwischen der pakistanischen Armee und der Guerilla der Mukti Bahini. Erst durch die militärische Intervention Indiens werden im Dezember die pakistanischen Truppen vertrieben und das Land befreit.

1972 Sheik Mujibur Rahman wird Präsident des neugegründeten Staates.

1975 Bei einem blutigen Militärputsch am 15. August werden Mujibur Rahman und ein großer Teil seiner Familie ermordet.